동북아 해역 인문 네트워크의
근대적 계기와 기반

엮은이

부경대 인문한국플러스사업단

글쓴이

하마시타 다케시(濱下武志, Hamashita Takeshi) 도쿄대학교 명예교수

서광덕(徐光德, Seo Kwang-deok) 부경대학교 인문사회과학연구소 HK연구교수

최민경(崔瑉耿, Choi Min-kyung) 부경대학교 인문사회과학연구소 HK교수

조세현(曺世鉉, Cho Se-hyun) 부경대학교 사학과 교수

공미희(孔美熙, Kong Mi-hee) 부경대학교 인문사회과학연구소 HK연구교수

류젠후이(劉建輝, Liu Jian-hui) 국제일본문화연구센터 교수

마쓰우라 아키라(松浦章, Matsuura Akira) 간사이대학교 명예교수

김윤미(金潤美, Kim Yun-mi) 부경대학교 인문사회과학연구소 HK연구교수

곽수경(郭樹競, Kwak Su-kyoung) 부경대학교 인문사회과학연구소 HK연구교수

허재영(許在寧, Heo Jae-young) 단국대학교 일본연구소 소장

양민호(梁敏鎬, Yang Min-ho) 부경대학교 인문사회과학연구소 HK연구교수

안승웅(安承雄, Ahn Seung-woong) 부경대학교 인문사회과학연구소 HK연구교수

류쉬펑(劉序楓, Liu Xu-feng) 타이완 중앙연구원 인문사회과학연구센터 연구원

동북아 해역 인문 네트워크의 근대적 계기와 기반

초판인쇄 2020년 4월 15일 **초판발행** 2020년 4월 24일
엮은이 부경대학교 인문한국플러스사업단
펴낸이 박성모 **펴낸곳** 소명출판 **출판등록** 제13-522호
주소 서울시 서초구 서초중앙로6길 15, 1층
전화 02-585-7840 **팩스** 02-585-7848 **전자우편** somyungbooks@daum.net **홈페이지** www.somyong.co.kr

값 29,000원
ⓒ 부경대학교 인문한국플러스사업단, 2020
ISBN 979-11-5905-440-2 93910

이 책은 2017년 대한민국 교육부와 한국연구재단의 지원을 받아 수행된 연구임 (NRF-2017S1A6A3A01079869).

부경대학교 인문사회과학연구소
해역인문학 연구총서 ╱ 03 ╱

동북아 해역 인문 네트워크의 근대적 계기와 기반

부경대 인문한국플러스사업단 편

Modern Opportunities and Foundations of the
Humanities Network in Northeast Asian Sea Region

발간사

　부경대학교 인문사회과학연구소와 해양인문학연구소는 해양수산 교육과 연구의 중심이라는 대학의 전통과 해양수도 부산의 지역 인프라를 바탕으로 바다를 중심으로 하는 인간 삶에 대한 총체적 연구를 지향해 왔다. 바다와 인간의 관계에서 볼 때, 아주 오랫동안 인간은 육지를 근거지로 살아왔던 탓에 바다가 인간의 인식 속에 자리잡게 된 것은 시간적으로 길지 않았다. 특히 이전 연근해에서의 어업활동이나 교류가 아니라 인간이 원양을 가로질러 항해하게 되면서 바다는 본격적으로 인식의 대상을 넘어서 연구의 대상이 되었다. 그래서 현재까지 바다에 대한 연구는 주로 과학기술이나 해양산업 분야의 몫이었다. 하지만 인간이 육지만큼이나 빈번히 바다를 건너 이동하게 되면서 바다는 육상의 실크로드처럼 지구적 규모의 '바닷길 네트워크'를 형성하게 되었다. 그리고 이 해상실크로드를 따라 사람, 물자, 사상, 종교, 정보, 동식물, 심지어 병균까지 교환되게 되었다.

　이제 바다는 육지만큼이나 인간의 활동 속에 빠질 수 없는 대상이다. 바다와 인간의 관계를 인문학적으로 점검하는 학문은 아직 정립되지 못했지만, 근대 이후 바다의 강력한 적이 인간이 된 지금 소위 '바다의 인문학'을 수립해야 할 시점에 이르렀다. 하지만 바다의 인문학은 소위 '해양문화'가 지닌 성격을 규정하는 데서 시작하기보다 더 현실적인 인문학적 문제에서 출발해야 한다. 그것은 한반도 주변의 바다를 둘러싼 동북아 국제 관계에서부터 국가, 사회, 개인 일상의 각 층위에서 심화되고 있는 갈등과 모순들 때문이다. 이것은 근대이후 본격화된 바닷길 네트워크를 통해서 대두되었다. 곧 이질적 성격의 인간 집단과 문화가 접촉, 갈등, 교섭해 오면서 동양과 서양, 내셔널과 트랜스내셔널, 중앙과 지방의 대립 등이 해역海域 세계를 중심으로 발생했던 것이다.

다시 말해 해역 내에서 인간(집단)이 교류하며 만들어내는 사회문화와 그 변용을 그 해역의 역사라 할 수 있으며, 그 과정의 축적이 현재의 상황으로 나타난다고 할 수 있다. 따라서 해역의 관점에서 동북아를 고찰한다는 것은 동북아 현상의 역사적 과정을 규명하고, 접촉과 교섭의 경험을 발굴, 분석하여 갈등의 해결 방식을 모색토록 하며, 향후 우리가 나아가야 할 방향을 제시해주는 하나의 방법이라고 할 수 있다. 개방성, 외향성, 교류성, 공존성 등을 해양문화의 특징으로 설정하여 이를 인문학적 자산으로 상정하고 또 외화하는 바다의 인문학을 추구하면서도, 바다와 육역陸域의 결절 지점이며 동시에 동북아 지역 갈등의 현장이기도 한 해역을 연구의 대상으로 삼아 실제적으로 현재의 갈등과 대립을 해소하는 방안을 강구하고, 나아가 바다와 인간의 관계를 새롭게 규정하는 '해역인문학'을 정립할 필요성이 여기에 있다.

이러한 인식하에 본 사업단은 바다로 둘러싸인 육역들의 느슨한 이음을 해역으로 상정하고, 황해와 동해, 동중국해가 모여 태평양과 이어지는 지점을 중심으로 동북아 해역의 역사적 형성 과정과 그 의의를 모색하는 "동북아 해역과 인문 네트워크의 역동성 연구"를 제안한다. 이를 통해 우리는 첫째, 육역의 개별 국가 단위로 논의되어 온 세계를 해역이라는 관점에서 다르게 사유하고 구상할 수 있는 학문적 방법과 둘째, 동북아 현상의 역사적 맥락과 그 과정에서 축적된 경험을 발판으로 현재의 문제를 해결하고 향후의 방향성을 제시하는 실천적 논의를 도출하고자 한다.

부경대 인문한국플러스사업단이 추구하는 소위 '(동북아)해역인문학'은 새로운 학문을 창안하는 일이다. '해역인문학' 총서 시리즈는 이와 관련된 연구 성과를 집약해서 보여줄 것이고, 또 이 총서의 권수가 늘어가면서 '해역인문학'은 그 모습을 드러낼 수 있을 것으로 기대한다. 끝으로 '해역인문학총서'가 인간과 사회를 다루는 학문인 인문학의 발전에 기여할 수 있는 하나의 씨앗이 되기를 희망한다.

부경대 인문한국플러스사업단 단장 손동주

편자 서문

부경대 인문한국플러스 사업단은 2차년도 아젠다 연구를 진행하면서, 사업단 출범 시기에 당연하게 수반되는 인적 물적 준비로 인해 연구 시간이 충분하지 못했던 관계로 다소 미진했던 1차년도의 연구 주제에 대한 연구도 동시에 진행하였다. 그 연구 성과를 담은 본 연구총서는 1차년도 아젠다 주제인 '동북아 해역 인문 네트워크의 근대적 계기와 기반'이란 제목하에 총 13편의 연구 논문을 수록하였다.

모든 인문학 연구소가 아젠다 연구를 어떻게 실천하여 인문학 부흥의 역할을 제대로 해낼 수 있을 것인가라는 근본적인 질문을 항상 던지고 있는 것처럼, 부경대 HK+사업단 역시 여기서 자유로울 수 없다. 특히 이제 발걸음을 떼는 단계에서는 더욱 그러하다. 그런 면에서 근대 시기에 동북아 해역 인문 네트워크가 어떤 형태로 만들어지게 되었으며, 그 계기와 기반은 어떤 것인지를 묻는 일은 공동연구의 가장 기초적인 작업에 해당한다. 이를 위해 사업단은 2019년도 2차 국제학술대회를 본 연구총서의 제목과 같은 주제로 개최하였고, 그 국제학술대회 세션의 하나로 해역연구와 관련한 연구사 검토를 설정하고, 국내외 학자들의 발표와 토론을 통해 그 현황을 파악해 보았다. 이 책의 1부는 바로 연구사와 관련된 논문들을 수록했다.

그리고 근대 시기 동북아 해역 인문 네트워크가 형성되고 작동하는 메카니즘을 파악하기 위해 그 계기와 기반이 어떤 식으로 마련되는지와 관련한 논문들을 따로 모았는데, 그것이 2부이다. 한편 결국 동북아 해역 인문 네트워크는 물자와 사람들의 이동과 교류에 의해 비롯되고, 그 이동과 교류에 의해 상호 간의 문화가 융합되고 그래서 그 접촉의 지대에서는 새로운 문화가 탄생하게 된다. 3부는 해역기층 또는 대중문화의 교류 양상을 통해 문화의 혼종화가 어떻게 이루어지는지에 대해 연구한 논문을 실었다. 특히 시기는 근대 이전이지만, '표류'라는 현상을 통해 동북아 해역 내에서의 이문화교류가 어떻게 이루어졌는지, 그리고 표류한 자가 표류했던 대상을 어떻게 기억하고 표상했는지에 대해서 살핀 논문도 함께 실었다.

이 책을 구성하는 전체 3부 12편의 논문 외에 제2회 부경대 HK+사업단 국제학술대회의 기조강연자로서 참가한 해역연구 방면의 세계적인 학자 하마시타 다케시 교수의 글은 해역연구와 인문학 그리고 동아시아 지역연구가 어떻게 구체적으로 결합할 수 있는지를 보여준다는 점에서 시사하는 바가 컸다. 이 분야에서 오랫동안 연구를 진행해온 대학자답게 하마시타 교수는 동아시아해역 연구를 등대와 항로를 소재로 풀어내고 있다. 하마시타 교수는 글로벌라이제이션 속에서 '해양'과 '지방 항만도시' 그리고 그 네트워크에 대한 연구가 더 중요해진다고 진단하고, 이러한 해역 네트워크의 형성에서 해양 정보의 수집과 전달이 중요한 역할을 했다고 파악한다. 그래서 근대 이후 설립된 해관海關과 그 역사적 자료를 바탕으로 해양과 연해지방에 대한 정보가 생성되고 전파되는 과정을 살피되, 그 가운데 중국 해관사 자료를 바탕으로 등대의 건설을 중심으로 논지를 전개했다. 동북아 해역에서 배의 안전한 이동을 위해 등대가 어떻게 어디에 설치되었으며, 그리고 그 정보를 어떻게 전달했는지 또 그 등대는 어디서 관리했는지에 대해서 설명하고 있다.

1부는 해역연구와 관련한 연구사를 검토한 논문 4편을 수록했다. 서광덕은 동북아 해역에서 근대지식의 형성과 관련한 연구사를 정리했는데, 서구 근대지식의 동아시아로의 유입과 전파를 통해 동아시아 지역에서 근대지식이 수용되고 이것이 내재화되는 과정에서 그 지식의 유통망에 대한 연구가 부족함을 지적하고, 그것을 향후 연구과제로 제시했는데, 이것이야말로 부경대 HK+사업단이 담당해야 할 숙제가 아닐까 한다. 최민경은 코리안 디아스포라 연구 특히 재일코리안 연구와 관련하여 기존의 연구를 검토하고, 그 연구의 한계를 해역의 관점을 도입하여 극복하고자 한다. 해역의 시각을 통해 디아스포라의 이동을 가능케 하는 물리적인 네트워크와 실질적인 삶의 터전인 지역에서 시작하는 교류네트워크를 통해 재일한인이 지닌 디아스포라적 특징을 잘 드러낼 수 있을 것이라고 주장한다. 조세현은 해양사와 해역사의 개념에 대해 정리한 뒤, 최근 해양대국으로의 굴기를 선언한 중국의 해양관련 연구가 주로 해권海權을 강조하는 해강사海疆史라는 측면에 치중하고 있는 점을 지적한 뒤, 지금이야말로 개방적 해양인식에 바탕을 둔 해양인문학적 접근이 필요한 시점이며, 이를 통해 국가 간 충돌을 해결할 포괄적 논리의 개발에 주목해야 한다고 주장한다. 그리고 '서구 중심' 또는 '동아시아 중심'이라는 논리에서 벗어난 탈중심의 균형감 있는 해양사 연구가 요청된다고 하였다. 공미희는 개화기 조선의 근대화에 대한 연구를 위해 조선과 일본의 인적 교류에 대한 연구사를 당시 출판된 자료를 통해 검토하였다.

2부는 동북아 해역 인문 네트워크 형성의 근대적 계기와 기반을 따지는 논문들을 수록했다. 먼저 일본문화연구센터 부소장을 맡고 있는 류젠후이는 19세기 해양네트워크에서 항구도시 광저우, 상하이 그리고 나가사키가 어떤 역할을 했는지에 대해서 요령있게 설명하고 있다. 이 도시들은 동북아 해역에서 차지하는 공간적 위치 그리고 시간적 차이로 인해 각기 서로 다른 역할을 해왔는데, 특히 광저우와 상하이는 동북아 해역 인문 네트워크의 형성에서 각각 개항장 모델의 원조인 광동시스템으로서 또 19세기 후반 서구 근대문물의 수용과 전파자로서의 모습을 잘 보여주고 있다. 마쓰우라 아키라는 동북아 해역 인문 네트워크의 기반이 되는 항로의 개설과 해운회사의 설립이라는 측면을 조선항로의 경우에 대입하여 보여주는데, 이 분야 연구의 일인자답게 해운사의 안내문이나 광고 그리고 관련된 1차 자료를 토대로 그 연구의 신빙성을 높이고 있다. 한편 김윤미는 '일본 해군의 남해안 조사와 러일전쟁'이라는 논문에서 일본 해군의 전략이 지역에 미친 영향에 대해서는 제대로 조명되지 못한 부분이 있음을 지적하고, 일본 해군이 설정한 군사거점 지역의 위치, 조선의 해안에서 얻고자한 정보 내용, 조사 결과에 따른 지역의 변화 등을 1899~1903년 일본 해군의 남해안 조사보고서를 통해 정리해 내었는데, 이는 당시 조선 해역의 상황에 대한 연구로서 의미가 있다. 곽수경은 개항도시의 형성에서 항만이나 철도 건설과 같은 하드웨어적인 측면에서의 항구도시 건설만이 아니라, 문화의 측면에서 그 도시의 모습과 성격을 조망한다. 특히 부산과 상하이라는 한국과 중국을 대표하는 개항도시를 대상으로, 문화적으로는 영화라는 장르를 대상으로 하여 두 개항도시의 공통성과 특이성을 살폈는데, 부산과 상하이의 지정학적 위치와 개항 상황, 열강들과의 관계 등의 차이로 인해 이들 도시에 영화가 유입된 경로와 영화문화의 형성에도 차이가 존재함을 규명하였다. 허재영의 논문은 한국의 서양서적 번역양상을 근대 중국의 서학 수용과 연관지어 살피고 있다. 곧 근대 서적 유통 현상을 중심으로 한중 지식 교류 양상을 살폈는데, 먼저 상해 강남제조총국 번역관과 광학회를 중심으로 근대 중국의 지식 현상을 규명하고, 이들 서적이 국내에 유입되는 경로를 파악하는 데 중점을 두었다. 필자도 강조했듯이 근대 지식네트워크의 측면에서 당시 서적의 유통망이 어떻게 이루어졌는지에 대한 체계적이고 종합적인 연구가 요망된다.

3부는 해역기층(대중)문화 교류에 대한 글을 모았다. 양민호는 외래어外来語라는 용어 대신 박래어舶來語라는 곧 '바다를 건너 들어온 말'과 외행어外行語 즉 '바다를 건너 외국으로 건너 간 우리말'에 주목하여, 바다(해역)를 매개로 한 한국과 일본의 언어전파 양상에 대해 탐구하였다. 우리가 일상적으로 사용하고 있는 말 속에 이처럼 박래어가 다수 있고, 또 우리의 말이 해외로 전파되기도 한다는 사실을 통해 문화의 교류는 쌍방향적임을 확인할 수 있고, 이러한 연구를 지속함으로서 교류를 통한 해역(언어)기층문화의 양상을 조망할 수 있겠다. 안승웅은 근대 중국의 대표적인 항구도시 상하이의 대중문화 형성에 대해 연구했는데, 특히 대중문화 가운데 동아시아 지역에서 대유행한 협의서사를 중심으로 서술하고 있다. 곧 협의서사가 근대시기 도시의 발달과 함께 등장한 대중의 보편적 욕망을 투영하고 있을 뿐 아니라, 儒·佛·道라는 동아시아의 전통적인 가치관을 담지하고 있기 때문에 협의서사는 동북아시아를 중심으로 다양한 장르로 변주되어 지금까지 지속적으로 환영받고 있다고 정리한다. 표해록 연구 분야에서 유명한 타이완 국립중앙연구원의 류쉬펑은 『청국표류도』를 중심으로 중일 간의 민간교류에 대해 살폈는데, 시기적으로는 근대 이전이긴 하지만 동북아 해역의 민간네트워크 양상을 보여주는 자료로서 표해록은 가치가 크다. 바다를 사이에 두고 당시의 상황을 알 수 있다는 측면에서 역사적 자료로서도 그러하지만, 여행기 또는 견문록이라는 점에서 문학적 가치도 적지 않고 또 상호 간의 인식이 어떠했는지를 알 수 있는 점에서도 중요한 자료이다.

이상 이 책에 수록된 13편의 글은 각기 다른 연구 분야에서 동북아 해역의 인문 네트워크 형성의 과정에 대해 천착했고, 일정하게 그 연구 성과를 드러내주었다. 그러나 아직 갈 길이 너무 멀다. 이 책은 공동연구를 위한 하나의 작은 발걸음에 불과하다. 관련 연구자와 독자들의 질정을 바라마지 않는다.

부경대 인문한국플러스사업단 HK연구교수 서광덕

차례

중국 해관사^{海關史}에서 보는 동북아시아 해역의 등대와 항로

하마시타 다케시

1. 들어가며
－글로벌라이제이션 속에서 '해양'과 '지방 항만도시'의 재등장

급속히 진행하는 글로벌라이제이션의 움직임은 지금까지의 단선적인 세계발전단계론에서의 아시아론이나 '세계'에서 '지방'에 이르기까지 상하로 계열화된 지역론의 재검토를 강하게 촉구하고 있다. 지구적 규모의 과제가 점차 생겨나고 있는 가운데, 글로벌한 시야의 지방이나 지역의 새로운 역할, 글로벌한 지역 주체의 형성이 요구되고 있다. 글로벌라이제이션의 현재에서 모든 지역 공간은 서로 둥근 고리를 구성하는 연대의 단위가 되어 있으며, 대소나 상하에 관계없이 다각적인 네트워크로서 구성되어 있다. 지역 네트워크 그 자체도 한편에서는 따뜻한 관계가 강조되지만, 다른 한편에서는 비공식·비제도적 관계로서 모든 것에 대하여 불가피한 '강제'를 재촉하고 있는

것도 부정할 수 없다.

또한 지역 공간을 구성하여 서로 연결시키는 단위로서 해양이나 도시라고 하는 지역 단위가 인류의 생활에 대해 아주 커다란 역할을 함과 동시에 영향력을 가지고 있다는 사실이 또 다시 확인되고 있다. 그 가운데 글로벌라이제이션이 야기한 지역동태Regional Dynamism는 아시아를 어떻게 다시 파악할 것인가라는 과제를 묻고 있음과 동시에 우리는 앞으로 아시아의 지역 네트워크를 어떻게 구상할 것인가라는 과제의 실천을 요구하고 있다고 할 것이다.

이러한 상황 안에서 해양 연구와 함께 연해항만도시 및 그 네트워크의 연구는 특히 중요성을 더해가고 있다고 생각된다. 왜냐하면, 해양·해역에 시점을 둠으로써 지금까지 포착할 수 없었던 연해도시 간의 네트워크가 드러난다고 생각되며, 또 그 네트워크를 검토함으로써 지금까지 육지 위에서 고찰해왔던 역사를 자연환경사를 포함하여, 보다 글로벌한 시점에서 파악하는 것이 가능해졌다고 생각되기 때문이다.

2. 글로벌 시대의 아시아 해역

지금까지 국제화나 세계화라고 하는 표현에 의하여 제시되어 왔던 지역의 개방이나 확대는 글로벌라이제이션의 움직임에 의하여 크게 변화하고 있다고 할 수 있다. 국제화나 세계화는 일반적으로는 지역을 생각하는 중심에 국가를 위치시켰다. 이에 비하여 글로벌라이제이션의 커다란 특징은 국가를 지역화하였다고 하는 점에 있다고 생각된다. 글로벌 시대의 지역 공간 계열의 변화는 지금까지 국가를 중심에 두었던 지역 서열로부터 글로벌이 세계를 대신하게 되었을 뿐만 아니라, 글로벌이라고 하는 지역 동태가 국가를 비롯한 다양한 지역 공간을 균질·균등의 위치에 두었다고 말할 수 있을 것이다.

방법조건 : 지구사 연구와 해관海關 사료

전통적인 세계 체계는 근대국가의 기본을 이루는 영역국가를 단위로 하여, 국가를 중심으로 세계가 편성되고, 지역이 서열화되어 왔다. 말하자면 상하관계의 수직계열로써 지역 공간의 공간질서가 계열화되는 형태로 편성되었다. 지구 또는 '글로벌'은 지금까지 국제 관계 또는 세계라고 하는 틀을 전제로 이해되어 왔다. 즉 세계를 정점으로 하여 그 밑에 대지역 — 아시아나 아프리카, 아메리카 대륙 등 — 이 있고, 그 다음에 영역국가라고 하는 국가, 다시 국가 아래 하위 지역으로서의 지역 — '지역 정책'이라고 할 때 상정되는 단위 — 가 있고,

A 지역 관계의 계열화	B 글로벌 시대의 지역 연대
지구(세계＋해양)	세계 · · · · 대지역
세계	· · · ·
대지역	국가 · · · · · 지방
국가	· · · ·
지역	지구 · · ·해양
지방	

마지막 혹은 끝에 '지방'이라고 하는 지역이 있었던 셈이다. 일본사의 경우에는 '지방사地方史'라고 하는 형식으로 지방성을 얘기해 왔다. 또 세계를 최상위에 두고, 국가로 수렴되는 지역 관계에 대해서도 로컬local이나 재지성在地性=indigenous을 강조하여, 소위 아래로부터의 지역 관계를 주장하거나 국제연합 등의 정책이 시도되어 온 적은 있지만, 기본적인 관계는 불변이었다고 할 수 있다.

이에 대하여 글로벌라이제이션의 현대에서는 모든 지역 공간은 둥근 고리를 구성하는 각각의 한 단위가 되어 있으며, 서로 간에 대소나 상하와는 관계없이 지역관계는 다각적인 네트워크로서 나타난다. 그 위에 지역공간을 구성하는 단위로서 '해양'이나 '도시'라고 하는, 지금까지 국가와는 직결되지 않았던 지역공간에 대하여, 그것들이 실제로는 인류의 생활에 아주 커다란 역할과 영향력이 있음을 경고하고 있다고 말할 수 있다. 즉 이 지역 연관의 특징은 글로벌라이제이션이 세계를 지구 규모로 크게 했을 뿐만 아니라, 로컬을 글로벌과 직결시켜 '글로컬' 등으로 표현되는 것처럼, 새로운 지역 간 관계의 조합을 드러냈던 것이다. 지금까지의 국가는 중층적으로 공유되는 지역 공간의 하나였다고 할 수 있다. 이와 동시에 어떠한 지역 공간을 생각하는 경우에도 글로벌이라고 하는 동태로부터의 접근이 요구된다는 점도 유의해야 할 것이다.

3. 중국 해관 자료와 아시아 해양사 연구
−글로벌 시대 해양사 연구의 과제

인류는 역사적으로 예로부터 어업이나 해상 교통 등 해양의 이용을 위하여 다양한 자연 조건에 관해 해양 정보를 수집하여 이용하고, 그와 동시에 장거리 교역이나 안전 항해를 위해 여러 해양 정보를 발신하고 전달하여 왔다. 또 천체 관측을 포함한 항로도航路道의 작성이나 등대·부표浮標 등 항로 표지의 설치에 의해 정기적으로 항로가 개설되고, 보다 대규모로 그리고 보다 장거리를 항해할 수 있는 범선이나 기선의 건조에 의하여 해양 이용은 19세기 이후 본격화되어 왔다. 각종 해양 정보의 전달 수단 가운데에서도 19세기 후반 이후 시작되는 등대 건설은 연해 지역과 해양과의 관계를 크게 확대하였다고 할 수 있다. 아래에서 그 특징을 검토해보자.

중국 해관사로부터 살피자면, 육지·대륙에서 본 연해 일대에 항만이 형성되어 있다. 그리고 이것은 육지를 지역으로 분할하는 것처럼, 각 지역의 특징을 구성하고 있다. 즉 북쪽으로부터 동북부, 화베이부華北部, 화중華中지역, 창장長江유역지역, 화난華南·타이완 지역이다.

종래의 해양에 관한 시각은 육지를 기점으로 하여 육지로부터 바라본 해양이며, 육지로부터 해양으로 시야를 연장하고, 육지의 특징을 해양으로 확대시켜 왔다고 할 수 있다. 여기에서는 항만과 배후지의 관계를 기본으로 하며, 항만·개항장은 육지로부터 해양으로 진출해가는 출구였다. 중국 해관the Chinese Maritime Customs=CMC은 다음 일곱 항목으로 나누어서 보고서를 간행했다. 지금까지는 제I항목의 무역 통계를 중심으로 검토되어 왔지만, 본고가 취급하는 기상이나 의료 보고에 관해서는 주로 제II, 제III의 항목에 수록되어 있다.

I. Statistical Series (Trade Returns, Trade Reports, Decennial Reports, etc.)

II. Special Series (Specialist works on specific topics)

III. Miscellaneous Series (Explanations about merchandise, etc.)

IV. Service Series (Service lists, details of duties, etc.)

V. Office Series (CMC business as a whole)

VI. Inspectorate Series (Circulars issued by the IG and others)

VII. Postal Series

4. 중국 해관과 동아시아 해역에서의 등대 설치

1863년에 개시된 중국 해관의 외국인 세무사 제도는 총리아문總理衙門의 감독 아래 행해졌던 양무정책(서양화 정책)의 하나였으며, 해관이 담당하였던 범위는 해양교통·해양 무역 관리 외에 항만·항로 건설 및 정비와 유지, 등대의 설치와 유지 등 해양 관련 업무 외에 관세의 징수와 관리, 증기선을 중심으로 한 선박의 항행 및 국제적인 해양활동의 조정 등이 포함되었다. 또 해관 외에 전신電信이나 우편업무, 교육·출판사업, 의료 활동 등이 포함되었다. 그중에서도 해관은 그 규모의 크기, 아일랜드인 로버트 하트Robert Hart 등 영국인을 중심으로 한 외국인의 전문적인 관여, 중앙과 지방의 재정 관계에 관련되었던 점에 의하여 많은 의론을 불러 일으켰다.

청조(총리아문)가 해관 총세무사인 로버트 하트에게 맡겼던 해관 관리는 다음 3항목의 내용으로 구성되어 있다.

① 해관세의 징수와 해관 재정의 관리

② 해관 조직과 그 운영에 관련된 책임

③ 등대의 설치와 그 관리 운영, 1847년 상하이(上海) 도대(道臺) 우젠장(吳健章)

특히 등대에 대해서는 다음과 같다.

① 등대는 해양이라고 하는 광범위하고 유동적인 공간에 대하여 정점(定點)을 설정하고, 거기에서 해양으로 정보를 발신한다는 특징을 지닌다. 이 해양에 관한 정점 정보는 해양 이용을 단번에 세계적으로 공통되고 표준화된 해양 정보의 발전에 기여하게 되었다. 세계가 획일적으로 기획된 해양 정보로써 연결되게 되었던 것이다.

② 등대가 가진 광학적 기능은 특징적이다. 새로운 렌즈의 개발로 원거리까지 지속적으로 빛을 보내는 일이 가능하게 됨으로써 등대의 역할이 해양에 부합하게 되었다.

③ 등대는 고정적이며 정점으로부터 해양 정보를 발신하는데, 해양 정보는 등대뿐만 아니라 그 아래에 부수하는 부표(buoy)나 항로 표지(beacon) 등 이동 가능한 장치에 의해 보다 상세한 해양 정보를 기본적으로 제공한다.

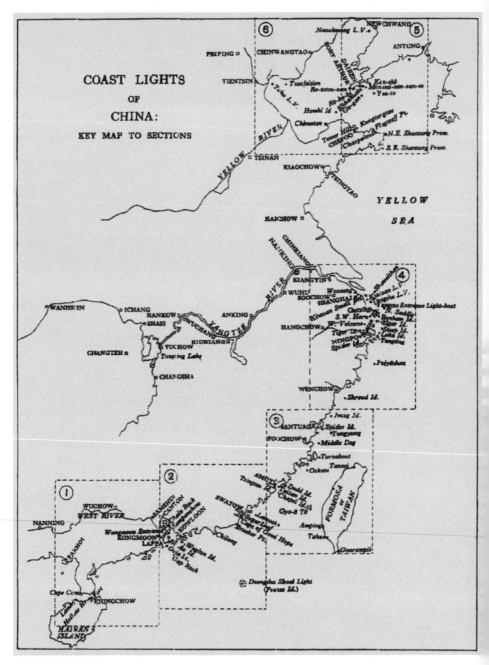

〈그림 1〉 중국 연해·연강(沿江)의 등대 소재지 일람(출전 : Roger banister, *The Coastwise Lights of China An Illustrated Account of the Chinese Maritime Customs Lights Service*, Shanghai, 1932)

이와 동시에 등대가 수집하여 발신하는 해양정보는 기상 관측을 위해 설치된 백엽상百葉箱 등에 의한 계절에 따라 변화하는 해양에 대응하는 정보를 수집·발신하는 장치와 일체화가 된다. 중국을 예로 들면, 1920년대까지 설치된 등대는 연안沿岸·연강沿江에 60여 기가 있었는데, 부표buoy나 항로 표지beacon, 등대선 등 중소 규모의 표지를 더하면, 전국에 1,500개소를 상회했다. 그리고 이러한 해양 정보와 함께 연안 육지 정보도 병행하여 발신하였다.

〈그림 1〉에 중국 연해 및 창장長江·연강沿江의 등대 위치가 북쪽은 랴오둥遼東반도에서 남쪽은 하이난도海南島까지 모두 104개소가 표시되어 있다. 그림의 분포로부터 중국 연해·연강에 있는 등대 소재지의 지역적 특징을 볼 때, 아래 다섯개 지역에 집중되어 있음을 알 수 있다. 즉 ① 톈진天津·산둥山東반도 ② 상하이上海·닝보寧波 연해 ③ 창장長江 연강 ④ 샤먼廈門·타이완 ⑤ 광저우廣州·주장珠江·시장西江 일대이다.

등대가 수집 발신하는 해양 정보는 (A) 해류의 방향이나 속도·해온海溫·염도 등 해류에 관한 정보와 (B) 기온·습도·풍속·강수량·태풍이나 몬순(계절풍) 등의 기상 정보로 대별된다.

동아시아 해양의 기상 관측 역사를 고찰해볼 때, 1882년 홍콩香港천문대의 건설과 초대 홍콩천문대장이었던 윌리엄 도베르크William Doberck(1852~1941)의 역할이 주목된다. 윌리엄 도베르크는 1883년에 초대 홍콩천문대장이 되어 1907년까지 그 임무를 맡았다. 그는 덴마크의 코펜하겐대학에서 학위를 받고, 천문학의 전문가로서 아일랜드 서북부에 위치한 슬라이고Sligo County주의 대서양에 면한 항구 도시 마크

〈그림 2〉 1884~1885년에 있어서 동아시아 해양의 태풍(Dorbeck, op.cit., *Instructions*, p.30)

리 Markree의 천문대에서 10년간 근무하였다. 이 지역 일대는 1845~1849년의 대기근 시기에 많은 희생자와 그에 따른 해외 이민이 발생한 지역이다. 마크리에서 도베르크는 파리의 코쇼Robert Cauchoix가 제작한 13.3인치의 굴절망원경을 사용하여, 60,000개 별의 목록을 만들었다. 이 망원경이 홍콩에 이설되어 사용되었다.

W. Doberck, *Instructions for making Meteorological Observations prepared for use in China and the Law of Storms in the Eastern Seas*, Shanghai, 1887(Chinese maritime Custom Publication Series, ii. Special series : No.7.『미국 하바드대학도서관 소장 미간행 구 해관 자료(1860~1949)Unpublished Chinese Maritime Customs Historical Materials (1860~1949) in Harvard University Libraries, U.S.A.』, 广西师范大学出版社, 208책)에서 도베르크는 기상 관측의 표준화・규격화를 시행하였다. 항목은 기압계, 온도계, 습도계, 강수량, 풍속, 구름, 날씨, 해수, 관측 시각에 이르며, 그것에 이어서 통계환산표가 첨부되어 있고, 그 위에 동아시아 해역에서 태풍의 법칙성에 관한 관측을 나타내고 있다.(〈그림 2〉 참조)

도베르크는 1884년부터 1885년까지의 2년간 동아시아 해역에서 발생한 지봉地堋의 궤적을 쫓았다. 특히 풍속・풍향에 주목하여 항해 중인 선박의 위치와 주변 풍향風向을 확인하는 데 중점을 두고, 어떻게 대처할 것인지 지시하고 있다. 당시의 관측과 대처 방법에 대해서는 매우 정밀한 관찰을 행하고 있다고 생각된다.

천문대의 해양 기상 정보는 몇 개 분야와 그에 대응하는 관측 설비가 결합되어 이루어져 있는데, 그러한 해역・해류 정보는 항해나 항운과 직결됨과 동시에 어업과 깊이 관련되어 있다. 중국 연안에서 톈진天津 · 닝보寧波 · 샤먼厦門 · 타이완 등 어업의 중심 지역에는 다양한 방식으로 등대가 설치되어 있는 것도 이것을 말해주고 있다. 19세기 후반기의 어업 자원에 대해서는, 세계적으로 주목을 받은 식자재 자원 문제와 관련하여 중국 해관에서도 1880년의 베를린만국박람회, 1883년의 런던박람회에서 주요한 테마로 간주하였다. 중국 해관은 연해에서의 어업에 관하여 어법漁法 · 종류 · 어장漁場에 대하여 상세한 조사를 행하였으며, 500종 이상의 표본이 알코올병에 담겨져 유럽의 박람회장으로 운반되었다. 또 유럽에서는 초창기의 통조림 생산과 관련해 통조림 제작에 관한 상세한 기술 보고가 행해졌다.

그것은 아래의 보고서에 채록되어 있다.

No.9 *Special Catalogue of the Ningpo Collection of Exhibits for the International Fish-ery Exhibition*, Berlin, 1880. Preceded by a Description of the Fisheries of Ningpo and the Chusan Archipelago(1880년 베를린국제어업박람회 닝보(寧波) 전시품 특별 목록)

No.11 *Special Catalogue of the Chinese Collection of Exhibits for the International Fisheries Exhibition*, London, 1883(런던국제어업박람회 중국 전시품 특별 목록)

No.13 *Illustrated Catalogue of the Chinese Collection of Exhibits for the International Health Exhibition*, London, 1884(런던국제위생박람회 중국 전시품 목록)

이러한 보고서는 모두 『미국 하바드대학도서관 소장 미간행 구 해관자료(1860~1949)Unpublished Chinese Maritime Customs Historical Materials(1860~

1949) in Harvard University Libraries, U.S.A. 』(广西师范大学出版社) 제219책에 수록되어 있다.

　중국 해관에 의한 등대의 해양 관찰 보고서는 1872년에 시작하여 1947년까지 75년간에 걸쳐 연보^{年報}가 간행되었으며, 해양기상정보를 보존 기록하였다. 그중에서도 등대·등대선·부표^{Buoy}·항로표 Beacon 등이 연해·연강지역에 설치되고, 등대마다 그 위치·광원·발광의 간격·발광 횟수 등을 달리하여 항로 표지로서의 역할을 수행하였다. 이러한 자료는 해관 보고서 "제II집 Miscellaneous Series, No.6" 가운데에 수록되어 있다. 즉, *List of Lighthouses, Light-vessels, Buoys, Beacons etc., on the Coast and Rivers of China, 1872~1947*이며, 이것은 1872년의 제1집부터 1947년의 제70집까지 75년간 계속되었다. *List of the Chinese Lighthouses, Light vessels, Buoys and Beacons, 1872*에서 시작되어, *List of Lighthouses, Light-vessels, Buoys, and Beacons, etc., on the Coast and Rivers of China, 1947*, Seventieth Issue까지 계속되었다.(213~218책) 또 병행하여 1879년부터 1905년까지는 영문이 중국어로 번역되어 간행되었다. 즉 *Report of the Chinese Lighthouses, Light-vessels, Poles, Police Boats and Buoys*, 1879~1905(274~278책)이다. 또 책 권수의 기록은, 『미국 하바드대학 도서관 소장 미간행 구 해관 자료(1860~1949) Unpublished Chinese Maritime Customs Historical Materials (1860~1949) in Harvard University Libraries, U.S.A. 』(广西师范大学出版社) 전 283책에 의거한다.

　또 등대에 관한 전문 서적은, 1932년에 당시의 총세무사 메이즈 F.W. Maze의 지시에 의해 상하이 부세무사 배니스터^{Roger Banister}가 전국 104개소 등대의 사진을 넣어서 소개한 연해등대자료를 단행본으로 편집한 것이 있다. 즉 해관 보고의 제II집 Miscellaneous Series, N o.43, *The Coastwise Lights of China. An Illustrated Account of the Chinese Maritime Customs Lights Service*(227책)이 있다.

등대에서의 기상 관측과 함께 각지의 기상관측소에서는 규격화된 백엽상을 설치하여, 많은 수문자료水文資料를 수집하고 채취하였다. 거기에서는 강우량, 하천의 수위, 기온, 습도, 태풍 관측, 연해 해류의 관측이 행하여졌다.

기상 측량에 대해서는 기호화, 유형화, 수치화에 근거한 일반적 공통적인 지표를 제정하였다. 또 백엽상에 의한 계통적이며 지속적인 기상 관측·측정에서는 맑음, 흐림, 천둥, 비, 바람, 눈, 안개, 얼음 등의 현상을 각각의 등급으로 분류하고, 그 위에 '미확인 물체不明物體'라는 관측 항목도 더하여 모두 16항목으로 된 기상·날씨 정보의 측정 기준을 기호화하여 설정하였다. 이것에 더하여 온도, 기압, 습도를 측정하고 해류 관측을 더하였으며, 측정을 위해서 각지의 백엽상을 규격화하였다.

또 창장長江 수문水文조사에서는 한커우漢口에서의 관측이 가장 빨라서 1869년 11월에 개시되었다. 창장의 수위, 수온, 풍향, 온도, 습도 등의 항목에 대하여 매일 2회의 관측이 행하여졌으며, 데이터는 상하이上海의 쉬자후이徐家匯천문대와 홍콩천문대로 보내졌다.

5. 동아시아 해역의 기상 관측 및 기상 보고
– 천문대와 기상대

기상정보와 등대의 관계는 보다 넓은 네트워크로써 연결되어 있다. 여기에서 한커우漢口해관 등대의 기상 정보의 예를 보기로 하자. 1869년 한커우 해관이 설치되자 같은 해 11월부터 매일 2회씩 기상 정보를 수집하였다. 그것은 한편으로는 상하이의 쉬자후이徐家匯천문대로, 다른 한편으로는 홍콩의 천문대로 보내졌다.

여기서 1886년 5월 15일의『홍콩 정청政廳의 보고Hongkong Government Gazette』419쪽에 게재된 동아시아 해역의 기상센터 배치도를 살펴보자.

이 기상센터 배치도는 1886년 5월 15일의『홍콩 정청의 보고』419쪽에 게재된 것인데, 홍콩천문대가 설립된 뒤 바로 홍콩을 중심으로 해서 동아시아로부터 동북아시아에 걸쳐서 설치되었는데, 그 중심이 되는 기상센터는 중국 각지의 해관에서의 기상 관측에 두어졌다. 이와 동시에 같은 날의 Gazette에는 그 외의 천문대 혹은 기상센터 합계 9개소가 올려져 있으며, 또 각각의 센터가 홍콩천문대에 보내는 1일 보고 횟수가 규정되어 있다.

동아시아 해역의 기상 정보 수집은 홍콩천문대와 상하이 쉬자후이徐家匯천문대에 집중되어 있었다. 1885년의 단계에서는 동아시아 연해에 합계 45개소의 기상측후소가 설치되어 있었다. 그 가운데 중국해관은 36개소이며, 그 나머지는 9개소이다. 그것은 볼리나오Bolinao, 마닐라Manila, 하이퐁Haiphong, 마카오Macao, 홍콩HongKong, 나가사키Nagasaki, 원산Yuensan, 부산Fusan, 블라디보스토크Wladivostock이며, 남으로는 필리핀

GOVERNMENT NOTIFICATION.—No. 176.

The following List of Meteorological Stations in the Far East in communication with the Hong-kong Observatory in 1885, is published for general information.

By Command,

FREDERICK STEWART,
Acting Colonial Secretary.

Colonial Secretary's Office, Hongkong, 15th May, 1886.

LIST OF METEOROLOGICAL STATIONS IN THE FAR EAST IN COMMUNICA-TION WITH THE HONGKONG OBSERVATORY IN 1885.

The meteorological stations mentioned below belong to the Imperial Maritime Customs of China with the following exceptions :—

Bolinao.—Eastern Extension A. & C. Telegraph Company.
Manila.—Jesuit Fathers.
Haiphong.—French Government.
Macao.—Portuguese Government.
Hongkong.—British Colonial Government.
Nagasaki.—Japanese Government.
Yuensan.—Korean Government.
Fusan.—Korean Government.
Wladivostock.—Russian Government.

Stations marked T report only through telegraph except when otherwise mentioned. The tele-grams comprise readings of the barometer, attached, dry and damp thermometers, the direction and force (0·12) of the wind, the amount of rain, and the weather (Beaufort notation) at 10 a. and 4 p. From stations marked O observations made at other hours are occasionally received. Stations marked V have been visited by me.

+   Stations marked A began in the course of 1885 observations with instruments of uniform and approved construction including standard barometer, dry, damp, maximum, minimum, black bulb and grass minimum thermometers and rain-gauge. Those instruments were unpacked, verified and wooden screens constructed under my superintendence and they were distributed from the Custom House at Amoy, from which were issued also instructions for making and forms for entering the observations arranged by the Commissioner of Customs in accordance with my suggestions. The returns are received through and suggestions usually addressed to the Commissioner at Amoy. The observations are made at 3 a, 6 a, 9 a, noon, 3 p, 6 p, 9 p and midnight except at the following stations, where observations are made only at the hours named :—

Pakhoi,...,,...........8 a, Noon, 4 p.
Kiungchow,...7 a, 10 a, 1 p, 4 p, 7 p.
Swatow, ...3 a, 9 a, 3 p, 9 p.
Tamsui, ...6 a, 9 a, noon, 3 p, 6 p.
Keelung,..6 a, 9 a, noon, 3 p, 6 p.
Anping,..6 a, 9 a, noon, 3 p, 6 p, 9 p.

Stations marked H began before the end of 1885 observations with instruments of approved construction, bought in Hongkong and verified here, the thermometers being exposed in screens also forwarded from here, similar to those in use at stations marked A. Similar instructions were issued to the observers by the Commissioner of Customs at Hankow, but he adopted a different form of entry and the hours are 10 a. 4 p. and 10 p. Stations marked S were in 1884 supplied with standard barometers, compared under the supervision of the Harbour Master at the Custom House in Shanghai. The hours are the same as at stations marked A.

In Takow observations are made at 9.30 a, noon and 3.30 p, in Ningpo at 4 a, 8 a, noon, 4 p, 8 p, and midnight. At Chinkiang, NE Shantung Promontory, SE Shantung Promontory, Chefoo, Howki, Taku and Newchwang observations are made at every three hours but the instruments are of inferior construction, exposed in various manners and the observations very much inferior to those marked A or H.

In Macao observations are made at 4 a, 10 a, 1 p, 4 p and 10 p. In Fusan and Yuensan observa-tions are made at the same hours as at stations marked A or S.

In the accompanying woodcut B means Breaker Point; L Lamocks; C Chapel Island; F Fisher Island; O Ockseu; T Turnabout; M Middle Dog; Sh Shaweishan; G Gutzlaff; N North Saddle and St. Steep Island.

〈자료 1〉 *Hongkong Government Gazette*, 1886.5.15, p.419

〈자료 2〉 아시아 해역 주변의 기상관측센터(*Hongkong Government Gazette*, 1886.5.15, p.419)

의 마닐라, 북은 시베리아·러시아의 블라디보스토크, 동으로는 나가사키, 서로는 베트남의 하이퐁까지 펼쳐져 있다. 한국은 원산과 부산이 기상 정보를 관측하여 보내고 있었다. 중국 해관을 포함한 모든 관측소 지점은 〈자료 2〉와 같다.

또 기상 정보 관측의 시간, 횟수도 정해져 있으며, 베이하이北海, Pakhoi는 하루에 4회, 충저우琼州, Kiungchou는 하루 3회, 산터우汕頭, Santow 는 4회, 단수이淡水, Tamsui는 5회, 지룽基隆, Keelung 은 5회, 안핑安平, Anping 은 6회로 되어 있다.(*The Hongkong Government Gazette*, 15th May, 1886)

남쪽으로 갈수록 하루 동안의 관측 및 보고 횟수가 많아지는데, 이것은 태풍 관측을 예상하고 있었기 때문이라고 생각된다. 왜냐하면

영국의 동아시아에 있어서의 태풍 관측은 그때까지는 인도와 필리핀으로부터의 정보를 중심으로 하였는데, 동아시아에 관측망을 펼치고, 상하이와 홍콩에 천문대를 설치함으로써 관측체제와 관측망을 충실히 할 수 있었을 것으로 간주된다.

항로에 관한 조사와 그것을 항행하는 선박에 전달하여 안전한 항해를 확보하는 일은 해역 조사, 해역 관리에서 가장 중요한 과제였다. 연해의 지형뿐만 아니라 해저의 깊이, 암초와 그 밖의 장해물의 유무, 해류의 방향과 속도 등 끊임없이 측정하여 최신의 정보를 제공해야 할 필요가 있었다. 영국에서는 그 역할을 해군의 측량선이 하고 있었고, 각지의 식민지로부터 근린 해역에 대하여 통지를 받고 있었다. 동아시아 해역에 관해서는 홍콩으로부터 중계되어, 선박에 대한 해양정보로서 즉시 발표되었다. 그것이 "Notice to mariners"이었으며, 홍콩에서는 홍콩 정부의 통지 "Hongkong Government Gazette" 매호에 빠짐없이 게재되어 통보되었다. 또 그것들은 등대의 위치정보 · 관측정보와 함께 나란히 통보되었다. 중국 해관에서도 II Special series No. 5, *Notice to mariners, 1862~1882*(207책)으로서 간행되었다.

6. 영국 해군에 의한 아시아 해역 조사와 조선반도 연안

영국 해군에 의한 중국으로 가는 항로의 확인과 동아시아 해양 조사는 1830년대부터 개시되어 1860년대, 1890년대 정기적으로 해역 정보가 갱신되고 정밀해졌다. 조선반도 주변의 연해 지역은 1890

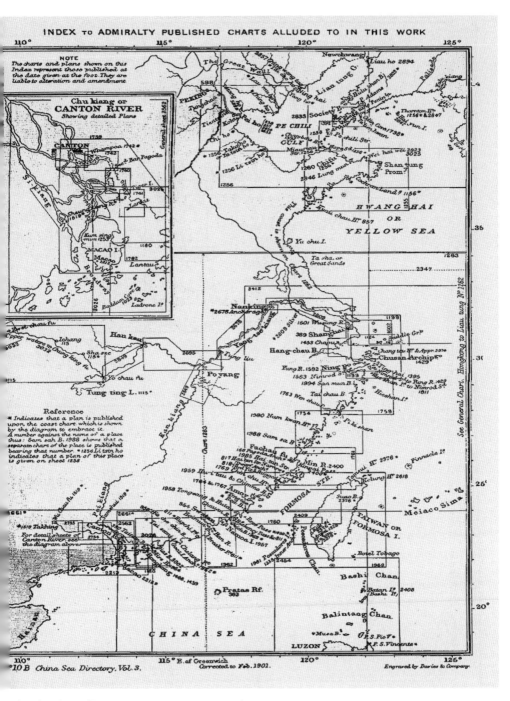

영국 해군 항로 조사(*The China Sea Directory* Vol.IV)

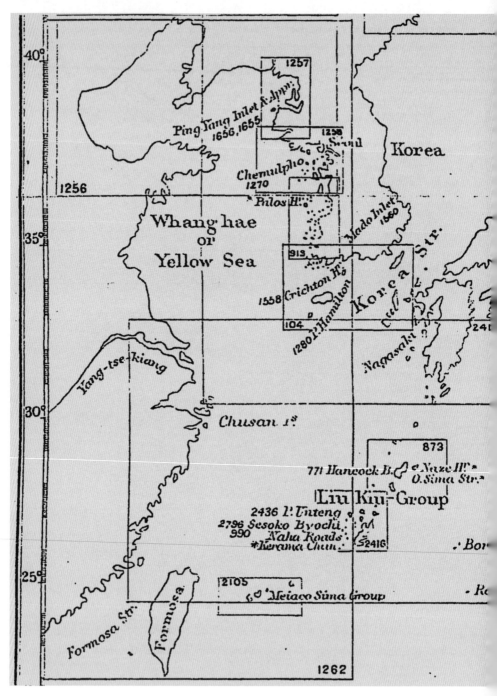

〈그림 4〉 영국 해군 항로 조사(*The China Sea Directory* Vol.Ⅳ)

년대의 조사에서 상세하게 등장한다.

주장珠江으로부터 광둥廣東에 이르는 경로가 표시되고, 다시 북상하여 랴오둥遼東반도의 랴오허遼河와 그 강 입구의 뉴좡牛莊까지 기록되어 있다. 또 지도에는 크고 작은 모양으로 다양하게 구획된 20매를 넘는 해도海圖의 범위와 지도 번호가 첨부되어 있다.(〈그림 3〉)

또 중국 주변의 연해 지역도 항행상의 특징이 지리적으로 나타나 있고, 시베리아·러시아로부터 조선반도, 일본열도, 오키나와열도 등의 항행도가 표시되어 있다.(〈그림 4〉)

조선반도 연해의 개요에 대해서는 아래의 서적에 기록되어 있다.

The China Sea Directory, Vol.IV, Coasts of Korea, Russian Maritime Province, Japan, Gulf of Tartary, and the Sea of Okhotsk; also Meiago, Liu Kiu, Linschoten, Mariana, Bonis, Saghalin, and Kuril Islands, London, Printed for the Hydrographic office, Admiralty, 1894, 20~21쪽

1894년에 출판된 영국 해군의 해양조사에 의한 한반도 주변의 연해 조사는 아래와 같이 기록되어 있다.(위의 책, 40~41쪽)

West, South-West, and South Coasts of Korea : and Korea Strait

Yalu river; Ping Yang inlet; Taitong Kang; Kelton Kang; Sir James Hall group; Rooper harbor; Tsia Tung islands; Seoul river; Salee;

Approach to Chemulpo; Prince Imperial archipelago; Marie Fortunee archipelago; Chemulpo anchorages; Prince Jerome gulf; Shoal gulf;

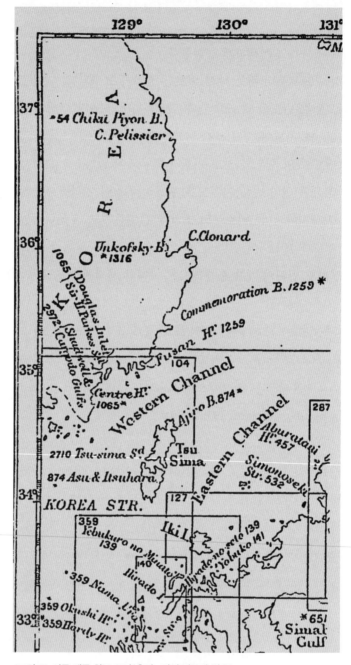

〈그림 5〉 영국 해군 항로 조사(출전 : 앞의 자료와 같음)

Conference group; Naju group; Lyne sound; Mackan group; Ross island; Murray sound; Bate group; Quelpart island; Crichton group; Nan How group(port Hamilton); Hope promomtory; Willes gulf; Purvis inlet; Centre harbor; Douglas inlet; Sir H Parkes sound; Sylvia basin; Fusan harbor; Tsu sima; Tsu sima sound; Korea strait

이와 같이 북쪽의 압록강에서 반도를 남하하여 한강, 서울에 이르고, 남단의 부산으로부터 쓰시마對馬, 대한해협에 이르기까지 연해 항행상의 중요 지점을 지적하고, 현지 지명 또는 독자적으로 명명한 영문 지명에 의하여 연해 항해에서 유의해야 할 지리 정보를 기록하고 있다.

또 조선반도 남단에 대해서는 〈그림 5〉와 같은 해도海圖가 표시되어 있다.

여기에서는 대한해협이 쓰시마를 경계로 하여 서해협과 동해협으로 표시되어 있다. 또 반도 남단에 기록된 지명은 항로상의 편의를 위한 것으로 보이는 것이 산견되는 것도 특징적이다. 항로의 설정을 주목적으로 하고 있었다는 점이 나타나 있다고 생각된다.

7. 소결 – 해양 연구에서 바라본
새로운 '아시아해역 연해 도시 네트워크'의 형성

육지의 시점으로부터 항만도시를 보는 것이 아니라, 동아시아 해양의 시점으로부터 연해도시나 항만도시를 보면 어떠한 특징이 나타날 것인가? 연해도시나 항만도시는 육지의 주변에 위치하는 것이 아니고, 동아시아 해양의 주변에 위치하고 있다는 것이다. 그리고 각각의 연해도시는 해역을 넘어서, 또는 연해 지역을 따라서 네트워크로서 연결되어 있었다. 동아시아 해역은 역사적으로 예로부터 물건, 사람, 돈, 정보가 다양하게 연결되어 있었고, 또 연해도시를 서로 연결해주는 바다였음을 알 수 있다.

이에 대하여 유럽의 역사를 보면, 북구지역의 발트해 주변에 위치하는 '환環 발트해 연해도시 연합UBC : Union of Baltic Cities'의 역사적 경험과 축적이 있음을 알 수 있다. 이 도시 간 네트워크는 EU 가운데 하나의 하위 기구로서 만들어졌으며, 발트해 연해의 105개 도시가 하나의 도시 자격으로서 참가하고 있으며, 테마에 따라 관련된 도시가 모여서 협조한다. 공통의 과제, 경쟁적 과제, 교섭적 과제 등 각양각색이다. 가령 해항도시의 고층 건축 등 환경과 관련된 테마나 수자원 문제 등 지구 규모의 테마를 로컬한 도시 연합이 대처한다고 하는 구조이다. 그리고 유의할 점은 역사적으로 중세의 시대로부터 발트해 연해도시 간에는 한자동맹Hanseatic League이라고 하는 상업·문화 네트워크의 오랜 전통이 있으며, 그것들이 글로벌한 현대에 다시 등장하고 있다고 말할 수 있다. 아시아, 특히 동아시아 지역이 해양이라고

〈그림 6〉 Union of Baltic Cities(http://www.ubc.net/cities)

하는 시점에 의거하여 글로벌함과 동시에 로컬한 과제에 대처하기 위한 연대를 해야 할 때 참고할 만한 하나의 사례이다.

글로벌라이제이션의 움직임은 로컬이라고 하는 개념을 중핵으로 하여 지금까지의 상하 지역관계를 유동화시키고, 국가 그 자체도 지역 다이나미즘 속으로 끌어들임으로써 아시아의 지역 주체도 변화시키고 있다. 현재 태평양으로부터 인도양에 이르는 해양 아시아를 시야에 넣는다면, 거기에는 연해 도시라고 하는 구성 주체와 행동 주체가 등장할 것이다. 그리고 바다를 넘어서 형성되어진 연해 도시의 다양한 네트워크는 정치 경제보다는 사회 문화적 계기로 인한 유대 관계를 지닌 해역 주체의 형성이 요구된다. 연해 도시를 기초적 요소로 하여, 그것들을 연결함으로써 생겨나는 아시아의 새로운 해역 주체와 그 다이너미즘은 현대의 글로벌한 세계의 과제와 중첩된다고 생각된다.

제1부

연구사 검토

동북아 해역 근대 지식의 형성과정에 대한 연구사 검토

서학西學의 수용과 한국 근대지近代知의 형성을 중심으로

서광덕

1. 들어가며

최근 인터넷이나 모바일 등의 매체를 이용한 지식 수용과 유통 방식의 변화는 학술 연구 및 교육 방식의 변화를 추동하고 있다. 이는 지식의 대중화를 추동하지만, 또 도서의 출판을 약화시키고 있다. 종래의 지식 생산과 수용의 방식이 바뀌고 있으며, 또 학교를 중심으로 한 교육의 형태에도 영향을 주고 있다. 이와 같이 지식을 둘러싼 급격한 환경의 변화는 원래 근대와 함께 시작되었다.

근대 이전의 지식은 특정 계층의 전유물이었던 반면에 근대 이후 지식은 보다 많은 사람들이 향유할 수 있게 되었기 때문인데, 이와 같이 지식을 일반인들 누구나가 접할 수 있게 되었던 것은 국민국가의 수립과 국민의 양성이라는 정치적 요구에 힘입은 바가 컸다. 소위 근대적 교육제도는 이를 뒷받침했다. 또 근대적 출판업이 활기를 띠면서 학교가 아니더라도 대중들은 신문이나 잡지 그리고 도서를 통해 자유롭게 새로운 지식을 수용할 수 있었다. 그런데 이와 같은 지식의 보급과 유통에서 그 지식은 과연 어떤 것이었는가? 그것은 서학이西學라고 불렸던 서구 근대의 지식이 주를 이루었다고 할 수 있다. '서학'이란 지식의 수용에 따른 새로운 지식의 형성과 소위 근대학문의 수립은 동아시아 지역에서 공통된 현상이었다.

여기서 우리는 한국의 근대학문은 어떻게 성립되었는가라는 질문을 던질 수 있다. 이 문제에 대한 답은 근대학문에 대한 정의에서 시작하여 이것의 성립 과정에 대한 역사적 검토, 또 최근 근대학문에 대한 비판적 견해 등을 종합적으로 살펴야 가능할 것으로 보인다. 특히 근대학문의 성립 과정은 조선 시대까지의 전통적인 학문과 소위 서학이라는 외래 학문의 충돌 그로 인한 갈등과 대립의 양상을 살피고, 이것이 일제강점기 그리고 해방 이후 현재까지 어떤 형태로 정리되어 지금의 모습을 갖추게 되었는지 탐구해야 한다.

서학이라고 통칭하더라도 서학의 내용은 아주 다양하고, 전통학문 역시 그것의 범주가 넓으며 또 서로 다른 학문이 부딪히는 시기와 지역 그리고 학문을 다루는 주체에 의해서도 지식의 내용은 다르다. 그래서 각 학문의 내용을 살피고, 또 학문을 생산하는 개인이나 그룹 그리고 지방이나 국가 등의 지역으로 확장되는 지식 네트워크 등에 대한 검토가 필요하다. 또 하나의 학문이 성립하는 데는 제도적 기반과 함께 학술네트워크의 형성이 수반된다. 특히 학술담당계층 간의 네트워크에는 문서(책)라는 매개물의 유통 즉 지식의 유통이 있기 마련이고, 이 유통이란 측면은 특히 근대 동아시아의 서학 수용에서 또렷하게 드러났다. 앞에서 말했듯이 이 서학의 수용은 동아시아의 특정 국가나 지역에만 국한되는 것이 아니라, 동아시아 전체에서 보편적으로 이루어졌고, 또 동아시아 지역 내에서 서학은 다양한 형태로 전파되었다. 동아시아에서 서학의 수용은 결국 서학서의 유통으로 이루어졌고, 그 서적은 중국, 조선, 일본 간에서뿐만 아니라, 각국의 내부에서도 전해졌는데, 이 현상을 밝혀내려고 할 때, 각국 간의 유통은 동아시아역내의 교통망과 무역망 그리고 사절단과 같은 각종 교류망을 검토해야 하고, 내부의 유통은 서적상이나 인적 지식네트워크를 통해서 파악해야 한다. 아울러 19세기 중엽 이후는 근대적인 인쇄술과 출판업이 흥성하였기 때문에 동북아 해역에서 서적의 유통역시 상업적인 측면(출판자, 서적상, 구매자라는 틀)에서 점검할 필요가 있다. 근대문물의 전파에서 중요한 역할을 한 이들은 상인, 선교사 그리고 외교관, 유학생 등인데, 곧 상인은 교역을 위해, 선교단체는 선교를 위해, 외교관은 국가를 위해, 유학생은 자신과 가족 및 민족을 위해 근대 지식을 수용하고 이를 내면화했다. 이 글은 19세기 말~20세기 초 동아시아 지역에서 서학의 수용 및 유통 양상과 관련하여 국내외의 연구 경향을 살피고, 여기서 연구가 미진한 부분을 파악하여 향후 연구의 과제로 제시하고자 한다.

2. 연구사 검토

현재까지 한국의 근대학문 성립과 관련된 연구는 다양한 분야에서 다각적으로 이루어졌다. 그런데 한국 근대학술의 성립은 안에서 독립적으로 이루어진 것은 아니다. 밖에서 들어온 다양한 지식이 근대학문 수립을 추동했다. 따라서 한국학 전공자들의 연구도 검토해야 하는 것은 당연하지만, 이 밖에 중국이나 일본 나아가 구미를 연구하는 이들의 연구도 함께 점검해야 한다. 다만 여기서는 지면의 한계상 전자에 초점을 두되, 필요한 경우 후자의 연구도 함께 거론토록 한다. 근대학문의 성립과 관련된 연구사를 검토하기 위해 대체로 다음과 같은 연구 분야를 예상할 수 있다.

① 제도적 측면 : 근대적 교육기관(대학)의 수립

② 운동적 측면 : 전통학문의 변신과 민간 학술집단의 변화

③ 사회적 측면 : 매체의 변화와 시장을 배경으로 한 공론장 등의 형성과 같은 사회구조의 변화

④ 종교적 측면 : 기독교 선교사들에 의한 전도서 등의 유입과 배포, 전도서 판본(한문/한글)

⑤ 개념적 측면 : 개념사 연구 곧 개념의 수용과 변용 연구

⑥ 언어적 측면 : 근대 중국 및 일본제 한자어의 수용

⑦ 서지학 측면 : 근대 서학서 판본과 유입 시기 및 수용 주체에 대한 연구

⑧ 사상적 측면 : 북학파 등의 조선 유학자의 사상과 서학(천주교)

⑨ 과학적 측면 : 서구 자연과학 수용의 양상

이와 같이 다양한 연구 분야에서 진행되어 온 연구 성과를 이 제한된 지면에서 모두 검토하는 것은 불가능하다. 이 글은 '동북아 해역과 인문 네트워크의 역동성 연구'라는 공동연구의 일환으로 작성되

는 관계로, 근대 이후 동아시아의 근대 지식이 어떤 네트워크 속에서 형성되었는지에 대해 주목한다. 그래서 위에서 제기한 많은 분야의 연구사 가운데서도 특히 이 주제와 밀접한 연관이 있는 분야를 집중적으로 검토하는 방향으로 서술하고자 한다. 근대 지식의 수용 그리고 근대 학문의 수립 과정에는 우선 근대 지식으로 대변되는 서구의 학문 곧 서학 — 물론 이 서학의 범위도 광범위하지만 통칭해서 부른다면 — 이 어떤 방식으로 동아시아에 전래되었고, 동아시아 지역 내에서는 또 어떻게 유통되었는지를 살펴야 한다. 이를 위해서는 서학의 내용이 무엇인지 그리고 그 내용을 담고 있는 서적은 어떤 것이었는지를 파악해야 한다. 그 다음은 그 서적이 어떻게 전파되고 보급되었는지 또 서학을 배운 사람들은 어떤 네트워크를 통해 그 내용을 공유했는지 하는 점이다. 이 과정에서 전통적인 학문과 그것을 학습한 이들과의 사이에 갈등과 대립이 발생한다. 이 과정은 종교적, 사상적, 과학적, 운동적 측면이 얽혀서 작동한다. 한국을 비롯해 동아시아 지역에서 천주교 및 기독교 수용으로 인해 일어난 충돌은 실로 대단했고, 과학으로 대변되는 서구 근대학문의 토대는 종래의 전통적인 학문과는 결합하기 어려웠다. 이러한 인문학적 바탕 위에서 전개된 전통과 근대의 대립은 긴 시간에 걸쳐 진행되었고, 그 가운데 번역어의 탄생과 개념의 번역이란 형태를 통해 소위 서구의 근대 지식을 전유해 나갔다. 초기 새로운 지식의 수용에 따른 혼란은 점차 제도화를 통해 정착되어 갔는데, 동아시아 각국은 근대적 학교를 비롯한 교육기관을 설치하여 이를 강고하게 만들었다. 국가에 의해 설치된 이와 같은 기관 밖에서는 출판을 통해 지식의 대중화가 이루어졌다. 여기서 출판(또는 서적상)은 공식적인 학교와 다른 차원에서 근대 지식의 전파를 수행한 점에서 주목하지 않으면 안된다.

이상과 같은 간략한 정리를 통해서도 동북아 해역에서 전개된 근대 지식을 둘러싼 (유통)네트워크의 양상에 대한 검토는 방대한 작업이 아닐 수 없음을 알 수 있다. 게다가 근대 지식이 단지 특정 지역에 국한되어 그 내부에서만 성장한 것이 아니기 때문에 횡적인 검토가 중요하다. 또 이것은 시대의 변화에 따라 지속적으로 유동함으로서 종적인 점검도 이루어져야 하기 때문에, 이 글에서 어떤 특정한 지역과 시대를 획정하지 않으면 안된다. 그래서 시기적으로 19세기 말에서 20세기 초까지를 설정하고, 지역은 동북아 해역으로 한정하여 연구사를 검토하고자 한다. 이러한 시공간적 배경에서 아래 세 가지 범주로 연구 성과를 파악해본다.

1) 서지학 측면

동아시아에서 서학의 수용과 유통을 검토하는 방법으로 먼저 떠올릴 수 있는 것은 책 곧 서학서의 유통이다. 이를 위해서는 현재 국내에 서학서가 어디에 소장되어 있는지 하는 것에 대한 현황 파악이 우선적으로 필요하다. 이에 대한 연구는 서지학 분야의 학위논문과 몇 편의 개별 논문에서 진행되었다. 예를 들어 윤주영, 「중국본 서학서의 한국 전래에 관한 문헌적 고찰」(전남대 석사논문, 1998)은 〈표 1〉과 같이 정리하였다.

그런데 이 논문에서 다룬 123종의 소재는 제시되어 있지 않다. 그리고 이 목록을 실학자들의 개인 문집과 관변사료의 문헌기록을 중심

<표 1>

시대구분		天文·算法類			地理類	醫學類	政法類	西敎類			합계	비율(%)
		천문류	曆法류	산법류				성서격언류	眞敎辯護類	신·철학류		
17세기	전반	5		1	3		1	2	2		14	11.4
	후반	2	2	1							5	4.1
18세기	전반	4	21	4	1				2	2	34	27.6
	후반	1	2	2	3	1	5	12	15	7	48	39.0
19세기	전반			1			1	12	3		17	13.8
	후반	1				4					5	4.1
합계		13	25	9	7	5	7	26	22	9	123 (종)	100 (%)

으로 파악했다고 적을 뿐, 그 자료가 어떤 것인지 구체적으로 적시하지 않아 확인이 어렵다. 그리고 123종은 조선 말기 고종 때 구입한 서학 서적은 빠져 있다. 그래서 우리가 점검해야 할 사항은 먼저 현재 국내의 어디에 어떤 서학서가 실존하는가 하는 것이다. 예를 들어 서울대 규장각이나 중앙도서관 고문헌자료실 및 숭실대 한국기독교박물관 등 고서를 보관하고 있는 기관의 서학 목록을 종합적으로 파악해야 한다. 고종은 개화정책을 추진하기 위해 많은 서학서를 중국에서 구입했는데, 그 책들은 대부분 규장각에 보관되어 있다. 신내하서목新內下書目과 춘안당서목春安堂書目과 같은 목록에서는 서양 관련 서명들이 다수 실려 있다. 실제로 고종이 중국에서 간행된 서양 관련 서적들을 구입한 사실은 『내하책자목록內下冊子目錄』에서 확인된다. 1884년에 작성된 이 목록은 약 600종의 도서가 수록되어 있는데, 서양서가 절대 다수를 차지하고 있다. 이 밖에 집옥재도서 중의 『상해서장각종서적도첩서목上海書莊各種書籍圖帖書目』도 서양 관련 중국본 서적의 구입 상황 파악에 도움이 되는데, 『천天』, 『지地』, 『인人』 3책으로 분

책된 이 서목은 상해에 있는 16개 서점의 판매도서 목록을 모은 것이다. 서목들에는 서점별로 100여 종에서 400여 종에 이르는 서적의 목록과 가격, 그리고 각 서점의 위치와 고객 유치를 위한 인사말들이 적혀 있다. 이 인사말 중에는 연도가 확인되는 것은 대부분 1887, 1888년이다.[1] 이처럼 고종은 조선의 개혁을 위해 상해를 비롯한 중국에서 다양한 서학서를 집중적으로 구입했음을 알 수 있다.

그런데 서학서 구입의 주체나 시기를 봤을 때, 이 책들이 개혁 정책을 위해서 그리고 국민들 계몽을 위해서 어떻게 활용되었는지는 잘 알 수 없다. 다만 1910년까지 약 15여 년간 조선 정부에서 구입한 서학서가 분야에 따라 다르겠지만, 충분히 소화되어 활용되기까지는 시간적으로 부족했을 것이라고 짐작해볼 수 있다. 여기서 우리가 연구의 주제로 삼을 수 있는 것은 고종 이후 들여온 서학서의 종류 또 그것의 활용과 유통에 대한 것인데, 위에서도 언급했듯이 하나는 중국에서 들여온 서학서가 어디서 제작되고 어떤 경로로 구입되었는지에 대한 전체적인 파악이며, 다른 하나는 이러한 서학서가 정부 관리나 당시 조선 지식인들에게 어떤 영향을 주었는가 하는 점이다. 전자와 관련해서는 일찍이 신용하와 이태진의 논문에서 규장각 목록을 정리하면서 그 가운데 서학서의 목록을 정리해서 소개한 바 있고 그 이후 꾸준히 연구가 진행되고 있는 데 반해,[2] 후자와 관련해

---

1 李泰鎭, 「奎章閣 中國本 圖書와 集玉齋圖書」, 『민족문화논총』 16, 영남대 민족문화연구소, 1996.
2 신용하, 「규장총목해제」, 『규장각』 4, 서울대 규장각 한국학연구원, 1981; 신용하, 「규장각도서의 변천과정에 대한 일연구」, 『규장각』 5, 서울대 규장각 한국학연구원, 1981, 延甲洙, 「高宗 初中期(1864~1894) 政治變動과 奎章閣」, 『규장각』 17, 서울대 규장각 한국학연구원, 1994; 이태진, 「奎章閣 中國本 圖書와 集玉齋圖書」, 『민족문화논총』 16, 영남대 민족문화연구소, 1996; 이태진, 「1880년대 고종의 개화를 위한 신도서 구입 사업」, 『고종 시대의 재조명』, 태학

서는 관련 연구가 부족한 듯하다. 물론 『내하책자목록』를 보면 당시 고종이 수입한 책이 『만국공법』과 같이 주로 제도와 문물, 그리고 외교와 연관된 서적이 대다수이며 서양의 사상이나 종교에 관한 서적은 포함되어 있지 않기 때문에 후자에 대한 연구는 제한적일 수밖에 없다는 점은 감안해야 할 것이다. 이와 더불어 검토가 필요한 것은 1910년 이전 일본을 통한 서학의 수용은 없었는가 하는 점이다. 1876년 개항 이후 수신사가 몇 차례 파견되었는데, 이들을 통해 일본에 전래된 서학서가 조선으로 들어온 것은 없는지 검토가 필요하겠다.[3] 또 조정과 관료들을 통한 서학서의 수입과 보급이란 측면 외에도 조선 후기에서 개화기까지 발달한 민간 출판과 그 서적의 유통에서 서학서는 없었는지 하는 것도 연구가 필요하다. 조선 후기 방각본 한글소설이 유행했듯이 개화기를 거치면서 민간에서 석인본 서적이 많이 유행했다고 하는데, 이 서적들은 어떤 것이 있으며, 그 가운데 서학서는 없는가 하는 점도 살펴야 할 것이다.

사, 2000; 신경미, 「高宗 年間(1863~1907) 서적 刊行 양상과 그 성격−『朝鮮王朝實錄』을 중심으로」, 『HOMO MIGRANS』 16, 이주사학회, 2017; 민회수, 「규장각 소장본으로 본 개항기 서양 국제법 서적의 수입과 간행」, 『규장각』 47, 서울대 규장각 한국학연구원, 2015; 장영숙, 「『內下冊子目錄』을 통해 본 고종의 개화관련 서적 수집 실상과 영향」, 『한국민족운동사연구』 58, 한국민족운동사학회, 2009; 황정연, 「고종연간 緝敬堂의 운용과 宮中 書畵收藏」, 『문화재』 40, 국립문화재연구소, 2007.

3 이와 관련해서는 정훈식, 「수신사행록과 근대전환기 일본지식의 재구성」, 『한국문학논총』 56, 한국문학회, 2010; 정훈식, 「사행록의 역사적 전개와 일동기유」, 『열상고전연구』 26, 열상고전연구회, 2007; 정훈식·남송우, 「조선 후기 일본지식의 생성과 통신사행록」, 『동양한문학연구』 29, 동양한문학회, 2009; 이효정, 「19세기 후반 조사시찰단(朝士視察團)을 통한 지식·문화 교류의 한 양상−『스에마츠 지로 필담록(末松二郎筆談)』을 중심으로」, 『한국문학논총』 78, 한국문학회, 2018; 조항래, 「병자(1876)수신사행과 대일인식」, 『강좌 한일관계사』, 현음사, 1994; 하우봉, 「개항기 수신사행에 관한 일연구」, 『한일관계사연구』 10, 한일관계사학회, 1999; 한태문, 「조선 후기 통신사 사행문학연구」, 부산대 박사논문, 1995; 황호덕, 『근대 네이션과 그 표상들』, 소명출판, 2005.

2) 제도적 측면

앞에서 말한 조선에서 서학서의 유통과 보급은 제도적 측면에서 다루어야 하는 것이 맞을 듯하다. 그것은 출판업의 성장과 서적상을 통한 유통이란 측면 그리고 서적 및 매체를 매개로 한 지식인들 간의 교류와 지식의 대중 보급 또 근대적 학교 및 연구기관의 설립을 통한 근대 지식의 범주화와 제도 교육 등의 상황을 종합적으로 살펴야 한다. 이를 모두 '제도'라는 이름으로 포괄할 수 있을 듯하다. 고종의 개혁정책에서도 알 수 있듯이, 동아시아에서 근대국가를 수립하는 것이 지상의 과제가 되었던 시기에 근대 지식의 보급은 정부의 과제가 되었다. 물론 민간에서 자발적인 근대 지식의 수용과 보급이 이루어지지 않은 것은 아니다. 근대국가 수립이란 목표에서 관료들의 해외시찰을 비롯해 유학생 파견에 이르기까지 일차적으로는 정부에 의해 주도된 것이었고, 이후 민간의 개인적인 차원에서 근대 지식의 수용과 유통이란 형태가 전개되었던 것이다.

이와 관련한 연구 역시 이 논문에서 전부 다룰 수는 없다. 앞의 서지학 방면의 연구와 연관지어 출판업의 성장과 서적 유통이란 측면에서 현재 연구가 어떻게 진행되고 있는지 정리해보자. 조선 후기의 서적 유통과 관련해서는 많은 연구가 진행되었다. 주목할 수 있는 점은 조선은 조정이 앞장서서 온갖 서적을 출판하고 유통했다는 것이다. 책을 펴내려고 군신이 한자리에 모여 회의하는 것은 조선에서 흔히 볼 수 있는 광경이었다. 그 자리에서 임금은 마치 출판사의 편집장처럼 책을 기획하고 관리하며 교정했다. 심지어 정조正祖(재위 1776~1800)는 책을 인쇄할 때 어떤 활자를 쓸지 꼼꼼히 따져 보기까지 했다고 한다. 아울러 책을 펴내는 것 못지않게 흩어진 책을 모으는 일도 중요했다. 필요한 책이 있다면, 온 나라를 뒤져서라도 책을 찾았다. 그래도 못 얻는 책은 중국에서 들여왔는데, 그래서 중국으로 가는 사신에게 책을 사 오는 일은 주요 임무 가운데 하나였다. 청淸의 한 관료는 연경燕京의 서점가를 휩쓸다시피 하며 책을 사 가는 조선인들의 모습이 인상에 퍽 깊었는지 그것을 묘사한 글을 쓰기도 했다고 한다. 이렇게 보면 책을 사랑하고 그래서 그것을 만드는 일은 정부가 나서서 할 정도였음을 알 수 있다. 곧 조정이 출판사였던 셈이다.

그리고 지방관청에서의 출판 역시 중앙부처에서 내려보낸 책을 복제한 목판본을 만들거나, 직접 지방에서 필요한 책을 만들어 보급하는 방식이었다. 조선 전기에는 주로 관청에서 책을 출판하였으나, 조선 후기에는 사찰에서 불경, 서원에서 문집, 유력가문에서 족보, 판매용 책을 출판하기 위한 민간 출판이 성행하였다고 한다. 당시에 출판에는 필사하는 방법, 철활자나 나무활자로 인쇄하는 방법이 있었는데, 활자를 만들어서 인쇄하는 것은 비용이 많이 들기 때문에 글자를 빌려서 인쇄하는 방법도 썼다. 하지만 글자를 빌려서 인쇄하는 것 역시 비용이 적지 않게 들었으므로, 필사본이 많이 전해지고 있다. 예를 들어, 조선 후기 최고의 출판편집인으로 알려진 중인 장혼張混(1759~1828)은 정조에게 사랑받으며 교정 보고 책 만드는 일로 반평생을 보낸 인물이다. 정조가 1790년에 감인소監印所를 설치하고 책을 인쇄하고 반포하려 할 때, 장혼은 교정보는 일을 하였다. 장혼은 후에 인왕산 서당에서 아이들을 가르쳤는데, 아이들을 가르치기 위해 교과서를 직접 만들어서 인쇄를 하였다고 한다. 이 장혼의 문집이 필사본으

로만 전해지고 있는 것도 활자를 빌려서 인쇄하는 것의 비용 때문이었던 듯하다.[4]

18세기 전반의 연행록에 나타난 조선과 청 사이의 서적 교류 양상은 다음의 세 가지가 두드러진다. ① 서반序班을 통한 서적 구입 : 서반은 사신 일행의 접대를 담당한 청국 예부禮部 소속의 관원인데, 연행사의 서책 구입은 주로 이들을 통해 이루어졌다. 서반은 당시 출판문화가 발달했던 강남 지방 출신의 한족으로 서책의 매매를 중개하면서 일정한 이익을 취했다. ② 중국 문사와의 교류를 통한 서적 교류 : 연행사는 북경에 머물면서 중국 문사들과 교유하며 최신 서적에 관한 정보나 문학적 관심사를 교환했다. ③ 천주당 선교사를 통한 서학서 접촉 : 북경의 천주당은 18세기에 조선의 사신들이 으레 들르는 관광 명소의 하나가 되었는데, 천주당에 대한 관심은 개인에 따라 많은 차이를 보인다.[5]

북경에 온 조선 사신들은 강남에서 올라오는 서적들이 모이던 유리창을 자주 찾아, 그곳에서 필요한 서적들을 대거 구입해 갔다. 명말이후로 출판 및 서적 유통이 폭발적으로 늘어나면서 중국 전역에 책을 유통시키는 일이 가능해졌다. 이런 중국의 상황과 조선 사신들의 서적 구입의 연관성을 따져야 한다. 게다가 조선의 서적중개상도 살펴야 하는데, 보통 서쾌書儈(책쾌冊儈) : ① 서울에서만 활동하는 부류 ② 서울과 지방을 왕래하던 부류 ③ 지방(도시)에서만 돌아다니던 부류로

---

4 허경진, 『조선의 중인들—정조의 르네상스를 만든 건 사대부가 아니라 '중인'이었다』, 알에이치코리아, 2015.
5 신익철, 「연행록을 통해본 18세기 전반 한중 서적교류의 양상」, 『泰東古典硏究』 25, 한림대 태동고전연구소, 2009.

나눌 수 있다.[6]

그런데 뜻밖에도 '출판 왕국' 조선에는 서점이 없었다. 조선 후기에 접어들어 민간에서 방각본 출판과 세책업이 성행했지만, 이미 수백 년 전부터 서점이 들어선 중국에 견주면 뒤늦은 편이었다. 사실 조선에서도 서점을 세우자는 논의가 몇 차례 있었으나, 끝내 제대로 된 서점 운영은 이루어지지 않았다. 많은 대신이 서점 설립을 탐탁지 않게 여겼기 때문에 서점을 세워야 한다는 목소리는 힘을 받지 못했다. 대신들은 중국처럼 많은 사람에게 보급할 만큼 책을 생산할 수 없다거나 책을 살 수 있는 수요자가 적다는 논리를 들어 서점 설립을 반대했다. 하지만 반대한 진짜 이유는 바로 정권의 유지와 관련된다. 조선에서 책은 지식과 정보를 담은 매체를 넘어 권력의 상징이었다. 나라에서 인력과 물력을 동원해 책을 간행하고 보급하는 데 힘쓴 것은 지식과 정보를 국가가 통제하려는 목적이기도 했다. 그래서 출판 사업 자체가 통치 수단이었던 셈이다. 조선 초기에 유교 사상을 백성들에게 널리 퍼뜨리고자 펴낸 『삼강행실도三綱行實圖』가 그것을 잘 보여준다. 반대로 유교 이념과 맞부딪친 천주교 관련 서적은 이단시해 불태웠다. 그토록 책에 정성을 쏟았던 조선 조정이었지만, 국가에 위협이 되는 책이라고 판단하면 가차 없이 없앴던 것이다. 곧 서점이 없다는 얘기는 다양한 분야의 서적을 발간할 수 없게 정부가 그 이념과 정책에 위배되는 것을 통제했고, 그래서 이단이나 민간이 요구하는 오락물과 같은 서적은 애초부터 발행하기 어렵거나 아니면 발간

---

6 이민희, 「조선과 중국의 서적중개상과 서적 유통문화 연구」, 『東方學志』 141, 연세대 국학연구원, 2008.

되어도 유통할 수 없게 통제했다고 할 수 있다.[7]

그렇지만, 앞에서 잠깐 언급했듯이, 조선 후기가 되면 지방과 민간에서 다양한 서적이 개인적인 출판에 의해서 이루어진다. 그리고 상업출판도 활발하게 진행되었다. 그런데 당시 활발하게 진행되었던 방각본 상업출판은 많은 분량의 책자가 유통되고 소비되었지만, 그당시의 출판 경로, 유통망과 출판시장의 규모에 대한 사료는 매우 희박하다. 그리고 조선 후기 출판시장의 변화에서 중요한 사실은 바로 한글 출판을 통한 지식 정보의 확대이다. 하지만 이 한글본 출판에 대해서도 구체적인 증거가 거의 없다. 왜냐하면 조선 후기에 한글이나 상업활동은 후대에 가치있는 것으로 인정받지 못했기 때문이다.[8] 그런데 한글 출판을 통한 지식 정보의 저변 확대를 가장 잘 보여주는 예로 천주교를 들 수 있다. 종교는 기본적으로 자신의 신념 체계를 다른 이에게 전파하기 마련이니, 널리 전파하기 위해서 자연 널리 퍼뜨릴 수 있는 길을 찾게 된다. 그래서 그리스도교의 전파는 이와 같은 조선 후기 출판과 서적 유통에 힘입거나 반대로 조정 중심의 출판 경향을 바꾸는 데 기여했다. 19세기 말과 20세기 초 서양 선교사들의 출판활동은 학계에서 주목을 받지 못한 조선 말기 방각본 사업에 관한 중요한 단서를 제공한다. 방각본에 대한 직접적인 언급이 많진 않지만, 서양 선교사들은 기독교의 전파를 위해 조선인들의 언어생활과 그 당시의 출판문화를 깊이 파악했으며, 기독교 서적을 유통하

---

7 조선 후기 출판과 관련해서는 강명관, 『조선 시대 책과 지식의 역사—조선의 책과 지식은 조선사회와 어떻게 만나고 헤어졌을까?』, 천년의상상, 2014; 이재정, 『조선출판주식회사—조선은 왜 인력과 물력을 동원하여 출판을 독점했을까?』, 안티쿠스, 2008.

8 정병설, 「조선 후기 한글·출판 성행의 매체사적 의미」, 『진단학보』 106, 진단학회, 2008.

기 위해 여러 가지 방법을 모색했다. 특히 선교사들이 주목한 점은 언문서적 시장의 특징과 언문의 언어적 위상이었는데, 그들이 남긴 사료를 보면 방각본 상업출판의 흐름을 간접적으로 고찰할 수 있다. 선교사들은 결국 언문서적 출판시장을 의식하며 서민층의 독서문화를 탐구했는데, 그 결과 그들이 기대했던 이상의 출판 실적을 올릴 수 있었다. 지금까지는 선교사들의 출판 활동이 그다지 주목받지 못했지만, 그들이 남긴 사료들은 조선 후기와 일제 초기의 방각본 상업출판의 전반적인 이해를 도울 수 있을 것이다.[9] 또 그리스도교 성경과 교리서의 출판 및 보급은 넓은 의미에서 서학을 조선의 민간 사회에 전파했다고 인정할 수 있다. 특히 한글교리서의 출현은 천주교 운동의 성격에 있어서도 주요한 전환점을 제공해 주었다. 당시의 지식청년들은 한문서학서의 수용을 통해서 이를 '서학西學'의 차원에서 파악하고 일종의 신문화수용운동新文化受容運動을 전개하고 있었다. 그러나 한글 서학서는 독자층의 변동을 가져왔고, 서학은 일종의 민중종교운동民衆宗敎運動으로 전개되어 나가게 되었다. 즉, 한글 서학서의 출현은 천주교 서적이 인민들에게까지 전파될 수 있는 계기를 마련해 주었고, 천주교 신앙이 종교의 차원에서 실천될 수 있는 계기를 마련해 주었다. 19세기 조선천주교회에서 서학서를 대량으로 간행하게 된 계기는 선교사들에 의해서 서울에 인쇄소가 설립된 이후였다.[10]

---

9 이와 관련된 연구는 마이클 김, 「서양 선교사 출판운동으로 본 조선 후기와 일제 초기의 상업출판과 언문의 위상」, 『열상고전연구』 31, 열상고전연구회, 2010; 마이클 김, 「서양인들이 본 조선 후기와 일제 초기 출판문화의 모습─대중소설의 수용과 유통 문제 중심으로」, 『열상고전연구』 19, 열상고전연구회, 2004.
10 조광, 「朝鮮後期 西學書의 受容과 普及」, 『민족문화연구』 44, 고려대 민족문화연구원, 2006.

제한적이지만 이상과 같이 조선 후기의 조정과 민간 출판의 상황을 바탕으로 개화기 이후 서학이 어떻게 수용되고 또 보급되는지를 구체적이고 체계적으로 점검해야 한다. 곧 1880년대 이후 정부에서 세운 학부와 번역관 등의 신학문 수용과 이를 위한 인재양성 등 제반 업무를 담당하는 기관과 여기서 발행되는 출판물 또 서양 선교사들을 비롯하여 신지식인 집단이 경영한 출판사 그리고 회동서관과 같이 토착 자본가가 경영한 출판사 등 다양한 인쇄출판업의 상황에 대한 것이 그것이다. 김민환은 개화기 서적출판에 관한 기존 연구에 대해서 자세히 정리하고 있다.[11] 현영아는 우리나라에서 책의 근대 인쇄는 고종 17년(1880), 일본 요코하마에서 최지혁崔智爀의 글자를 자본字本으로 주조한 한글 신연활자新鉛活字로 찍은 『한불자전韓佛字典』이 효시라 하겠으나, 정부에서 고종 20년(1883) 처음으로 통리아문統理衙門에 박문국을 설치하고 신활자新活字를 일본에서 도입하여 『한성순보漢城旬報』를 찍어 발행한 것이 우리나라의 공식적인 근대 인쇄의 시작이라 할 수 있다고 했다. 연활자鉛活字에 의한 근대식 출판은 1883년 박문국의 설립부터 시작된다. 그러나 박문국은 갑신정변으로 인해 기구한 운명이 되어 제대로 활동하지 못하고, 따라서 관官에서의 출판도 1894년 갑

---

11 김민환, 「개화기 출판의 목적 연구―생산 주체별 차이에 관하여」, 『언론정보연구』 47-2, 서울대 언론정보연구소, 2010; 이 밖에 관련 연구로는 김봉희, 「개화기 지식보급의 확대와 출판인쇄의 기능」, 『성곡논총』 27-3, 성곡언론문화재단, 1996; 박용찬, 「근대계몽기 재전당서포와 광문사의 출판과 그 특징 연구」, 『영남학』 61, 경북대 영남문화연구원, 2017; 서태열, 「개화기 학부발간 지리서적의 출판과정과 그 내용에 대한 분석」, 『사회과교육』 52-1, 한국사회과교육연구학회, 2013; 이종국, 「개화기 출판 활동의 한 징험―회동서관의 출판문화사적 의의를 중심으로」, 『한국출판학연구』 49, 한국출판학회, 2005; 배정상, 「개화기 서포의 소설 출판과 상품화 전략―신문 게재 소설 광고를 중심으로」, 『민족문화연구』 72, 고려대 민족문화연구원, 2016 등 다수의 연구가 있다.

오경장 때까지 별반 성과를 얻지 못하였다. 관에서의 본격적인 출판은 1895년 학부령의 반포 이후 학부 편집국에서 교과서를 출판하면서부터이다. 이후부터 한일합방이 되던 1910년 시기의 출판물들은 애국계몽서, 역사지리, 국어국문, 사회과학, 전기류, 신소설, 교과서, 종교서, 국학관계 등으로 세분하여 서술하였다. 이 연구를 통해 한국에서 책의 근대 인쇄가 어떻게 시작되었는지 알 수 있다.[12]

이처럼 개화기 조선의 출판 상황과 관련해서는 출판의 주체, 지방 출판의 상황, 교과서를 비롯한 출판물의 종류, 잡지 발간의 현황 및 소설류의 상업출판의 형태 등에 대한 연구가 많이 진행되었다. 개항 이후 1910년 이전까지 조선에서는 짧은 기간이지만 근대 지식의 보급과 상업출판이 활기를 띠었음을 확인할 수 있다.

3) 사상적 측면

야마무로 신이치는, 조선에서 서학의 수용과정은 17세기 초반 마테오 리치 등의 천주교 서학서에 의해 시작하는 것과 1885년 이후 미국인 개신교 선교사 언더우드, 아펜젤러 등의 포교에 의해 들여오는 것 두 단계로 나누어볼 수 있다고 했다.[13] 또 그는 조선의 서학 수용과 관련해서 1801년부터 80년에 걸친 기간 조선의 지식정보회로는 박규수와 오경석 등의 베이징 경유 회로뿐으로, 즉 당시 고용 외국인 교사와 고문, 선교사를 통하여 구미의 사회과학 사상을 배우는

---

12 현영아, 「韓國의 近代 西洋印刷術 流入의 影響에 관한 研究」, 『書誌學研究』 36, 한국서지학회, 2007.
13 야마무로 신이치, 정선태・윤대석 역, 『사상과제로서의 아시아』, 소명출판, 2018, 293쪽.

회로가 일본, 중국에서 전개된 것에 비해 대단히 제한적이었다고 적었다.[14]

사상사적 측면은 한국을 비롯한 동아시아 근대 학문의 성립과 관련하여 가장 많이 연구된 분야다. 야마무로 신이치의 언급에서도 알 수 있듯이, 조선에서의 서학 수용은 개화기 전까지는 상당 부분 기독교의 전래와 관계가 깊다. 최근에 나온 김선희, 『서학, 조선 유학이 만난 낯선 거울—서학의 유입과 조선 후기의 지적 변동』(모시는사람들, 2018)의 경우는 제목에서 이러한 측면의 연구를 가장 잘 보여준다. 즉 사상사적 측면에서 연구는 주로 유학과 서학(서교)의 대립이란 관점에서 진행되었다. 그 선구적인 작업은 강재언에 의해 시작되었다. 재일 한국근대사학자인 강재언은 한국 근대화에 대해서 "일본과 조선의 근대화에서 결정적 차이는 일본이 서양의 종교와 학술을 분리하고 그 학술(난학)만 수용한 것"인데, "조선의 비극은 이웃 나라 일본이 이처럼 서양의 종교와 학술을 분리하여 양학을 수용함으로써 서양관에 일대 변혁을 이룬 시기에 1801년 신유교난으로 시작된 천주교 탄압의 와중에 반서교反西敎에서 반서양反西洋으로 전환하고, '쇄국양이鎖國攘夷'의 틀 속에 틀어박혀 아시아 최후의 '은자의 나라'가 되고 말았던 데 있다"[15]고 적었다. 게다가 실질적으로 서양과의 첫 번째 조약인 조미수호통상조약을 비롯해 영국 및 독일과 조선의 수호를 중개한 것은 청의 이홍장이 파견한 마건충 등이었다는 사실은 외교관도 없고 서양어를 구사할 수 있는 통역관도 없었던 당시 조선의 상황을 나타

---

14 위의 책.
15 강재언, 『서양과 조선』, 학고재, 1998.

낸다. 또 18세기 말까지 서양학술서 23종, 천주교 및 서양 윤리서 13종이 조선에 수용되었는데, 이 책들은 모두 선교사들이 선택하고 또 원어가 아니라 한문으로 쓴 책의 범위 내에 있었고, 또 1801년부터 1876년 개항에 이르는 약 70년 서양에 대한 지식의 공백시기를 거친 뒤 갑자기 서양 상인들을 맞게 되었던 것은 전혀 서구를 맞이할 준비가 덜 된 조선 후기의 모습이었다.[16] 이 모두 서학이 아닌 서교에 치우친 수용의 결과였던 것이다.

조광은 한국의 기독교 전파에 대해 직접적인 서양 선교사의 선교에 의해 시작된 것이 아니라, 18세기 초 중국에서의 한역서학서적의 보급에 의해 1784년 자발적인 교회의 설립으로 나아가는 형태였다고 했다. 1787년 한문 천주교 서적이 한글로 번역되기 시작하여 『성경직해』(번역), 『쥬교요지』(정약종의 저술)가 나왔고, 1836년 이후 입국한 프랑스 선교사들에게 의해 천주교 서적의 번역과 간행이 계속 이어졌다. 서학서의 필사와 인쇄에 대해서는 이미 1791년 무렵에 서학서가 인쇄 간행되었다는 증거나 소문이 있었다. 19세기 대략 1863년 선교사들이 서울에 인쇄소 설치를 했다고 했다.[17] 이러한 사실은 앞의 제도적 측면에서 언급했다.

종래 관련 연구의 상당수는 천주교 교리서 등의 종교 관련 서적의 수용과 번역 그리고 국내에서의 전파와 보급에 대한 것 그리고 북학파의 서학 수용과 인식 등이었는데, 예를 들어, 이경혜는 다음과 같이

---

16 강재언, 「근대의 기점에서 본 한국과 일본─비교사상사적 고찰」, 『민족문화논총』 7, 영남대 민족문화연구소, 1986.
17 조광, 앞의 글.

정리했다. 중국에서의 천주교는 프란체스코회의 선교사 몬테코르비노Monte Corbino에 의해 1294년 처음으로 전파되었다. 그러나 1368년 원나라가 망하고 명왕조가 들어서면서 중국인 신도들은 자취를 감춘다. 몬테코르비노가 선교하여 개종시켰던 중국인 신도 대부분이 비한족(몽골인, 알라니인, 터키인)이었기 때문이다. 그 후 격동하는 역사의 흐름 속에서 중국 선교의 맥이 완전히 끊어졌다가 16세기 말에 예수회 선교사들에 의해 다시 이어졌다. 그 선교사들이 한문으로 번역하거나 저술한 서학서西學書(곧 漢譯西學書와 漢文西學書)가 조선과 서양문화의 만남의 시작이다. 그러나 서양문화와의 직접적인 만남은 1836년 파리외방전교회Société des Missions étrangères de Paris 선교사가 조선에 입국하여 가톨릭을 전파하면서부터이다. 외방전교회의 주된 목적은 선교이었으나 파리외방전교회와 조선의 만남은 선교 외에도 우리에게 괄목할만한 문화적 유산을 남겼는데, 프랑스에서 한국학의 초석을 놓은 것이다. 파리는 선교사들이 보내는 보고서가 모여드는 예수회와 파리외방전교회의 본부가 있었으므로, 당시 유럽에서 한국학이 가장 활발한 나라이었음은 당연하다. 파리외방전교회는 전통신학에 역행하는 근대화에 부정적 시각을 가지고 있었을 뿐만 아니라, 선교의 순수성을 회복하는 것을 목표로 하였으므로 예수회나 도미니코회에 비해 복지사업이나 교육사업에 소극적인 면이 있었다. 또한 일제시대에는 정·교분리의 원칙하에 선교사들이 조선총독부와 친밀한 관계를 유지하면서 민족 문제에 관여하는 것을 금지하였다. 현실참여 금지에 대해 비난을 감수하면서도 외방전교회는 오직 선교활동에 필요하거나 교리습득과 관련되는 것, 즉 조선어 연구와 교회서적의 출판 그리고 신학교육 등에 치중하는 입장을 취하였다. 신학교를 설립하고, 언문교리서를 번역했으며, 『한불자전』을 간행(1880)했다.[18]

한편 사상적 측면에서 금장태는 18세기 말부터 조선 말기의 마지막 100년 동안 '유교'와 '서학'의 교류양상을 보면, 대립과 갈등이 심화되면서 조화와 상호보완의 기회를 사실상 잃고 말았던 점이 가장 큰 문제라고 지적했다. 예수회의 보유론적 적응정책이 포기되고 제사를 금지하며 천주교 교리의 독선적 고유성이 강화되면서 '조선서학'의 선교정책은 유교사회와 대화의 통로를 잃고 정면의 충돌을 초래하였다. 이렇게 충돌하면서 유교사회는 '서학'에서 받아들이고 배워야 할 근대적 사유나 세계관의 확장을 얻어내지 못하고 폐쇄적 쇄국정책으로 자멸의 길을 갔던 것이고, '서학'은 조선사회와 문화전통 속에 뿌리를 내리는 토착화의 기회를 상실하고 외래종교로서 외세의 후광에 의존해왔던 문제점을 안고 있는 것으로 보인다. 또한 예수회 선교사들이 천주교신앙과 서양과학기술을 두 날개로 중국의 하늘 위에 날아올랐다면, 조선은 '서학'의 천주교신앙을 받아들이면서 서양과학에 대한 관심도 내버렸고 조선사회와 충돌하면서 땅속으로 파고들어 백년을 버텨갔던 것이라 할 수 있다. 나아가 '조선서학'의 천주교 신앙은 초기의 중심세력이었던 유교지식인들이 이탈하고 서민대중 속으로 내려가면서 사회적 모순을 해결하기 위한 논리나 대책에 관심이 없이 개인적 구원이나 내세신앙에 기울어지면서, 사회의식이나 역사의식을 잃어버렸던 것으로 보인다. 그러나 '서학'이 던져준

---

18 이경혜, 「파리외방전교회와 조선의 만남」, 『人文科學研究』 17, 2011.

문제에 자극을 받은 19세기 말에 '동학'·'증산교' 등 자생적 민중종교에서 사회변혁의 길을 찾으려는 시도가 일어났다. 이에 비해 '조선서학'은 사회적 모순의 해결에 관심을 두지 않고 신앙의 자유를 위해 무리한 방법을 추구하다가 반국가적 성격을 드러내고, 외세의 내응세력으로 의심을 받았던 사실을 재음미해볼 필요가 있다고 적었다.[19]

이처럼 서학 그 가운데 서교의 수용과 조선 유학자들의 대응에 관해서는 많은 연구가 진행되었다. 서학에서 종교나 사상과 관련된 분야에 집중하느라 다른 학문에 대한 관심과 수용이 늦어졌던 점이 조선의 근대화가 뒤처진 원인이라고 한 강재언의 지적은 부정할 수 없을 듯하다. 하지만 서교 즉 기독교를 중심으로 전개된 서구와의 만남을 좀 더 적극적으로 해석할 여지는 있겠다. 왜냐하면 그것은 한국 근대사를 규정하는 하나의 역사적 사실이기 때문이다. 제도적 측면에서 기독교와 관련된 서적의 보급과 민간 출판의 성장은 밀접한 관련이 있으며, 프랑스의 한국학 태동은 프랑스 선교사에 의해서 가능해진 것이고, 또 이들에 의해 한국의 외래어사전이 처음 나온 것도 그렇다. 그런 점에서 조선을 비롯해 동아시아의 선교 네트워크에 대한 자세한 검토는 그리스도교 신자인 학자에게 맡겨둘 일만은 아니다.

---

19 금장태, 「조선서학의 전개와 과제」, 『신학과 철학』 20, 서강대 신학연구소, 2012.

3. 향후 연구 전망-동북아 해역에서의 서학 유통

1) 19세기 초 중국과 일본의 서학 상황

일본에서 서양정보의 수용은 이미 에도 시대에 내항한 네덜란드선이나 중국선(주로 강소성과 절강성[20]에서 출항하는 배)이 제출하도록 의무화되어 있는 '화란풍설서和蘭風説書', '당풍설서唐風説書'에서 비롯되었다. 가장 오래된 것은 어느 쪽이나 1641년으로 거슬러 올라가고 그리고 일시적으로 끊어진 것도 있었으나, 각각 막부 말기인 1859년과 1862년까지 계속되었다. 이 외에 무역상품으로서의 도서도 훌륭한 정보원이었는데, 에도 시대 약 만 권의 네덜란드 서적이 수용되었다. 이는 조선과 마찬가지로 수용된 마테오리치 등의 한역서양서를 난학이 압도해버리는 현상을 초래했다. 게다가 당시 청 옹정제는 금교령을 내렸기 때문에 정보선진국의 지위가 중국에서 일본으로 넘어갔다. 다시 정보선진국으로서의 중국 지위가 회복되는 것은 1840년의 아편전쟁 이후다.

19세기 중국 서학의 특징을 간단히 요약하면 하나의 지식 프로젝트라고 말할 수 있다. 이렇게 말하는 이유는 서학을 형성해 나간 주체들이 개별이든 조직이든 하나의 명확한 목표 내지 목표의식과 소명의식을 가지고 일정한 그룹 내지 조직과 연계하여 활동하기 때문이다. 즉 개인 차원에서의 활동이 존재하지만, 중요한 것은 교육과 출판을 중심으로 하여 조직 활동방식으로 전개되었다는 것이다. 이러

---

20 청조부터 일관되게 중국에서 출판이 중심지였고, 한문 서적에 대한 일본의 수요가 높을 때 중국배에 의한 무역체제가 수립되었다.

한 연유에는 19세기 중국의 서학이 저술, 번역에서 출판에 이르기까지 서구 선교사들이 주축이 되어 형성되었다는 점과 밀접한 연관이 있다. 즉 19세기 중국의 서학보급은 선교사들의 선교전략의 일환으로서 추진되었다.

19세기 중국에서의 서학보급과 관련하여 비교적 주목할 것은 다음과 같은 교육, 출판, 조직 활동을 들 수 있다. 즉 아편전쟁 이전인 1836년의 '모리슨 교육회Morrison Educational Society'와 1834년의 '중국 실용지식 보급회Society for the Diffusion of Useful Knowledge in China'를 비롯하여, 1844년의 '묵해서관墨海書館, London Missionary Society Press', 그리고 1876년의 '격치서원格致書院', 1877년 '익지서회益智書會, School and Textbook Series Committee(1890년 Educational Association of China로 영문명 개칭)'와 1887년 '동문서회同文書會, The Society for the Diffusion of Christian and General Knowledge among the Chinese(1894년 廣學會로 중국명 개칭)" 등이 바로 19세기 중국에서 서학 보급에 종사했던 대표적인 단체나 조직들이다.

1857년에 윌리암슨A. Williamson, 韋廉臣 등이 상하이에서 최초의 근대적 중문 종합잡지인 『육합총담六合叢談, Shanghai Serial』을 발간하였다. 묵해서관의 출판서적 내용을 보면 여전히 종교 내용이 다수를 점하고 있지만, 1844년부터 1860년까지 대략 33종의 비非종교 서학 관련 서적을 출판하고, 『육합총담』은 『동서양매월통기전東西洋每月統紀傳』을 이어 '문文'을 통한 중서소통과 중국에 서학의 보급, 국인 지식계몽을 추구하였다. 그리고 비종교 서학의 소개와 보급은 주로 1870년 이후에 더욱 가속화 되며, 이때 중요한 역할을 한 것은 1868년 강남제조국江南製造局 산하에 부설한 번역관飜譯館과 후리어J. Fryer 등이 『중서문

견록^{中西聞見錄}』(1872~1875) 폐간을 대신하여 1876년 창간한『격치회편
格致匯編』(1876~1892), 그리고 익지서회 등이다. 중국에 소개·번역되는
서학의 내용에 큰 변화를 가져온 것은 알렌Y.J. Allen이 주편한『만국공
보^{萬國公報}』와 '동문서회(廣學會)'이다.²¹

여기서 묵해서관의 경우는 제1차 아편전쟁 직후부터 제2차 아편전
쟁 종결까지 대략 20년 가까운 세월 동안에 저술한 선교사나 '낭인'
수재들의 활약에 의해 단순히 한역양서를 간행하는 서양정보발신지
로서만이 아니라, 말하자면 '살아 있는' 서양창구로서도 크게 그 역
할을 다했다. 굳이 '전도傳道'의 요소를 제외하고 말하자면, 아직 관영
양학기관이 설립되어 있지 않았던 당시의 중국에서 그 존재는 에도
막부의 '양학소洋學所'²²(1855년 설립)와 비슷할 수 있다.

덧붙여 말하면 중국의 '양학소'에 해당하는 경사동문관京師同文館이
나 상하이광방언관上海廣方言館, 또 강남제조국번역관은 모두 1860년
대에 설립된 것으로 묵해서관보다는 20년 가까이 늦다. 그리고 후술
하지만 묵해서관의 영향력은 중국 국내뿐만 아니라 중국 국내 이상
으로 일본에도 미쳐, 막부 말기의 일본인들에게 적지 않은 '정보'의
은혜를 베풀었다.

그런데 재미있는 것은 이들 서적이 1850년대 중반부터 '교통'네트
워크에 편승해 전부 일본에 선편으로 들어와 일본 지식인들을 '계몽'
하고 일본 '개국'을 촉진했다는 점이다. 막부 말기에 한역양서의 일

---

21 차태근, 「19세기 말 중국의 西學과 이데올로기-'廣學會'와『萬國公報』를 중심으로」,『중국
   현대문학』33, 한국중국현대문학학회, 2005.
22 에도막부 때 외교문서 및 수입서적의 번역을 주된 업무로 한 부서.

〈표 2〉 선교사에 의한 한역양서의 막부 말기 일본에서의 번역상황

서명(저자, 출판사, 출판년)	번역자, 출판사, 출판년
『수학계몽』(와일리, 묵해서관, 1853)	막부육군소(幕府陸軍所)화본(和本). 안정연간(安政年間)
『항해금침(航海金針)』((맥고완(瑪高溫)), 닝보 화화성경서방(華花聖經書房), 1853	에도오카다야(江戸岡田屋), 1857
『지리전지』(뮤어헤드, 묵해서관, 1853~1854)	시오노야 토인(塩谷宕陰) 번역, 상쾌루(爽快樓), 1858~1859
『하이관진』(메드허스트, 홍콩영화서원, 1853)	복사본
『전체신론』(홉슨, 묵해서관 재판, 1855)	후시미(伏見)오치장판(越智藏版), 이서당(二書堂) 발행, 1857
『박물신편』(홉슨, 묵해서관 재판, 1855)	개성소(開成所)번역, 에도노조관(江戸老皀館), 문구년간(文久年間)
『지구설략』(웨이, 닝보화화성경서방, 1856)	미츠구리 겐보(箕作阮甫) 번역, 에도노조관, 1860
『대영국지』(뮤어헤드, 묵해서관, 1856)	아오키 슈스케(青木周弼) 해석, 장문온지사(長門温知社), 1861
『지환계몽』(레그, 홍콩영화서원출판, 1856)	야나가와 슌산(柳川春三) 번역, 에도개물사(江戸開物社), 1866
『홍콩선두화가지(香港船頭貨價紙)』(일본판은 '홍콩신문', Daily press사, 1857)	개성소관판(開成所官板), 문구년간
『서의약론』(홉슨, 인제의관, 1857)	미야케 곤사이(三宅艮齋), 에도노조관, 1858
『육합총담』(와일리, 묵해서관, 1857)	번서조소관판(蕃書調所官板), 에도노조관, 1860~1862
『중학천설』(와일리, 묵해서관, 1858)	요도카게(淀陰) 아라이(新井) 모 방점, 요도히(淀陽) 기무라(木村) 모 번역간행, 1860
『내과신설』(홉슨, 인제의관, 1858)	미야케 곤사이(三宅艮齋), 에도노조관, 1859
『부영신설』(홉슨, 인제의관, 1858)	미야케 곤사이, 에도노조관, 1859
『중외신보』(인슬리, 닝보화화성경서방, 1854)	번서조소관판, 에도노조관, 1860
『대수학』(와일리, 묵해서관, 1859)	스루가(駿河) 츠카모토 아키다케(塚本明毅) 교정, 시즈오카집학소(静岡集学所), 1872
『담천』(와일리, 묵해서관, 1859)	후쿠다 이즈미(福田泉) 번역, 오사카카카와치야(大坂河内屋), 1861
『식물학』(윌리엄슨, 묵해서관, 1859)	기무라 카헤이(木村嘉平), 1867
『연방지략』(브리지먼, 묵해서관, 1861)	미츠구리 겐보 번역, 에도노조관, 1864
『중외잡지』(맥고완麥嘉胡, 상하이, 1862)	개성소관판, 에도노조관, 1864
『만국공법』(마틴, 북경숭실관, 1864)	개성소훈점(訓點) 재판, 에도노조관발행, 1865
『격물입문』(마틴, 북경동문관, 1868)	모토야마 젠키치(本山漸吉) 번역, 명청관(明清館), 1869

본 전래를 고찰할 때, 먼저 부딪히는 것은 도대체 이 서적들이 어떤 루트로 그리고 어느 정도의 종류와 수량으로 일본에 들어왔는가라는 문제이다. 이것은 만약 종래의 당인무역唐人貿易[23]에 의한 수입이었더라면, 예를 들어 '재래서목齎來書目', '서적원장書籍元帳', '낙찰장落札帳' 등과 같은 나가사키회소會所[24]의 수입 업무에 관련한 리스트가 있어서 어떤 의미에서는 매우 간단하게 조사할 수 있다. 그러나 페리 내항 이후는 당선 이외의 루트도 생겨나고, 특히 1858년의 '안정개국安政開國'에 의하여 일종의 자유무역체제에 들어가자 우편선을 포함하는 다양한 종류의 배가 빈번하게 중국과 일본을 왕래하게 되었기 때문에, 도저히 종래처럼 그것을 특정할 수는 없다. 다만 굳이 그 루트를 분류하자면, 예를 들어 열강의 군함에 의한 운송, 중일의 상인에 의한 수입, 일본에 들어온 선교사에 의한 유입의 3가지를 우선 생각할 수 있다.[25]

막부 말기 일본 내에서의 한역양서는 『해국도지』, 『영환지략』 등의 중국인 저술 서적도 전래 보급되어 일본의 난학을 능가했다. 또 문구신문文久新聞' 4종의 '한문 잡지' 즉, 『관판 육합총담』은 15권, 『관판 중외신문』은 12권, 『관판 홍콩신문』은 2권, 『관판 중외잡지』는 7권이 보급되었다고 한다. 하지만 미국과 개항 이후 중국을 통한 서학 수용의 방식도 변화했다.

---

23 에도 시대에 일본에 온 중국인과의 무역.
24 에도 시대 나가사키에 설치된 무역기관. 현재의 나가사키세관의 전신이다.
25 劉建輝, 『魔都上海』, 筑摩書房, 2010.(한국어 번역 근간, 부경대HK+사업단 역, 소명출판)

2) 19세기 중엽 상해 네트워크와 조선

조선은 주로 북경을 통해 영선사 등의 중국사신을 통해 서양 서적을 수용했다. 1881년에 김윤식 등이 북경동문관을 시찰하고 총리교섭통상사무아문협변總理交涉通商事務衙門協弁으로서 고용된 독일인 묄렌도르프의 제안에 의해 동문학同文學이 설립될 때까지 약 80년간 조선은 서학과 서교에 대한 무시 그리고 배외사상으로 구미의 학술과 담을 쌓고 있었다. 물론 이런 쇄국정책하에서도 간헐적으로 서학을 수용하였다. 그것은 박규수와 오경석 등의 북경 경유라는 극히 제한된 정보회로에 의한 것이었다. 그래서 1853년 오경석 등에 의해 한역서학서가 수용되고 실질적으로 구미의 지식의 도입이 수면 아래서 진행되어 서법西法, 서예西藝에 의해 개화자수開化自修할 수밖에 없다는 의론이 일어나기도 했다.[26] 또 1844년에 위원의 『해국도지』 초판본이 나왔는데, 조선에는 다음 해인 1845년에 전래되었다. 그런데 그 경로를 보면 1844년 10월 26일 겸사은동지사兼謝恩冬至使를 북경으로 파견했는데, 다음 해 3월 28일 겸사은동지사의 일행 중에서 정사正使 흥완군興完君, 이정응李最應, 부사副使 예조판서 권대긍權大肯이 위원의 『해국도지』 50권을 가지고 귀국하였다는 기록이 있는 데서 알 수 있듯이, 북경과의 육로를 통한 전래였다.[27] 물론 넓은 의미에서는 '상해지식네트워크'에 의해 탄생된 책의 전파라고 할 수도 있다.[28] 하지만

---

26 야마무로 신이치, 앞의 책, 300~302쪽.

27 진아너, 「19세기 魏源의 『海國圖志』 판본비교와 조선 전래에 관한 연구」, 고려대 석사논문, 2015, 26쪽.

28 어윤중(魚允中), 『종정연표(從政年表)』, 1881.3.20~10.10. 어윤중이 일본과 상해를 왕래하는 과정에서 이용한 배는 모두 기선(汽船)이었다.

그 수는 대단히 적었고, 그러는 과정에서 1876년 일본에 의해 개항이 되고 난 뒤에는 중국을 통한 서양학문의 전래보다는 일본이나 서양인을 통한 직접적인 전래가 빈번해졌다고 볼 수 있다.[29]

한편 상해와 조선 사이의 교류와 유통은 다음과 같이 이루어졌다. 1882년 임오군란을 거치며 양국 간의 관계가 긴밀해지는 중에, 양국 권력의 협의하에 조선과 상해 간을 왕래하는 기선 항로가 개설되었던 것은 그러한 관심의 반영이었다. 양국은 조청상민수륙무역장정朝淸商民水陸貿易章程 제7항에 의거 상해윤선초상국上海輪船招商局 윤선의 정기 운항 방침에 관한 협의를 진행하여, 1883년 11월 마침내 조선통리각국사무아문朝鮮統理各國事務衙門과 상해윤선초상국간에 기선의 정기 항운에 대한 협약을 정식으로 체결했다. 이에 양국을 왕래하는 최초의 기선이 11월 13일 상해를 출발해 연대를 경유, 11월 18일 인천에 도착했다. 양자는 이후 경유항, 횟수를 증설하는 등 항로 확대를 위한 협의를 진행했다. 그러나 이 윤선초상국의 기선은 상인들의 경상적인 운송 수요가 안정적으로 담보되지 않는 한 지속되기 어려웠다. 1884년 7월 조선교섭사무朝鮮交涉事務 김병시金炳始는 청 총판조선상무 진수당陳樹棠에 기항 중단을 요청하기도 했다. 이후 윤선초상국의 기항은 더 이상 지속되지 못하고 끝내 중단되었다. 윤선초상국의 항운은 유지되지 못했지만, 이후 조선-상해 간의 항로는 점차 확대되어갔다. 특히 러시아, 일본 해운회사의 주도 하에 구축된 항로들이 활발히 운영되었다. 1899년 러시아 동청철도주식회사東淸鐵道株式會社 기선부汽船部는 본

---

29 강미정·김경남, 「근대 계몽기 한국에서의 중국 번역 서학서 수용 양상과 의의」, 『동악어문학』 71, 동악어문학회, 2017.

래 블라디보스톡Vladivostok과 나가사키간 정기항로를 운영했는데, 동아시아 지역으로 항로를 확장하면서 1896년 11월 그 항로를 연장해 인천을 종착지로 하는 정기항로를 개설했다. 이후 상해-블라디보스톡, 홍콩-블라디보스톡 항로를 확장하면서 그 경유지로서 인천에의 기항 횟수를 늘렸다. 또 일본우선주식회사日本郵船株式會社는 북중국 항로를 확대해가는 과정에서 한반도를 경유해 상해로 향하는 항로들을 개설했다. 이렇게 19세기 말 한반도에서 상해로 직행하는 운송네트워크가 구축되었던 상황을 배경으로, 상해로 향하는 조선 관료, 상인, 유학생 등이 점차 늘어났다. 조선은 1884년, 1886년, 1889년, 1893년 조선의 기근 구제를 위해 관리를 파견해 상해로부터 미곡을 수입했다. 또한 군비 강화 과정에서 상해로부터 무기, 기기 구매하기도 했다. 또한 서구 세계에 관한 정보를 흡수하기 위해 책과 신문 등을 구입하는 등의 활동도 전개했다. 조선 관리, 특히 개화당 인사들에게 있어서 개항 이후 경제, 문화 등 측면에서 중국의 중심도시로 성장하는 상해에 대해 관심을 갖고, 그와의 연결을 시도하는 것은 자연스러운 흐름이었다고 할 수 있다. 당시 상해를 왕래한 조선 관리로는 민영익, 조휘연趙義淵, 김학익金鶴翊, 오경연吳慶然, 김재로金載老, 최석영崔錫永 등이 있었다. 이 가운데 민영익은 1885년 이후 상해에 정착했다. 윤치호는 1884년 갑신정변 후 상해로 와서 中西學校에서 4년 유학했다. 해운망을 따라 무역활동하는 상인들도 꽤 있었다.

1910년대 이전 한인의 상해 진출은 경제, 문화의 선진도시로서 이 도시에 대한 관심이 생겨나고 그 교류가 넓혀가는 자연스러운 과정을 겪고 있었다고 할 수 있었다. 이 도시에 장기 거주하는 한인의 수는 많지 않았다. 1905년 상해 공공조계에 거주했던 한인은 8명에 불과했다. 일본의 조사보고에 따르면, 1910년까지 상해 거주 한인은 50명에 미치지 않았다.

물론 상해 한인 가운데 다수의 노동자, 직원 등이 상당 부분을 구성하고 있었던 것도 사실이지만 경제적 요인보다 정치적 요인에 의한 이주가 중심이 되었던 면이 있었다. 특히 애국계몽운동 계열의 독립운동가들의 이주가 큰 폭으로 이루어졌다.[30]

조선 후기에서 개화기에 이르는 기간 동안 상해와 조선의 직접적인 연결은 교통망에서도 교역의 면에서도 또 인적 교류의 면에서도 두드러지지 않는다. 관련된 자료도 찾기 어려운 실정이지만, 간접적인 우회로를 통한 교류는 분명히 드러나고 있기 때문에 앞으로 연구가 이루어질 필요가 있다고 판단된다.

3) 조선과 일본 사이의 서적 교류

이 시기 일본과는 서적 교류가 전개되었는지는 수신사를 통해서 그 흔적을 엿볼 수 있을 듯하다. 1876년 『일동기유日東記游』, 『수신사일기』를 쓴 수신사 김기수의 일본 방문과 1880년 김홍집이 일본을 방문하여 그곳에서 황쭌셴黃遵憲의 『조선책략』을 보았던 사정 등을 볼 때 당시 일본을 통한 서학의 수용도 예상할 수 있다. 예를 들어 어윤중의 행적은 주목할 필요가 있다. 1881년 일본 국정시찰단인 조사시

---

30 김승욱, 「20세기 초반 韓人의 上海 인식─공간 인식을 중심으로」, 『중국근현대사연구』 54, 중국근현대사학회, 2012. 조강희, 「近代 동아시아에서 朝鮮産 輸出 海産物의 流通과 域內 商人의 競爭─1889~1931年을 中心으로」, 『사회과학교육』 18, 서울대 교육종합연구원, 2015.

찰단朝士視察團 60명을 일본에 파견할 때 조사朝士의 한 사람으로 선발된 어윤중은 박정양朴定陽·홍영식洪英植 등과 함께 이 시찰단의 중심인물로서, 재정·경제 부문을 담당했었다.

어윤중은 1881년 1월 동래암행어사의 발령을 받고 그의 수행원으로 유길준·유정수柳定秀·윤치호·김양한金亮漢 등과 통역·하인 등을 거느리고 4월 부산을 출항하여 나가사키·오사카·교토·고베·요코하마를 거쳐 도쿄에 도착했다. 이들은 약 3개월간 일본의 메이지유신의 시설·문물·제도 등 모든 부분을 상세히 시찰하고 많은 자료를 수집했고, 다른 조사들은 이 해 7월 귀국했다. 그러나 어윤중은 자기의 수행원인 유길준과 윤치호를 일본에서 더 공부하도록 남겨둔 뒤, 다른 수행원만 거느리고 한달 더 일본에 체류했다가 청나라 천진에 가 있는 영선사 김윤식金允植과 합류하기 위해 청나라로 갔다.

이 해 9월 청나라에 도착한 어윤중은 영선사 김윤식과 공학도를 만나보고 중국의 개화정책을 견문. 북양대신 이홍장李鴻章 등과 회담한 다음 이 해 12월 귀국했다. 어윤중은 1년간의 일본·중국 시찰의 복명서를 국왕에게 제출했는데, 여기서 어윤중은 견문한 사실과 조선의 개화정책을 위한 의견을 개진하여, 초기 개화정책을 추진하는 데 큰 영향을 미쳤다. 1882년 귀국한 지 두 달 뒤에 문의관問議官에 임명되어 청나라에 다시 파견되었는데, 청나라의 이홍장이 조미수호조약의 체결을 강력히 권고하고 그 초안까지 준비하고 있었으므로 조선조정에서 그에 대한 문의를 하기 위해서였다. 어윤중은 이해 4월에 청나라에서 조미통상조약 문제를 심의하고 조미수호조규에 합의했고, 영국대표와 만나 조영수호조규문제를 독일대표와 만나 조독수호조규문제를 협의했다. 1882년 5월 조미수호통상조약 체결 이후 양호한 조미 관계를 이어갔고, 1884년 이후 알렌과 언더우드, 아펜젤러 등 개신교 선교사들에 의한 포교활동이 전개되었다. 의료와 교육활동에서 시작(광혜원, 야소교학당, 배재학당, 이화학당, 정신여학교 설립), 1881년 일본유학, 1883년 동문학, 1886년 관립학교 육영공원(만국공법 강의)이 설립되었다.

이때 이홍장 등이 이미 초안해 놓은 불평등조약인 조중상민수륙무역장정朝中商民水陸貿易章程에 조인했다. 종래 청나라에 대하여 비교적 호의를 가지고 있던 어윤중이 그 뒤 청나라에 대해 냉담하게 된 것은 이때 청나라가 주장한 종주권의 부당성을 경험했기 때문이었다. 이에 조선 정부는 뒤늦게 서양문물을 수용하기 시작했다. 『한성순보』(1883), 『만국정표』(1887), 『서유견문』(1895) 등이 발행되고, 미국 개신교 선교사들의 전도가 진행되었으며, 근대식 교육 기관 설립되었다. 이제까지 일본 파견 수신사들의 행적과 그들의 일본에 대한 견문에 대한 연구는 많이 진행되었다. 서학의 수용을 일본 경유라는 시각에서 한층 더 검토할 필요가 있겠다.

4. 나가며 – 연구과제

지금까지 한국에서 근대학문의 수립에 대해 다양한 분야에서 연구가 진행되었으나, 그것을 동아시아에서 서구 지식의 유동이라는 관점에서 관찰할 필요가 있다. 특히 1800년 중반 이후 상해를 기점으로 한 소위 '상해 네트워크(교역/지식 등)'라는 관점에서 파악해야 한다. 이는 출판업과 유통업이라는 상업적 관점에서 지식의 유통을 살피는 차원이기도 하다. 상해를 직접 방문하고 거기서 상해의 지식네트워크를 비롯한 새로운 문물을 목격하고 직접 조선으로 그것을 수용한 경우는 없는가 하는 것은 이제 연구의 과제로 남는다. 상해를 중심으로 한 동북아 해역의 교역네트워크(특히 출판네트워크)상에서 지식의 유동을 살피는 것이다.

또 앞에서도 언급했지만, 조선의 서학 수용에 있어 일본 루트를 파악할 수 있을 것인지에 대한 문제로서 수신사 등의 일본 견문록을 통한 서적 교류의 양상도 검토해야 할 것이다. 그리고 아주 중요한 것은 동북아 해역에서의 선교네트워크에 대한 것이다. 예수회를 비롯한 다양한 카톨릭 선교그룹의 동아시아 선교전략 그리고 19세기에 본격적으로 전래된 개신교 선교사들의 선교활동을 탐색한다. 이 선교활동 안에서 이루어진 근대 지식의 전파와 수용 그리고 번역과 출판 등의 사업을 총체적으로 살핀다. 예를 들어, 초교파적으로 서구 개신교 문서출판을 담당했던 기관 RTS(Religious Tract Society)의 활동범위 및 조선의 출판시장 형성과의 연관 등을 탐문해야 한다.[31]

피에르 엠마뉘엘 후는 천주교의 조선 도입은 16세기에서 19세기 사이에 동아시아에서 일어난 국제 정세의 상황 변화와 밀접하게 연결되어 있다고 설명했다. 16세기 후반부터 17세기 초반까지 일본에 파견된 서양 선교사들은 한반도를 통해 중국 북부로 가는 길을 확보

---

31 이고은, 「19세기 동북아 해양로를 통한 서구 개신교 선교사들의 근대 지식 유통」, 제1차 부경대HK+사업단 국제학술대회 발표문, 2018.6.

하고자 하였다. 반대로 17세기 중반부터는 중국에 파견된 예수회 선
교사들이 천주교가 심하게 박해받던 일본으로 가는 길을 중국과 조
선을 통해 열고자 하였다.[32] 이런 해석에서 본다면, 동아시아에서 그
리스도교의 전도는 서양 상인들이 동아시아 시장 정복이라는 현상에
비견될만한 사항이다. 또 동서문화교류사에서도 선교사의 역할이 적
지 않았음은 이미 잘 알려진 사실이다. 이에 대해 심도 있는 연구가
필요하다고 판단된다.

---

32 피에르 엠마뉘엘 후, 「조선 架橋의 재발견─16~19세기 천주교 선교사의 조선 진출 전략에
대한 기초연구」, 『淵民學志』 16, 연민학회, 2011.

참고문헌

강미정·김경남, 「근대 계몽기 한국에서의 중국 번역 서학서 수용 양상과 의의」, 『동악어문학』 71, 동악어문학회, 2017.

延甲洙, 「高宗 初中期(1864~1894) 政治變動과 奎章閣」, 『규장각』 17, 서울대 규장각 한국학연구원, 1994.

강명관, 『조선 시대 책과 지식의 역사—조선의 책과 지식은 조선사회와 어떻게 만나고 헤어졌을까?』, 천년의상상, 2014.

강재언, 『서양과 조선』, 학고재, 1998.

_____, 「근대의 기점에서 본 한국과 일본—비교사상사적 고찰」, 『민족문화논총』 7, 영남대 민족문화연구소, 1986.

금장태, 「조선서학의 전개와 과제」, 『신학과 철학』 20, 서강대 신학연구소, 2012.

김민환, 「개화기 출판의 목적 연구—생산 주체별 차이에 관하여」, 『언론정보연구』 47-2, 서울대 언론정보연구소, 2010.

김봉희, 「개화기 지식보급의 확대와 출판인쇄의 기능」, 『성곡논총』 27-3, 성곡언론문화재단, 1996.

김승욱, 「20세기 초반 韓人의 上海 인식—공간 인식을 중심으로」, 『중국근현대사연구』 54, 중국근현대사학회, 2012.

마이클 김, 「서양 선교사 출판운동으로 본 조선 후기와 일제 초기의 상업출판과 언문의 위상」, 『열상고전연구』 31, 열상고전연구회, 2010.

_____, 「서양인들이 본 조선 후기와 일제 초기 출판문화의 모습—대중소설의 수용과 유통 문제 중심으로」, 『열상고전연구』 19, 열상고전연구회, 2004.

민회수, 「규장각 소장본으로 본 개항기 서양 국제법 서적의 수입과 간행」, 『규장각』 47, 서울대 규장각 한국학연구원, 2015.

박용찬, 「근대계몽기 재전당서포와 광문사의 출판과 그 특징 연구」, 『영남학』 61, 경북대 영남문화연구원, 2017.

배정상, 「개화기 서포의 소설 출판과 상품화 전략—신문 게재 소설 광고를 중심으로」, 『민족문화연구』 72, 고려대 민족문화연구원, 2016.

서태열, 「개화기 학부발간 지리서적의 출판과정과 그 내용에 대한 분석」, 『사회과교육』 52-1, 한국사회과교육연구학회, 2013.

신경미, 「高宗 年間(1863~1907) 서적 刊行 양상과 그 성격—『朝鮮王朝實錄』을 중심으로」, 『HOMO MIGRANS』 16, 이주사학회, 2017.

신용하, 「규장각도서의 변천과정에 대한 일연구」, 『규장각』 5, 서울대 규장각 한국학연구원, 1981.

_____, 「규장총목해제」, 『규장각』 4, 서울대 규장각 한국학연구원, 1981.

신익철, 「연행록을 통해본 18세기 전반 한중 서적교류의 양상」, 『泰東古典硏究』 25, 한림대 태동고전연구소, 2009.

아마무로 신이치, 정선태 · 윤대석 역, 『사상과제로서의 아시아』, 소명출판, 2018.

이경혜, 「파리외방전교회와 조선의 만남」, 『人文科學硏究』 17, 2011.

이민희, 「조선과 중국의 서적중개상과 서적 유통문화 연구」, 『東方學志』 141, 연세대 국학연구원, 2008.

이재정, 『조선출판주식회사-조선은 왜 인력과 물력을 동원하여 출판을 독점했을까?』, 안티쿠스, 2008.

이종국, 「개화기 출판 활동의 한 징험-회동서관의 출판문화사적 의의를 중심으로」, 『한국출판학연구』 49, 한국출판학회, 2005.

이태진, 『고종 시대의 재조명』, 태학사, 2000.

_____, 「奎章閣 中國本 圖書와 集玉齋圖書」, 『민족문화논총』 16, 영남대 민족문화연구소, 1996.

이효정, 「19세기 후반 조사시찰단(朝土視察團)을 통한 지식 · 문화 교류의 한 양상-『스에마츠지로 필담록(末松二郎筆談)』을 중심으로」, 『한국문학논총』 78, 한국문학회, 2018.

장영숙, 「『內下冊子目錄』을 통해 본 고종의 개화관련 서적 수집 실상과 영향」, 『한국민족운동사연구』 58, 한국민족운동사학회, 2009.

정병설, 「조선 후기 한글 · 출판 성행의 매체사적 의미」, 『진단학보』 106, 진단학회, 2008.

정성미, 『梁啓超의 『西學書目表』 연구』, 중앙대 석사논문, 2014.

정훈식, 「사행록의 역사적 전개와 일동기유」, 『열상고전연구』 26, 열상고전연구회, 2007.

_____, 「수신사행록과 근대전환기 일본지식의 재구성」, 『한국문학논총』 56, 한국문학회, 2010.

정훈식 · 남송우, 「조선 후기 일본지식의 생성과 통신사행록」, 『동양한문학연구』 29, 동양한문학회, 2009.

조강희, 「近代 동아시아에서 朝鮮産 輸出 海産物의 流通과 域內 商人의 競爭-1889~1931年을 中心으로」, 『사회과학교육』 18, 서울대 교육종합연구원, 2015.

조광, 「朝鮮後期 西學書의 受容과 普及」, 『민족문화연구』 44, 고려대 민족문화연구원, 2006.

조항래, 「병자(1876)수신사행과 대일인식」, 『강좌 한일관계사』, 현음사, 1994.

진아니, 「19세기 魏源의 『海國圖志』 판본비교와 조선 전래에 관한 연구」, 고려대 석사논문, 2015.

차태근, 「19세기 말 중국의 西學과 이데올로기-'廣學會'와 『萬國公報』를 중심으로」, 『중국현대문학』 33, 한국중국현대문학학회, 2005.

피에르 엠마뉘엘 후, 「조선 架橋의 재발견-16~19세기 천주교 선교사의 조선 진출 전략에 대한 기초연구」, 『淵民學志』 16, 연민학회, 2011.

하우봉, 「개항기 수신사행에 관한 일연구」, 『한일관계사연구』 10, 한일관계사학회, 1999.

한태문, 「조선 후기 통신사 사행문학연구」, 부산대 박사논문, 1995.

허경진, 『조선의 중인들-정조의 르네상스를 만든 건 사대부가 아니라 '중인'이었다』, 알에이치코리아, 2015.

현영아, 「韓國의 近代 西洋印刷術 流入의 影響에 관한 硏究」, 『書誌學硏究』 36, 한국서지학회, 2007.

황정연, 「고종연간 絹敬當의 운용과 宮中 書畵收藏」, 『문화재』 40, 국립문화재연구소, 2007.

황호덕, 『근대 네이션과 그 표상들』, 소명출판, 2005.

劉建輝, 『魔都上海』, 筑摩書房, 2010.

재일한인 연구의 동향과 과제
해역연구의 관점에서

최민경

1. 들어가며

20세기 전반기 진행된 제국 일본의 팽창과 패망은 한반도의 식민지화와 분단으로 이어졌고 이 과정에서 재일한인의 역사는 형성되었다. 그리고 100년이 넘은 재일한인의 역사와 더불어 관련 연구도 축적되어 왔다. 1980년대 이전 재일한인연구는 대부분 일본인 또는 재일한인 연구자에 의해 '일본에서' 이루어졌다.[1] 한편 국내의 경우, 1965년 한일협정 이후 일본과의 교류는 재개되었지만 재일한인 연구는 "정책적, 도구적 논술만이 압도적인 양으로 발표되었을 뿐"이었다.[2] 특히 1950년대 후반부터 북송사업, 교육지원 등 공격적인 해외동포 정책을 펼치고 있던 북한의 존재는 큰 자극이 되었으며, 다양한 의미에서 '전략적'으로 재일한인과의 네트워크를 강화하기 위한 움

---

1 임영언·김태영, 「재일코리안 디아스포라 문화자원으로서 연구사 고찰─1945년 이후 재일코리안 관련 연구성과를 중심으로」, 『일어일문학』 50, 대한일어일문학회, 2011, 354쪽.
2 정병호, 「해외한인사회에 대한 연구의 동향과 과제─재일한인사회」, 『민족과 문화』 4, 한양대 민족학연구소, 1996.12, 117쪽.

직임이 시작되었다. 결과적으로 관련 연구 또한 '필요에 의해' 진행
되었고,[3] "재일한인 집단의 성격을 규명하고 그 실질적인 삶의 과정
을 서술한 본격적인 연구물은 극히 제한된 연구자들에 의해 시도"되
었을 뿐이었다.[4]

결국 국내의 재일한인 연구가 양적, 질적으로 크게 성장하는 것은
1990년대 이후라고 할 수 있다. 양적 증가는 질적 수준의 제고로도 이
어져 보다 다양한 분야, 대상, 시점의 연구들이 등장하기 시작한다. 그
리고 이와 같은 국내 재일한인 연구의 성장 속에서 관련 연구의 동향
과 과제를 분석하는 작업도 시작되었다. 다양한 연구가 계속해서 축적
되는 가운데 이들 연구의 주제, 방법론, 시각 등을 전체적이고도 체계
적으로 파악하는 것은 재일한인 연구에 대한 통찰적인 접근을 가능하
게 하고 '잃어버린 고리missing link'를 찾아 이어 보다 활발하고 깊이 있
는 후속연구를 이끌어 낸다는 의미를 가진다. 이에 이 글에서는 기존
의 재일한인 연구의 동향과 과제를 분석한 연구를 비판적으로 검토하
고, 이를 바탕으로 1990년대 이후의 연구 성과를 새롭게 정리, 앞으로
의 과제를 도출해 보고자 한다. 특히 이 글에서는 국민국가를 '당연히'
자연스러운 단위로 인식하는 방법론적 내셔널리즘methodological natio-
nalism[5]을 극복하는 재일한인 연구를 위하여 디아스포라와 해역이라는
개념을 도입한 관련 연구의 가능성을 모색하도록 하겠다.

---

3 임영언·김태영, 앞의 글, 360쪽.
4 정병호, 앞의 글, 117쪽.
5 Andreas Wimmer and Nina Glick Schiller, "Methodological Nationalism, the Social Sciences,
   and the Study of Migration : An Essay in Historical Epistemology", *International Migration
   Review*, Vol.37, No.3(September 2003), 576~610쪽.

2. 선행연구 검토

예외적으로 1990년대에 출판된 정병호의 연구[6]를 제외하고는 2010년대 들어서 본격적으로 재일한인 연구의 동향과 과제를 다루는 연구들이 진행되었다. 부분적으로 재일한인 연구사를 언급한 것을 제외하면, 임영언·김태영, 김진환, 정영미·이경규의 연구가 대표적이다. 임영언·김태영의 연구는 재일한인 연구를 디아스포라의 문화자원으로 자리매김하고 해방 이후 연구 성과를 사회과학 분야에 초점을 맞추어 정리한다. 이 연구는 비교적 오랜 기간에 걸친 흐름을 다루며, 한일 양국의 연구 성과를 포괄하나, 주요 논저를 자의적으로 선택, 분석하였으며, 10년 단위의 기계적인 분석 시기 구분을 한다는 한계가 있다.[7] 다음으로 김진환의 연구는 재일한인의 정체성과 관련된 국내 연구를 '한민족공동체론'과 '탈민족 디아스포라론'으로 나누어 정리한다. 이 연구는 정체성에 특화하여 연구사를 정리한다는 의미를 지니는 반면, 대부분 2000년대에 이루어진 연구만을 다루고 있어 통시적인 연구 동향을 파악하는 데는 한계가 있다.[8] 마지막으로 정영미·이경규의 연구는 디아스포라 관점에서 다룬 국내 재일한인 연구에 대한 주제 키워드의 출현 빈도 및 네트워크 통계 분석을 수행하였다. 이 연구는 1,300여 건의 연구를 대량 분석하였다는 의미는 있지만, 한편으로 키워드에만 주목함으로써 실제 연구내용은 단편적

---

6 정병호, 앞의 글, 106~144쪽.
7 임영언·김태영, 앞의 글, 353~368쪽.
8 김진환, 「재일조선인 정체성 연구 현황과 과제」, 『한민족문화연구』 39, 한민족문화학회, 2012.2, 373~404쪽.

으로 밖에 이해할 수 없다.[9]

여기서 주목해야 할 사실은 재일한인 연구의 동향과 과제를 다룬 기존 연구에 있어서 어느 정도의 한계에도 불구하고 연구 동향의 정리는 이루어졌지만 앞으로의 과제는 심도 있게 제시하지 않고 있다는 점이다. 김진환의 연구가 복수의 방법론을 결합한 연구의 필요성,[10] 정영미·이경규의 연구가 연구주제의 확장을 언급하는 정도인데,[11] 이는 추상적으로 재일한인 연구의 다양성을 높여야 한다는 지적에 그치며 구체적으로 어떻게 어떠한 다양성을 추구해야 하는지에 대한 고민은 보이지 않는다. 그렇다면 이러한 한계는 어떻게 극복할 수 있을까. 이 글에서는 앞으로의 재일한인 연구의 심화와 과제 도출을 위해서는 디아스포라와 해역이라는 개념에 주목할 필요성이 있음을 지적하고자 한다.

디아스포라는 과거 유대인, 그리스인, 아르메니아인 등의 이산의 역사와 관련된 개념이었다. 그러나 글로벌화의 진행과 더불어 국제적인 인구 이동이 활발해지면서 이러한 현상과 그 결과로서 일어나는 의식 및 문화 변화를 어우르면서 폭넓게 사용되고 있다. 결과적으로 최근 들어 새롭게 디아스포라로 '탄생'한 집단도 많은데, 디아스포라 개념이 확장되면서 이들은 국민국가로부터 '해방'된 존재, 국민국가를 '초월한' 존재라는 측면이 부각되었다.[12] 물론 '해방'과 '초월'

---

9 정영미·이경규, 「디아스포라의 관점에서 다룬 재일한인분야 연구 동향 분석」, 『일본근대학연구』 62, 한국일본근대학회, 2018.12, 415~437쪽.

10 김진환, 앞의 글, 373~404쪽.

11 정영미·이경규, 앞의 글, 415~437쪽.

12 James Clifford, "Diasporas", *Cultural Anthropology* 9-3, 1994.8, pp.302~338.

이 국민국가와의 관계 부재를 의미하지는 않는다. 디아스포라는 어디까지나 "모국-디아스포라-정주국의 삼각구도 내에서 이해"될 수 있다.[13] 단, 정주국과 모국을 동시에 살아가는 초국가적인transnational 디아스포라의 의식과 문화가 오랫동안 가장 자연스럽고 불변의 것이라고 여겨져 온 국민국가라는 인식 단위를 의문시하고 상대화할 수 있는 것이다. 바꾸어 말하자면, 디아스포라는 '삼각구도' 속에서 국민국가의 경계를 넘나드는 존재로서 정치, 경제, 사회문화적 특징을 보여 온 것이다.

그리고 이 글에서는 이러한 재일한인, 나아가 디아스포라의 삶의 특징을 구체적으로 파악하기 위해서 해역에 주목하고자 한다. 해역은 "'국가' 단위로 구분해 이해할 수 없는 개체로서의 바다 세계", "바다를 중심으로 한 '지역'"으로, 자연지리적인 용법과 달리 "인간이 생활하는 공간으로서의 바다", "사람과 물품, 정보가 이동하고 교류하는 장으로서의 바다"를 말한다.[14] 이 개념은 육지의 국민국가를 중심으로 한 역사 연구가 가지는 한계를 지적하고 "육상 국가와 국가의 '경계 지역'에 있고, 국가, 종교, 문화가 다른 다양한 사람들에게 이동과 생활을 위한 '공유의 장'이자 동시에 보다 넓은 범위, 원격지에 걸친 '만남'과 '교류'의 주요 무대"에 주목한다.[15] 즉, 해역은 바다와 관련된 인간 활동의 범위라고도 할 수 있는데, 가장 중요한 특징은

---

13 신기영, 「디아스포라론과 동아시아 속의 재일코리안」, 『일본비평』 14, 서울대 일본연구소, 2016.2, 22~49쪽.
14 하네다 마사시, 조영헌·정순일 역, 『바다에서 본 역사—개방, 경합, 공생 : 동아시아 700년의 문명 교류사』, 민음사, 2018, 24쪽.
15 家島彦一, 『海域から見た歴史』, 名古屋 : 名古屋大學出版會, 2006, 3쪽.

국민국가를 가로지르는 다양한 형태의 초국가적 네트워크를 포함한다는 것이다. 그리고 네트워크의 중심에는 바로 사람이 있다. 특히 이주를 통해 복수의 국민국가를 동시에 살아가는 존재가 된 디아스포라야 말로 해역에서 전개되는 국민국가를 가로지르는 네트워크의 주체로서의 특징이 뚜렷하다.

그렇다면 디아스포라와 관련하여 해역에서 펼쳐지는 초국가적 네트워크에는 구체적으로 어떠한 것이 있을까. 예를 들어 다음과 같은 네트워크를 찾을 수 있겠다. 첫째, 해역에는 디아스포라의 이동을 가능케 하는 물리적인 네트워크가 존재한다. 인류 역사상 오랜 기간 대규모의 이동 수단이 되어 온 것은 다름 아닌 선박이다. 특히, 근대 이후 디아스포라 발생에 있어서 항로개설과 기선운항은 결정적인 역할을 했다. 그리고 이와 같은 해역을 통한 이동 구조와 경험은 국민국가를 넘나드는 존재로서의 디아스포라의 탄생, 그리고 이들의 정체성과 밀접한 관련이 있기 때문에 충분한 고찰이 필요하다.

둘째, 해역에는 국민국가를 가로질러 디아스포라의 실질적 삶의 터전인 지역에서 시작하는 교류 네트워크가 존재한다. 앞에서 언급하였듯이 디아스포라는 어디까지나 모국 및 정주국과의 삼각구도 내에서 이해하여야 하지만, 디아스포라와 모국, 디아스포라와 정주국의 관계가 실제 구현되는 공간은 지역이다. 따라서 해당 지역의 역사적, 그리고 현재적 특징에 대한 이해를 기반으로 '삼각구도'를 이해할 필요가 있는 것이다. 지역을 중심으로 한 디아스포라의 유입과 정착 과정 및 지역 사회와의 관계성, 그리고 모국과의 교류 네트워크를 검토함으로써 디아스포라에 대한 이해의 구체성을 높일 수 있겠다.

3. 재일한인 연구의 동향

1) 분석자료와 기초적 통계 해석

이 글에서 분석자료로 삼은 재일한인 연구는 한국교육학술정보원 학술연구정보서비스(이하, RISS)를 통해 검색한 1990년대 이후, 역사 및 사회과학 분야의 국내학술지논문이다. 이와 같이 분석 자료를 설정한 이유는 다음과 같다. 첫째, 국내의 대표적인 학술 데이터베이스 및 검색사이트 중, RISS가 기타 데이터베이스와 검색사이트 중 일부를 어우르며 가장 많은 학술정보를 소장하기 때문이다. 둘째, 이 글에서는 국내학술지 논문만 분석하였다. 단행본은 기출판 논문을 엮거나 다양한 주제를 포괄하는 경우도 많아 연구 동향을 파악하는 데 있어서 혼란을 준다고 판단하여 제외하였다. 그리고 학술대회, 세미나 등 발표 논문은 추후 완성된 논문으로 출판될 가능성이 커 마찬가지로 제외하였다. 셋째, 검토 대상 시기를 1990년대 이후로 하였는데, 이는 국내에서 본격적인 재일한인 연구가 이루어진 이후의 연구 성과를 살펴보는 것이 앞으로의 과제 도출에 도움이 된다고 판단했기 때문이다. 넷째, 이 글에서는 역사 및 사회과학 분야의 연구 성과만 분석하였다. 이는 재일한인이 가지는 디아스포라적 특징을 해역에 전개되는 네트워크를 통해 검토한다는 실증적인 관점에서 연구 동향과 과제를 살펴보기 위함이다.

그리고 이와 같은 분석대상 범위의 재일한인 연구를 종합적으로 검토하기 위하여 이 글에서는 재일교포, 재일동포, 재일조선인, 재일한국인, 재일한인,[16] 자이니치在日라는 복수의 키워드를 사용하였다.

이들 호칭은 모두 영어로 하면 'Koreans in Japan'으로 간단하고 비교적 실체를 명확하게 파악할 수 있게 표현할 수 있다. 그렇다면 한국어로는 왜 이처럼 다양한 호칭이 경합하는 것일까. 이들 호칭에서 결국 문제가 되는 부분은 'Koreans'의 표현 방법으로, 이를 어떻게 표현하는가, 즉, 민족과 국가를 어떻게 나타내는가는 "식민지 이후 한반도를 둘러싼 정치적·역사적 조건들과 결부"되어 있다. 그리고 이들 조건은 "한국과 일본 사회가 이들의 존재를 어떻게 표상하는지 뿐만 아니라 당사자들이 자신의 정체성을 이해하고 위치 짓는 자기해석의 과정"과도 연관되므로 다양한 호칭이 존재할 수밖에 없는 것이다.[17] 결과적으로 연구자들 사이에서도 호칭 선택은 시기, 학문분야 등에 따라 다양하며, 이러한 다양성을 고려하여 관련 연구를 망라하기 위하여 이 글에서는 위에서 언급한 6개의 키워드를 모두 사용하여 재일한인 연구를 검색하였다.

분석자료에 대한 기초적인 통계 해석은 다음과 같다. 우선 출판건수를 살펴보면 1990년부터 2018년까지 국내학술지에 출판된 역사 및 사회과학 분야의 재일한인 연구는 총 539건이다(〈그림 1〉). 이는 1959년부터 1989년까지 30년에 걸쳐 이루어진 관련 연구가 48건에 불과하다는 사실을 비추어 보았을 때 괄목할 만한 양적성장이라고 할 수 있다. 1990년대 출판된 재일한인 연구는 75건에 불과하였지만, 2000년대는 282건으로 급증하였다가 2010년대(2010~2018)에 들어

---

16 '한인'을 영어로 번역한 '코리안(Korean)', 즉, 재일코리안도 포함한다.
17 정진성, 「'재일동포'의 호칭의 역사성과 현재성」, 『일본비평』 7, 서울대 일본연구소, 2012.8, 259~260쪽.

〈그림 1〉 1990년대 이후 재일한인 연구 출판 건수 추이

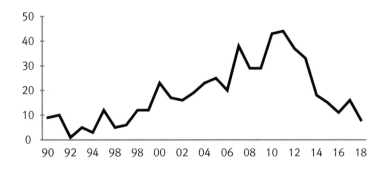

서는 182건으로 감소세로 돌아선 상황이다. 이와 같은 추이는 한일
관계의 부침에 적지 않은 영향을 받은 것으로 보이며, 일본 관련 연구
가 전반적으로 활력을 잃고 있는 상황과 무관하지 않을 것이다.

다음으로 이들 연구가 재일한인을 지칭하는 다양한 호칭 중 어느
것으로 검색되었는지를 살펴보면 〈그림 2〉와 같다. 전 시기를 통해
가장 많이 사용된 것은 재일조선인인데, 이는 다음과 같은 세 가지 이
유 때문이다.[18] 첫째, 연구 대상 시기가 일제강점기인 역사적 연구의
경우 재일조선인으로 지칭하는 경우가 대부분이기 때문이다. 둘째,
비록 역사적 연구가 아닐지라도 재일한인 스스로 이 재일조선인이라
는 호칭을 "그들의 차별 경험을 직시하는 역사성 있는 개념"이라 여
기므로, '당사자성'을 존중하는 연구자들이 이 호칭을 사용하기 때문
이다. 셋째, 일본에서는 재일조선인이 압도적으로 사용되기 때문에
일본 유학 경험이 있는 연구자들이 이러한 영향을 받았기 때문이다.

---

18 위의 글, 280쪽.

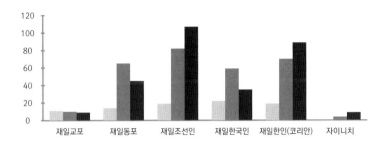

그 밖의 호칭의 경우, 최근 들어 사용이 감소하고 있는 것과 증가하고 있는 것 두 그룹이 있다. 우선 최근 들어 사용이 감소하고 있는 호칭에는 재일교포, 재일동포, 재일한국인이 있다. 실제 이들 용어는 한국 정부의 문서, 홈페이지 그리고 신문 기사에서 광범위하게 쓰이는 호칭이다.[19] 그럼에도 불구하고 이들 용어를 사용하는 연구가 줄어들고 있는 이유는 무엇일까. 재일교포, 재일동포, 재일한국인은 국적을 기준으로 하는 호칭인데 이와 같은 사실은 다음의 두 가지 한계를 지닌다. 첫째, 재일한인의 국적이 다양하다는 현실을 반영하지 못한다. 둘째, 한국 정부에 의한 재일한인의 전략적 동원 또는 배제의 맥락에서 사용되기 쉬운 경향이 있다. 즉, 재일교포, 재일동포, 재일한국인이라는 국적을 기준으로 하며 모국의 입장에서 이들을 지칭하는 것으로 국민국가의 경계를 명확하게 의식하는 호칭이라고 할 수 있다.

---

19 위의 글, 275~279쪽.

한편, 재일한인(코리안)과 자이니치는 2010년대 들어 보다 적극적으로 사용되고 있다. 권숙인의 경우는 재일한인에 대한 명칭이 매우 다양하고 각기 다른 정치적 의미로 사용된다고 지적하며, "정치적 지향과 무관히 다만 종족적ethnic 귀속을 지칭하는 용어"라는 점에서 재일조선인이 적합하지만 "한국 내에서 '조선'이라는 용어의 정치적 '오염'" 때문에 재일조선인과 같은 의미로 재일한인을 선택하였다고 밝힌다.[20] 장인성은 재일한인을 지칭하는 다른 호칭들은 "그렇게 부르는 측의 감성과 그렇게 불리는 측의 정체성이 내포되어 있다"고 주장하며 "객관화"가 가능한 호칭으로 재일한인을 사용한다.[21] 한편, 자이니치의 경우는 재일한인에서 한 단계 더 나아가 그 어떠한 형태의 귀속도 포함하지 않고 '일본에 있음'만을 표현한다. 이러한 "민족이나 국가 색의 소거는 '국민국가'인 일본을 상대화하는 작업"이자 "국민국가 단위로 파악할 수 없는 그러한 국민국가에 수렴될 수 없는" 재일한인의 특징을 반영한다.[22] 그리고 이처럼 최근 재일한인 연구에서 이들을 지칭하는 다양한 호칭 중 재일한인과 자이니치의 사용이 증가하는 것은 전체적으로 재일한인을 디아스포라로 자리매김하는 경향이 두드러지고 있다는 사실을 말해준다.

---

20 권숙인, 「귀속과 정체성의 분화와 통합—변모하는 재일한인사회의 지평」, 『한·일 사회의 중심과 주변』(한일공동연구총서 17), 아연출판부, 2007.12, 280쪽.
21 장인성, 「총련계 재일한인의 민족정체성」, 『국제지역연구』 12-4, 국제지역연구센터, 2003.12, 27쪽.
22 이한정, 「"자이니치" 담론과 아이덴티티」, 『일본연구』 17, 글로벌일본연구원, 2012.6, 385쪽.

2) 기존 연구의 내용 분석

그렇다면 1990년대 이후 국내학술지에 출판된 역사 및 사회과학 분야의 재일한인 연구는 구체적으로 어떠한 내용일까. 이 글에서는 재일한인 또한 하나의 사회집단이라고 생각했을 때 이에 대한 총체적 이해를 위해서는 이 사회집단에 영향을 미치는 외부요인, 사회집단 자체에 대한 고찰, 그리고 사회집단을 구성하는 개인에 대한 논의를 살펴볼 필요가 있다고 생각하여 재일한인 관련법과 제도, 재일한인 커뮤니티 형성 및 전개, 재일한인의 의식과 문화로 나누어 검토하고자 한다.

우선 재일한인 관련법과 제도에 관한 연구는 법제도의 변화와 밀접한 관련이 있기 때문에 이를 중심으로 살펴볼 수 있는데 크게 세 가지 변화에 주목할 수 있다. 첫째, 1990년대 이후 오늘날에 이르기까지 재일한인에게 가장 큰 영향을 미친 이른바 '91년 문제'[23]를 둘러싸고 재일한인 관련법과 제도에 관한 연구가 활발하게 이루어졌다. 예를 들어, 정인섭, 이광규의 연구는 '91년 문제' 타결 시한 직전에 1965년 한일협정에서 이루어진 재일한인의 법적 지위와 관련된 합의내용을 검토하고 그 합의내용이 25년간 어떻게 운영되어 왔는지를 살펴봄으로써 재일한인의 보다 안정적인 법적지위 마련을 위한 시사점을 제시한다.[24] 한편 '91년 문제'가 타결된 이후에는 이를 비판적

---

23 재일한인의 법적지위는 1965년 한일협정에서 협정영주권이 부여되면서 일차적으로는 안정이 되었지만 3세 이하에 대해서는 언급하지 않고 보완 시한을 1991년 1월 16일까지로 두었다. 즉, '91년 문제'는 재일한인 3세 이하에 대한 영주권 부여를 중심으로 재일한인의 법적지위 전반의 한층 더한 안정화를 모색하는 문제로 여기에는 조선적 재일한인에 대한 영주권 부여 문제도 포함되었다. 결과적으로 1991년 1월 10일 양국 외무장관의 각서 교환을 통해 재일한인은 국적과 관계없이 세대를 거치더라도 계속적으로 특별영주권을 부여받을 수 있게 되었다.

인 시각에서 평가하는 연구가 지속적으로 이루어지고 있다.[25]

둘째, 1990년대 후반 이후 일본사회에서 활발하게 논의되기 시작한 지방참정권과 관련된 것이다. 일본에서 외국인 지방참정권 문제는 1995년 대법원의 판결을 계기로 정치적, 사회적인 이슈가 되었다. 그리고 이러한 움직임은 국내 재일한인 연구 동향에도 영향을 미쳐 김성호의 연구[26]를 시작으로 꾸준히 관련 연구가 진행 중이다. 예를 들어, 재일한인의 지방참정권 문제를 일본 국적취득제도의 문제점과 관련지어 설명하는 연구,[27] 유럽 등의 사례를 들면서 재일한인에 대한 지방참정권 부여의 당위성을 논하는 연구,[28] 일본에서 유일무이하게 기본정책으로 외국인 지방참정권 부여를 내세운 민주당의 움직임을 살펴보는 연구[29] 등이 있다. 한편, 외국인 지방참정권 부여가 실현되지 않은 가운데 외국인 주민의 지역정치 참여를 이끌어내기 위한 보완적인 제도인 자문회의의 기능과 의미를 검토하는 연구도 진행 중이다.[30]

24 정인섭, 「재일한국인 법적지위협정−그 운영의 25년의 회고」, 『재외한인연구』 1-1, 재외한인학회, 1990.12, 17〜34쪽; 이광규, 「재일한인과 지문 제도」, 『사회와 역사』 23, 한국사회사학회, 1990.8, 111〜131쪽.

25 박병윤, 「남북의 UN동시가입과 재일동포의 역할−'91년 문제'의 총괄과 분단극복을 위하여」, 『재외한인연구』 2-1, 재외한인학회, 1992.12, 79〜116쪽; 김광열, 「전후 일본의 재일조선인 법적지위에 대한 정책−1991년 "특별영주"제도를 중심으로」, 『한일민족문제연구』 6, 한일민족문제학회, 2004.6, 37〜91쪽.

26 김성호, 「재일코리안 지방참정권 문제의 현상과 전망」, 『평화연구』 8, 평화와민주주의연구소, 1999.3, 37〜53쪽.

27 김경득, 「정주외국인과 지방참정권−재일동포에 있어서 국적과 지방참정권이란」, 『공익과 인권』 2-1, 서울대 공익인권법센터, 2005.2, 1〜14쪽.

28 김부찬, 「재일한국인의 지방참정권 문제에 관한 고찰」, 『법과 정책』 13-1, 법과정책연구원, 2007.2, 1〜31쪽.

29 김태기, 「일본 민주당과 재일 영주외국인의 지방참정권」, 『한일민족문제연구』 19, 한일민족문제학회, 2010.12, 235〜277쪽.

30 이시재, 「일본의 외국인 지방자치 참가문제의 연구−가와사키시의 외국인시민 대표자회의

셋째, 2005년 8월부터 이루어진 1965년 한일협정 관련 문서 공개를 통해 얻은 자료를 바탕으로 오늘날 재일한인 법적지위의 원형을 만든 1965년 '재일교포 법적지위 협정'의 교섭 과정, 내용의 특징을 분석한 연구이다. 우선, 장박진, 이성의 연구는 1965년 한일협정의 과정으로서 존재하는 한일회담 중 특정 시기의 교섭 내용에 주목하여 재일한인의 법적지위 문제를 검토하였다.[31] 한편, 신재중, 이성의 연구는 각각 재일한인의 한국으로의 재산반입정책과 국적 문제를 중심으로 한일회담 및 한일협정의 내용을 비판적으로 분석하였다.[32]

다음으로 재일한인의 커뮤니티 형성 및 전개와 관련해서는 다음과 같이 크게 세 가지 주요 연구 내용을 정리할 수 있다. 첫째, 재일한인의 사회운동에 관한 연구이다. 재일한인의 역사는 일본사회로부터 기본적인 권리를 획득해 온 역사라고 해도 과언이 아닐 만큼 이들의 사회운동은 커뮤니티의 형성, 유지, 발전에 큰 영향을 미쳤다. 재일한인의 사회운동과 관련된 연구는 분석 대상 시기에 따라 크게 해방 이전과 해방 이후로 나뉜다. 전자의 경우, 일제강점기 한반도에서 일본에 건너간 조선인의 노동자로서의 권리투쟁을 위한 단체조직 및 활

의 성립 및 운영과정을 중심으로」, 『국제지역연구』 12-1, 국제지역연구센터, 2003.3, 21~44쪽; 한승미, 「국제화 시대의 국가, 지방자치체 그리고 "이민족시민(ethnic citizen)"—동경도 정부의 "다문화주의" 실험과 재일 한국/조선인에의 함의」, 『한국문화인류학』, 43-1, 한국문화인류학회, 2010.1, 263~304쪽; 이상봉, 「일본 가와사키시 〈외국인시민 대표자회의〉 20년의 성과와 한계」, 『한국민족문화』 65, 한국민족문화연구소, 2017.11, 63~95쪽.

31 장박진, 「초기 한일회담(예비~제3차)에서의 재일한국인 문제의 교섭과정 분석」, 『국제지역연구』 18-2, 국제지역연구센터, 2009.6, 1~38쪽; 이성, 「한일회담으로 보는 박정희정권의 재일동포정책—귀화와 영주권을 중심으로」, 『사림』 33, 수선사학회, 2009.6, 293~326쪽.

32 신재중, 「한일회담 시기 한국 정부의 재일한인 재산반입 정책의 변화」, 『한국사론』 58, 서울대 국사학회, 2012.6, 419~470쪽; 이성, 「한일회담(1951~65)과 재일조선인의 국적 문제—국적선택론에서 귀화론으로」, 『사림』 45, 수선사학회, 2013.6, 183~225쪽.

동내용에 대한 분석이 주를 이룬다.[33] 한편 후자에 관해서는 재일한인 사회운동을 이끌어 갔던 민족단체의 형성과 활동을 검토한 연구가 이루어져 왔다.[34]

둘째, 재일한인의 민족교육에 관한 연구가 2000년대 이후 활발하게 이루어지기 시작했다. 앞에서 언급한 사회운동 연구와도 관련 있지만 역사적으로 재일한인이 가장 중요시하고 권리 쟁취를 위해 노력했던 분야는 교육이었으며, 특히 민족정체성 함양을 위한 민족교육은 당위적으로 실천되어 왔다. 하지만 1990년대 이후 세대교체 속에서 민족교육 또한 방향성 전환을 요구 받게 되었으며, 결과적으로 이 시기 재일한인의 민족교육의 역사, 현황을 파악하려는 연구가 등장하기 시작하였다. 예를 들어, 한신교육투쟁阪神教育闘争[35]을 포함하여 해방직후 이루어진 민족교육 관련 움직임을 검토한 연구,[36] 각 지역 조선학교 설립과 발전의 역사를 정리한 연구,[37] 재일한인 민족교육

33 정혜경, 「1910~1920년대 동경 한인 노동단체」, 『한국근현대사연구』 1, 한국근현대사학회, 1994.8, 63~102쪽; 전기호, 「일제하 재일조선인 노동운동의 특성에 관한 연구」, 『노동경제논집』 20-2, 한국노동경제학회, 1997.12, 33~71쪽; 정혜경, 「1920년대 일본지역 조선인노동동맹회 연구」, 『한국민족운동사연구』 18, 한국민족운동사학회, 1998.5, 235~289쪽; 김인덕, 「1930년대 진보적 일본노동운동과 재일조선인 국제연대-일본노동조합 전국협의회를 중심으로」, 『사림』 29, 수선사학회, 2008.2, 25~47쪽.

34 정진성, 「조총련 조직 연구」, 『국제지역연구』 14-4, 국제지역연구센터, 2005.12, 33~62쪽; 김인덕, 「해방 공간 재일본조선인연맹의 결성에 대한 연구」, 『한일민족문제연구』 10, 한일민족문제학회, 2006.6, 85~123쪽; 지충남, 「재일한인 사회단체 네트워크 연구-민단, 조총련, 재일한인회를 중심으로」, 『세계지역연구논총』 26-1, 한국세계지역학회, 2008.4, 57~93쪽.

35 1948년 4월, GHQ와 일본정부의 조선인학교 봉쇄 명령에 저항하여 오사카와 고베 지역을 중심으로 이루어진 재일한인의 민족교육투쟁이다.

36 김인덕, 「재일조선인 민족교육 운동에 대한 연구-재일본조선인연맹 제 4, 5회 전체대회와 한신교육투쟁을 중심으로」, 『사림』 26, 수선사학회, 2006.12, 173~199쪽; 채영국, 「해방 직후 미귀환 재일한인의 민족교육운동」, 『한국근현대사연구』 37, 한국근현대사학회, 2006.6, 7~34쪽; 김경해, 「1948년 한신교육투쟁은 우리말을 지키기 위한 투쟁」, 『한일민족문제연구』 15, 한일민족문제학회, 2008.12, 243~253쪽.

37 김은숙, 「재일본 조선대학교의 설립과 인가에 관한 연구」, 『사림』 34, 수선사학회, 2009.10, 2

역사 속에서 모국, 일본사회와의 대외연대, 네트워크가 가지는 의미를 분석한 연구[38] 등이 있다.

셋째, 재일한인 기업가에 관한 연구가 2000년대 중반 집중적으로 이루어졌다.[39] 이들 연구의 공통점은 재일한인 기업가의 '성공' 원인을 다방면에서 분석한다는 것이다. 특히, 강조되는 측면이 이들의 인적 네트워크의 기능 및 역할인데, 이는 2002년 재외동포재단에서 한상과의 네트워크 구축을 위해 시작한 세계한상대회의 시작과도 연관이 있다.[40] 그리고 이와 같은 배경을 바탕으로 재일한인 기업가 연구, 그중에서도 이들의 인적 네트워크에 주목하는 연구가 시작되었으며, 세계한상대회의 궁극적인 목적이 이들의 인적, 물적 자본을 국가적 자산으로 자리매김하는 것에 있다는 점을 고려한다면, 이러한 연구 동향은 자연스러운 것이었다고 할 수 있겠다.

마지막으로 재일한인의 의식과 문화는 특히, 2000년대 들어 가장 활발하게 연구가 진행된 분야이다. 이 분야의 연구가 가지는 공통점은

7~52쪽; 김은혜, 「도쿄 도시레짐과 에다가와 조선학교의 역사」, 『사회와 역사』 85, 한국사회사학회, 2010.3, 271~307쪽; 김인덕, 「재일조선인 민족교육과 동경조선중학교의 설립 ─ 『도쿄조선중고급학교 10년사』를 중심으로」, 『숭실사학』 28, 숭실사학회, 2012.6, 253~284쪽.

38 최영호, 「재일한인 민족교육운동에 나타난 대외연대, 네트워크」, 『한일민족문제연구』 13, 한일민족문제학회, 2007.12, 149~185쪽.

39 김태영, 「재일한국인 기업가의 네트워크 특성과 기업가정신」, 『일본문화학보』 27, 한국일본문화학회, 2005.11, 317~342쪽; 임영언, 「재일코리안 기업가의 네트워크 현황 및 활성화 방안」, 『재외한인연구』 17, 재외한인학회, 2006.12, 87~120쪽; 임영언·이석인, 「재일코리안 기업가의 창업유형별 특징 및 사례연구」, 『국제지역연구』 10-3, 국제지역연구센터, 2006.11, 383~402쪽; 임영언, 「재일한국인 기업가의 네트워크가 경영성과에 미치는 효과에 관한 연구」, 『일본문화학보』 34, 한국일본문화학회, 2007.8, 635~651쪽; 최석신·임영언, 「재일코리안 기업가의 경영관에 관한 실증적 연구」, 『디아스포라연구』 1-1, 전남대 세계한상문화연구단, 2007.6, 47~78쪽; 박재수 외, 「재일한국인의 기업가적 개인 특성에 관한 연구 ─ 일본의 동경 지역을 중심으로」, 『한일경상논집』 36, 한일경상학회, 2007.2, 35~55쪽.

40 세계한상대회에 관해서는 세계한상대회 홈페이지(https://hansang.korean.net/) 참조.

바로 재일한인의 민족정체성이 분화 내지는 다양화하고 있다는 결론을 공유한다는 것이다. 권숙인의 연구는 재일한인의 역사적 특수성에 대한 설명을 바탕으로 이들의 민족정체성이 "내부의 차이"를 지닌다는 사실을 지적한 가장 초기의 연구 중 하나이고,[41] 한영혜의 연구는 '민족명'에 대한 분석을 통해 이와 같은 논지를 펼쳤으며,[42] 박용구의 연구는 설문조사를 통해 실증하였다.[43] 그렇다면 재일한인의 민족정체성은 어떠한 기준에 의해 분화 내지는 다양화되고 있는 것일까. 가장 활발하게 연구되어 온 내용은 국적과 세대에 따른 분화 내지는 다양화의 양상으로, 이 두 요소는 지속적으로 검토 대상이 되고 있다.[44]

한편, 재일한인의 민족정체성과 관련하여 가장 최신의 연구 동향 중 눈에 띄는 것은 바로 민족축제와의 관련성을 검토하는 작업이다.[45] 민족축제는 재일한인 커뮤니티가 주체가 되는 문화 활동의 하

---

41 권숙인, 앞의 글, 276~312쪽.

42 한영혜, 「"민족명" 사용을 통해 보는 재일조선인의 아이덴티티―"민족"의 한계와 새로운 의미」, 『일본연구논총』 27, 현대일본학회, 2008.6, 281~315쪽.

43 박용구, 「재일코리안의 분화하는 정체성에 대한 실증 분석」, 『일본연구』 40, 한국외대 일본연구소, 2009.7, 3~23쪽.

44 김영, 「조선적으로 산다는 것」, 『여성과 평화』 3, 한국여성평화연구원, 2003.12, 141~162쪽; 장인성, 앞의 글, 27~49쪽; 김현선, 「국적과 재일코리안의 정체성―조선・한국적 유지자의 삶과 의식을 중심으로」, 『경제와 사회』 83, 비판사회학회, 2009.9, 313~341쪽; 김현선, 「재일의 귀화와 아이덴티티」, 『사회와 역사』 91, 한국사회사학회, 2011.9, 293~323쪽; 임영언・김태영, 「재일코리안 청소년의 민족정체성에 관한 연구」, 『일본문화학보』 36, 한국일본문화학회, 2008.2, 393~415쪽; 이석인・임영언, 「재일코리안 청소년의 민족정체성 형성요인과 효과 분석」, 『국제지역연구』 15-1, 국제지역연구센터, 2011.3, 525~547쪽; 김성수・남근우, 「재일동포사회의 세대별 자기인식에 관한 연구―서일본지역 재일동포 설문조사를 중심으로」, 『동서연구』 26-1, 연세대 동서문제연구원, 2014.3, 29~52쪽.

45 박수경, 「재일코리안축제와 마당극의 의의―生野民族文化祭를 중심으로」, 『일본문화학보』 45, 한국일본문화학회, 2010.5, 269~288쪽; 유기준, 「시텐노지왓소와 재일코리안 문화의 역할 연구」, 『일본문화학보』 44, 한국일본문화학회, 2010.2, 403~423쪽; 황혜경, 「재일코리안에 있어서 민족축제 의미와 호스트사회와의 관계―오사카시와 가와사키시를 중심으로」, 『일본문화학보』 46, 한국일본문화학회, 2010.8, 471~492쪽; 김현선, 「재일 밀집지역과 축제, 아이덴티티―오사카 '통일마당 이쿠노'를 중심으로」, 『국제지역연구』 20-1, 국제지역연구센

나로, 변화하는 민족정체성 나아가 일본사회에서의 재일한인의 자리 매김의 변용이 나타난다. 민족축제는 재일한인 커뮤니티 내에서 스스로의 민족정체성의 표출 방식이 변화하는 과정과 궤를 같이 하며 주목받기 시작했다. 과거 재일한인의 민족정체성 표출은 보다 투쟁적이고 '하드한' 방법을 통해 이루어졌으나, 일본사회의 국제화와 재일한인의 세대교체 속에서 '소프트한' 방법으로 이행하고 있는 것이다. 민족축제 또한 이와 같은 맥락에서 재검토, 부활하고 있으며 2010년대 들어 관련 연구도 증가하였다. 같은 맥락에서 영화라는 대중매체를 통해 드러난 재일한인의 민족정체성 표출 방법과 내용을 검토하는 연구도 존재한다.[46]

4. 재일한인 연구와 해역 – 새로운 과제모색

앞에서 언급한 바와 같이 기존에 재일한인 연구의 동향과 과제를 다룬 연구는 어느 정도의 한계에도 불구하고 연구 동향은 정리하였지만 앞으로의 과제는 심도 있게 제시하지 못한다. 그 이유는 무엇일

터, 2011.3, 1～30쪽; 손미경, 「오사카 원코리아 페스티벌 – 통일운동에서 다문화공생의 장으로」, 『재외한인연구』 23, 재외한인학회, 2011.2, 309～348쪽; 전진호, 「원코리아 운동과 한인 디아스포라」, 『일본연구』 30, 글로벌일본연구원, 2018.8, 151～174쪽.

46 정순희, 「재일 젊은 세대의 아이덴티티 – 'GO'에 표출된 탈민족적 관점에 주목하여」, 『한국문화연구』 8, 전남대 교육문제연구소, 2005.6, 185～211쪽; 황봉모, 「재일한국인의 연애와 정체성 – 가네시로 카즈키의 『GO』」, 『일본연구』 31, 한국외대 일본연구소, 2008.4, 175～199쪽; 신명직, 「재일코리안과 다국가 시민권 – 영화 "피와 뼈", "디어 평양", "달은 어디에 떠 있는가"를 중심으로」, 『석당논총』 56, 동아대 석당학술원, 2013.7, 37～82쪽; 이지연, 「다큐 영화 〈우리학교〉를 통해 본 재일조선인 연구」, 『인문사회과학연구』 14-2, 부경대 인문사회과학연구소, 2013.10, 23～49쪽.

까. 이는 디아스포라 재일한인의 삶을 이해하기 위한 새롭고 구체적인 분석 방법과 대상을 찾지 못해서라고 보인다. 1990년대 이후 국내학술지에 출판된 역사 및 사회과학 분야의 재일한인 연구를 살펴본 결과 다음과 같은 두 가지 동향을 알 수 있었다. 첫째, 재일한인 연구의 양적, 질적 성장으로 인해 다양한 연구가 어느 정도 이루어진 상태라는 점이다. 둘째, 국민국가의 경계를 넘나드는 존재, 바꾸어 말하자면 디아스포라로서 재일한인이 가지는 정치, 경제, 사회문화적 특징을 분석하는 경향이 뚜렷하다는 점이다. 즉, 재일한인의 디아스포라적 삶을 이해하기 위한 연구가 다양한 주제, 방법, 관점에서 이루어져 축적되어 있다는 것이다.

따라서 재일한인 연구의 '잃어버린 고리'를 찾는 것은 쉬운 일은 아니다. 하지만 앞으로의 재일한인 연구의 심화를 위해서 새로운 과제도출은 필수 불가결하다. 그리고 이 글에서 주목하는 해역은 국민국가의 경계를 넘나드는 존재로서 재일한인이 지니는 정치, 경제, 사회문화적 특징을 이해하기 위한 새롭고 구체적인 분석 방법과 대상을 제시하는 데 유용하다. 해역은 국민국가를 가로지르는 다양한 형태의 초국가적 네트워크를 포함하는 바다와 관련된 인간 활동의 범위라고 할 수 있는데, 이는 기존의 육지와 국민국가 중심의 분석 시각을 상대화하는 가능성을 제시한다. 디아스포라와 관련하여 해역에서 펼쳐지는 초국가적 네트워크는 다양하다. 하지만 이 글에서는 그 중에서 디아스포라의 이동을 가능케 하는 물리적인 네트워크와 실질적 삶의 터전인 지역에서 시작하는 교류 네트워크에 주목하도록 하겠다. 이 두 네트워크에 주목하는 이유는 재일한인의 삶이 가지는 디아스포라적 특징을 이해하는 데 유용함에도 불구하고 충분한 연구가 이루어지지 않았기 때문이다.

우선 디아스포라의 이동을 가능케 하는 물리적 네트워크의 고찰이 재일한인 연구에서 가지는 의미를 살펴보면 다음과 같다. 기존의 재일한인 연구는 이들의 삶을 고찰하는 데 있어서 대부분 한반도로부터 이동하여 일본에 도착한 이후의 '정주' 국면에 주목한다. 그러나 이러한 경우 디아스포라 재일한인을 이해하는 데 있어서 필수 불가결한 이동성mobility이라는 부분을 놓치게 된다. 이동은 정주를 향한 과정이기도 하지만 그 자체로서 다양한 의미를 지닌다. 해역을 통한 이동은 국가 규제의 대상 이였지만, 이러한 규제는 밀항 등을 통해 '불법'으로 극복할 수 있기도 했다. 그리고 이러한 배경 속에서의 이동은 국적, 민족, 계층 등의 구분짓기를 통하여 정체성을 명확하게 인식하는 과정이기도 했다. 따라서 어떠한 수단과 경로를 통해 모국에서 정주국으로 또는 정주국에서 모국으로 이동하였는지, 그리고 그 이동 과정은 원활하였는지, 만약 그렇지 않다면 그러한 상황을 어떻게 극복하였는지 등 이동의 구조와 경험을 살펴볼 필요가 있다.

물론 재일한인의 이동성에 주목한 연구가 전혀 없는 것은 아니다. 일본 해방 직후 재일한인의 모국 귀환 과정을 분석한 연구,[47] 해방 이후 제주도에서 일본으로의 밀항 양상을 통해 재일한인의 삶을 살펴본 연구,[48] 이른바 북송 문제를 분석한 연구[49] 등이 있다. 이들 연구는

---

47 최영호, 「해방 직후의 재일한국인의 본국 귀환, 그 과정과 통제 구조」, 『한일관계사연구』 4, 한일관계사학회, 1995.6, 99~135쪽; 채영병, 「해방 후 재일한인의 지위와 귀환」, 『한국근현대사연구』 25, 한국근현대사학회, 2003.6, 83~103쪽; 최영호, 「일본의 패전과 부관연락선─부관항로의 귀환자들」, 『한일민족문제연구』 11, 한일민족문제학회, 2006.12, 243~287쪽.

재일한인의 다양한 이동 과정과 그 의미에 주목하였다는 점에서 의미가 있으나, 분석 대상이 제한적이다. 시기가 해방 이후에 국한되어 있으며, 무엇보다 재일한인의 이동을 가능하게 한 수단과 경로에 대한 분석이 빠져 있기 때문에 다음과 같이 보완할 필요가 있다.

첫째, 기존에 해방 이후로 국한되어 있는 분석 시기를 해방 이전까지 확대해야 하겠다.[50] 재일한인 형성의 원형은 일제강점기 한반도에서 일본으로의 이동을 통해 이루어졌으나 이 시기의 이동 과정과 의미에 대한 분석은 거의 이루어지지 않았다. 일제강점기의 한반도에서 일본으로의 이동은 피식민지자의 이동이라는 점에서 재일한인의 정체성에 큰 영향을 미쳤기 때문에 치밀하게 되짚어 볼 필요가 있겠다. 바꾸어 말하자면, 일제강점기 한반도에서 일본으로 피식민자가 이동한다는 것의 의미에 대한 고찰인 것인데 현실적으로 이와 관련된 자료를 모으기는 쉽지 않다. 다만, 재일한인 1세의 삶에 대한 자서전, 구술 자료가 점차 축적되고 있으므로 이러한 자료 속에서 이동 경험에 대한 부분을 찾아내어 재구성하는 것은 가능할 것이다.

둘째, 재일한인의 이동성에 주목한 기존 연구는 정작 이들의 이동을 가능케 한 이동 수단과 경로에 대해서는 심도 있게 분석하고 있지

---

48 후지나카 다케시, 「재일 제주인과 '밀항' – '재일 제주도 출신자의 생활사를 기록하는 모임'의 조사에서」, 『4・3과 역사』 10, 제주4・3연구소, 2010.12, 153~176쪽; 조경희, 「불안전한 영토, "밀항"하는 일상 – 해방 이후 70년대까지 제주인들의 일본 밀항」, 『사회와 역사』 106, 한국사회사학회, 2015.6, 39~75쪽.

49 박정진, 「재일조선인 "북송문제"와 일본인의 "귀국협력"」, 『사회와 역사』 91, 한국사회사학회, 2011.9, 31~60쪽; 테사 모리 스즈키, 「북한행 엑서더스를 다시 생각한다 – 재일조선인 귀국문제」, 『일본비평』 4, 서울대 일본연구소, 2011.2, 186~203쪽.

50 해방 이전 재일한인의 이동성과 관련해서는 일본에서 이루어진 재일한인의 역사 연구에 있어서 '일부' 언급되어 있으므로 앞으로 국외의 재일한인 연구를 포함하여 연구사 정리를 하면서 구체적으로 어떠한 연구들이 이루어졌는지를 살펴볼 필요가 있겠다.

않다. 최근 들어 일제강점기의 기선운항과 관련한 역사 연구가 눈에 띄기 시작하였으나, 기선운항을 인구 이동과 연관 짓는 연구는 매우 드물다. 특히 이 시기 일본과 한반도 사이의 인구 이동에 있어서 중요한 역할을 한 부관釜關연락선[51]에 관해서는 연구가 충분하게 이루어지지 않은 실정이다.[52] 일부 존재하는 부관연락선을 통한 인구 이동을 분석한 연구들도 대부분 일본에서 한국으로 이동한 일본인에 주목할 뿐 재일한인의 존재를 시야에 넣은 연구는 전무하다고 해도 과언이 아니다. 따라서 앞으로는 사료의 발굴과 재구성을 통해 부관연락선을 통한 한반도에서 일본으로의 인구 이동의 양상과 특징을 치밀하게 검토함으로써 재일한인의 형성 과정과 관련된 '잃어버린 고리'를 이을 필요가 있겠다. 한편, 1930년대 이후 한반도와 일본 사이의 항로가 늘어남에 따라 재일한인의 형성을 이끌어 낸 물리적인 네트워크도 다변화하기 때문에 이와 같은 측면을 고려하여 관련 연구를 발전시킬 필요가 있을 것이다.

다음으로 디아스포라의 삶의 터전인 지역에서 시작하는 교류 네트워크가 재일한인 연구의 동향에 시사하는 바는 다음과 같다. 1990년대 이후의 재일한인 연구가 전반적으로 이들을 국민국가를 넘나드는 삶을 영위하는 디아스포라로 자리매김하려는 경향은 사실이다. 여기서 주목해야 할 부분은 이와 같은 연구 경향은 어디까지나 국민국가의 경계를 의식하고 전제로 삼지 않으면 안 된다는 것이다.[53] 즉, 재

---

51 1905년부터 1945년까지 부산과 일본의 시모노세키(下關)를 운항했던 정기선.
52 김승, 「일제강점기 부산항 연구성과와 과제」, 『항도부산』 29, 부산광역시 시사편찬위원회, 2013.5, 1~33쪽.
53 이상봉, 「디아스포라와 로컬리티 연구-재일코리안을 보는 새로운 시각」, 『한일민족문제연

일한인의 초국가성transnationality에 대하여 주목하는 작업은 국민국가라는 분석 단위를 의식할 수밖에 없으며, 양자의 관계는 동전의 양면과 같다고도 할 수 있다. 따라서 "상상의 공동체인 국가를 기본단위로 디아스포라를 바라보는 한 디아스포라가 지닌 구체성, 역사성, 다양성, 실천성을 묻혀버리기 쉽기 때문"에 구체적인 생활공간에 주목하여야 한다.[54] 디아스포라가 정주국의 어떤 지역에 거주하는지에 따라 이들의 삶은 다양한 양상을 보이며 이는 결국 정체성, 그리고 모국 및 정주국과의 네트워크로 이어지기 때문에 그 지역의 역사적, 그리고 현재적 특징에 대한 이해 속에서 '삼각구도'를 살펴볼 필요가 있는 것이다.

그리고 재일한인 연구의 축적 속에서 지역에 초점을 맞추는 연구도 자연스럽게 증가해 왔으며, 가와사키川崎와 오사카大阪가 가장 빈번하게 검토되었다. 가와사키의 경우는 지방정부와의 협조적인 관계 속에서 재일한인 커뮤니티가 발전해 온 양상을 분석한 연구가 눈에 띤다.[55] 한편, 오사카의 경우는 재일한인 커뮤니티의 자조적인 활동에 주목한 연구가 주를 이룬다.[56] 여기서 중요한 사실은 이 두 지역 이외의 지역에 주목한 연구가 매우 드물다는 것이다. 가와사키와 오

구』 18, 한일민족문제학회, 2010.6, 119쪽.

54 위의 글.

55 이시재, 앞의 글, 21~44쪽; 방광석, 「1920~30년대 간토지역 "재일조선인" 사회의 형성과 지역사회」, 『사총』 68, 고려대 역사연구소, 2009.3, 127~149쪽; 이현철 · 조현미, 「재일한인 디아스포라의 삶의 공간으로서 교회에 대한 질적 사례연구―가와사키시 교회를 중심으로」, 『다문화와 평화』 7-2, 성결대 다문화평화연구소, 2013.12, 228~253쪽; 이상봉, 앞의 글, 63~95쪽.

56 정혜경, 「1930년대 초기 오사카지역 협동조합과 조선인운동」, 『한일민족문제연구』 1, 한일민족문제학회, 2001.2, 71~112쪽; 박수경, 앞의 글, 269~288쪽; 김현선, 앞의 글, 1~30쪽; 이상봉, 「오사카 조선시장의 공간정치」, 『한국민족문화』 41, 한국민족문화연구소, 2011.11, 231~261쪽.

사카에 초점을 맞춘 연구가 많은 이유는 두 지역 모두 재일한인 집주지역이라 이들의 디아스포라적 삶의 모습이 응축되어 나타나기 때문이기도 하지만 이와 동시에 재일한인과의 네트워크를 통해 조사를 쉽게 할 수 있었기 때문이기도 하다. 결과적으로 기존의 관련 연구는 국내 연구자가 비교적 쉽게 접근할 수 있는 재일한인 집주지역과 그 주변 도시 사례에 국한된다.

따라서 앞으로의 재일한인 연구에 있어서는 보다 다양한 지역을 중심으로 디아스포라의 삶의 터전인 지역에서 시작하는 교류 네트워크를 살펴볼 필요가 있겠다. 예를 들어, 규슈九州의 후쿠오카福岡 같은 지역은 흥미롭다.[57] 2016년 말 현재 후쿠오카에는 약 15,000명의 재일한인이 거주한다.[58] 이는 오사카의 약 6분의 1 정도의 인구로 후쿠오카는 재일한인 집주지역이라고는 말하기 어려우며, 실제 이른바 한인 타운과 같은 곳은 없다. 하지만 후쿠오카의 재일한인은 기타 지역의 재일한인과는 다른 고유의 역사를 지니며, 이는 디아스포라적 삶의 양상과 밀접하게 관련이 있다. 후쿠오카의 재일한인에게는 눈에 띄는 특징이 하나 있는데 바로 일본 패전 후 한반도로 돌아가기 위해 하카타博多항으로 몰려든 사람들이 돌아가지 못하고 남게 된 경우가 많다는 것이다. 이들은 하카타항 근처에 임시 거처를 마련하고 한반도, 구체적으로는 부산으로 건너가기 위한 배를 기다렸지만 한반도의 불안한 정세 등으로 인해 돌아가지 못하고 정착한 것이다.

---

57 규슈 지역이 언급되는 재일한인 연구로는 오무라(大村)수용소와 관련된 것이 있으나, 이들 연구는 밀항과 관련하여 수용소라는 특유의 공간에 주목한 것으로 일반적인 지역 중심의 연구라고 하기는 어려우며 별도의 시각에서 논의되어야 하겠다.

58 재일본 대한민국 민단 홈페이지 인용.(2019.4.15)

대부분의 경우, 한반도로의 귀환이 좌절된 후 재일한인은 일단 하카타항을 떠나 다른 지역으로 이동하여 정착하였다. 이미 커뮤니티가 어느 정도 형성되어 있고 '돈벌이'가 쉬운 지역, 즉, 오사카나 가와사키 같은 지역이 바로 여기에 해당한다. 그러나 후쿠오카의 재일한인의 경우, 상대적으로 귀환 의지를 오랫동안 보였던 소수의 인원이 '언제든지 돌아갈' 준비를 한 채 하카타항 근처에 머무르게 되면서 탄생한 것이다. 이들은 집주지역을 형성하지 못한 채 일본사회와 관계를 맺어야 했고, 한편으로는 지리적인 근접성으로 인해 고향과의 '비공식적' 교류도 빈번했다. 이러한 후쿠오카 지역 재일한인의 고유의 역사는 디아스포라로서 재일한인이 지니는 정치적, 경제적, 문화적 특징을 이해하는 데 유의미한 사례가 될 것이며, 앞으로 보완될 필요가 있는 분야이다.

5. 나오며

이 글에서는 재일한인 연구의 동향과 과제를 디아스포라와 해역이라는 개념을 통해 살펴보았다. 1990년대 이후 크게 발전한 국내의 재일한인 연구는 특히, 2000년대 들어 이들을 디아스포라로 자리매김하고 초국가성을 중심으로 삶의 양상을 살펴보려는 경향이 강하다. 하지만 이와 같은 경향 속에서 구체적으로 앞으로의 과제를 모색하려는 시도는 원활하게 이루어지고 있다고 말하기 힘들다. 이에 이 글에서는 재일한인 연구의 '잃어버린 고리'를 찾기 위해 해역에 주목하였다. 해역에 주목한 결과, 디아스포라의 이동을 가능케 하는 물리적인 네트워크와 실질적 삶의 터전인 지역에서 시작하는 교류 네트워크를 통해 재일한인이 지니는 디아스포라적 특징을 더욱 풍부하게 이해 가능함을 알 수 있었다. 이 글에서는 1990년대 이후, 국내 학술지에 출판된 역사 및 사회과학 분야의 연구만을 대상으로 살펴보았지만 추후에는 시기를 확장하고 다양한 분야의 연구를 융합하며 국외의 재일한인 연구를 종합하여 디아스포라와 해역 관점에서 연구동향과 과제를 정리하는 작업이 필요할 것이다. 이는 앞으로의 과제로 삼고자 한다.

참고문헌

1. 논문 및 단행본

권숙인, 「귀속과 정체성의 분화와 통합-변모하는 재일한인사회의 지평」, 『한·일 사회의 중심과 주변』(한일공동연구총서 17), 아연출판부, 2007.

김경득, 「정주외국인과 지방참정권-재일동포에 있어서 국적과 지방참정권이란」, 『공익과 인권』 2-1, 서울대 공익인권법센터, 2005.

김경해, 「1948년 한신교육투쟁은 우리말을 지키기 위한 투쟁」, 『한일민족문제연구』 15, 한일민족문제학회, 2008.

김광열, 「전후 일본의 재일조선인 법적지위에 대한 정책-1991년 "특별영주" 제도를 중심으로」, 『한일민족문제연구』 6, 한일민족문제학회, 2004.

김부찬, 「재일한국인의 지방참정권 문제에 관한 고찰」, 『법과 정책』 13-1, 법과정책연구원, 2007.

김성수·남근우, 「재일동포사회의 세대별 자기인식에 관한 연구-서일본지역 재일동포 설문조사를 중심으로」, 『동서연구』 26-1, 연세대 동서문제연구원, 2014.

김성호, 「재일코리안 지방참정권 문제의 현상과 전망」, 『평화연구』 8, 평화와민주주의연구소, 1999.

김승, 「일제강점기 부산항 연구성과와 과제」, 『항도부산』 29, 부산광역시 시사편찬위원회, 2013.

김영, 「조선적으로 산다는 것」, 『여성과 평화』 3, 한국여성평화연구원, 2003.

김은숙, 「재일본 조선대학교의 설립과 인가에 관한 연구」, 『사림』 34, 수선사학회, 2009.

김은혜, 「도쿄 도시레짐과 에다가와 조선학교의 역사」, 『사회와 역사』 85, 한국사회사학회, 2010.

김인덕, 「재일조선인 민족교육 운동에 대한 연구-재일본조선인연맹 제 4, 5회 전체대회와 한신교육투쟁을 중심으로」, 『사림』 26, 수선사학회, 2006.

_____, 「해방 공간 재일본조선인연맹의 결성에 대한 연구」, 『한일민족문제연구』 10, 한일민족문제학회, 2006.

_____, 「1930년대 진보적 일본노동운동과 재일조선인 국제연대-일본노동조합 전국협의회를 중심으로」, 『사림』 29, 수선사학회, 2008.

_____, 「재일조선인 민족교육과 동경조선중학교의 설립-『도쿄조선중고급학교 10년사』를 중심으로」, 『숭실사학』 28, 숭실사학회, 2012.

김진환, 「재일조선인 정체성 연구 현황과 과제」, 『한민족문화연구』 39, 한민족문화학회, 2012.

김태기, 「일본 민주당과 재일 영주외국인의 지방참정권」, 『한일민족문제연구』 19, 한일민족문제학회, 2010.

김태영, 「재일한국인 기업가의 네트워크 특성과 기업가정신」, 『일본문화학보』 27, 한국일본문화학회, 2005.

김현선, 「국적과 재일코리안의 정체성-조선·한국적 유지자의 삶과 의식을 중심으로」, 『경제와 사회』 83, 비판사회학회, 2009.

_____, 「재일 밀집지역과 축제, 아이덴티티-오사카 '통일마당 이쿠노'를 중심으로」, 『국제지역

연구』20-1, 국제지역연구센터, 2011.

_____, 「재일의 귀화와 아이덴티티」, 『사회와 역사』 91, 한국사회사학회, 2011.

박병윤, 「남북의 UN동시가입과 재일동포의 역할-『91년 문제』의 총괄과 분단극복을 위하여」, 『재외한인연구』 2-1, 재외한인학회, 1992.

박수경, 「재일코리안축제와 마당극의 의의-生野民族文化祭를 중심으로」, 『일본문화학보』 45, 한국일본문화학회, 2010.

박용구, 「재일코리안의 분화하는 정체성에 대한 실증 분석」, 『일본연구』 40, 한국외대 일본연구소, 2009.

박재수 외, 「재일한국인의 기업가적 개인 특성에 관한 연구-일본의 동경 지역을 중심으로」, 『한일경상논집』 36, 한일경상학회, 2007.

박정진, 「재일조선인 "북송문제"와 일본인의 "귀국협력"」, 『사회와 역사』 91, 한국사회사학회, 2011.

방광석, 「1920~30년대 간토지역 "재일조선인" 사회의 형성과 지역사회」, 『사총』 68, 고려대 역사연구소, 2009.

손미경, 「오사카 원코리아 페스티벌-통일운동에서 다문화공생의 장으로」, 『재외한인연구』 23, 재외한인학회, 2011.

신기영, 「디아스포라론과 동아시아 속의 재일코리안」, 『일본비평』 14, 서울대 일본연구소, 2016.

신명직, 「재일코리안과 다국가 시민권-영화 "피와 뼈", "디어 평양", "달은 어디에 떠 있는가"를 중심으로」, 『석당논총』 56, 동아대 석당학술원, 2013.

신재중, 「한일회담 시기 한국 정부의 재일한인 재산반입 정책의 변화」, 『한국사론』 58, 서울대 국사학회, 2012.

유기준, 「시텐노지왓소와 재일코리안 문화의 역할 연구」, 『일본문화학보』 44, 한국일본문화학회, 2010.

이광규, 「디아스포라와 로컬리티 연구-재일코리안을 보는 새로운 시각」, 『한일민족문제연구』 18, 한일민족문제학회, 2010.

_____, 「오사카 조선시장의 공간정치」, 『한국민족문화』 41, 한국민족문화연구소, 2011.

_____, 「일본 가와사키시 〈외국인시민 대표자회의〉 20년의 성과와 한계」, 『한국민족문화』 65, 한국민족문화연구소, 2017.

_____, 「재일한인과 지문 제도」, 『사회와 역사』 23, 한국사회사학회, 1990.

이석인·임영언, 「재일코리안 청소년의 민족정체성 형성요인과 효과 분석」, 『국제지역연구』 15-1, 국제지역연구센터, 2011.

이성, 「한일회담(1951~65)과 재일조선인의 국적 문제-국적선택론에서 귀화론으로」, 『사림』 45, 수선사학회, 2013.

____, 「한일회담으로 보는 박정희정권의 재일동포정책-귀화와 영주권을 중심으로」, 『사림』 33, 수선사학회, 2009.

이시재, 「일본의 외국인 지방자치 참가문제의 연구-가와사키시의 외국인시민 대표자회의의 성립 및 운영과정을 중심으로」, 『국제지역연구』 12-1, 국제지역연구센터, 2003.

이지연, 「다큐 영화 〈우리학교〉를 통해 본 재일조선인 연구」, 『인문사회과학연구』 14-2, 부경대 인문사회과학연구소, 2013.

이한정, 「"자이니치" 담론과 아이덴티티」, 『일본연구』 17, 글로벌일본연구원, 2012.

이현철·조현미, 「재일한인 디아스포라의 삶의 공간으로서 교회에 대한 질적 사례연구-가와사키시 교회를 중심으로」, 『다문화와 평화』 7-2, 성결대 다문화평화연구소, 2013.

임영언, 「재일코리안 기업가의 네트워크 현황 및 활성화 방안」, 『재외한인연구』 17, 재외한인학회, 2006.

_____, 「재일한국인 기업가의 네트워크가 경영성과에 미치는 효과에 관한 연구」, 『일본문화학보』 34, 한국일본문화학회, 2007.

임영언·김태영, 「재일코리안 청소년의 민족정체성에 관한 연구」, 『일본문화학보』 36, 한국일본문화학회, 2008.

_____, 「재일코리안 디아스포라 문화자원으로서 연구사 고찰-1945년 이후 재일코리안 관련 연구성과를 중심으로」, 『일어일문학』 50, 대한일어일문학회, 2011.

임영언·이석인, 「재일코리안 기업가의 창업유형별 특징 및 사례연구」, 『국제지역연구』 10-3, 국제지역연구센터, 2006.

장박진, 「초기 한일회담(예비~제3차)에서의 재일한국인 문제의 교섭과정 분석」, 『국제지역연구』 18-2, 국제지역연구센터, 2009.

장인성, 「총련계 재일한인의 민족정체성」, 『국제지역연구』 12-4, 국제지역연구센터, 2003.

전기호, 「일제하 재일조선인 노동운동의 특성에 관한 연구」, 『노동경제논집』 20-2, 한국노동경제학회, 1997.

전진호, 「원코리아 운동과 한인 디아스포라」, 『일본연구』 30, 글로벌일본연구원, 2018.

정병호, 「해외한인사회에 대한 연구의 동향과 과제-재일한인사회」, 『민족과 문화』 4, 한양대 민족학연구소, 1996.

정순희, 「재일 젊은 세대의 아이덴티티-'GO'에 표출된 탈민족적 관점에 주목하여」, 『한국문화연구』 8, 전남대 교육문제연구소, 2005.

정영미·이경규, 「디아스포라의 관점에서 다룬 재일한인분야 연구 동향 분석」, 『일본근대학연구』 62, 한국일본근대학회, 2018.

정인섭, 「재일한국인 법적지위협정-그 운영의 25년의 회고」, 『재외한인연구』 1-1, 재외한인학회, 1990.

정진성, 「'재일동포'의 호칭의 역사성과 현재성」, 『일본비평』 7, 서울대 일본연구소, 2012.

_____, 「조총련 조직 연구」, 『국제지역연구』 14-4, 국제지역연구센터, 2005.

정혜경, 「1910~1920년대 동경 한인 노동단체」, 『한국근현대사연구』 1, 한국근현대사학회, 1994.

_____, 「1920년대 일본지역 조선인노동동맹회 연구」, 『한국민족운동사연구』 18, 한국민족운동사학회, 1998.

_____, 「1930년대 초기 오사카지역 협동조합과 조선인운동」, 『한일민족문제연구』 1, 한일민족문제학회, 2001.

조경희, 「불안전한 영토, "밀항"하는 일상-해방 이후 70년대까지 제주인들의 일본 밀항」, 『사회와 역사』 106, 한국사회사학회, 2015.

지충남, 「재일한인 사회단체 네트워크 연구-민단, 조총련, 재일한인회를 중심으로」, 『세계지역연구논총』 26-1, 한국세계지역학회, 2008.

채영국, 「해방 후 재일한인의 지위와 귀환」, 『한국근현대사연구』 25, 한국근현대사학회, 2003.

_____, 「해방 직후 미귀환 재일한인의 민족교육운동」, 『한국근현대사연구』 37, 한국근현대사학회, 2006.

최석신·임영언, 「재일코리안 기업가의 경영관에 관한 실증적 연구」, 『디아스포라연구』 1-1, 전남대 세계한상문화연구단, 2007.

최영호, 「해방 직후의 재일한국인의 본국 귀환, 그 과정과 통제 구조」, 『한일관계사연구』 4, 한일관계사학회, 1995.

_____, 「일본의 패전과 부관연락선-부관항로의 귀환자들」, 『한일민족문제연구』 11, 한일민족문제학회, 2006.

_____, 「재일한인 민족교육운동에 나타난 대외연대, 네트워크」, 『한일민족문제연구』 13, 한일민족문제학회, 2007.

테사 모리 스즈키, 「북한행 엑서더스를 다시 생각한다-재일조선인 귀국문제」, 『일본비평』 4, 서울대 일본연구소, 2011.

하네다 마사시, 조영헌·정순일 역, 『바다에서 본 역사-개방, 경합, 공생 : 동아시아 700년의 문명 교류사』, 민음사, 2018.

한승미, 「국제화 시대의 국가, 지방자치체 그리고 "이민족시민(ethnic citizen)"-동경도 정부의 "다문화주의" 실험과 재일 한국/조선인에의 함의」, 『한국문화인류학』 43-1, 한국문화인류학회, 2010.

한영혜, 「"민족명" 사용을 통해 보는 재일조선인의 아이덴티티-"민족"의 한계와 새로운 의미」, 『일본연구논총』 27, 현대일본학회, 2008.

황봉모, 「재일한국인의 연애와 정체성-가네시로 카즈키의 『GO』」, 『일본연구』 31, 한국외대 일본연구소, 2008.

황혜경, 「재일코리안에 있어서 민족축제 의미와 호스트사회와의 관계-오사카시와 가와사키시를 중심으로」, 『일본문화학보』 46, 한국일본문화학회, 2010.

후지나카 다케시, 「재일 제주인과 '밀항'-'재일 제주도 출신자의 생활사를 기록하는 모임'의 조사에서」, 『4·3과 역사』 10, 제주4·3연구소, 2010.

Andreas Wimmer and Nina Glick Schiller, "Methodological Nationalism, the Social Sciences, and the Study of Migration : An Essay in Historical Epistemology", *International Migration Review* 37-3, 2003.

James Clifford, "Diasporas", *Cultural Anthropology* 9-3, 1994.

家島彦一, 『海域から見た歴史』, 名古屋 : 名古屋大学出版会, 2006.

2. 그 외
재일본 대한민국 민단 홈페이지.(인용 2019.4.15)

해양사와 중국해강사 사이
연구현황과 과제

조세현

1. 해양사 연구의 굴기

해양사는 '해양과 내륙 역사의 상호관계'에 초점을 맞춘 역사학의 한 분야로, 좀 더 분류하면 해방海防사, 해군海軍사, 해전海戰사, 해권海權사, 해관海關사, 해운海運사, 어업漁業사 등 다양하게 나누어볼 수 있다. 이런 주제를 연구하는 목적은 이제까지 역사학이 간과한 해양이라는 공간을 복권시킴으로써 인간의 역사를 전체적으로 파악하는 데 있다. 페르낭 브로델Fernad Braudel의 고전『지중해ー펠리페 2세 시대의 지중해 세계』는 역사를 이끈 동력을 지중해라는 자연환경에서 찾음으로서 세계 해양사 연구에 큰 자극을 주었다. 그 후 대륙형 문화모델의 연구 시각과 달리 바다와 밀접한 인류 활동과 역사 경험을 중시하여 세계사와 지역사 연구의 성격을 동시에 가지게 되었다. 특히 유럽의 해양사 연구는 초기 대항해 시대의 제국주의적 색채가 강한 유럽확장사European Expansion의 경향에서 근래에는 다원적인 해양사

Maritime History 연구로 변화하였다.[1]

최근 연구자들은 중국사를 새롭게 이해하기 위해 대륙과 해양 간의 개념 틀을 제시하고 있다. 아시아의 해양공간을 '아시아의 지중해', '아시아 교역권' 등과 같은 이론으로 설명하며 해양아시아를 재발견하려 노력한다. 과거 해양사는 대외관계사와 사회경제사 분야에 포함되어 논의하던 주제로 동아시아의 주변에 머물렀으나 근래에는 동아시아의 초국가적 공간을 주목하면서 해양아시아를 탐구한다. 그래서인지 해양사의 발전 방향을 글로벌 히스토리(혹은 월드 히스토리)나 환경사 등과의 결합을 통해 새로운 출로를 모색한다. 그런데 해양사를 일본학계의 경우는 보통 '해역海域사'라고 부른다. 여기서 해역사란 항해, 무역, 해적, 해상민 등과 같은 바다의 세계 그 자체의 역사만이 아니라 바다를 둘러싸고 있는 육지들 사이의 교류와 투쟁, 해상과 육상의 상호 과정 등을 포함한다.[2]

덧붙이자면, 중국 역사에서 해양관련 새로운 개념들이 집중적으로 등장한 시기는 두 차례였다. 16세기 왜구의 영향으로 해금, 해방, 해강 등과 같은 전통적인 해양 관련 개념이 정착했다면, 19세기에 접어들어 서구열강의 침략에 따라 이런 전통적인 용어들이 점차 사라지고 근대적인 해양 개념인 해군, 영해, 해권 등이 나타난 것이 그것이다.

---

1 戴寶村,『近代臺灣海運發展－戎克船到長榮巨舶』, 玉山社, 2000, 15~16쪽.
2 일본학계의 풍부한 연구 현황을 소개한『해역아시아사 연구 입문』은 국내에도 번역되어 나왔다. 이 번역서는 통시적으로 중세, 근세 전기, 근세 후기로 나누어 연구 현황을 정리하였다. 편집자는 해역아시아사에 대한 연구입문으로 최초의 출판물이라고 자부하는데, 아쉽게도 전근대 시기 아시아 해양사 연구 성과만을 담고 있어 근대부분은 부족하다(모모로 시로(桃木至郎) 편, 최연식 역,『해역아시아사 연구 입문』, 민속원, 2012, 10~14쪽.

1) 양궈쩐楊國楨과 중국해양사 연구

중국의 해양사 연구는 보통 『유엔해양법조약』(1996)이 정식 발효되자 국가 차원에서 해양 발전 전략을 제안하면서 연구가 획기적으로 발전했다고 본다. 그 전인 1983년 타이완 중앙연구원 중산인문사회과학연구소에서 중국 해양발전사 연구 계획이 추진되어 중국 해양사 연구의 서막을 열었으며, '중국 해양발전사 논문집' 시리즈를 꾸준히 발간하였다. 중국 학계에서는 하문대학의 양궈쩐楊國楨을 대표적인 해양사 연구자로 뽑는다. 그가 주편한 『해양과 중국총서海洋與中國叢書』(총8책, 1998~1999)[3]과 『해양중국과 세계총서海洋中國與世界叢書』(총 12책, 2004~2005)[4] 시리즈를 통해 이른바 '해양사학'을 제창하면서 해양 역사문화 연구가 활성화되었다. 이 시리즈에는 중국 역사상 해강 정책, 해양 경제 관리, 해양 신앙, 해상 밀수, 해상 재해, 동남해양구역, 산동 연해, 환황해·발해경제권, 환중국해 침몰선, 남해 분쟁과 해상 권익, 서양 항로와 이민, 싱가포르 중국인사회와 문화 등 다양한 주제를 다루고 있다. 이런 연구들은 1920~1930년대의 '난하이교통南海交通' 연구에

3　楊國楨이 주편한 『海洋與中國叢書』(총8책, 江西高校出版社, 1998~1999)은 『闊在海中－追探福建海洋發展史』, 『東洋海路移民－明淸海洋移民臺灣與菲律賓的比較硏究』, 『走向海洋貿易帶－近世世界市場互動中的中國東南商人行爲』, 『海上人家－海洋漁業經濟與漁民社會』, 『海洋迷思－中國海洋觀的傳統與變遷』, 『陸島綱路－臺灣海港的興起』, 『喧闐的海市－閩東南港市興衰與海洋人文』, 『天子南庫－淸前期廣州制度下的中西貿易』 등으로 이루어졌는데, 주로 박사논문을 출판한 것으로 제12회 중국도서상을 받았다.

4　역시 楊國楨이 주편한 『海洋中國與世界叢書』(총12책, 江西高校出版社, 2004~2005)은 『環中國海沈船－古代帆船·船技與船貨』, 『海洋神靈－中國海神信仰與社會經濟』, 『東溟水土－東洋中國的海洋環境與經濟開發』, 『越洋再建家園－新加坡華人社會文化硏究』, 『東渡西進－淸代粤移民臺灣與四川的比較』, 『海上山東－山東沿海地區的早期現代化歷程』, 『南海波濤－東南亞國家與南洋問題』, 『水客走水－近代中國沿海的走私與反走私』, 『海洋天災－中國歷史時期的海洋災害與沿海社會經濟』, 『北洋之利－古代渤黃海區域的海洋經濟』, 『西洋航路移民－明淸閩粤移民荷屬東印度與海峽植民地的硏究』, 『海國孤生－明代首輔葉向高與海洋社會』 등으로 이루어졌다.

서 1980~1990년대의 '해상실크로드' 연구를 잇는 해양사의 맥락 위에 놓여 있다.

양궈쩐은 본래 중국사회경제사(명·청 시대) 전공자로 1980년대 말부터 해양사에 관심을 가졌는데, 당시 해양사 분야를 홀시하는 분위기에 자극받아 연해사에서 해양전체사로 나아가는 계획을 세웠다. 그는 연해 지역에 대한 역사 연구는 오랜 전통이 있지만 진정한 해양사는 1980년대에 시작되었다고 보았다. 여기서 해양사와 연해사의 가장 큰 차이는 육지를 본위로 하느냐 아니면 해양을 본위로 하느냐에 있었다. 물론 연해사라는 지역사의 발전 과정에서 해양사가 출현했다고 볼 수도 있다. 양궈쩐은 21세기 '해양의 세기'를 맞이해 전통적인 대륙중심적인 사고에서 탈피하여 해양중심적인 사고로 전환할 것을 주장하였다. 그는 중국고대사 역사교과서에 실린 농업문명과 유목문명의 충돌과 융합이라는 이원론에 대해 이의를 제기하고 여기에 해양문명을 첨가해야 한다고 보았다.[5] 양궈쩐은 10여 년간 발표한 해양사 관련 논문들을 묶어 『영해방정-중국 해양 발전 이론과 역사 문화瀛海方程-中國海洋發展理論和歷史文化』이란 제목으로 출판하였다. 여기서 자신의 해양사 시각을 '해양 발전과 해양인문사회과학', '중국 해양사회경제사와 해양사학', '명·청해양사' 연구 등 세 부분으로 나누어 실었다.[6]

한 연구자에 따르면 양궈쩐의 해양사학은 "육지화한 연구 사고를 극복해 연해역사에서 해양전체사 연구로 전화하여 해양을 생존공간으로

---

5 楊國楨, 「關於中國海洋史硏究的理論思考」, 『海洋文化學刊』 第7期, 2009.12, 2~4쪽.
6 楊國楨, 『瀛海方程-中國海洋發展理論和歷史文化』, 海洋出版社, 2008.

보며 해양의 시각에서 일체의 해양과 관련된 자연 사회 인문영역을 연구대상으로 삼는 것"이라고 하였다. 이런 육지사관에 대한 이의제기가 중국 내부의 주류 역사학에 대한 것이라면, 외부적으로는 유럽중심주의의 해양 인식에 대한 거부가 존재한다면서, 취진량曲金良 등과 같은 다른 해양사 연구자들도 유사한 관점을 가지고 있다고 보았다.[7] 하문대학에서는 '해양사학'전공을 만들어 박사과정을 개설한 후 중국 해양사회경제사와 중국 해양인문사회과학 분야에서 다양한 해양 연구를 진행하였다. 양궈전과 그의 학생들의 연구 성과(주로 박사논문)는 위에서 언급한 해양사 시리즈로 출판되어 중국 해양사 연구의 새로운 지평을 열었다. 최근에는 앞서 언급한 두 가지 연구시리즈를 이은『중국해양문화전제 연구中國海洋文明專題研究』(총 10책. 인민출판사, 2016)[8]을 출간하였다. 이번 연구는 육지사를 벗어나 해양 본위의 연구 방법을 추구한 점에서는 기존 연구의 연장선상에 있으나, 21세기의 중국 정부의 '일대일로'나 '해양강국'의 국가 전략과도 일정한 관련을 맺고 있음은 부정하기 어렵다.[9]

중국해양대학(구 청도해양대학) 역시 교육부의 지원 아래 해양문화관련 학제 간 전공 분야 설립에 앞장선 학교이다. 1997년 대학 내에 해양문화연구소를 만들어『중국해양문화 연구中國海洋文化研究』라는 학술

---

7 하세봉,「최근 중국 학계의 해양사 연구─지적 성격을 중심으로」,『2014년 제5회 전국해양문화학자대회 자료집』(2) 발표문, 목포대 도서문화연구원 등편, 2014, 113쪽.

8 이 시리즈는『海洋文明論与海洋中國』,『16─18世紀的中國歷史海圖』,『厦門港的崛起』,『鄭成功与東亞海權競逐』,『香藥貿易与明淸中國社會』,『淸代郊商与海洋文化』,『明淸海洋災害与社會應對』,『淸代嘉慶年間的海盗与水師』,『台湾傳統海洋文化与大陸』,『淸前期的島民管理』등 10권으로 이루어졌다. 그 가운데『海洋文明論与海洋中國』(제1권)은 楊國楨의 저작으로 국내에도 번역되었다.

9 「海洋史學与"一帶一路"─訪楊國楨教授」,『中國史研究動態』2017年第3期.

지를 창간하고, 해양문화개론 수업을 전교생을 대상으로 개설하는 등 이른바 해양문화학을 발전시켰다. 특히 이 대학은 한국 내의 대학이나 연구소와도 학술교류협정을 맺고 한중해양문화 공동연구에도 열심이다.[10] 그리고 절강해양대학과 담강해양대학 등에서도 해양문화의 연구기구가 마련되었으며, 무한대학 중국변계연구원에서는 2007년부터 '중국과 세계대국 해양전략 연구中國及世界大國海洋戰略研究'와 '중국동해·남해 연구中國東海·南海研究'를 중점과제로 삼아 연구를 진행 중이다. 2009년에는 광동성사회과학원 내 광동해양사연구센터가 만들어져서 해양사의 이론탐구와 학과성립을 추진하였고, 중국해양사 연구의 새로운 중심으로 떠오르고 있다.[11] 해양관련 연구기관에서는 다음과 같은 학술지를 내고 있다. 중국해외교통사연구회中國海外交通史研究會와 추안저우해외교통사박물관泉州海外交通史博物館이 출판하는 『해교사 연구海交史研究』(1978년 창간), 광둥해양사연구센터廣東海洋史研究中心이 출판하는 『해양사海洋史研究』(2010년 창간), 상하이중국항해박물관上海中國航海博物館이 출판하는 『국가항해國家航海』(2011년 창간), 중국해양대학中國海洋大學이 출판하는 『중국해양문화 연구中國海洋文化研究』(2008년 창간) 등이 있다. 특히 『해교사 연구』는 중국 최초의 전국적 학술간행물로 해양교류사를 중심으로 정화 연구에 주목했으며, 『해양사 연구』는 최근 가장 주목할 만한 논문들을 싣고 있는 학술간행물이다.

중국 정부와 학계는 2005년에 쩡허鄭和함대의 출항 600주년 기념

---

10 曲金良 編著, 「緖文」, 『海洋文化槪論』, 中國海洋大學出版社, 2000. 이 책은 국내에서 곡금량 편저, 김태만 외역, 『바다가 어떻게 문화가 되는가』, 산지니, 2007로 번역되었다.

11 張麗·任靈蘭, 「近五年來中國的海洋史研究」, 『世界歷史』2011年第1期, 118쪽.

행사를 하면서 해양강국의 희망을 부각시킨 바 있다. 그 해 7월 11일
은 정화의 남해원정이 시작한 기념일로 국가적인 행사를 진행하면서
정화의 업적을 중국 정부의 개혁·개방 정신과 연결시켰다. 정화란
인물의 해양 영웅으로서의 상징성은 다양한 출판물로 쏟아진 것을
물론 역사교과서에도 반영되었다. 그리고 해양사 연구와 관련해 개
설서, 『중국해양문화사장편中國海洋文化史長篇』과 『해양과 근대 중국海洋
與近代中國』[12] 등이 출판된 사실이나 자료집이나 연구서들이 다수 출판
되고 있는 현상은 중국 학계의 해양사 연구가 일정한 수준에 올랐다
는 사실을 보여준다. 하지만 해양사 연구의 연구 시야가 협애하고, 이
론방법이 부족하며, 연구 내용에 불균형을 이루고, 사료 발굴이 불충
분하다는 자기반성의 글도 있다.[13]

2) 『하상河殤』에서 『주항해양走向海洋』으로

우리는 중국 하면 중국대륙이나 황하문명을 연상하게 되어 바다와
는 별로 상관없는 나라로 인식한다. 실제로 중국은 중원 지역을 중심
으로 발달한 국가여서 상대적으로 바다와 관련한 화려한 이야기는
많지 않다. 하지만 최근 시진핑 정부의 일대일로 국책사업과 맞물려
중국 해양사가 학계의 화두가 되어 광범위한 연구가 이루어지면서
해외무역을 하지 않는 폐쇄적인 왕조라는 인식에 변화가 일고 있다.

---

12 曲金良主編(本卷主編 閔銳武)의 『中國海洋文化史長篇(近代卷)』(中國海洋大學出版社, 2013)
은 '中國海洋文化史長篇'시리즈 총5권 가운데 마지막 권인데, 기존 연구서에서 주제별로 한
장씩을 뽑아내어 편집 출판한 것이다. 그리고 楊文鶴의 『海洋與近代中國』(海洋出版社, 2014)
은 '海洋戰略與海洋强國論叢' 시리즈의 하나로 출판한 것으로 개설서의 성격을 띤다.
13 蘇全有·常城, 「對近代中國海洋史研究的反思」, 『大連海事大學學報』2011年第6期, 89~93쪽.

중국 내 방송에서 이런 흐름을 감지할 수 있다. 우선 한국 방송국에서 방영한 바 있었던 다큐멘터리 〈대국굴기大國屈起〉(12부작, 2006년 말) 시리즈에서 세계근현대사에서 해양강국의 역사를 조망한 바 있다. 해양을 통해 국부를 축적한 강대국들 — 포르투갈, 스페인, 영국, 네덜란드, 프랑스, 미국, 일본 — 을 해양제국으로 보아 그들의 해양으로의 진출과정에 주목하였다.

21세기에 들어오면서 중국 해양사 연구의 굴기를 가장 상징적으로 보여주는 사건은 대형해양문화 다큐멘터리 〈주향해양走向海洋〉(총8편)[14]의 방영이다. 2011년 12월 중국 CCTV를 통해 전국에 방영된 〈주향해양〉은 중국정부의 바다에 대한 집념을 엿볼 수 있는 주목할 만한 다큐멘터리이다. 국가해양국과 해군정치부가 함께 5년에 걸쳐 촬영한 이 프로그램은 2011년 말뿐만 아니라 다음 해에도 몇 차례 더 방영되었다. 〈주향해양〉에서는 은대의 해양 활동을 회고하는 것에서 출발하여 송대 해외무역의 성취와 근대 북양수사의 붕괴 및 현대중국의 해양전략 등을 묘사하면서 중국의 해양문명을 전체적으로 조망하였다. 독특한 역사 시각과 선명한 해양관으로 시청자들의 관심을 얻었는데, 해양 전략이 없는 민족은 희망이 없는 민족이라고 선전하였다. 〈주향해양〉은 모두 8편으로 앞의 3편은 전근대 시기를 다

---

14 『走向海洋』은 제1편 海陸鉤沉, 제2편 海上明月, 제3편 潮起潮落, 제4편 倉惶海防, 제5편 雲帆初揚, 제6편 長風大浪, 제7편 走向大海, 제8편 經略海洋 등 8편으로 구성되었다. 제1편부터 제3편까지는 전통 시대 중국의 해양문화에 대해 소개하며, 제4편과 제5편은 청말 해방과 북양수사 및 중화민국해군과 중화인민공화국 초기 해군의 역사를 다룬다. 제6편부터 제8편까지는 중화인민공화국 시기의 해양과학기술과 군사기술의 발전과정을 소개한다. 이 다큐멘터리는 해양은 중화민족의 미래이며, 짙은 남색은 중화민족의 바탕색이라며 〈河殤〉과는 기본적으로 다른 관점을 제시하고 있다.

루고, 뒤의 5편은 1840년을 경계로 삼아 근현대 시기를 다루었다. 〈주향해양〉을 20여 년 전에 큰 사회적 충격을 불러일으킨 다큐멘터리 『하상河殤』과 비교하면, 중국의 두 세대를 대표하는 해양 관련 다큐멘터리라는 사실은 물론 그 인식 차이를 알 수 있어 흥미롭다.[15]

1988년 '황하의 죽음'을 의미하는 〈하상〉이라는 다큐멘터리가 CCTV에서 방영되어 강렬한 사회현상을 일으켰다. 〈하상〉에서는 인류의 문명을 내륙문명(황색문명)과 해양문명(남색문명)으로 나누어 분석하였다. 황하유역을 중심으로 만들어진 중국문명은 지리적으로 고립되어 결국은 쇠퇴할 운명이고, 지중해에서 융성한 유럽의 해양문명은 개척, 진취, 확장의 특성으로 현재와 미래에서 우위를 점할 문명이라고 내다보았다. 남색문명이 결국 황색문명을 이긴다고 보았으므로 남색문명을 학습하는 것이야말로 강국의 길이라고 설파하였다. 1986년부터 1989년까지 전지구적인 차원에서 벌어진 정치적 격변으로 말미암아 중국의 사상계에는 자유주의 사조가 범람했고 문학과 예술계를 중심으로 이른바 허무주의적인 작품이 출현하였다. 당시 〈하상〉은 이른바 '민족허무주의' 대표작의 하나로 낙인찍혀 정부와 학계로부터 집중적인 비판을 받았다. 왜냐하면 〈하상〉은 황하와 장성을 낙후한 문명의 상징으로 묘사했기 때문이다.[16]

중국의 해양문화와 해양문명의 관계를 주제로 한 〈주향해양〉은 외

---

15 楊國楨은 『河殤』에서 선전한 중국에는 황토지문화만 있고 해양문화는 없다는 격렬한 언사에 자극을 받아 자신이 중국 해양사회경제사 연구를 하게 된 중요한 계기가 되었다고 회고했다 (楊國楨, 「緖文」, 『瀛海方程－中國海洋發展理論和歷史文化』, 海洋出版社, 2008).

16 張杰, 「從『河殤』到『走向海洋』－中國紀錄片的觀念革新與文化追求」, 『信陽師範學院學報』 2013年第1期, 10~11쪽.

형상 〈하상〉과 유사했지만 시각에선 전혀 다른 관점을 제시하였다. 〈주향해양〉에서는 황색문명과 남색문명의 구분을 부정하고 농경문명과 해양문명의 장단점을 비교하면서 중화문명은 역사적으로 농경문화와 해양문화가 혼재되어 있다고 주장했다. 농경과 해양의 양종 문화가 중화민족 역사에서 대립한 것이 아니라 조화를 이루었다면서 중화민족의 다원성, 겸용성, 융합성을 강조한 것이다. 물론 명대이후 해금정책으로 말미암아 해양개발이 점점 뒤처졌다는 사실은 인정하였다. 이런 자신들의 관점을 '이성적 민족주의'라고 평가하면서, 다큐멘터리에서는 중화민족의 흥쇠는 바로 해양에 있다고 강조한다.[17] 근대 시기로 제한해보면 청 말에는 바다가 있으나 방어가 없었고, 해관을 닫아 스스로를 지켰으며, 제해권의 상실은 중화민족 백년굴욕의 역사를 가져왔다고 보았다. 그래서 "해상에 강철장성을 건설하겠다"는 목표로 중화인민공화국 해군이 건설되어 해양으로 향하는 새로운 장정이 시작되었다고 하였다.[18] 〈하상〉의 비판을 통해 해양문명에 대해 거리를 두었던 상황과는 무척 대조적이다.

　한 마디로 현재 중국 학계는 해양사 연구의 열기가 가득하다고 말할 수 있다. 역사교과서의 교육과정에도 해양사 시각이 어느 정도 반영되고 있다. 그런데 여기서 기억해야 할 사실은 중국의 경우 적어도 양적인 측면에서는 여전히 국가주의적인 관점에서 해양사에 접근하는 연구가 무척 많다는 점이다. 특히 근대해양사 연구의 경우 주로 기존의 해운사, 해방사, 해군사, 해강사 등 정치경제 관련 범주를 가지고

17　위의 글, 11~12쪽.
18　『走向海洋』節目組 編著,「後記」,『走向海洋』, 海洋出版社, 2012 참고.

연구하는데, 제국주의 침략을 받았던 중국인의 역사 경험을 미루어보면 이런 분류는 어느 정도 납득할 수 있는 현상이다. 하지만 그런 까닭에 근대사에서 해양경제사, 해양사회사, 해양문화사, 해양생태사, 해양과학사 등과 같은 학문융합 연구는 충분히 이루어져 있지 않다.

2. 해강海疆의 유래

21세기 동아시아지역의 평화공존 여부는 해양에서 결정될 가능성이 많다는 지적이 있다. 만약 전쟁이 발발한다면 해양분쟁 때문일 것이라는 예측조차 있다. 그래서인지 중국 학계는 해양 관련 국제 분쟁에서 우위를 점하기 위해 그 역사적 근거를 확보하려고 노력한다. '해강'(혹은 해양강역海洋疆域)[19]에 관한 연구가 활발한 것은 댜오위다오釣魚島열서(=센카쿠尖閣열도), 남중국해南中國海제도 및 타이완臺灣 문제 등 해양영유권 분쟁에 대응하기 위한 것이다. 이런 애국주의적 국가목표를 달성하기 위해 해강사 연구를 하는 것이 중국 학계의 뚜렷한 특징 가운데 하나이다.

그런데 해강이란 개념은 한국학계에서는 별로 쓰지 않는 용어이며, 해강범주는 중국 학계에서조차 명확하게 정리되지 않았다. 우선 전근대와 현재의 개념규정부터 다르다. 전통적으로 영해領海와 유사한 말로

---

19 '疆疆'이란 중국용어는 邊境 혹은 邊方이라는 의미를 담고 있으나 정확히 일치하지 않아 언제부터인가 국내학계에서는 변강을 외래어로 인정해 일반적으로 쓰는 듯하다. '海疆'이라는 용어 역시 海洋疆域 혹은 沿海疆域의 줄임말로 해양변경 혹은 해양변방이라는 뜻을 담고 있으나 다소 상이하다. 여기서는 그냥 쓰기로 한다.

는 내양內洋이 있었으나 그 의미에 차이가 있었고, 오히려 영해보다 폭넓은 해강이라는 통치영역에 좀 더 관심이 있었던 듯하다. 전통 시대에는 해양을 국가영토의 영역에 넣지 않았지만 해강이란 이름으로 모호하게나마 인식했는데, 이때 해강이란 주로 연해지역의 영토를 말하였다. 게다가 해강은 정확한 뜻을 가진 명사는 아니어서 어떤 경우에는 연해육지를 가리키고, 어떤 경우에는 육지와 접한 해역을 가리켰다. 해강은 해역과 유사한 말이기도 하다. 명대 이후부터 해강이란 단어는 고유명사로 자리 잡았는데, 왜구의 침략이 잦아지면서 해강이란 용어가 굳어진 듯 보인다. 청대 국가문서에는 해강이란 용어가 자주 나타나는데 "청대 도광道光 함풍咸豊 이래 '해강'에서 일이 많아서 청조는 이를 걱정하였다"라는 유명한 구절이 등장한다. 특히 청말 해방海防논쟁에서 서북육지변강과 동남연해해강의 관계 문제가 본격적으로 제기되었다.

오늘날 중국 학계의 해강 개념에 대한 대표적인 견해를 간단히 정리하면 다음과 같다. 장야오광張耀光은 해강을 주권국가의 영해이자 연해국가의 해양국경이라고 비교적 간단하게 정의한다. 마따쩡馬大正은 해강경계는 육강陸疆에 비해 복잡한데 대체로 대륙해안선에서 영해기선 사이를 해강이라고 하며 국가의 내해로 법률상 영토와 완전히 같다고 보았다. 아울러 영해기선 이외에 국가가 관리하는 해역과 도서를 포함한다고 했다. 이런 기준에 따르면 해강 중 가장 큰 도서는 타이완臺灣과 하이난海南인데, 현재 중국은 이 두 섬을 각각 독립된 성으로 인식한다. 현대 국제해양법상 해양영토는 비교적 분명하지만 역사상 해강 범주는 규정하기가 까다롭다. 장웨이張煒는 해강을 행정 구역의 관점에서 보아 전근대 시기 해강의 경우 연해 지역 정도로 규정한다. 그에 따르면, 중국의 해강은 일찍부터 존재했는데 해안선이나 해안대의 개념이 아니라 일종의 구역 개념이었다. 해안선 이내의 연해지구와 육지에 가까이 있는 도서로 구성된 이른바 연해강역沿海疆域을 의미했다는 것이다.[20]

최근 해강사 연구의 대표인물인 리궈창李國强에 따르면 해강경계를 규정하는 것은 우선 기존 육지 위주의 관념으로 해양을 판단하는 인식을 버리고 마땅히 해양을 주체로 삼아 해강 문제를 바라보아야 한다면서, 중국해강은 세 개 부분으로 구성되었다고 했다. 첫째, 중국영해와 연결된 육지로 해안선 부분이다. 둘째, 중국이 주권과 관할권을 가진 해역이다. 셋째, 주변 국가와 해상에서 명확하게 나누어진 경계선이다. 이 세 가지가 모여 중국해강을 구성하는데, 역사적으로 동남해강사와 남부해강사로 크게 나눌 수 있다고 보았다.[21]

해강사는 해양사와 비교하면 중국변강사의 일부라고 말할 수 있다. 해강사는 해양강역의 형성 발전과 변천의 역사로, 역사적으로 해양 정책, 해양 제도, 해양 관할, 해양 관리, 해양 개발 등을 다룬다. 해강사나 해양사는 해양 역사를 연구 대상으로 삼는다는 점에서는 같지만, 해강사가 해양사에 비해 구체적이고 미시적인 문제를 다루고 역사와 현실을 결합하거나 역사 사실과 법률 규칙을 결합한다는 점에서 차이가 난다. 특히 해양사가 국제적인 특징을 띠며 세계 범위의 해양 지역 역사를 다룬다면, 해강사는 중국역사학의 특수영역에 속

---

20 張耀光, 『中國邊疆地理(海疆)』, 科學出版社, 2001; 馬大正, 『中國邊疆經略史』, 中州古籍出版社, 2000; 張煒, 「中國海疆史研究幾個基本問題之我見」, 『中國邊疆史地研究』, 2001.6 등 참고.
21 李國强, 「關於海疆史研究的幾點認識」, 『史學集刊』, 2014年第1期; 劉俊珂, 「海洋疆域及其相關槪念的理論探討」, 『昆明學院學報』, 2016年第4期.

한다. 따라서 해강사란 용어는 다른 역사학 분야에서 찾아보기 어렵다. 리궈창은 해강사는 사실상 '중국해강사'라면서, 중국해강사는 국제해양사는 물론 중국육지강역과 해양강역의 역사 문제들을 연관시켜 학술체계를 만들 필요가 있다고 주장한다.[22]

덧붙이자면 한국 학계에서 변강邊疆을 학술용어로 받아들인 바에는 이와 깊은 관련이 있는 육강과 해강이란 개념을 받아들이는 것도 고려할 수 있다. 물론 더욱 적절한 용어가 있다면 대체 가능할 것이다.

3. 중국해강을 둘러싼 분쟁

1983년 중국사회과학원 내에 중국변강사지연구중심中國邊疆史地研究中心을 만든 사건은 해강사 연구가 활성화되는 중요한 계기였다. 중국변강사의 일부분인 해강사가 이 연구센터를 매개로 조직을 갖추었는데, 여기서는 역대 해강 정책과 해양사상사, 역대 해방 연구, 역대 해상실크로드와 해상 무역 연구, 역대 해강강역사 등을 다루었다. 특히 해강강역사 연구의 경우 하이난사, 타이완사, 홍콩사, 마카오사 등을 포괄했으며, 해강주제사 연구로는 남중국해제도 역사 연구, 북부만北部灣(통킹만) 역사 연구, 댜오위다오 역사 연구 및 중국-류큐 관계 연구 등을 포함하였다.

중국변강사지연구중심은 1995년에 『중국해강역사와 현상 연구中

22 李國强, 「關於海洋史與海疆史學術界定的思考」, 『中國邊疆史地研究』, 2016年第2期; 「中國海疆史話語體系構建的思考」, 『中國邊疆史地研究』, 2015年第4期 등.

國海疆歷史與現狀硏究』를 출판해 모두 다섯 개의 주제로 해강 분야 역사
연구성과를 정리하였다. ① 타이완과 댜오위다오 역사와 현황, ② 중
국역사상 난사 군도의 관할과 중외교섭, ③ 북부타이완 해안과 도서
에 대한 역사와 현황 연구, ④ 홍콩 지우룽九龍반도의 역사와 홍콩지
역 식민지통치, ⑤ 두만강항구의 역사와 두만강지구 해운개발 탐구
등이 주요 주제였다.[23] 최근 리궈치앙은 해강 연구의 핵심내용으로
① 해강 영토주권의 요소, ② 해강 역사의 시공간적 연결성과 중국 역
사에서의 지위, ③ 해강 역사의 기본범위 등을 강조하였다.[24] 그들은
중국은 육지대국이지만 해양대국이기도 하다는 관점에서 출발해, 기
존 해강이 연해 지역과 주변 도서에 불과하다는 관점을 넘어서고자
한다. 중국변강사지연구중심은 2014년 10월에 중국변강연구소中國邊
疆硏究所로 개명한 후 더욱 활발한 연구를 진행하고 있다.

해강사 개설서로는 장웨이張煒·팡쿤方堃 주편의 『중국해강통사中國
海疆通史』가 대표적이다. 『중국해강통사』는 중국변강통사총서中國邊疆通
史叢書 7부작 가운데 한 권으로 상고 시기부터 20세기 초까지 중국해
강역사의 발전 맥락을 여덟 장으로 나누어 정리했는데, 명·청 시대
의 해강과 해방 문제에 가장 많은 분량을 할여하였다. 연해강역의
지리연혁에서 출발해 중국 역대 연해강역의 변천을 서술하였다. 본
문에서는 해양어업, 염업, 항해교통, 연해와 내륙의 무역 및 해외무
역, 해관 등 경제 문제부터 사회발전사, 중외관계사, 해상전쟁사 등

---

23 『中國邊疆史地硏究』2001年第2期에서는 해강사 연구에 관한 여러 논문들을 실어 해강의 정
　의, 해강사 연구의 성질과 임무, 해강사 연구의 학술형식과 내용 등의 문제를 집중 토론하였
　다(李國强, 「新中國海疆史硏究60年」, 『中國邊疆史地硏究』, 2009年第3期, 53쪽).
24 李國强, 「中國海疆史話語體系構建的思考」, 『中國邊疆史地硏究』, 2015年第4期.

여러 방면의 문제를 기술하였다. 이 책의 여덟 장 가운데 제7장과 제8장이 근대 부분으로 현대 시기는 다루지 않았으며, 책의 저자 네 명 모두 군인 출신 연구자라는 특징이 있다.[25] 이들의 해강사 연구는 애국주의에 호소하는 측면이 없지 않아 소통과 공존의 시각이 결여되었다는 지적을 받을 여지가 있다. 그 밖에도 중국변강사지연구중심은 흑룡강교육출판사와 공동으로 변강사 관련 연구서를 다수 출판하였다.[26]

1) 댜오위다오釣魚島 분쟁

해양이라는 공간이 역사적으로 초국가적이고 탈경계적인 존재인 듯하지만, 적어도 근대에 들어와서는 국가권력의 침투로 말미암아 영해가 탄생하면서 경쟁의 장으로 바뀌었다. 동북아 각국 간에 벌어지는 영해·도서분쟁은 대체로 19세기 말 20세기 초부터 기원한다. 전통적인 해계 관념과 근대적인 영해 관념의 차이에 대해서는 좀 더 엄밀한 분석이 필요한데, 사실 중국인들이 영해 관념을 하나의 제도로 받아들이는 데는 상당히 오랜 시간이 걸렸다.[27] 영해의 탄생에 따라 오늘날 중국의 해강분쟁은 주로 두 곳에서 벌어진다. 하나는 동중국해를 대표하는 댜오위다오 분쟁이며, 다른 하나는 남중국해를 대

25 張煒·方堃, 『中國邊疆通史叢書－中國海疆通史』, 中州古籍出版社, 2003.
26 中國邊疆史地研究中心에서 출판한 海疆史 관련 연구서를 열거하면, 呂一燃 주편의 『南海諸島－地理·歷史·主權』, 黑龍江敎育出版社, 1992과 『中國海疆歷史與現狀硏究』, 黑龍江敎育出版社, 1995; 安京, 『中國海疆史綱』, 黑龍江敎育出版社, 1999; 李國强, 『南中國海硏究－歷史與現狀』, 黑龍江敎育出版社, 2003 등이 있다.
27 劉利民, 『不平等條約與中國近代領水主權問題硏究』, 湖南人民出版社, 2010에서는 근대 중국의 불평등조약과 영해 침탈 문제를 집중적으로 다루었는데, 조약의 불평등을 강조하고 특히 영해주권의 침략을 강조하였다.

표하는 남중국해 분쟁이다.

중국에서는 동중국해 문제의 대표사례로 댜오위댜오 및 부속도서를 들고 있다. 댜오위댜오열서(=센카쿠열도)는 타이완의 부속 도서로 아무리 늦어도 명대에는 중국의 영토에 편입되었다고 주장한다. 청일전쟁의 결과 1895년 시모노세키조약을 체결해 타이완을 일본에 할양하면서 댜오위댜오열서도 함께 일본에 병합되었다는 것이다. 1945년 일본이 항복했을 때, 댜오위댜오는 마땅히 타이완과 함께 중국에 반환되어야 했으나, 일본은 도리어 그 도서들에 대한 주권을 주장함으로써 분쟁의 발단을 만들었다는 것이다. 이에 대해 일본은 메이지유신 이전에 댜오위댜오는 주인 없는 땅이었고, 메이지유신 이후 일본이 주인 없는 땅을 선점했기 때문에 국제법상 문제가 전혀 없다고 대응했다. 게다가 이 섬들과 암초는 일본의 각의를 통해 얻은 일본의 부속도서로 타이완 할양과 무관하다고 주장했다. 1970년대 미국이 일본에 댜오위댜오 관할권을 넘긴 후 중국 어민들이 댜오위댜오 부근에서 고기잡이를 하다가 여러 차례 일본 해경과 갈등을 일으켰다. 중국 정부와 민간단체의 항의도 끊이지 않았다. 요컨대 역사적으로 댜오위댜오 분쟁은 "이 섬은 옛날부터 중국 영토의 불가분의 일부분"이라는 주장과 "이 섬은 1895년 일본이 발견한 무주지이기 때문에 일본의 합법적인 영토"라는 주장의 충돌이다.

댜오위댜오 분쟁은 동북아의 화약고로 불렸으며, 오랫동안 충돌가능성이 높은 해역으로 알려졌다. 특히 2010년 9월 7일 댜오위댜오 부근에서 일본 해상보안청 소속 순시선이 중국어선을 단속하면서 촉발된 양국 간의 갈등이 유명하다. 비록 외교적 협의를 거쳐 중국어선

선장을 석방하면서 표면적으로는 문제가 해결되었지만 유사한 충돌은 반복되었다. 2012년 9월 일본정부가 댜오위다오에 대한 국유화 조치를 단행하자, 이에 반발하여 중국정부는 중국 해양순시선의 지속적 배치와 순찰 및 첫 항공모함 랴오닝遼寧함의 실전배치로 맞섰다. 이 때 중일 갈등이 최고조에 달해 양국 관계가 급격히 냉각되었다. 중국과 일본의 해양에서 물리적 충돌은 영토분쟁이 더 이상 육지에서만 일어나는 것이 아니란 사실을 확인시켜 주었다. 현재로서는 댜오위다오 문제가 단기간에 해결될 가능성은 별로 없다.

중국 학계에서 우톈잉吳天穎의 『갑오전쟁 전 댜오위열서의 귀속을 고찰함－일본의 오쿠하라 토시노奧原敏雄 등 여러 교수에게 질의하며甲午戰前的釣魚列嶼歸屬考－兼質日本奧原敏雄諸教授』(사회과학문헌출판사, 1998)는 이 분쟁에 관해 발표한 첫 번째 연구서이다. 주더웬鞠德源의 『일본국의 국토약탈 원류－댜오위열서 주권변론日本國窃土源流－釣魚列嶼主權辯』(수도사범대학출판사, 2001)이나, 쩡하이린鄭海麟의 『역사와 국제법으로 본 댜오위타이의 주권귀속從歷史與國際法看釣魚台主權歸屬』(해협학술출판사, 2003)과 『댜오위다오열서의 역사와 법리 연구釣魚島列嶼之歷史與法理研究』(중화서국, 2012) 등도 유명하다. 중국 학계에서는 댜오위다오가 무주지가 아니고 중국의 영토라는 일본 학자 이노우에 키요시井上清의 주장을 적극 인용한다.[28]

---

28 井上清,『關於釣魚島等島嶼的歷史和歸屬問題』, 三聯書店, 1973; 井上清, 賈俊琪 外譯,『釣魚島－歷史與主權』, 福建人民出版社, 1999 등이 있다.

2) 남중국해 분쟁

남중국해는 중국에서 보통 난하이南海라고 부르며, 이 해역 여러 도서에 대한 연구는 중국해강사 연구의 주요 부분을 이룬다. 남중국해 제도는 난사 군도南沙群島, Spratly Islands, 둥사 군도東沙群島, Pratas Islands, 중사 군도中沙群島, Macclesfield Reef, 시사 군도西沙群島, Paracel Islands 등을 포함한다. 남중국해 제도의 북부는 중국의 동남연해와 하이난도 및 타이완과 접하고, 동부는 필리핀의 여러 섬들과 인접하며, 남부는 말레이시아 브루나이 인도네시아 및 싱가포르와 인접하고, 서부는 싱가포르와 말레이시아 동해안부터 베트남 연해와 통킹만에 이르는 해역이다. 따라서 둥사 군도는 중국과 타이완, 중사 군도는 중국과 필리핀, 시사 군도는 중국과 베트남, 난사 군도는 중국과 타이완, 베트남, 필리핀, 말레이시아, 브루나이, 인도네시아 간에 영유권 분쟁이 벌어졌다.

1930~1940년대 프랑스와 일본이 차례로 난사 군도와 시사 군도를 점령하였다. 1945년 일본의 패전으로 이듬해 중국정부는 고위관원을 난사 군도와 시사 군도에 파견해 섬에서 접수의식을 거행하고 기념비를 건립했으며, 행정기구과 방위부대를 설치하였다. 중화인민공화국 성립 이후 난사, 시사, 중사 군도는 하이난의 행정관할에 들어왔다. 하이난에 행성이 건립된 후에는 이들 세 군도는 모두 하이난성이 통제하였다. 특히 난사 군도는 남중국해제도 가운데 면적이 가장 넓은 군도로 크고 작은 섬과 암초 등이 200여 개로 해역 면적은 무려 80여만 평방킬로미터이다. 해상교통의 요충지로 전략적 가치가 매우 높고 석유 가스를 비롯한 해저 자원이 매우 풍부한 곳으로 알려져 있다. 따라서 난사 군도는 중국을 비롯한 주변 국가의 관심 대상이 되

었다. 난사 군도는 중국 타이완 말고도 베트남은 난사 군도의 29개 도서, 필리핀은 8개 도서, 말레이시아는 5개 도서, 브루나이는 2개 도서 등을 점유하고 있으며, 인도네시아도 중국과 해역갈등을 빚고 있다.

근래 들어 필리핀과 베트남 등이 남중국해제도 주권과 관련해 국제법상 권리를 주장하고 해상군사 활동을 강화하면서 남중국해 갈등이 고조되었다. 예를 들어, 2012년 필리핀이 황얀다오黃岩島해역에서 고기잡이하던 중국 어민을 체포하자 중국 경비정과 필리핀 군함 간에 장기간 대치하는 일이 벌어졌다. 필리핀은 중국과의 해양분쟁을 국제중재재판소에 제소하여 2016년 7월 12일 자국에게 매우 유리한 판결을 얻었으나 중국을 이를 완강하게 부정했다. 중국과 베트남 간에는 과거 북부만 해양경계를 놓고 오랜 갈등이 있었으며,[29] 지금도 시사 군도와 난사 군도의 여러 섬을 놓고 귀속 논쟁이 진행 중이다. 베트남은 남중국해 분쟁에서 중국의 가장 강력한 경쟁자이다.

대륙학계의 남중국해 제도 관련 초기 연구로는 남중국해의 역사 자료와 역사지리를 분석한 샤먼대학소속 한쩐화韓振華의 『남중국해제도사지연구南海諸島史地硏究』(사회과학문헌출판사, 1996)[30]와 남중국해 제도의

---

29 한 때 北部灣(=통킹만) 문제는 중국—베트남 영해 문제 가운데 대표적인 갈등이었다. 중국 학자들은 북부만은 양국의 공동해역이라고 논증하면서 역사상 중국이 베트남과 한 번도 북부만의 해상경계를 구분한 적이 없다고 주장했다. 1887년의 '中法續議界務專條'(제3조)는 芒街부근 도서들의 귀속 문제에 관한 규정에 불과한데, 베트남정부가 이를 중국—베트남 간 해상경계 확정으로 본 것은 아무런 근거가 없다는 것이다. 하지만 이 갈등은 양국 간의 외교교섭으로 2000년 성탄절에 조약을 체결함으로서 해결되었다.

30 韓振華가 주편한 南海問題관련 초기 연구로는 『南海諸島史地考證論集』(中華書局, 1981);『西沙群島和南沙群島自古以來就是中國的領土』(人民出版社, 1981);『南海諸島文叢』(厦門大學南洋硏究所, 1981);『我國南海諸島史料彙編』(東方出版社, 1988) 등이 있다.

지리 역사 주권을 주제로 논문을 편집한 중국변강사지연구중심소속 루이란呂一燃 주편의 『남중국해제도-지리·역사·주권南海諸島-地理· 歷史·主權』(헤이룽장교육출판사, 1988)이 유명하다. 그 후 리진밍李金明의 『중국 남중국해 강역 연구中國南海疆域研究』(푸젠인민출판사, 1999)[31]와 리궈 치앙의 『남중국해 연구-역사와 현상』 및 궈위안郭淵의 『만청 시기 중 국 남중국해 강역 연구晚淸時期中國南海疆域研究』(헤이룽장교육출판사, 2010) 등 다양한 남중국해관련 연구서들이 나왔다.

현재 타이완은 난사 제도의 타이핑다오太平島를 점유하고 있다. 이 섬은 타이완이 난사 제도에서 점령하고 있는 유일한 섬이자 가장 큰 섬이다. 중국은 이 해역의 주권 문제가 타이완과 일치하므로 합작할 것을 요구하지만 타이완에서는 대륙과의 합작을 거부한다. 타이완 학계는 중국의 남중국해 전략을 다룬 쑤관췬蘇冠群의 『중국의 남중국 해 전략中國的南海戰略』(신예문창, 2013)과 같은 자국 연구 말고도 재외화 교의 연구를 출판한 것도 있다. 예를 들어, 남중국해 제도의 국제법 지위에 대해선 푸쿤청傅崑成의 『남중국해 법률지위의 연구南海法律地位之 研究』(123자신, 1995)와 리구팅黎蝟藤의 『얽혀있는 남중국해사-20세기 이전의 남중국해被扭曲的南海史-二十世紀前的南中國海』(타이완오남출판사, 2016) 등이 있다. 남중국해 분쟁의 심각성은 영미권 연구자들의 관심에서 도 알 수 있다. 남중국해는 21세기 아시아의 화약고로 중국의 야심과 미국의 의지가 강력하게 충돌하는 첫 번째 전선이라는 시각 아래 쓴 빌 헤이튼Bill Hayton, 『남해南海, The South China Sea』(맥전출판, 2015)와 중미

---

31 李金明은 『中國南海疆域研究』 말고도 『南海爭端與國際海洋法』(海洋出版社, 2003); 『南海波 濤-東南亞國家與南海問題』(江西高校出版社, 2005) 등도 출판하였다.

가 동서양을 분치할 수 있을까? 그 관건은 남중국해에 있다는 시각 아래 쓴 로버트 카플란Robert D. Kaplan, 『남중국해南中國海, Asia's Cauldron』(맥전출판, 2016) 등이 타이완에서 번역되었다. 그 밖에도 모두 열거하기 어려울 정도로 많은 연구가 있다.

중국 측은 남중국해 문제의 배후에 미국이 있다고 본다. 미국이 세계 전략 중심을 동아시아로 이동시켜 남중국해 문제에 개입하면서 국제 여론의 중심에 섰다는 것이다. 이에 대응해 중국은 난하이함대를 증강하고 산샤三沙시를 건립하는 등 난사 군도에 대한 통제권을 강화하였다. 현 상황에 변화가 오지 않으면 남중국해 분쟁은 우발적인 충돌이나 국지전으로 이어질 가능성도 있다.

앞서 언급한 동중국해와 남중국해에서 벌어지는 해강 분쟁에 대한 역사서술은 목적론적 역사관의 전형을 보여준다. 따라서 기존의 역사인식에 대한 근본적인 전환 없이는 현재의 해양 영토 분쟁에 대한 해결은 어려워 보인다. 어쩌면 해강 문제는 역사의 변경을 국민국가의 근대적 국경 안으로 끌어들이면서 쟁점이 된 갈등이며, 이것은 근대적 국민국가의 산물인 국경 관념을 과거에 투사한 시대착오적인 인식인지도 모른다.

3) 기타—오키나와, 이어도 문제

중국을 둘러싼 동아시아 영토·영해 분쟁이 고조되면서 최근 중국 학계에서는 오키나와가 일본 땅임을 인정하던 태도에서 벗어나 과거 중국의 조공국이던 류큐왕국이란 사실을 강조하며 은근히 중국의 영토라는 암시를 주고 있다. 류큐가 독자적인 역사와 전통을 가진 동시에 중국에 조공한 속국이란 점을 드러내면서 청대 양국 간의 특수한 관계를 일본의 강제점령과 대립시켜 비교한다. 이것은 과거 중국-류큐 관계가 댜오위댜오 문제에서 특수한 의미를 지닌다는 수준에서 벗어나 좀 더 공격적인 주장을 제기한 것이다. 청일전쟁 이전의 영유권 문제를 들고 나온 것이나 중국-류큐관계사 연구가 증가하는 추세는 해강사 연구의 맥락에서 바라볼 여지가 많다.

이어도 문제가 대표적인 한중간 해강갈등이다. 2000년대 이후 중국은 한국이 점유하고 있는 이어도(중국명 : 蘇岩礁)에 대해 법률적으로 무효라며 영유권을 부정하면서 해강분쟁의 가능성을 높였다. 2012년 3월 12일 한중 양국은 해양영토분쟁은 존재하지 않는다고 합의했지만 이어도에 대한 해석차이가 남아있다. 한국은 이어도가 한국에 속한다고 주장하며, 중국은 이어도가 영토지위를 갖추지 않은 암초라고 규정한다. 현재로서는 양국 모두 이 문제로 긴장관계를 만들려 하지 않지만 앞으로 남해의 이어도 문제뿐만 아니라 서해에서 배타적 경제수역 및 대륙붕 경계구획에 대한 중국의 공격적인 주권주장이 나타날 가능성을 배제할 수 없다. 해강 문제는 이미 단순한 영토분쟁의 차원을 넘어 동북아지역과 아시아태평양지역의 세력판도를 가늠할 수 있는 하나의 기준이 되었다.

4. 해양 타이완 vs. 대륙 중국

중국 대륙은 홍콩(1997)과 마카오(1999)의 귀속 후 타이완의 조국 귀속을 중국 대통일의 최종 목표로 삼고 있다. 홍콩과 마카오 귀속 문제가 한때 해강 연구의 한 축을 이루었듯이 타이완 통일 문제 역시대륙의 입장에서는 해강 강역의 하나로 바라보는 경향이 있다. 동시에 중국은 해강 문제에 대해 타이완 정부에 형제의 입장에서 동일한 태도를 취할 것을 요구한다.

대륙 학계는 중국은 대륙국가에 그치지 않고 해양국가이기도 하다면서 해양중국의 대표사례로 타이완을 포섭하여 타이완 역사를 중국 지방사의 일부분으로 흡수하려 한다. 이에 반해 타이완 학계는 중국은 대륙형 문화여서 폐쇄적이고 보수적인 반면, 타이완은 해양형 문화여서 변화와 새로운 것을 추구하는 문화라고 타이완 역사의 특징을 강조한다. 이런 관점 차이는 타이완의 역사 전반에 걸쳐 상이한 해석을 낳고 있는데, 타이완 내 통일파와 독립파 사이에서도 유사한 논쟁이 일어났다. 타이완 역사는 대륙의 중원 중심이 아니라 반드시 해양국가의 시각을 첨부해야만 비로소 전모를 이해할 수 있다는 맥락에서 육강 위주의 연구에서 벗어나 해강에 관한 연구를 강화한다.[32]

타이완 중앙연구원 소속 삼민주의연구소三民主義研究所에서 1983년부터 '중국해양발전사 연구계획'을 준비하면서 타이완 내 해양사 연구의 서막을 열었다. 이 작업을 실질적으로 주도한 사람은 중앙연구

---

32 제3절의 내용은 조세현의 『해양대만과 대륙중국』(부경대 출판부, 2017)을 기반으로 정리하였다.

원 원사인 차오용허曹永和였다. 그는 자타가 공인하는 타이완 학계 해양사 연구의 상징적인 인물인데, 중국해양사뿐만 아니라 타이완해양사 연구의 기초를 세운 학자이다. 차오용허는 1990년 '타이완도사臺灣島史'의 개념을 제안하면서, 타이완 역사의 해양성 특색을 강조하고 타이완은 일종의 해양문명을 대표한다고 주장했다. 그의 해양문명론은 정치 문제와 관련시키지 않으면서도 해양사와 다족군多族群사회의 특징을 결합해 연구하자는 것이다.[33] 이처럼 해양이야말로 타이완 역사에 가장 큰 영향을 주었고, 해외의 정치세력이 타이완 역사변천에 주요한 동력이라는 주장은 설득력을 얻고 있다.

타이완해양사 연구가 자의든 타의든 타이완의 통독統獨 문제와 관련해 정치적으로 해석될 여지가 있다는 사실은 주목할 만하다. 실제로 차오용허의 타이완도사는 타이완중심주의 역사관을 건립하는데 깊은 영향을 미쳤다. 일반인들에겐 해양타이완, 해양문화, 해양국가 등의 용어로 전달되었다. 타이완학자 린만홍林滿紅에 따르면, 중국 국영방송의 '하상河傷'과 같은 프로그램에서 나타나듯이 황하를 중심으로 하는 내륙문명은 중국을 해양문명으로 발전하기 어렵게 만들었다고 한다. 하지만 타이완은 매우 다행스럽게도 해양문명에 속하지 내륙문명은 아니라고 본다. 게다가 중국 동남연해의 해양문명뿐만 아니라 타이완 섬 원주민을 계승해 동남아로부터 이입된 해양문명이기도 하다는 것이다. 그녀는 대륙문명이 타이완문화 근원의 하나임을 기꺼이 인정하지만 동시에 중국 위주의 역사사고에서 벗어날 것도

---

33 曹永和, 「多族群的臺灣島史」, 『歷史月刊』, 1998.10.

강조한다. 그리고 세계를 틀로 삼아서 중국문화에 빠진 타이완인의 역사 기억을 중건하자고 주장한다.[34]

중국 학계에서는 이런 해양타이완과 대륙중국의 대립구도에 대해 양안 간의 해양문화 정체성에 방해를 주며 해양문화 교류를 훼손한다고 비판한다. 1990년대 타이완학계 일부에서 제기한 해양타이완론은 학술적이라기보다는 정치적이라는 것이다. 천콩리陳孔立은 "타이완은 '해양중국' 발전의 산물이다. (…중략…) 타이완의 대외관계와 대외무역은 국내 기타지구와 비교해서 특별한 것이 없고 특색이라 할 수 없다. 모험 분투, 곤란 극복의 정신은 타이완만 가지고 있는 것이 아니다"라고 주장했다.[35] 그는 타이완 해양문화의 원류가 대륙에 있으며, 발전 과정에서도 대륙 영향을 많이 받았다고 보았다. 천쓰陳思 역시 타이완의 발전과정은 중국해양문화권의 중요한 구성부분이고, 대륙 해양문화가 타이완에 연장된 것이라고 보았다. 그는 타이완 독립의 관점을 가진 사람들이 해양문화를 중국문화와 분열시키는 도구로 이용해 타이완과 중국 간의 정체성을 없애려 한다고 주장했다. 해양문화를 고취시켜 타이완 본토 문화의 정체성을 배양하고 나아가 타이완의 국가정체성으로 삼으려 한다는 것이다. 이런 발상은 분열주의라고 비난하였다.[36]

한편 타이완 학자 따이바오춘戴寶村의 견해에 따르면, 오랫동안 이루어진 교육은 타이완인의 마음속에 대륙국가의 사유방식을 심었는

---

34 林滿紅,『晩近史學與兩岸思維』, 麥田出版, 2002, 157~158쪽.
35 陳孔立,『中國海洋發展史論文集』, 中央研究員三民所, 1984 참고.
36 陳思,『臺灣傳統海洋文化與大陸』, 楊國楨 主編,『中國海洋文明專題研究』九, 人民出版社, 2016, 237・259~261쪽.

데 지금까지도 이를 쉽게 제거할 방법이 없다고 한다. 하지만 타이완은 본래 해양지리적 위치와 해양 역사의 발전 과정에 맞추어 자신의 해양사관을 건립할 필요가 있다고 본다. 해양 역사 연구를 추동하여 타이완 해양의 역사상을 중건하고 대륙국가 사유체계로 만들어진 문화체계를 반성해야만, 비로소 사면이 바다로 둘러싼 현실로 돌아갈 수 있다고 주장한다. 그는 타이완독립론자로 타이완사회가 해양문화 발전을 통해 해양국가 건설로 나아가길 희망한다.[37] 이와 달리 중국 학자들은 타이완학계의 해양문화 연구가 타이완 해양문화의 주체성과 특수성을 강조하고, 중국 해양문화와의 공통성이나 관련성 문제를 홀시하며, 중국 대륙문화와 타이완 해양문화를 대조시켜 대륙정권이 타이완의 해양성을 억압했다고만 주장한다고 본다.

현재 중국 학계는 해양관련 대학과 연구소를 중심으로 연해사에서 해양사로 전환을 시도한다. 하지만 그들의 연구는 여전히 국가주의적 색채를 적지 않게 드러낸다. 이런 자기중심적인 역사기술이 타이완해양사 연구에도 영향을 미쳐, 영해분쟁과 같은 현재적인 문제뿐만 아니라 타이완해양문화 전반에 재해석을 시도한다. 해양문화에 대한 해석차이는 다족군사회, 이민사회, 외래정권 등과 같은 주제로 이어져 대륙과 타이완 간의 역사논쟁을 불러왔고 타이완학계 안에서도 광범하게 논쟁이 벌어졌다. 하지만 순수학술논쟁이라고 보기에는 정치 문제가 너무 깊이 개입되어 있어 쉽게 결론이 날 수 있는 사안은 아니다.

---

37 戴寶村, 『臺灣的海洋歷史文化』, 玉山社, 2011.

대륙학계의 타이완해강사 연구로는 천짜이쩡陳在正의 『타이완해강사 연구臺灣海疆史硏究』(샤먼대학출판사, 2001)를 꼽을 수 있는데, 쩡청공鄭成功의 항청운동부터 댜오위다오의 역사와 현상까지 여덟 부분으로 나누어 기술하였다.

5. 해권海權과 해강

중국해강사와 관련해 부쩍 강조하는 키워드 가운데 하나는 바로 해권Sea Power(해양력)[38]이다. 이 개념은 미국 해군역사학자이자 해군전략이론가인 알프레드 머핸A. T. Mahan이 1890년에 처음 사용했다고 알려져 있지만, 중국의 경우 국제해양질서가 급격하게 변화한 1990년대 이후 다시 주목하여 개념에 대한 새로운 정의와 다양한 내용을 담고 있다. 근대이후 바다의 영토화가 이루지면서 해권의 중요성이 해강사 연구에 반영된 것이다. 알프레드 머핸에 대한 조명부터 최근의 댜오위다오나 난사 군도 분쟁까지 해권이란 용어는 빠지지 않는다. "누가 해양을 장악하느냐가 곧 누가 세계무역을 장악하느냐이다. 누가 세계무역을 장악하느냐가 곧 누가 세계의 재부를 장악하느냐이다. 이것은 곧 세계를 장악하는 것이다"라는 오래된 주장은 19세기 말 20세기 초 해권에 대한 기본 관점이었다. 현재 중국 정부는 이런 관

---

38 '海權'을 한국학계에서는 '海洋力'이라고 번역하는데, 여기서는 편의상 해권이라는 중국용어를 그대로 사용한다. 왜냐하면 邊疆·海疆·海權 등의 개념 속에 중국인들의 독특한 영토영해 인식이 담겨있다고 생각하기 때문이다.

점이 여전히 유효하다고 믿는다. 중국인들은 아편전쟁 반세기 후 미국 해군장교 머핸이 제안한 해권론이야말로 미국 해군 전략 발전의 기틀을 마련했으며, 미국이 세계를 제패하는 행동강령을 만들었다고 평가한다. 오늘날에도 강력한 해권이 미국의 전 지구적 전략의 기초라고 생각한다.

개혁 개방의 성과가 가시화된 1990년대 말 2000년대 초 중국은 '화평굴기和平崛起'를 내세우면서 아세안 국가들과 영유권 분쟁을 겪고 있는 남중국해 문제에 자기 목소리를 내기 시작했다. 당시 중국은 대륙국가에서 해양국가로 전환하고 있다면서 정치와 경제에 걸맞는 해군력을 갖추어야 한다고 주장했다. 2003년 중국국무원은 해양으로 향하는 것이 세계강대국의 공통된 국가전략이라고 판단하여 『전국 해양경제 발전계획 강요』를 발표해 공식적으로 해양강국을 건설할 것을 천명하였다. 학계에서도 이에 호응해 전통적인 해양강국의 경험과 교훈을 탐구하는 차원에서 해양강대국의 흥쇠사를 연구하였다.

대륙 학계에서는 해권이야말로 역사상 대국흥쇠의 핵심요소로 보고, 연해국가가 강력한 해군과 해상역량이 없으면 해권을 장악할 수 없으며 결국 주권을 보존할 수 없다고 한다. 국가가 부강하려면 반드시 해양으로 나아가야 하고, 해양을 개발하려면 반드시 강력한 해권에 의존해야 한다는 논리를 편다. 따라서 강대국의 해권 역사에 대해 유난히 관심이 많아 영국, 미국, 프랑스, 독일, 러시아, 일본 등 주요 해권국가에 대한 조명이 활발하다.[39] 특히 해양의식의 강화를 목표로

---

39 史春林, 「九十年代以來關於國外海權問題硏究述評」, 『中國海洋大學學報』, 2008年第5期.

머핸의 해양력에 대한 재조명이 두드러진다. 머핸의 저서가 다양한 제목으로 근래 여러 출판사에서 나온 사실이나,[40] 해권사 방면의 많은 연구 목록만 보더라도 해권론에 대한 비상한 관심을 읽을 수 있다. 대륙은 물론이고 타이완 학계에서도 해권과 관련한 책들이 나왔다.[41]

21세기 중국이 꿈꾸는 해양강국론이 동아시아 패권주의로 나갈 위험성이 제기되면서 주변국들의 우려를 사고 있다. 2013년 9~10월 사이 시진핑習近平 중국국가주석이 중앙아시아와 동남아시아를 방문했을 때 각국에 대해 처음으로 중국 고대 비단의 육상고도와 해상무역노선을 기본으로 하여 주변국과의 무역과 교통망을 연결시키는 계획, '일대일로一帶一路(실크로드 경제지대와 21세기 해상실크로드의 간칭)'을 제안하였다. 그 가운데 일로一路 즉 21세기 해상실크로드의 건설 구상은 해양을 통해 중국발전을 도모하려는 것으로 그 이론 배경에 머핸의 해권론이 있다. 여기에는 전통적인 육권국가에서 해권국가로의 전환의 지가 담겨 있으며, 이미 2012년 10월에 열린 중국공산당 십팔대十八大 회의에서 제출한 '해양강국海洋强國'전략과 서로 호응하는 것이다. 물론 중국에서 일대일로는 상호존중과 신뢰를 바탕으로 한 사업으로 해

---

40 머핸의 저작을 번역한 것으로 A. T. 馬漢, 安常容·成忠勤 譯, 『海權對歷史的影響(1660~1783)』, 解放軍出版社, 2006; 阿爾弗雷德·塞耶·馬漢, 熊顯華 編譯, 『大國海權－得海權者得天下, 大國崛起的海上必經之路!』, 江西人民出版社, 2011; 阿爾弗雷德·塞耶·馬漢, 一兵 譯, 『海權論』, 同心出版社, 2012; 艾爾弗雷德·塞耶·馬漢, 李少彦·董紹峰·徐朵 外譯, 『海權對歷史的影響(1660~1783年)』, 海洋出版社, 2013; 阿爾弗雷德·塞耶·馬漢(Alfred Thayer Mahan), 冬初陽 譯, 『海權論－海權對歷史的影響(1660~1783)』, 時代文藝出版社, 2014 등이 있다.

41 타이완학계 張國城의 『東亞海權論』(讀書共和國, 2013)에서는 중국 학계가 머핸의 해권론을 가지고 동아시아의 해권 문제를 접근하는 것과는 달리, 이미 오래된 머핸의 해권론은 동아시아 해양세계를 해석할 수 없다며 중국, 일본, 한국, 타이완의 해군건설과 전략적 충돌가능성을 검토한다.

상패권을 추구하는 이기주의적 해권론과는 뚜렷한 차이가 있다고 설명한다.

중국이 해양강국과 일대일로라는 전략을 펼치는 배경에는 서진전략을 통해 해상운수선을 확보하고 자원의 안정적인 공급을 받으려는 목적이 있다. 해양강국의 내용은 해양 개발, 해양 이용, 해양 보호 및 해양 관리를 통해 강력한 실력을 갖춘 국가가 되는 것이다. 그리고 시진핑의 '중국몽中國夢'에는 '해양강국몽'이 포함된다. 해양강국몽을 실현하기 위해서는 강대한 해군을 건설해 제해권을 장악하는 것이 중요한데, 이는 미국의 아시아태평양 재균형전략에 대응하는 것이기도 하다.[42] 21세기 해상실크로드는 국제정치 환경의 변화에 따라 남중국해 문제에 대한 새로운 시각과 해석을 추구한다. 중국의 남중국해전략은 미국의 중국 봉쇄정책을 무력화시키고 이 해역을 자신들의 내해內海로 만들려는데 있다. 하지만 2015년부터 남중국해를 두고 미국과 중국 간의 군사적 갈등이 점차 고조되고 있다.

6. 나가며

유럽중심주의를 비판하며 탈국가적인 관점에서 연구하는 외국학계의 해양사 관점이 중국에 들어와서는 동아시아중심주의, 혹은 중국중심주의로 변형되면서 주로 애국주의적인 관점에서 연구되는 경

---

42 戚文闓, 「馬漢"海權論"與中國的"一帶一路"建設」, 『聊城大學學報』, 2017年第6期.

향이 있다. 실제로 중국 정부는 막대한 연구비를 각종 학술단체와 연구기관에 지원하여 해강사 연구에 박차를 가하고 있다. 중국 학계도 국가이익에 부응하여 해군 소속 연구자나 중국변강연구원 등과 같은 단체를 중심으로 영해·도서 문제에 대한 관심이 뜨겁다. 특히 해권사 연구의 고조와 더불어 머핸의 해권론이 재조명받는 현상에서 알 수 있듯이 중국의 해양인문 연구는 자국의 해양 진출을 위한 기초연구라는 성격이 짙다. 하지만 유럽중심의 역사관이 문제가 많듯이, 중국중심의 역사관도 유사한 문제점이 존재한다. 왜냐하면 자기중심적인 역사 기술은 언제나 객관적이지 못하기 때문이다.

현재 중국 정부는 댜오위다오와 난사 군도 문제를 중국 해양굴기의 최전선이자 핵심 이익으로 강조하면서 일본과 동남아 국가들과는 물론 미국과 물리적 마찰을 빚고 있다. 중국인들은 이 해역이 중국 고유의 영토라고 교육받고 있으며, 정부당국은 이 도서들은 협상대상이 아니라고 판단한다. 중국의 완전한 통일을 상징하는 타이완 문제 역시 해강 문제의 하나로 외국의 일체의 간섭을 거부한다. 보통 동북아 해강 문제의 등장 요인으로 중국과 주변국가 간의 역사적 배경, 중국 굴기에 따른 주변 국가의 경계심, 미국의 아시아태평양 재균형 전략에 따른 충돌 등 다양한 요인으로 설명한다. 중국은 아직까지는 해상교통로 보호가 주된 목적이긴 하지만 앞으로 해상에너지 확보와 해양자원 개발을 위해 활동반경을 더욱 넓히려고 할 것이고, 이런 시도는 곧 해양에서 분쟁가능성을 높일 것이다. 그런 까닭에 영해·도서분쟁에 대한 유리한 고지를 확보하기 위한 해강사 연구는 어느 변강 연구보다 앞으로 폭발적으로 증가할 가능성이 매우 높다.

물론 한국이나 일본 학계의 경우도 해양사 연구가 자국중심주의에서 자유로운 것은 아니다. 해양이라는 공간이 역사적으로 초국가적이고 탈경계적인 존재인 듯하지만, 적어도 근대에 들어와서는 국가권력의 침투로 말미암아 영해가 탄생하면서 경쟁의 장으로 바뀌었다. 최근 동북아 각국 간 바다에서의 영해분쟁은 19세기 말 20세기 초에서 기원한다. 따라서 근대 시기 영해분쟁과 바다에 대한 이해는 21세기에도 여전히 유효한 측면을 지니고 있다. 필자는 지금이야말로 개방적 해양 인식에 바탕을 둔 해양인문학적 접근이 필요한 시점이며, 이를 통해 국가 간 충돌을 해결할 포괄적 논리의 개발에 주목해야 한다고 생각한다. 자국 이익만을 무조건적인 앞세우기보다 공동의 바다를 만들려는 노력이 필요하다는 것이다. 이를 위해 역사학계의 경우도 좀 더 냉정한 시각으로 유럽중심사관뿐만 아니라 동아시아중심사관에도 치우치지 않는 균형감 있는 해양사 연구가 요청된다 할 것이다.

개화기 조선의 근대화와 관련된
조선과 일본의 인적 및 지식교류 연구현황 분석

공미희

1. 들어가기

조선은 1876년에 일본과 강화도 조약으로 개항 및 문호개방정책을 실시하게 되고, 서양문물을 수용하여 근대화를 위한 노력의 일환으로 1876년부터 1883년까지, 4차례에 걸쳐 일본에 수신사 및 조사시찰단을 파견하여 근대화를 이룬 일본의 실태와 현황 및 서양문물을 파악하려고 하였다. 그 결과로서 『일동기유日東記游』・『일사집략日槎集略』・『사화기략使和記略』 등의 대표적 견문록을 남기게 되었고, 이들 기록물은 조선정부로 하여금 일본에 대한 인식과 문명개화 및 근대화에 대한 관심을 증대시켰다. 근대화에 대한 관심은 부국강병의 실현을 목적으로 하고 있으며 이를 실현하기 위해서는 과학기술에 대한 지식의 필요함을 인식하고 과학기술을 배우기 위한 의지가 개화사상으로 나타났다. 4차 수신사 박영효에 의해 조선인들이 일본에 유학을 가는 등 일본으로부터 서양문물 및 문화를 받아들이는 계기가 마련되었다. 후쿠자와 유키치의 조언의 영향을 받은 박영효는 1883년에 『한성순보漢城旬報』를 창간하였고, 이 신문은 국제 정세, 전쟁 및 분쟁, 근대적 군사 장비 및 국방 정책, 개화 문물, 선진외국의 정치, 문화, 제도, 역사, 과학 및 지리 등을 소개하였다. 또한 서구의 근대 기술의 유익한 점들과 서구과학에 관한 내용을 지방 곳곳의 지식층에게 전하였고, 그 결과 서구의 근대사회와 문물에 대해 적지 않은 정보가 조선사회에 전파되었다. 또한 최초로 일본에 유학한 유길준은 『서유견문西遊見聞』을 1889년에 출간하였으며 조선정부는 문명개화에 대한 의지가 담긴 『대한제국관보大韓帝国官報』를 1894년에 발행하는 등 조선의 근대화와 관련된 기록물들이 많이 작성되었다.

위에서 언급한 수신사의 견문록,[1] 신문[2] 및 유학생 학보[3] 등을 바탕

1 宋敏, 「日本修信使의新文明語彙接触」, 『語文學論叢』 7, 國民語文學究所, 1988; 李漢燮, 「近代における日韓兩語の接触と受容について」, 『國語學』 54-3, 國語學會(日本), 2003a; 李漢燮, 「19世紀末 韓日兩語의 接續과 交流에 대하여 - 李鑓永의 『日槎集略』을 중심으로」, 『일어일문학연구』 46, 한국일어일문학회, 2003b; 최덕수, 「『使和記略』(1882) 연구」, 『史業』 50, 高大史學會, 1998; 韓哲昊, 「제1차 수신사(1876) 김기수의 견문활동과 그 의의」, 『한국사상사학』 27, 한국사상사학회, 2006a; 韓哲昊, 「제1차 수신사(1876) 김기수의 일본인식과 그 의의」, 『史學研究』 84, 한국사학회, 2006b; 한철호, 「개화기 朴泳孝의 『使和記略』에 나타난 일본 인식」, 『동아시아문화연구』 44, 동아시아문화연구소, 2008; 鄭応洙, 「조선사절이 본 메이지 일본 - 김기수의 일동기유를 중심으로」, 『日本文化學報』 45, 한국일본문화학회, 2010; 한태문, 「紳士遊覽團 使行에 반영된 한일문화교류」, 『일어일문학』 52, 대한일어일문학회, 2011; 朴灘, 「이헌영의 정보 획득 전략과 근대일본의 形象化 - 日槎集略 중 問答을 中心으로」, 『국학연구론총』 11, 택민국학연구원, 2013; 이효정, 「19세기 후반 조선 지식인의 독립 국가 지향 - 박영효의 『使和記略』을 중심으로」, 『고전문학연구』 52, 한국고전문학회, 2017.
2 李漢燮, 「近代以의の日韓語彙交流:日本人が直接傳えた日本の漢語」, 『日本研究』 3, 高大日本研究會, 2004; 李漢燮, 「개화기 일본 신문명 어휘의 도입에 대하여 - 漢城旬報를 중심으로」, 『일본학연구』 30, 일본연구소, 2010; 김지연, 「大韓帝國官報에 나타나는 日本 漢字語에 대하여」, 『일어일문학연구』 55, 한국일어일문학회, 2005; 김지연, 「개화기 일본어 어휘의 수용 방법」, 한국일본어학회 학술발표회, 2009; 김지연, 「大韓帝國官報에 나타나는 일본어 어휘와 그 수용실태에 대하여」, 『일어일문학연구』 78, 한국일어일문학회, 2011.
3 白南德, 「『大韓留學生會學報』に出現する日本漢字語の研究 - 明治新漢語を中心に」, 『日本語文學』 59, 한국일본어문학회, 2013; 白南德, 「『親睦報』에 출현하는 일본한자어 연구 - 「萬國事報」를 대상으로」, 『日本語文學』 65, 한국일본어문학회, 2015.

으로 개화기의 근대화 특징을 분석하기 위한 연구들이 많이 추진되었다. 구체적으로 일본제 신한자어분석을 통한 조선과 일본의 어휘 교류에 대한 선행 연구[4]가 다수 수행이 되었고, 견문과정에 일본사회의 특징, 작자의 의도 및 서양문명에 대한 인식 등에 대한 연구[5]도 진행 되었다. 그리고 견문과정에 일본 및 서양문물의 분석보다는 인적 및 문화교류에 대한 연구[6]도 수행되었다. 또한, 개화기의 서구 과학기술 수용과정에서의 조선 내부적 정치적 문제점 및 과학기술 수용 여건 부족 등으로 근대화 실패에 관한 역사적 사실을 분석하고 교훈적 의미를 제시하기도 하였다.[7]

4   宋敏, 「日本修信使의 新文明語彙 接触」, 『語文學論叢』 7, 國民語文學究所, 1988; 宋敏, 「開化期新文明語彙의 成立過程」, 『語文學論叢』 8, 國民語文學究所, 1989; 李漢燮, 「西遊見聞의 漢字語について一日本から入った語を中心に」, 『國語學』 141, 國語學會(日本), 1985; 李漢燮, 「朴泳孝의 建白書에 現れる日本漢語について―近代における日韓兩語의 出合いを探るため」, 『國語語彙史의 研究』 17, 國語語彙史研究會, 1998; 李漢燮, 「近代における日韓兩語의 接触と受容について」, 『國語學』 54-3, 國語學會(日本), 2003; 李漢燮, 「19世紀末 韓日兩語의 接續과 交流에 대하여―李鑑永의 『日槎集略』을 中心으로」, 『일어일문학연구』 46, 한국일어일문학회, 2003; 李漢燮, 「近代以降의 日韓語彙交流―日本人이 直接傳えた日本의 漢語」, 『日本研究』 3, 高大日本研究會, 2004; 李漢燮, 「근대 국어 어휘와 중국어 일본어 어휘와의 관련성―19세기 말 자료를 중심으로」, 『日本近代學研究』 13, 韓國日本近代學會, 2006; 李漢燮, 「개화기 일본 신문명 어휘의 도입에 대하여―漢城旬報를 중심으로」, 『일본학연구』 30, 일본연구소, 2010; 李漢燮, 「近代韓國語コーパス에 現れた新概念의 樣相과 定着過程」, 『東アジアにおける知的交流―キイ・コンセプトの再檢討』 44, 國際日本文化研究センター, 2013; 김지연, 「大韓帝國官報에 나타나는 日本 漢字語에 대하여」, 『일어일문학연구』 55, 한국일어일문학회, 2005; 김지연, 「개화기 일본어 어휘의 수용 방법」, (한국일본어학회 학술발표회), 2009; 김지연, 「大韓帝國官報에 나타나는 일본어 어휘와 그 수용실태에 대하여」, 『일어일문학연구』 78, 한국일어일문학회, 2011; 김지연, 「일본 한자어의 수용과정으로 고찰한 大統領의 성립」, 『언어정보』 15, 언어정보연구소, 2012; 白南德, 「『大韓留學生會學報』에 出現する日本漢字語의 研究―明治新漢語를 中心に」, 『日本語文學』 59, 한국일본어문학회, 2013; 白南德, 「『親睦會會報』에 출현하는 일본 한자어 연구―萬國事報』를 대상으로」, 『日本語文學』 65, 한국일본어문학회, 2015.
5   韓哲昊, 「제1차 수신사(1876) 김기수의 일본인식과 그 의의」, 『史學研究』 84, 한국사학회, 2006; 한철호, 앞의 글, 2008; 鄭応洙, 앞의 글; 朴灘, 앞의 글; 이효정, 앞의 글.
6   韓哲昊, 「제1차 수신사(1876) 김기수의 견문활동과 그 의의」, 『한국사상사학』 27, 한국사상사학회, 2006; 한태문, 앞의 글.
7   이배용, 「開化期西歐 科學技術 受容의 역사적 의미」, 『省谷論叢』 27, 省谷言論文化財團, 1996.

이 글에서는 수신사의 견문록, 신문 및 유학생 학보 등의 근대화 과정에서 일본과의 교류 및 갈등 과정에 남겨진 역사적 기록물에 대해서 선행연구를 분석하고 향후 연구개발 방향과 전략을 도출하고자 한다. 분석방법은 일본제 한자어를 바탕으로 한 조선의 문명개화 및 근대화 특징에 대한 연구결과를 분석하고 또한 인적 및 지식과 문화에 관한 선행연구를 분석하고자 한다.

2. 선행연구 분석 개요

실학 시대를 거치면서 조선의 일부 지식인 사이에는 서양 근대과학에 대한 관심이 많았고, 서양과학을 번역하는 등 서양의 문명, 문화 및 지식을 도입하고자 노력을 하였다. 그렇지만, 성공적으로 근대화를 이루지 못하고 조선왕조는 일찍이 주도적으로 근대화를 이룬 일본에 의해서 1876년 강제로 개항이 되었다. 일본의 조선에 대한 영향력을 강화하기 위한 전략과 조선에서의 일본의 정세와 개화 상태를 살펴야 하는 상황에서 조선의 외교사절인 수신사가 일본에 파견되었고 그 결과로서 아래와 같은 주요 견문록이 남겨졌다.

- 1차 수신사 파견 : 『일동기유(日東記游)』
- 신사유람단 파견 : 『일사집략(日槎集略)』
- 4차 수신사 파견 : 『사화기략(使和記略)』

자료명·지은이 (발행년도)		내용
고 고서	『일동기유』 김기수 (1877)	- 일정 : 1876년 2월 강화도조약 이후 일본 정부의 조선에 대한 사절 파견 요청으로, 1876년 4월부터 6월까지 1차 수신사로 방문한 김기수가 작성한 일본 방문 견문 보고서 - 업무 : 메이지 천황 알현 및 정계의 거물들을 만나 원로원과 의사당, 육군성, 내무부, 교육부, 박물관 등을 시찰 - 의의 : 일본의 신문명에 대한 내용을 소개하여 조선 정부에 문명개화의 필요성, 조선의 조정에 대일 관계 및 국제 정세에 관심을 갖도록 했다고 평가됨
	『일사집략』 이헌영 (1881)	- 일정 : 1881년 2월부터 8월까지 약 7개월간 일본 시찰 및 일본사정 조사를 위해 파견된 신사유람단의 일원인 이헌영이 조사한 견문보고서 - 업무 : ① 일본 조정의 논의와 시세·풍속·인물, 다른 나라와의 수교·통상, 특히 세관이 관장하는 사무 조사 ② 전신·학교·물산·풍속·관세업무 및 일본과의 조약국 등 분석 ③ 해관의 관장 업무, 관세를 매기는 원칙, 세칙(稅則)의 조목, 세관의 이해득실 등을 분석 - 견문 내용 : ① 오늘날 경범자 처벌규정과 비슷한 패위죄목(詿違罪目), 일본이 조약을 맺은 19국과 특명전권대사를 파견한 9국, 동경에 와 있는 각국 공사, 각국에 파견한 영사관 17인, 각 관아의 소관 업무, 민간으로 관람할 만한 유람지, 37현의 이름, 관청에서 유명한 대가들을 학계별로 구분해 소개 ② 일본의 고위관리, 지식인 및 외교관 등과의 면담내용, 학술어, 번역어, 일본문자, 일본과 조선과의 척도(尺度)·이법(里法)·양법(量法)에 대한 비교, 조선의 부국에 대한 나카다(中田無雄)의 글 등을 작성 - 의의 : 당시의 일본 국내의 사정, 일본의 신문화 및 외국 소식이 많이 기록되어 있어서 일본의 사회적, 외교 및 정치적 특성을 파악하는데 기여한 자료로서 평가됨
	『사화기략』 박영효 (1882)	- 일정 : 1882년 8월부터 11월까지 4개월간, 4차 수신사로서 일본 체재 기간 동안의 행적을 박영효가 기록한 내용의 견문 보고서 - 업무 : 임오군란으로 우리나라와 일본 사이에 체결된 제물포조약에 의해 성사된 수신(修信)과, 한편으로는 김옥균(金玉均)이 사행의 일원으로서 임금의 은밀한 교지 수행 - 의의 : 자신의 견문 및 외교활동은 비교적 상세하게 기록은 하였지만, 일본의 정세, 견문대상에 관한 자신의 소감 및 견해, 면담자와의 대화내용 등에 대해서는 기술하지 않았다. 그러나 조선의 개혁개방 정책 및 문명개화, 유학생 양성을 통한 인재 양성, 강병정책을 추진하려는 의지를 파악할 수 있다.
	『한성순보』 박영효, 통리아문 박문국 (1883)	- 1882년 박영효(朴泳孝) 일행이 수신사로 일본에 머무르는 동안 후쿠자와 유키치의 조언으로 국민대중의 계몽을 위한 신문 발간의 필요성을 절감. 귀국 후 세계 정세, 근대적인 군사 장비나 국방 방책, 개화 문물 및 과학 지식 등을 중점적으로 전하는 『한성순보』 창간 - 의의 : 한국 최초의 근대 신문으로서, 외세에 대한 경계의식과 자국에 대한 국민의식을 높이는 한편, 개화 문물과 지식 등을 국내에 소개하여 나라의 개화에 크게 기여
	『서유견문』 유길준 (1889)	- 1881년 신사유람단의 일원으로 일본을 방문한 한국 최초의 유학생 - 1881년부터 1882년까지 일본에 유학한 유길준이 미국 유학 중에 보고 얻은 지식과 후쿠자와 유키치의 西洋情을, 수년 앞서 일본 수신사가 되었던 김기수의 日東記游를 비교하면서 국제 관계·정치 체제·인민의 권리, 법률, 교육, 상업, 조세, 화폐, 군대, 종교, 학술 등 각 분야의 근대적 개혁의 내용, 개화의 개념과 그 방법론을 기술한 계몽서 - 또한, 서양의 풍물, 혼례·장례·의복과 음식, 오락, 병원, 교도소, 박람회, 증기차 등과 서양 대도시의 모습 묘사
물	『대한제국관보』 (1894)	- 1894년 갑오경장부터 발간되기 시작했고 내용면에서 당시 정부의 통치 관련 기사와 각종 신제도를 소개하는 기관지 - 신문물에 대한 기사가 많아 자료의 성격상 새로운 어휘, 汽車, 工業, 工場, 社會, 人力車, 建築, 理學, 企業, 自主, 電話, 統計, 美術, 曜日 등 문명개화와 관련되는 근대일본어가 다수 출현 - 대한제국 시대에는 관보가 부분적으로는 신문의 기능을 수행 - 새로운 제도와 개화에 대한 내용을 담고 있는 부분이 많아 새로운 한자어의 사용이 많았으며 그만큼 일본식 한자어의 사용 가능성이 높아졌음
	『대한류학생회 학보』 (1907)	- 1907년 3월 도쿄에서 창간된 잡지 - 모두 3호밖에 발행되지 않았지만 그 당시 한국인 유학생이 발행하던 기관지 가운데는 호별로 본 경우 제일 많은 분량 - 대한유학생회의 주요 창간 목적은 회원들 간의 친목과 학식 교환을 도모함과 동시에 서양문물을 수용하는 데 주력함으로써 본국의 실력 배양

수신사 파견은 근대화에 필요한 정보를 수집하는 차원에서 보면 간접적인 교류라고 할 수 있고, 반면에 근대화관련 전문지식을 얻고 자 일본에서 유학을 하고 일본인으로부터 교육을 받으면서 서양문화 및 지식을 쌓는 것은 일본인과의 직접적인 교류라고 할 수 있다.

일본유학에서 돌아온 사람들 대부분이 정부 관리자, 계몽가 및 교육활동을 하였다. 그들 대부분은 일본의 개화를 한국의 문명개화의 모델로 삼으려는 생각을 가지고 있었다고 추정할 수 있다. 또한, 그들은 국가 개화 및 개혁을 시도하거나 세계 정세 및 과학지식을 전하는 신문을 창간하고, 개화상소建白書를 올리고 견문록을 남겼다. 이들 주요 역사적 자료를 정리하면 〈표 1〉과 같다.

또한, 일본은 서양문물을 수용하여 근대화를 이룩하는데 네덜란드인으로부터 직접 교육을 받으면서 탄생한 난학에 의해서 의학, 과학기술 등의 서양 지식이 확보되어 근대화에 큰 역할을 했고 이와 같은 교류과정은 직접적인 교류라고 간주할 수 있다. 이처럼 직접적인 교류가 있을 때 지식, 문화 및 문물이 정상적으로 전달될 수 있다. 〈표 1〉의 자료에는 근대화의 핵심 내용인 과학기술과 관련하여 일본과의 직접적인 교류는 없었고, 견문과 같은 간접적인 교류 내용이 대부분이다.

이들 근대화와 관련된 역사적 기록물을 분석하는 연구에서 많은 비중을 차지하는 일본제 신한자어는 일본의 근대화 과정에서 만들어졌고 근대화의 특징을 구분하는 기준으로서 활용된다. 오래전부터 한국 및 일본은 한자문화권에 속한 나라로서 양국은 중국의 한자문화를 수용해 왔으나, 근대 이후는 일본에서 한국 및 중국으로 전달되었다. 그 이유는 한국 및 중국에 앞서 일본이 서양문화 및 문명을 수용하기 위하여 서양서적에 대한 번역 작업이 활성화되었고, 번역과정에 일본에서는 신한자어가 만들어지거나 또는 중국 고전어로 새롭게 받아들인 문화를 해석하는 일들이 행해지는 등 일본에서 먼저 서양문물 및 문화를 성공적으로 수용하였기 때문이다.

따라서 근대 이후 번역어의 성립 및 중국어에 들어온 일본어 어휘의 유입 시기, 경로, 수용 방법, 정착 과정, 어휘 변화 등의 연구가 활발했으며, 일본에서 창출된 전문어가 중국인 유학생의 번역 활동에 의해서 중국어로 유입되어 근대 일·중의 어휘 교류와 차용어 연구에 관한 양적인 연구 또한 활성화를 이루었다.

또한, 한국어에 유입된 일본어 어휘를 살펴보면 한자어가 많으며 이것은 양뿐만이 아니라 조어법에 있어서도 한국어에 영향을 주었다. 그 당시 새롭게 유입된 문물에 대해서 번역 및 기록을 위한 어휘는 일본인이 고안한 일본식 신한자어로서, 한자 구조를 이용해 서양어를 번역, 일본인이 중국 고전에 있는 한어로 서양어로 번역한 것, 일본인이 독자적으로 한자를 만든 것 등 크게는 3가지 경우에 해당된다. 실제로 이 3가지 분류를 명확하게 구분 짓는 어떤 근거를 선행연구를 통해서 밝혀진 것은 없으며 근대 전후의 시기를 설정해서 사전이나 서적 및 어떤 자료들에 근거해서 어휘출자를 구분 짓고 있다.

그리고 어떤 언어가 동일한 한자어권에서 유입된 경우, 그 국가로부터 직접 유입되었는지, 아님 다른 나라를 통해서 들어왔는지에 대한 유입의 경로가 문제가 되며 이처럼 한자문화권의 어휘 교류나 교류실태를 명확하게 하는 것은 중요하고 또한 이것은 어휘의 역사적 연구에 큰 영향을 끼친다.

따라서 이 글에서는 이들 역사적 자료 및 어휘 교류를 바탕으로, 일본제 신한자어, 일본의 근대화 특징 및 조선의 근대화 의지 등에 관련되는 선행연구 논문을 분석하고 그 결과 미흡한 부분에 대해서는 향후 연구과제로서 제시하고자 한다.

3. 개화기 외교사절의 보고서를 바탕으로 한 조선의 근대화 특징분석

1) 『일동기유日東記游』

1876년 4월부터 6월까지 파견된 제1차 수신사로 김기수가 파견되었다. 2월에 열린 조일수호조규(강화도조약)체결 협상의 과정에서 일본 측에서 전권대신 구로다 기요타카, 부대신 이노우에 가오루의 파견에 대응하는 회례 및 일본 국내의 실정조사가 요청되어 조선 측이 거기에 응한 것으로 이뤄졌다. 고종은 문명개화를 표방하는 일본 실정에 비상한 관심을 갖고 있으며, 정찰적精察的 역할도 기대했다고 할 수 있다. 한편 일본 측은 사절을 후대했으며 제휴의 필요성을 분명하게 드러냄과 동시에 개화 정책으로 유도해 종주국인 청나라에 우위를 정립하려는 의도였다. 방문지는 외무성, 아카사카 임시 황궁, 연료관, 박물관, 히비야 훈련장, 해군사관 기숙사, 육군포병본창, 공학 기숙사, 개성학교, 여자사범학교, 도서관(유시마 성당), 원로원 의사당 등이었다. 일본 측 기록[8]에 의하면, 일행은 상기 외에 다음과 같은 조선소와 종두관을 방문해서 구경을 했다고 서술했다.

현석운玄昔運은 요코스카조선소에 초청받은 김기수의 대리인으로서 군함천성軍艦天城 및 인경건조迅鯨建造현장을 견학했고, 서사관書寫官 부사과副司果 박영선은 종두관種痘館을 방문해 종두전습을 받았다.[9] 김기수의『日東記游』는 수신사의 사행기록으로 다방면에 대해서 상세하고 치밀한 문체로 작성되었다. 또한 일행에게 주어진 시찰항목은 군사제도와 기계의 편리성, 그리고 일본의 사회와 풍속이었다. 김기수는 일본과의 협상 때는 수호의 회복을 본지와 신의를 중시하면서도 국가의 위의威儀를 지키고, 과격치도 않고 맹종지도 않은 태도로 냉정하게 행동해 왕명을 욕하지 않는 것이 중요하다고 생각하였다.

일본이 과시하는 근대적 문물에 대해 그는 놀라움을 표시하면서도 이해불능이 두드러져 때로는 거부 반응을 보였음을 솔직하게 토로하였다. 일본에서 유교가 낮게 취급되던 것을 개탄했고 일본의 교육에 대해서도 비판하였지만, 일본의 농업은 높이 평가하였다. 그러나 김기수는 근대화 및 서양화된 일본의 문물에 때로는 경악하거나 당황하면서도 조선에 도입하는 것에 대해서는 매우 소극적이었다. 외무성 경 이노우에 가오루가 사절의 숙소를 찾아왔을 때, 러시아 진출에 따른 위기에 대응하기 위해서는 조선도 공업을 일으켜 강한 군대를 건설하고 방어에 힘쓰는 수밖에 없다고 말한 것에 대해 김기수는 외국으로부터 기술의 도입을 거절했다.

또한, 이노우에 사저에 초대된 김기수는 이노우에로부터 세계 지도를 증정 받는 것과 동시에 러시아의 위협을 들었지만, 서양화를 권

---

8   外務省編,『日本外交文書第九卷』, 日本外交文書頒布會, 1950, 205~209쪽.

9   落合弘樹,「朝鮮修信使と明治政府」『駿台史學』121, 駿台史學會, 2004, 3쪽.

하는 이노우에의 충고를 완곡히 거절하였다. 결론으로서 일본식의 개화는 그들에게는 유익하게 생각될지 모르지만, 조선에는 해롭고 안이하게 모방해선 안 된다고 거절하였다.

귀국 후, 수행원 중에는 일본에 대한 경험을 바탕으로 조선의 발전에 공적을 남긴 인물도 있다. 예를 들어 종두관에서 전습을 받은 서사관 부사과 박영선은 귀국 후에 종두를 보급하는 데 힘썼다. 또한 통역을 맡은 박영석은 학교교육 및 철도부설의 필요성을 절감하고 후에 부산에 개성학교를 설립했다. 그리고 대한철도회사를 결성해 민족자본의 경원선과 경의선 부설을 시도했으나 러일전쟁 하의 한국의 보호국화로 인해 좌절됐다.

이상 김기수에 의해 작성된 『일동기유』에 대해, 아래와 같이 일본제 신한자어를 또한 색출하여 어휘 및 문화 교류에 대한 선행연구를 분석하였다.

송민宋敏은 『일동기유』에 기술된 인력차人力車, 증기선蒸気船, 기차汽車, 신문지新聞紙, 사진寫眞, 전선電線・전신電信, 서양식 시간지칭법西洋式時間指稱法과 같은 일본제 신한자어 7개를 색출하여 일본의 신문명 어휘가 사용되었음을 확인하였고, 또한 일본 연구자인 広田栄太郎의 연구결과[10]를 바탕으로 신한어의 변천과정을 제시하였다. 그리고 이한섭(2003)은 『일동기유』에서 3개(인력차, 증기선, 기차)의 일본제 신한자어를 제시했다.

이들 연구 결과에서 색출한 7개(인력차, 증기선, 기차, 신문지, 사진, 전

---

10 廣田榮太郎, 『近代譯語考』, 東京堂出版, 1969.

선·전신, 서양식 시간지칭법) 일본제 신한자어가 어떤 기준으로 신한자어인지 구분 방법 및 색출 기준이 설명되어 있지 않지만, 『일본국어대사전』[11]과 『메이지 언어사전』[12]으로 분석해 본 결과 신한자어임을 확인하였다. 그러나 『일동기유』의 한자어 분석이 추가적으로 필요하다고 판단된다. 이들 논문은 어휘접촉의 관점에서 설명을 하였지만, 본 사행록의 경우 인적교류에 의한 어휘 교류가 수반된 만큼 인적 및 문화 교류측면에서의 분석 연구를 통하여 역사적 사실을 보다 세밀하게 분석할 필요가 있다.

한편, 견문내용 분석에 대한 연구를 수행한 한철호(2006a, 2006b)는 수신사 김기수가 근대화에 중심이 되는 과학기술과 문명에 대한 지식부족으로 일본의 근대적 실상을 파악하기에는 부적한 인물이었다고 분석하였다. 그러나 위정척사 사상이 지배적인 당시 조선의 정계 분위기로 인하여 김기수는 주관적인 판단을 자제하면서 메이지 일본의 실상을 상세하게 기록하였고, 간접적으로 자신의 인식을 나타내었다는 평가를 하였다. 따라서 견문 내용분석 결과로서 알 수 있는 것은, 일본이 조선에 대한 전통적인 중국의 영향력을 약화시키고자 일본의 경제적 및 군사적 세력을 확대하려는 의도에 대해서, 김기수는 소극적인 입장을 취했고, 양국의 관계 개선을 인정하면서도 조일연대에는 동조하지 않았다는 것이다. 또한, 조선정계의 반일감정으로 부국강병정책에 부정적인 인식을 하였지만, 일본의 정치개혁과 세금으로 일본국가 제정의 풍부함과 강병함에 감탄을 하였고, 전선,

---

11 北原保雄, 『日本國語大辭典』[第2版], 小學館, 2003.
12 惣鄉正明·飛田良文, 『明治のことば辭典』, 東京堂出版, 1986.

기선 등의 서양의 기술과 기계와 같은 신문명에 대한 경험과정에서 문명개화의 필요성을 인식하였다는 것을 알 수 있었다.

鄭応洙(2010)도 견문내용을 바탕으로 기계문명 및 근대식 제도와 문물에 대한 특징을 분석하였다. 수신사 김기수가 근대문물에 대한 호기심이 존재했다는 것을 강조하였고, 또한 기계문명, 신식학교 및 서양음식 등과 같은 근대제도 및 문물에 대해서도 관심이 있었다는 것을 확인하였다. 김기수가 견문 중에 요코스카 조선소 견학을 거절한 내용이 언급되어 있는데, 근대화를 위한 좋은 견학의 기회였으나 기회를 놓친 일이라는 생각이 된다.

이들 견문내용의 선행연구에 대해서는 기계, 과학 등 신문명과 관계되는 견문내용에 일본제 신한자어를 연계하여 작자의 의도 및 일본 측 입장에 대한 내용을 분석한다면 『일동기유』가 조선의 근대화에 어떤 영향이 있었는지에 대해서 좀 더 세밀하게 고찰할 수 있을 것으로 판단된다.

2) 『일사집략』

『일사집략』은 1881년 2월부터 8월까지 약 7개월 동안 신사유람단의 일원인 이헌영이 일본을 견문 및 조사한 견문록으로서 천天·지地·인人 세 권으로 구성되어 있다. 구체적으로 천天에서는 고종이 저자에게 명한 일본조정의 논의와 시세, 풍속, 인물, 다른 나라와의 수교, 통상 및 세관 업무, 왕명에 대한 보고 내용, 전신, 학교, 물산, 풍속, 관세업무 및 일본과의 조약국 등에 대한 내용, 해관의 관장 업무, 관세를 매기는 원칙, 세칙稅則의 조목, 세관의 이해득실 등을 분석하였다. 지地는 일기와 관련된 내용으로 중요 사건들, 즉 누구를 만났고 어디를 구경했다는 내용이 별다른 설명 없이 작성되어 있다. 인人에는 일본의 주요 요직에 있는 자들과의 문답 내용으로 세관 업무에 관한 내용이 가장 많고, 해관 업무, 부국에 관한 시책, 외무 업무 등의 순이었다. 청나라의 일본공사 하여장何汝璋과 1회, 요코하마항橫濱港의 청나라 이사理事 범석붕范錫朋과 5회에 걸쳐 만나 세 나라의 국제 관계와 부국에 관한 의견을 교환하기도 하였다. 또한 일본의 여러 요직자들과 주고받은 서찰로, 부탁 혹은 감사의 내용이 작성되어 있고, 일본의 요인에게 감사의 뜻을 전하는 시, 함께 동행했던 신사유람단에 대해 간단한 약력, 수행원·하인·통사를 명기했으며, 각각 명령받은 사무를 소개하였다. 그리고 오늘날 경범자 처벌규정과 비슷한 괘위죄목詿違罪目, 일본이 조약을 맺은 19국가, 특명전권대사를 파견한 나라, 각국 공사 및 영사관, 각 관의 소관업무, 유람지, 유명한 대가들을 학계별로 구분해 소개하였다. 재야에서 유명한 대가, 일본문자, 일본과 조선과의 척도尺度·이법里法·양법量法에 대한 비교, 조선의 부국에 대한 나카다中田無雄의 글을 기록하였다. 이상 설명한 『일사집략』를 바탕으로 수행된 선행연구에 대해서는, 宋敏(1988)이 개화開花, 광산鑛山, 일요일日曜日·토요일土曜日, 대통령大統領, 분할分割, 령零, 도서관圖書館 등의 한자를 색출하여 당시의 환경, 각자의 의도를 고려한 분석을 수행하였다. 그리고 국어어휘사적 견지에서 중요하다고 생각되는 어휘들을 출현 순서에 따라서 제시하였다. 이한섭(2003)은 군사 관계(17개), 법률과 제도(7개), 경제 관계(13개), 교통 관계(8개), 통신 관계(6개), 세관 관계(8개), 교육 관계(23개), 그 외(15개) 등 일본제 신한자어 분석을 통해 일본의 신문명 어휘에 대한 부가적인 설명 없이 소개하였다.

이들 연구결과는 근대화 관련 신한자어에 대한 분석이 미흡하고, 색출한 일본제 신한자어 구분에 대한 근거가 제시되지 않았다. 그러나 색출한 일본제 신한자어를 바탕으로 다양한 신문화에 대해서 견문의 여부는 확인할 수 있지만, 이런 신문화에 대해서 어떤 의미 및 배경 등이 내포되어 있는지 알 수 없는 아쉬운 점이 있다. 따라서 그 어휘들이 사용된 배경, 의도 및 부가적 설명 등을 연계하여 신한자어 색출 및 분석이 필요하다. 그래서 이런 연구결과가 일본 국내의 사정과 외국 소식을 구체적으로 분석하게끔 하고 또한 그 당시의 외교 및 정치사가 조선의 근대화에 어떤 영향을 끼쳤는지 등에 대해서 추정 및 확인할 수 있는 의미 있는 연구결과를 제시할 수 있을 것이기 때문이다.

한편, 한태문(2011)은 『일사집략』에 반영된 문화교류 형태로서는 일본 인사들과의 필담, 일본의 문사들과 시문창화 및 시서화詩書畵 교류가 이루어졌고, 이헌영은 蜂須賀茂韶(관세국장)·高橋新吉(神戶세관장)·奧升淸風(神戶세관서기관)·本野盛亨(橫濱港 세관장)·葦原淸風(橫濱港 부세관장)·毛丸利恒(橫濱港 세관문서과원)·有島武(세관국대서기) 등 주임무인 세관시찰과 관련된 인물들과 필담을 나누었다는 것을 분석하였다. 또한, 전통적으로 대일對日사행원들은 일본의 문사들과 시문창화를 즐겼고, 이런 시문창화는 詩를 첨예한 대립과 미묘한 신경전을 동반하기 마련인 외교사행에서 소통을 원활히 하는 외교적 방편일 뿐만 아니라, 자신의 문명文名을 드날리는 유일한 기예技藝로 인식하였기 때문이라고 서술했다. 신사유람단 역시 예외는 아니어서 시문을 통한 교류가 많이 보인다. 그리고 필담과 시문창화를 통한 문학적 교류 외에 시서화 교류도 함께 이루어졌다는 것을 분석하였다. 귀국 후 신사유람단 사행원들은 일본에서 얻은 식견을 바탕으로 제도개편의 기반을 마련하였고, 이후 조정의 정책에 실무급으로 배치되어 지속적으로 영향력을 행사해왔다. 그리고 통신사 사행록이 실학파 문인을 비롯한 조선 지식인에게 영향을 준 것처럼, 그들의 견문체험이나 '잡저류雜著類' 등 개인적 기록들이 당대 청장년층에 수용되어 개화파 세력의 격증에 기여를 하였던 것을 나타내었다.

한편, 통신사행에 비해 문화교류가 축소되거나 약화된 것은, 외형상 공식적 사절이 아니라는 측면 외에 무엇보다 구성원의 면에서 본질적인 원인을 밝혔다. 곧 통신사행은 삼사三使 외에 시문창수詩文唱酬를 임무로 하였던 제술관製述官과 서기書記, 의원醫員, 화원畵員, 악대樂隊, 마상재馬上才 등 문재文才와 기예技藝로 당대 조선을 대표하는 인원들이 대거 편제되어 이미 문화교류 역량을 내포하고 있었다. 하지만 60년이 지나 행해진 신사유람단에서는 관료 중심으로 이루어진 조사朝士와 수원隨員에 한정된 결과, 필담과 시문창화를 중심으로 한 문화교류만 상호간에 이루어질 수 있었다고 분석하였다.

이와 같은 점을 고려할 때 신사유람단은 이전 대일對日사행의 상호 문화교류 전통을 어느 정도 계승하고 있음을 확인할 수 있었고, 대일 사절단을 통한 한일문화교류사를 논할 때 신사유람단을 통한 문화교류도 꼭 포함시켜야 마땅함을 알 수 있었다. 그리고 이 연구결과로부터 인식할 수 있는 것은 부국강병으로 외국과 힘으로의 대결을 통한 문제점 해결을 위한 노력보다는 의사소통 및 문화교류로서 외교적 문제점을 해결할 수 있는 가능성을 분석했다는 점에서 아주 의미 있는 연구결과로 사료된다. 그러나 결국 힘의 원리에 따라서 국가 간의 교류가 이루지는 것이 현실인 만큼, 문명개화를 갈망하는 조선의 근대화의 의지에 대해서 일본의 의지 및 의도 특징에 대한 분석이 필요한 것으로 생각된다.

朴灘(2013)은 『일사집략』에 대해서 면담 방법을 고려한 정보 획득 전략을 바탕으로 근대 일본의 모습을 형상화한 부분을 통해 작자가 일본의 개화를 어떻게 이해해야 하는지 살펴보았다. 여기서 주목되는 것은 근대화 되어가는 일본과 조선의 낙후된 기술이 대비적으로 제시되었다는 점이다. 또한 부국강병을 위해 재원을 쓰는 가운데 발생하는 문제점에 대하여 기술하였고, 제한된 의회민주주의를 도입하는 일본의 모습과 서양의 여러 나라에 대한 정보를 얻기 위해 다각도로 살펴보고 있음을 알 수 있었다. 이 논문에서는 신문명과 관련된 일본제 한자어 어휘를 중심으로 그 어휘들이 사용된 배경 및 조선의 근대화에 대한 일본의 의도 등을 면밀히 분석한 것이 없어서 아쉬웠으며 향후 분석이 필요한 것으로 판단된다.

3) 『사화기략』

제4차 수신사 전권대신 박영효가 1882년 8월부터 11월까지 4개월간 일본에 파견되었고, 김옥균 등 개화파 인사들이 수행하였다. 파견 목적은 임오사변의 수습이며, 제물포 조약에 대한 '조선대관'의 일본의 방문사죄 요구에 응한 것이다. 배상문제의 협의에 관해서는, 외무경정 이노우에가 연장에 응하는 등 유연한 자세를 나타내 교섭은 대략적으로 성공했다. 국왕국서 지참과 삼사체제三使体制가 있는 점은 통신사 형식의 부활이라고 할 수 있지만 박영효는 공식적으로는

'특명전권대신', 나아가 '공사'를 칭하고 적극적으로 구미 공사를 순방하면서 국제관례에 스스로를 자리 매김하고자 했다.[13]

방문처는 오사카 포병공창, 오사카 지방을 수비했던 군대, 교토, 사진관, 외무성, 아카사카 임시 황궁, 도쿄대 졸업식과 경마장, 도서관, 여자사범, 우에노 박물관, 제1회 내국회화 공진회, 창평관, 동물원, 공부 대학교, 전신 중앙국, 공부성 기계제조 시설, 인쇄국, 예병장, 왕자 제지장, 육군사관학교, 각국 공사관, 요코스카 조선소, 이노우에 외무 경 저택의 향연 등이었다.

일본 측의 근대 문물의 적극적인 시찰이 설정되어 있었지만, 박영효는 서양 각국의 공사로 연일 적극적으로 교류하고 태극기를 국기로 국제무대에서 처음 사용하였다. 또한, 김옥균 등 개화파 인물을 대동했으며 그들은 후쿠자와 유키치 등을 접견하였다. 이노우에 외무경과의 집에서 천황탄신 때 축하 잔치에 초대되었고, 서양식의 부인 동반으로 무도회의 모습을 기록하였다.[14] 수신사의 귀국에 즈음하여서는 이노우에 후원으로 후쿠자와 유키치 문하의 이노우에 및 우시바 들이 신문 발행의 요원으로 동행하고 그들의 기술적 지원을 받아, 전권 부대신을 지낸 김만식이 주관하는 박문국에서 1883년 10월 『한성순보』가 창간되었다. 신문 모두 창간시에 이노우에 가쿠고로의 지도를 받은 점은 부정적으로 평가되지만, 편집·발행의 대부분이 조선인에 의해 이뤄줬으며 한글도 사용하면서 조선의 계몽개화를 선도하는 역할을 하였다.

---

13 落合弘樹, 앞의 글, 11쪽.
14 落合弘樹, 앞의 글, 11~12쪽.

이상 설명한 박영효에 의해 작성된 『사화기략』에 대해 일본제 신한자어를 색출하여 어휘 및 문화 교류에 대한 선행연구 분석을 아래와 같이 수행하였다.

宋敏(1988) 및 李漢燮(2003)은 견문일정에 따라서 일본식 신문명 어휘를 색출 및 정리하였고, 이한섭(2003)이 제시한 일본식 신문명 어휘는 인력차人力車, 사진写真, 기차汽車, 경마장競馬場, 도서관図書館, 박물관博物館, 여자사범학교女子師範学校, 동물원動物園, 전신국電信局, 우편선郵便船이다.

이들 두 연구자는 신문명이라고 판단되는 일본제 신한자어를 단순하게 색출하여 제시하였을 뿐, 어떠한 기준, 분류 및 배경에 대해서는 구체적인 언급이 없다. 또한 이들 어휘가 근대화에 어떤 영향을 끼쳤는지 관련 어휘를 언급하는 일본인 및 저자의 생각, 의도 및 전망에 대한 분석은 전혀 없다. 과거 역사적 자료를 분석하는 것은 이들 자료가 현재 우리가 타산지석으로 생각해야 한 교훈을 얻는 것도 중요한 만큼, 향후 관련 자료에 대해서 조선의 근대화에 끼친 영향 및 역사적 교훈을 도출할 수 있는 연구가 필요한 것으로 판단된다.

韓哲昊(2006a, 2006b), 한철호(2008)는 박영효의 『사화기략』에 대해서 아래와 같은 내용을 분석하였다.

일본체재 기간 중 박영효는 조선이 자주독립국가임을 천명하고 우리나라 최초의 국기를 재정 및 게양함으로써 청국, 일본, 서구국가들과도 대등한 관계를 맺으려고 노력하였다. 또한, 일본과의 관계를 회복 개선하는 데 역점을 두고, 자주독립과 부국강병을 신중하게 도모하기 위해 조일연대를 모색하였다. 일본의 근대화된 모습을 시찰하는 과정에서 부국강병을 추진하기 위한 모델로서 일본을 인식하게 되었고, 이러한 인식을 토대로 박영효는 조선 청년들의 유학을 주선하였으며, 과거의 사행록과 같이 일본사찰이나 문화교류의 내용이 아닌 일본을 기반으로 능동적인 사절단의 모습을 남겼다고 서술했다.

위 3편의 韓哲昊 논문의 결론은 박영효가 조선의 근대화를 위하고 독립국가 및 수신사로서 능동적으로 업무 수행 및 외교 경험을 하였다고 분석하였다. 그러나 귀국 후에 박영효는 조선의 개혁을 위한 노력을 하였지만, 결과적으로 성공하지 못하였다. 그 원인으로서는 박영효가 일본에서 후쿠자와 유키치 등의 일본인들과의 인적 및 지식교류가 있었지만, 짧은 기간 동안 체류하면서 얻은 적은 지식과 조선에 대한 맞춤형 개혁전략이 아니고 일본의 근대화 모델을 따라 추진한 것에 있다고 생각된다. 또한, 단기간에 사회를 바꾸는 것이 여러 가지 부작용이 많은 것을 인식하지 못하고 추진한 것이 실패 원인으로 판단되지만, 개혁을 위한 노력은 가치가 있는 것으로 사료된다.

이상으로 이 3절에서는 개화기 외교사절의 보고서인 『일동기유』, 『일사집략』, 『사화기략』을 중심으로 근대화 과정에서 일본과의 교류 및 갈등 속에 남겨진 역사적 기록물에 대해 선행연구를 분석하였다. 그리고 신문명이라고 판단되는 일본제 신한자어를 선행연구자들은 단순하게 색출하여 제시하였을 뿐, 어떠한 기준, 분류 및 배경에 대해서는 구체적인 언급이 없다는 것에 대해 고찰했다.

다음 제4절에서는 개화기 출판물을 바탕으로 한 일본제 신한자어 분석 및 조선의 근대화 특징에 대해서 분석하고자 한다.

4. 개화기 출판물를 바탕으로 한 조선의 근대화 특징분석

1) 『한성순보』

李漢燮(2004)은 『한성순보』 1호에서 36호까지의 내용에 대해서, 이노우에 가쿠고로井上角五郞가 소개한 일본어 어휘에 대해서 아래의 2가지로 분류해서 분석을 하였다. 구체적으로는 외국의 뉴스 중에서 뉴스 출처가 일본 신문인 것과 출처와 관계없이 내용이 일본에 관한 것을 바탕으로 일본어 어휘를 색출하여 일본 어휘가 『한성순보』에 사용되었음을 나타내었다.

① 출처가 일본 관련 내용인 것으로 판단되는 출판물
② 세계 각국에서 발생한 사건에 대해서 일본에서 사용된 한자어 색출 : 군사 관련 용어가 가장 많고, 철도, 수학, 공업, 화폐 및 정부 관료와 관련된 단어가 포함되어 있다.

이 논문에서는 제시된 일본제 한자어가 사용된 배경 및 의미 등에 대한 분석과 한자어 색출 방법에 대해서 기준 없이 단지 한자어를 나열한 수준에 불과하다. 또한, 관련 뉴스를 번역하여 전달한 수준에 불과하며 한일 어휘 교류에 의해서 어떻게 전달되었고 사용되었는지에 대한 분석이 미흡하다. 색출된 한자어 중에서 군사 관련 용어가 가장 많아서 일본이 전쟁에 대해서 관심이 많음을 파악할 수 있다. 그리고 철도, 수학, 공업, 화폐 등의 단어도 부국강병 및 전쟁과 밀접한 관계가 있음을 알 수 있다. 따라서 향후 『한성순보』의 일본제 신한자어 색출 및 분석을 통하여 일본 신문의 뉴스 내용을 번역하는 과정에서의 어휘 및 문화교류, 근대화의 역할에 대한 내용을 분석하여 역사적 교훈을 도출하는 연구가 필요한 것으로 판단된다.

또한, 李漢燮(2006)은 근대 일본어 어휘의 한국어 유입 문제를 밝히기 위한 연구의 일환으로 『한성순보』의 기사에 사용된 일본어 어휘를 조사하였다. 구체적으로는 일본신문, 중국신문 및 구미신문을 뉴스 출처 및 뉴스 출처가 아닌 기사의 일본어 어휘에 대해서 고찰을 하였다. 결과로서는 외국뉴스에서 일본 어휘가 많이 도입되었고, 일본어 어휘를 도입시키는 계기는 『한성순보』 기사 작성 시 주로 중국, 일본의 신문과 서적을 뉴스원으로 삼았고 일본인을 번역원으로 신문 발행진에 포함시켰기 때문이라고 언급하였다. 『한성순보』에 일본어 어휘가 주로 사용된 기사는 뉴스원이 명시된 기사에 많으며 이들 기사는 서양과 일본의 역사, 지리, 정치, 사회, 산업, 경제 등 문명개화를 설명하는 기사들이다. 19세기 말 이후 한자문화권의 신문명 어휘 성립이 상호 교류를 통하여 이루어진 것이 많다고 생각되며 그 교류의 주요 매개체로 각종 서적과 매스컴을 통해서 살펴보았다.

이 논문의 결과에 대해서 살펴보면, 외국뉴스에서 일본 어휘가 많이 도입되었고 일본어 어휘를 도입시키는 계기는 『한성순보』의 기사가 주로 중국 일본의 신문과 서적을 뉴스원으로 삼았기 때문이다. 그리고 이들 자료를 바탕으로 『한성순보』의 기사가 작성되었기 때문에 조선에 없는 어휘에 대해서는 이들 뉴스원에서 언급한 일본어 어휘를 그대로 사용할 수밖에 없는 것은 당연한 것으로 추정되는 만큼 이와 관련된 연구 결과가 그 가치가 있는지 의문점이 있다. 그 근거로서 『한성순보』는 근원적으로 국민대중의 계몽을 위한 신문 발간의 필요성을 절감하여 귀국 후 세계 정세, 근대적인 군사 장비나 국방 방책, 개화 문물 및 과학 지식 등을 중점적으로 전하기 위해 창간되었다. 따라서 당연히 중국, 일본 및 구미의 신문 및 출판물을 뉴스 출처로 삼았고 또한, 일본의 뉴스에 관심을 많이 가질 수밖에 없는 상황인 관계로 일본어 어휘를 많이 사용할 수밖에 없었다고 판단된다.

근대화를 이룩한 일본에 의한 일본제 신한자어가 중국에도 전파가 되었던 만큼, 중국의 신문에 일본제 신한자어가 사용되었기 때문에 중국의 신문을 번역하면 동일의 단어를 사용하기 마련이기 때문에 이 결론은 의미가 크지 않다고 판단이 된다. 뉴스원이 명시되지 않은 기사에 대해서도 외교사절단의 방문 등으로 일본의 문명개화에 대해서 관심을 가지고 있었던 만큼 일본제 신한자어가 많이 사용된 것으로 판단할 수 있다. 그렇지만 이들 어휘가 주로 사람들의 상호교류에 의해서 전달되는 것이기 때문에 만약 교류와 관계없이 외국의 신문 기사를 번역한다면 이것이 상호교류로 판단될 지는 생각해볼 필요가 있는 것으로 생각된다.

또한, 이 논문에 색출된 일본제 한자어에 대해서 색출의 배경, 기준 및 목적이 없어서 아쉬운 점이 있고, 이들 한자어를 이노우에 한 사람의 일본인에 의해 판단하기에는 문제가 있는 것으로 사료된다. 따라서 사람의 주관적 판단보다는 보편적인 기준에서 『한성순보』에 포함된 일본어 어휘를 분석하여 조선과 일본의 문화 및 어휘 교류의 특징을 분석하는 연구가 필요하다고 생각된다.

2) 『서유견문』

李漢燮(1985)은 『서유견문』에 사용된 문명개화와 관련된 일본제신 한자어(290개)를 분석하였고, 이들 한자어는 인문과학 14어, 자연과학 48어, 사회과학 158어, 일반어 42어, 기타 산업, 종교, 문예, 예술, 매스컴 및 문화, 건강 및 체육 예능 등이 관련되었다. 또한, 이들 한자어를 『서양사정西洋事情』에 기술된 한자어와 현대 한국에서는 사용하지 않는 것을 분류해서 나타내었다. 이 연구결과를 요약하면 아래와 같다.

① 『서양사정』의 번역부분에서 나오는 어휘에 비해서 유길준 자신의 저술부분에서 나온 어휘가 많은 것은 『서양사정』을 번역할 때뿐만 아니라, 다른 부분을 저술할 때도 이미 알고 있는 일본어를 유입해서 사용했을 가능성이 있다. 유입된 언어 중에서는 會社, 裁判所, 上院, 測量學 등과 같이, 막말 이후 일본에서 만들어진 언어가 많고 거의 문명개화와 관계가 있다.

② 『서유견문』에 들어있는 일본어는 전부 한자어이고, 일본에서는 훈독, 한국에서는 음독된 것이 거의 400개 정도이다. 이 중에는 機關車, 電信機, 野戰砲 등과 같은 구체적인 물건을 나타내는 어휘(69어)보다는 藝術, 政體, 社會 등의 추상적인 개념을 나타내는 어휘가 많다. 이유는 추상적인 어휘가 구체적인 어휘보다 한국어로의 번역 및 교체가 어려웠기 때문으로 간주할 수 있다.

또한, 李漢燮(2003)은 李漢燮(1985)의 연구 내용과는 차이가 없지만 『서양사정』에 기술된 어휘 중 서유견문에 290의 어휘가 쓰였음을 확인하였고, 다음과 같은 신문명어인 인쇄印刷, 연설演説, 연설회演説会, 하원下院, 회사会社, 과학科学, 해륙군海陸軍, 의원議員, 기하幾何, 기선汽船, 우두牛痘, 궁리학窮理学, 공화共和, 경제経済, 언어학言語学, 고아원孤児院, 산소酸素, 시간時間, 사범학교師範学校, 정치학政治学, 대통령大統領, 전신電信, 전선電線을 소개하였다. 그리고 『서유견문』은 기존 자료와 달리, 한문이 아닌 한글과 한자가 섞인 새 문체 및 일본의 신문명어를 사용해 작성한 계몽서라고 밝혔다. 그러나 유학생활 중에 『서양사정』의 영향을 받았던 만큼, 단순 일본제 한자어 색출을 하여 비교평가를 하는 것은 큰 의미가 있는 것으로 판단이 되지 않는다. 따라서 『서유견문』과 『서양사정』의 의미 및 작자의 사상을 바탕으로 그 당시의 지식 및 문화교류에 대해서 분석할 필요성이 있다고 판단된다.

3) 『대한제국관보』

김지연(2005)은 1894년~1896년 2년간의 기사에 대해서 일본어 어휘를 조사하였고, 『明治のことば辞典』으로서 일본제 한자어를 색출하였다. 이 색출한 한자어를 바탕으로 『대한제국관보』 2년분에 사용된 일본 한자어는 39개. 이 단어 중 20번 이상 사용된 이자二字 한자어는 인쇄印刷, 위생衛生, 회사会社, 의원議員, 의무義務, 경찰警察, 권리権利, 사회社会, 철도鉄道, 통계統計, 우편郵便이란 것을 확인하였다. 본 연구결과에 대해서, 『관보』에 나타나는 일본식 한자어를 판별하기 위해서 『明治のことば辞典』를 사용하였지만, 이 사전 하나로써 일본제 한자어를 모두 구분하는 것은 무리가 있는 부분이 있는 만큼, 다른 사전도 함께 판단 자료로서 추가할 필요성이 있다고 생각된다. 『관

보』의 특징은 문명개화를 추구하려는 의도가 있었던 만큼, 20번 이상 사용된 이자한자어에 대해서『관보』의 어떤 특징이 반영되었는지 추가적 분석을 통하여 조선 정부의 의도를 파악할 필요가 있다.

또한, 김지연(2009)은 일본어가『대한제국관보』에 어떠한 형태로 수용되었는가에 대한 고찰로서, 일본어 어휘의 수용 방법을 ① 어떤 문장에 어떤 형태로 들어왔는가? ② 표기 형태는 한자로 표기되었는가 한글로 표기되었는가? ③ 사람들이 그 단어를 어떻게 읽었는가? 라는 관점에서 고찰하였다. 일본어 어휘의 수용 방법에 있어서 어종 별(고유일본어, 한자어, 혼종어, 외래어)로 나누어 분석한 결과,『관보』에 나타난 일본어 어휘는 1,967단어로 확인하였다. 일본어 어휘를 수용 하는 방법에 대해서는 구체적으로 분석하지 못하였으며, 문명개화와 관련된 단어들에 대해서는 보다 체계적으로 분석하여 개화기『관 보』의 특징을 검토할 필요가 있다고 판단된다.

4)『대한류학생회학보』

白南德(2013)은 이『대한류학생회학보』에서 이자한자어를 색출해 종합국어대사전과 양국의 인터넷 최대 포털 사이트를 이용하여 한국과 일본에 존재 여부를 확인하였다. 먼저 선행연구에 의해 채택된 한자어 와 채택되지 않은 한자어로 분류했다. 선행연구에 의해 채택되지 않은 나머지 한자어에 대해서는 한국·일본·중국의 자료를 사용해 출처 및 용례조사를 실시했으며 또한, 그 첫 출자를 참고로 하여 전통적인 오래 된 한자어인지 일본 메이지기에 만들어진 신한자어인지를 분석하였다. 연구결과로서는『대한류학생회학보』에서 색출한 단어가 2,758개 이었으며 그중에서 290어가 일본제 한자어임을 확인할 수 있었다.

그리고 『대한류학생회학보』에는 일본 한자어일 가능성이 높은 633 어가 잡지에 게재되어 편입된 것을 확인할 수 있었다. 메이지 신한어가 처음으로 나온 문헌을 『일본국어대사전』과 비교한 결과, 中村正直 역, 『서국립지편』(1870~1871), 久米邦武의 『미구회람실기』(1877), 福沢諭吉 의 『서양사정』(1866~1870), 矢野竜渓의 『경국미담』(1883~1884) 순서로 많은 것을 확인할 수 있었다는 내용을 확인하였다.

일본의 신문명과 관련된 지식을 배우는 유학생에 의해서 발행된 『대한류학생회학보』에 일본제 신한자어가 많이 사용된 것은 유학생 들이 신문명 어휘를 접할 기회가 많았기 때문이라고 여겨진다. 따라 서 일본 견문보고서 및 개화 상소 등과 비교해서 어떤 관점의 차이로 서 사용되었는지 등 일본인들과의 문화 및 지식의 직접적인 교류에 서 차이가 있는 한자어 어휘 분석이 필요한 것으로 생각한다.

5. 결론

이 글에서는 근대화 과정에 있어서, 일본과의 교류 및 갈등 과정에 남겨진 역사적 기록물에 대해서 일본제 신한자어를 바탕으로 한 조 선의 문명개화 및 근대화와 인적, 지식 및 문화교류의 2개 분야로 분 류해서 선행연구를 분석하였다.

그 결과를 정리하면, 일본제 한자어를 바탕으로 분석한 선행연구 들의 대부분은 단순히 일본제 신한자어 및 신문명에 해당된다고 판단되는 한자어를 분류 및 기준 없이 색출하고 있다는 것을 알 수 있었다. 또한, 관련 배경 및 의도 등의 환경에 대한 설명 없이 분석하여 단순히 이들 어휘가 사용되었으므로 교류가 있었던 것으로 분석하는 선행연구가 많았다. 일본제 신한자어를 색출하는 경우, 관련 다수의 전문사전을 바탕으로 구분하는 것이 필요하다. 그리고 역사적 자료를 분석할 때, 그 당시의 인적 및 문화 교류 상황을 함께 분석하면 보다 분석의 정도 및 가치가 높아지는 만큼, 단순히 한자 어휘를 색출하여 나타내기보다는 관련 배경, 의도 등을 동시에 분석하는 것이 필요하다. 특히 조선의 근대화과 관련된 역사적 기록물인 만큼, 과학기술 및 문명개화와 관련된 일본제 신한자어와 그 배경의 역사를 함께 분석하는 것이 요구된다.

또한, 신문 등과 같은 기록물에 의해 단순히 어휘가 전달되고 수용되는 것보다 인적, 문화 및 지식교류에 의해 선행되는 것이 많은 만큼 어휘의 교류와 문화, 인적 및 지식의 교류를 연계한 연구가 필요하다. 특히 외교사절단의 보고서에 대한 분석 연구에서 핵심적 사항인 조선의 기록에 대한 내용만 분석을 하였고, 수신사 방문 및 과정에 대한 일본의 입장 및 의도 등을 분석한 내용이 없다. 즉, 조선과 일본의 문화 및 지식의 교류에 대한 대조 분석이 미흡하다는 것을 의미한다. 그리고 사행록, 견문록 및 신문과 같이 간접적인 교류에 의한 어휘와 작자가 유학 및 장기간 체류한 즉 직접적인 교류의 결과는 다소 차이점이 나타날 것이므로 상호 비교 분석할 필요성이 사료된다. 이런 관점을 바탕으로 향후 분석해야 할 내용은 다음과 같다.

외교사절단의 보고서 및 견문록을 바탕으로 일본제 신한자어의 유입 현황과 인적 및 지식 교류에 있어서 조선의 근대화와 연계된 인문 네트워크의 형성과 갈등에 관한 재고찰

① 김기수의 『일동기유』나 이헌영의 『일사집략』, 박영효의 『사화기략』, 박대양의 『동사만록』 등에서 사절단과 일본에서 만난 사람들과의 인문 네트워크를 통한 인적 및 지식교류에 있어서 조선의 근대화와 연계된 지식인들의 사상에 대한 재고찰

② 사행록에 대해서는 조선의 입장에서의 분석과 일본의 외교문서를 바탕으로 한 일본의 입장 및 의도 등에 의한 상호 비교 분석

③ 개항 이후 일본 유학생들이 편찬한 서적 및 신문 등을 바탕으로 지식 교류에 나타난 일본제 신한자어의 특징 분석

④ 사행록, 견문록 및 신문과 같이 간접적인 교류에 의한 어휘와 작자가 유학 및 장기간 체류한 즉 직접적인 교류의 결과는 다소 차이점이 나타날 것이므로 상호 비교분석

⑤ 위의 ①과 ②를 바탕으로 발췌된 일본제 신한자어를 중심으로, 조선의 문명개화 및 근대화와의 관련 특징에 대해 분석하고 또한, 인적 및 지식과 문화에 대한 교류의 측면에서 어떤 특징들이 있었는지에 대해서 분석한다.

참고문헌

1. 논문 및 단행본

김지연, 「大韓帝國官報에 나타나는 日本 漢字語에 대하여」, 『일어일문학연구』 55, 한국일어일문학회, 2005.

_____, 「개화기 일본어 어휘의 수용 방법」(한국일본어학회 학술발표회), 2009.

_____, 「大韓帝國官報에 나타나는 일본어 어휘와 그 수용실태에 대하여」, 『일어일문학연구』 78, 한국일어일문학회, 2011.

_____, 「일본 한자어의 수용과정으로 고찰한 大統領의 성립」, 『언어정보』 15, 언어정보연구소, 2012.

朴灣, 「이헌영의 정보 획득 전략과 근대일본의 形象化−日槎集略 中 問答錄을 中心으로」, 『국학연구론총』 11, 택민국학연구원, 2013.

白南德, 「『大韓留学生会学報』に出現する日本漢字語の研究−明治新漢語を中心に」, 『日本語文學』 59, 한국일본어문학회, 2013.

_____, 「『親睦會會報』에 출현하는 일본한자어 연구−『萬國事報』를 대상으로」, 『日本語文學』 65, 한국일본어문학회, 2015.

宋敏, 「日本修信使의 新文明語彙 接觸」, 『語文學論叢』 7, 國民語文學究所, 1988.

_____, 「開化期 新文明語彙의 成立過程」, 『語文學論叢』 8, 國民語文學究所, 1989.

이배용, 「開化期 西歐 科學技術 受容의 역사적 의미」, 『省谷論叢』 27, 省谷言論文化財團, 1996.

이헌영, 『日槎集略』, 『해행총재』 XI 민족문화추진회, 1977.

이효정, 「1881년 조사시찰단의 필담 기록에 보이는 한일 교류의 한 양상」, 『한국문학논총』 56, 한국문학회, 2010.

_____, 「19세기 후반 조선 지식인의 독립 국가 지향−박영효의 『使和記略』을 중심으로」, 『고전문학연구』 52, 한국고전문학회, 2017.

鄭応洙, 「조선사절이 본 메이지 일본−김기수의 일동기유를 중심으로」, 『日本文化學報』 45, 한국일본문화학회, 2010.

최덕수, 「『使和記略』(1882) 연구」, 『史業』 50, 高大史學會, 1998.

韓哲昊, 「제1차 수신사(1876) 김기수의 견문활동과 그 의의」, 『한국사상사학』 27, 한국사상사학회, 2006.

_____, 「제1차 수신사(1876) 김기수의 일본인식과 그 의의」, 『史學研究』 84, 한국사학회, 2006.

한철호, 「개화기 朴泳孝의 『使和記略』에 나타난 일본 인식」, 『동아시아문화연구』 44, 동아시아문화연구소, 2008.

한태문, 「紳士遊覽團 使行錄에 반영된 한일문화교류−『日槎集略』과 『東行日錄』을 중심으로」, 『일어일문학』 52, 대한일어일문학회, 2011.

李漢燮, 「西遊見聞の漢字語について－日本から入った語を中心に－」, 『国語學』 141, 国語学会 (日本), 1985.

_____, 「朴泳孝の建白書に現れる日本漢語について－近代における日韓両語の出合いを探るため」, 『國語語彙史の研究』 17, 國語語彙史研究會, 1998.

_____, 「近代における日韓両語の接触と受容について」, 『国語学』 54-3, 国語学会 (日本), 2003.

_____, 「19世紀末 韓日両語의 接続과 交流에 대하여－李鑛永의 『日槎集略』을 중심으로」, 『일어일문학연구』 46, 한국일어일문학회, 2003.

_____, 「近代以降の日韓語彙交流－日本人が直接傳えた日本の漢語」, 『日本研究』 3, 高大日本研究會, 2004.

_____, 「근대 국어 어휘와 중국어 일본어 어휘와의 관련성; 19세기말 자료를 중심으로」, 『日本近代學研究』 13, 韓國日本近代學會, 2006.

_____, 「개화기 일본 신문명 어휘의 도입에 대하여－漢城旬報 를 중심으로」, 『일본학연구』 30, 일본연구소, 2010.

_____, 「近代韓国語コーパスに現れた新概念の様相と定着過程」, 『東アジアにおける知的交流－キイ・コンセプトの再検討』 44, 国際日本文化研究センター, 2013.

落合弘樹, 「朝鮮修信使と明治政府」, 『駿台史学』 121, 駿台史学会, 2004.

広田栄太郎, 『近代訳語考』, 東京堂出版, 1969.

2. 그 외

http://encykorea.aks.ac.kr/Contents/Index?contents_id=E0047220

제2부

근대적 계기와 기반

19세기 해양네트워크에서 광주, 상해 및 나가사키의 역할

류젠후이

1.근대 동아시아의 남상濫觴 – 창구로서의 광주13행

1) 전통무역체제 '광동시스템'의 성립

이 글은 동아시아 근대의 기점을 종래의 아편전쟁이 일어난 1840년대가 아니라 그보다 앞선 1810년대로 보는 입장을 취한다. 이것은 이른바 종래의 제도상의 전환만이 아니라 그 제도적 전환, 이 경우 아편전쟁이라는 결과를 초래한 일련의 프로세스를 고려하고, 정치와 경제만이 아니라 문화적 배경도 시야에 넣어 되돌아볼 때 그렇게 인식해야 할 다음과 같은 두 가지 주된 이유에 기초하고 있다.

하나는 근대자본주의, 구체적으로는 글로벌한 자유무역체제가 대략 1810년대에 이미 중국의 남부, 광주13행에 슬며시 다가와 제국이 독점하는 재래의 무역체제(광동시스템)를 조금씩 전복하고, 최종적으로 무력에 의해 중국 내지 동아시아 전체를 '개방'시킨 것이다. 또하나는 이 자유무역체제를 대표하는 열강 국가들, 특히 영국과 미국의 개인 상인들이 합법, 비합법적으로 광주에 잠입하여, 종래의 외국인 상관商館인 13행을 중심으로 현지인들을 포섭한 형태로 그럭저럭 하나의 근대적 공간을 형성하고, 이후 중국 각지에서 성립하는 조계租界의 조형祖形을 만들어 내었다. 그리고 이 사람들과 함께 프로테스탄트 선교사들, 그중에서도 그 선구자인 로버트 모리슨이 1807년에 광주에 상륙한 이래, 그를 중심으로 중국 그리고 동아시아 전체(갠지스강 동쪽)에 그리스도교 또 서양문화를 보급하기 시작한 것이다. 이제부터 극히 개략적이긴 하지만, 이 두 사상事象에 대해서 간단히 소개하고, 각각의 역사적 의미를 찾아보려고 한다.

먼저 근대자본주의, 자유무역체제의 침투인데, 이것을 이해하기 위해서는 종래의 소위 광동시스템이라는 제국독점적 무역체제로부터 설명하지 않으면 안 된다.

주지하는 대로, 청왕조淸王朝 성립 당초에 정성공鄭成功 치하의 대만臺灣을 시작으로, 주변의 재래 세력이 극히 활발하게 저항활동을 전개하고 있었기 때문에, 일시 해외와의 교류, 교역을 전부 단절하는 '천해령遷海令'이라는 해금령海禁令을 내렸다. 그 뒤 몇 번인가 내부의 반란을 평정하고 또 대만의 정씨 일족의 투항을 받아, 강희康熙 23년(1648), 기존의 '천해령'을 해외와의 교류, 교역을 허가하는 '전해령展海令'으로 바꾸고, 상해上海, 영파寧波, 하문廈門, 광주廣州의 네 도시에 해관海關(세관)을 설치하여 비교적 적극적인 교역정책을 취하기 시작했다. 그리고 이 사해관四海關 교역체제는 갖가지 문제를 안고 있으면서도, 강희부터 옹정雍正 나아가 건륭 시대까지 대략 70년 이상 이어졌다. 그러나 건륭乾隆 20년(1750)대가 되자, 월粤(광주)해관을 관할하는 관료의 늘어나는 일방적 뇌물 요구에 영국을 필두로 외국 상인들이 마침내 불만을 폭발시키고 직접 건륭제에게 항의하는 한편, 월해관을 피해 민閩, 厦門해관 나아가 절浙(영파)해관까지 우회하여, 종래 거의 교섭이 없었던 북방지역에서 교역활동을 시작했다. 허를 찔린 건륭제는 해방海防상의 불안과 내지內地에 미칠 영향을 두려워해 곧장 그것의 저지에 들어가, 건륭 22년(1757)에 서양 국가들과의 모든 교역을 광주의 월해관에 한정한다는 칙령을 내렸다. 그 뒤 강江(상해)해관과 절해관(실제로는 절강浙江 사포항乍浦港)이 주로 일본, 민해관(실제로는 복주항福州港)이 주로 류큐琉球, 그리고 월해관이 기타 모든 남양南洋 및 서양 국가들과의 교역관계를 담당하는 소위 '일구통상一口通商' 체제가 명확히 성립하였고, 아편전쟁의 패배에 기반한 1842년의 '오항통상五港通商' 개시까지 대략 80년 가까이 존속했다.

광동시스템이란 결국 월해관의 성립으로부터 '오항통상'의 개시까지 약 160년간 광동廣東=광주廣州에서 서양 각국의 동인도회사와 청 왕조가 지정한 대외무역상인 13행 상인 사이에서 행해진 양자에 의한 독점적 무역체제를 가리키는 것으로, 그 구조는 대체로 다음과 같다.

우선 각국의 무역선이 광주에 내항來航하여 교역을 행하려고 할 경우, 반드시 13행 상인 중에서 한 명의 보상保商(보증인)을 뽑아 그 관할 하에서 수출입 업무를 진행하지 않으면 안 된다. 박래舶來한 상품을 보상에게 위탁해 판매하고, 또 구입하려고 하는 상품을 보상을 통해 매집하고, 그리고 상납할 관세도 그들을 통해 '해관'에 납입한다. 보상 아래에는 통사通事(수출입, 관세 관련 서류의 작성, 제출 등을 담당), 매판買辦(재무관리, 상품확인, 체재기간 중의 생활관리 등을 담당) 등이 있어서 소위 방편方便을 제공하는 한편, 완전히 상대를 감독할 수도 있었다. 이에 대해 각 무역선의 선장 또는 대표는 대반大班이라고 불렸는데, 내항중에 보상으로부터 조차한 13행 상관(중국측은 이관夷館이라고 부른다)에 체재하고, 소속 회사의 상품 판매 업무를 진행하면서, 할당된 개인 자유매매 상품의 처리와 보상을 통한 세관 감독과의 교섭, 부하와 선원의 관리를 맡고, 또 경우에 따라서는 지방 관리와 중앙 관리에게 뇌물도 주지 않으면 안 되었다.

다만 이상은 어디까지나 13행무역의 기본적인 구조이고, 160년간 시기와 정황에 따라 그 운영에는 상당한 차이를 보였다. 예를 들어 양자가 독점할 수 있는 상품 품목은 처음에는 상당히 넓은 범위에 걸쳐 있었지만, 최종적으로는 주로 찻잎과 생사生絲에 한정되었다. 또 쌍방 모두 애초의 단독 운영으로부터 각기 조직적으로 연대책임을 지는 광동 13행 공행公行과 전체적 책임을 지는 관리위원회(초기에는 현지의 대반만으로 구성했지만, 뒤에 영국 동인도회사 본부에서 파견한 멤버를 포함하는 특선위원회로)가 가동되었다. 그리고 초기의 규정에는 대반들은 항행航行에 유리한 무역계절(9월~2월) 사이에는 업무집행을 위해 13행에 체재하고, 그 밖의 기간에는 마카오로 퇴거하지 않으면 안 되었지만, 어느 틈엔가 1년 내내 체재하게 되었고, 일시적 조차지임에도 그 공간을 완전히 외국인상관가外國人商館街로 만들어버렸다.

월해관 설립 뒤 처음 광주무역을 시작한 이들은 네덜란드인이었지만, 무엇 때문인지 13행에 정식으로 상관을 설치한 것은 약 백년 뒤 네덜란드 동인도회사 해산 다음해인 1793년이었다. 그에 반해, 영국 동인도회사는 일찌감치 1716년에 대규모 상관을 짓고, 적극적으로 영국−인도−광주 항로의 교역을 진행했다. 영국에 이어서 1728년에 프랑스 동인도회사 그리고 1732년에 스웨덴 동인도회사도 각기 상관을 설립했다. 최후에 찾아온 것은 미국(1786년, 광주에 담당영사를 둔다)이었지만, 뒤에 서술하듯이, 그 무역량은 신흥국의 왕성한 상승력에 상응해 순식간에 영국의 수치와 어깨를 나란히 하고, 광주무역을 떠받치는 또 하나의 주역이 되었다.

13행은 정식으로는 외양항外洋港이라고 하지만, 양적으로 늘 증감이 있어서 꼭 13행으로 제한할 수는 없다. 최대일 때는 26행(1757년)도 있고, 최소일 때는 단지 4채(1781년)밖에 없었다. 그 자격은 우선 상당한 자본＝자산이 없으면 안 되며, 여기에 유력한 추천인(관료 또는 기존 양행 상인)의 보증에 기반하고, 지방정부의 심사를 거쳐 비로소 승인되는 것이었다. 13행상인은 외국상인과의 교섭에서 모든 책임을 지고, 절반은 '관상官商', 절반은 '외교관'적인 성격을 가지고 있었는데, 그 위에는 월해관 감독監督, 광동순무廣東巡撫, 나아가 양광총독兩廣總督이 늘 군림하고 있어 내외에 낀 그 입장이란 극히 미약한 것이다. 그리고 상당히 많은 이익(거래상품의 구입가격과 매각가격에 의한 십수%부터 수십%의 차액 및 수수료 등)을 얻을 수 있었던 반면, 중앙 또는 지방 공공사업에의 헌금, 연대책임에 의한 파산동업자 채무의 상환, 조정에 바치는 공품貢品(주로 서양박래의 사치품)의 부담, 재해災害가 났을 때 등과 같은 공익사업에 대한 기부 등이 큰 중압이 되어 갑자기 파산하는 사례도 많이 보인다. 하지만 그럼에도 유력한 상인은 역시 막대한 부를 쌓고, 상상을 뛰어넘는 사치스러운 생활을 영위했다. 덧붙여 말하면, 19세기 초의 13행에서 반씨潘氏 일족의 동문행同文行, 오씨伍氏 일족의 이화행恰和行, 노씨盧氏 일족의 광리행廣利行, 양씨梁氏 일족의 천보행天寶行 등이 가장 유력한 양행이라고 간주되었고, 그중에서도 이화행은 미국본토의 보험, 증권, 철도건설 등에까지 투자를 넓혀, 당시 세계 최대의 자산가로서 이름을 떨쳤다.

2) '광동시스템'의 붕괴와 '자유무역' 시대의 도래

이상은 결국 13행 무역＝광동시스템의 큰 제도적 특징과 운영 상황인데, 대략 120년 이상이나 지속된 이 교역체제가 19세기에 들어오자 갑자기 각 방면으로부터 도전을 받아 맥없이 붕괴하기 시작했다. 그 계기는 외적으로는 종래 영국동인도회사의 하청을 담당해온 항각상港脚商(주로 인도·광주 사이의 무역에 종사한 상인그룹)과 새롭게 나타난 개인무역상인(당초에는 동인도회사의 인가가 필요했다) 그리고 새로 참여한 미국인 상인 등의 '산상散商'의 대두, 내적으로는 이쪽도 주로 13행상인의 하청을 맡아온 소위 '행외상行外商'과 아편 등의 밀수입에 종사하는 지방상인의 세력의 확대에 있지만, 1813년 인도에서 영국동인도회사의 독점권 폐지와 1833년 광주에서 같은 회사의 독점권 폐지라는 제도상의 전환이 그것을 결정적인 것으로 만들었다고 할 수 있다.

개인무역상인을 시작으로 하는 '산상'의 동향을 보면, 그중 대다수가 특히 중국에서 회사를 세우지 않았기 때문에 전체상全體像은 파악하기 아주 어렵다. 여기서는 광주에 본점이나 지점을 두고, 비교적 오래 활약한 것에 한해 간단히 소개해둔다.

13행에서 산상들의 경영형태는 각기 자본규모가 작기 때문인지 애초부터 통폐합을 반복하고, 그중 몇몇이 마치 눈덩이처럼 계속 세력을 확대하여, 최종적으로는 결국 무역 전체를 좌우하는 대상사大商社로 발전했다.

예를 들어, 1782년 콕스Cox, 柯克斯, 빌Beale, 比爾, 레이드Reid, 理德 세 사람이 설립한 가극사·리덕양행柯克斯·理德洋行, Cox, Beale & Co(당초에 본부는 마카오, 지점은 광주)가 1791년에 콕스의 죽음에 의해 리덕·비이행理德·比爾行, Reid, Beale & Co.로, 이후 1803년 이번에는 맥니극Magnic의 가입에 의해 비이·맥니극양행比爾·麥尼克洋行, Beale, Magnic & Co.으로, 그리고 1819년에 빌의 탈퇴에 의해 단독 맥니극양행Magnic & Co.으로, 다시 1825년의 자딘Jardine, 渣甸(1819년 마카오에 옴)의 가입, 1828년 매티슨Matheson(1819년의 태륵·마지신양행泰勒·馬地臣洋行, Taylor, Matheson & Co., 1821년의 이사서행伊沙瑞行, Yrissari & Co.을 거쳐)의 가입, 1831년 맥니극의 탈퇴를 받아 마침내 1832년에 저 유명한 사전·마지신행渣甸·馬地臣行, Jardine & Matheson Co. (자딘·매티슨상회, 뒤에 중국명 이화양행怡和洋行이라는 이름을 가짐)으로 발전했다.

또 1807년 영국동인도회사의 대반 베어링Baring에 의해 창설된 파림양행巴林洋行, Baring & Co.이 이후에 같은 대반 동료인 몰로니Moloney, 莫隆奈, 로버츠Robarts, 羅伯茨의 참가에 의해 파림·영륭내·라백자양행巴林·英隆奈·羅伯茨洋行, Baring, Moloney & Robarts & CO.이 되고, 또 대반의 개인 경영이 동인도회사에 의해 금지된 뒤 새롭게 가입한 데이빗슨Davidson, 達衛森의 손으로 넘어가 달위삼행達衛行, Davidson & Co.으로 재출발하고, 1823년 덴트Dent, 顚地의 가입을 거쳐 다음해 1824년 전지행(顚地行, Dent & Co., 덴트상회, 중국명 보순양행寶順洋行)으로 변신하였다.

이상은 전부 영국인 특히 스코틀랜드 출신자가 경영하는 양행의 변천인데, 그 복잡한 통폐합에 비해 새롭게 참가한 미국계 상인의 진출은 비교적 단순하다. 1818년에 창립된 라소행羅素行, Samuel Russell & Co.이 1824년에 기창양행旗昌洋行, Russell & Co.(러셀상회)로 바뀌었을 뿐이고, 1828년에 성립한 오립분양행奧立芬洋行, Olyphant & Co.(올리펀트상회, 중국명 동부양행同孚洋行)은 최후까지 설립 당초의 체제를 유지했다. 말이 나온 김에 꼭 정확한 숫자는 아니지만, 1832년의 단계에서 광주에는 이미 대소 66사社의 양행이 존재했고, 그 5년 뒤인 1837년이 되면 일거에 150사로까지 증가했다고 한다. 그리고 조금 소급하면, 1828년 중영무역에서 중국에 대한 수출은 2,030만 달러 가운데 동인도회사가 450만 달러를 점하고, 나머지 1,580만 달러는 전부 산상에 의한 것(물론 태반은 아편의 밀수)이고, 역으로 영국에 대한 수출은 1,810만 달러 가운데 동인도회사가 850만 달러, 산상이 960만[1] 달러를 각각 차지하여 이쪽도 산상이 약간 더 많았다.[2] 재래의 광동시스템이 이제 거의 기능하지 않게 되고, 바야흐로 산상=자유무역자의 시대가 도래했다고 할 수 있을 것이다.

외국산상의 이 활약들에 대해 중국측의 행외상도 뒤지지 않았다. 그중에서도 소상포小商舖는 본래 13행상인이 독점하는 대종大宗 상품(차, 생사 등) 이외의 잡화(도자기, 약재, 지방특산품 등)을 취급하는 점포로서 1755년의 시점에 이미 100채 이상 존재했고, 그 일부가 행상의 하청과 제공상提供商으로서 활약했다. 다만 동인도회사와 행상이 단연

---

1 【역주】원문에서 960이라고 한 것은 오식이다.
2 格林堡, 『鴉片戰爭前中英通商史』, 商務印書館, 1951.

우대받는 재래의 체제하에서는 다룰 수 있는 상품 품목이 크게 제한되고, 장기간 극히 낮은 지위를 감수해왔다. 그러나 앞서 말한 영국과 미국 산상이 차차 두각을 나타내고 동인도회사 이상으로 무역량을 늘임에 따라, 직접 행외상과 자유롭게 교역하려고 그들의 요청에 응하는 형태로 점차 세력을 늘려 1807년의 단계에서는 적어도 2백채 이상이나 확인할 수 있게 되었다. 그리고 윌리엄 자딘에 의하면, 그가 광주에 온 초기(1820년 전후)에 이미 행상보다 행외상과 거래하는 쪽이 양적으로 더 많았다고 한다.[3]

행외상은 행상과 그것에 의한 무역시스템을 위협하는 존재로서, 그 뒤에 있는 청정부의 관리와 감독은 때로 극히 엄했다. 그러나 그때마다 외국인 산상의 지원 또 관료에 대한 뇌물증여 등으로 일시적인 곤경을 극복했을 뿐만 아니라, 점차 행상의 권익을 탈취하고 행상이 독점해온 상품 품목을 조금씩 자기 것으로 만들었다. 특히 그들이 최대의 '수입품'인 아편에다 최대의 수출품인 찻잎과 생사를 합법, 비합법적으로 취급하게 되고, 또 그 막대한 이익에 끌려 본래 행상 아래에 있던 통사와 매판들도 그 무리에 점차 참여하게 되자, 백 수십 년 이어져온 '광동시스템'은 그 뒤의 폐지결정(아편전쟁 뒤 1842년에 13행이 해산됨)을 기다릴 것도 없이 이미 거의 무너져버렸다.

---

3 【역주】 각주1을 참조.

2. 침투하는 '근대'-거점으로서의 13행과 그 주변

1) 유입되는 새로운 '장치'

이와 같이 19세기 초 광주13행에는 이미 크게 '근대'적인 성격을 가진 비교적 자유로운 무역체제와 그것에 종사하는 수많은 외국인 산상과 행외상들이 존재했다. 그리고 바로 그들의 활약 또는 암약에 의해, 13행과 그 주변은 바야흐로 뒷날 각 개항지의 조계租界를 방불케 하는 공간으로 만들어지기 시작했다. 예를 들어, 무역상품의 거래에서 외화外貨와 문은紋銀 등의 환전이 필요했는데, 그것을 취급하는 은포銀舖, 그중에서도 '업무'를 확대하여 주강珠江 하구河口 바다의 밀무역선에 상품의 전표錢票까지 발행하는 '대교구大窖口'라고 불린 것이 가까운 강변에 30채 이상이나 즐비하게 늘어서 엄연히 작은 '은행가銀行街'를 형성했다. 덧붙여서 명확한 근거는 없지만, 뒤에 '은행'이라는 말은 확실히 이 13행 일대에서 생긴 호칭이라고 한다.

앞에서도 언급했듯이, 소위 13행의 '근대성'을 성립시킨 것으로서 이 상업적 활동들, 그중에서도 내외의 개인무역상사, '은행', 중개인(통사, 매판, 마점馬占=merchant) 등의 인적, 물적 '장치'가 크게 기능했지만, 이보다 더하면 더했지 덜하지 않은 것이 바로 거의 같은 시기에 잇따라 찾아온 프로테스탄트 선교사, 특히 종래의 가톨릭과는 달리 책자를 통한 선교, 의료선교 등의 구호에 기반해 가동시킨 출판, 교육, 의료 등의 사업이라는 문화적 '장치'다. 다음에는 선구자인 로버트 모리슨을 시작으로, 그들이 광주 일원에서 형성한 네트워크와 그 족적을 간단히 더듬어보자.

2) 선교사들의 활약

1782년 스코틀랜드 북부에서 태어난 로버트 모리슨은 그 지역의 신학교, 런던의 선교사양성학교를 졸업한 뒤, 해외선교에 필요한 목사자격을 얻고, 해외선교회의 하나인 런던선교회의 파견으로 멀리 미국을 경유해(직행편을 가진 동인도회사에 탑승을 거부당했기 때문에) 광주에 찾아왔다. 1807년 본인이 25세 때이다. 광주에 처음 도착했을 때, 그리스도교선교에 대한 당국의 엄한 단속 때문에 13행에는 그럭저럭 체재할 수 있었지만, 소위 포교활동은 거의 불가능해 오로지 중국어 공부에 전념했다. 그러나 1년반 뒤 모리슨은 마카오에서 만난 영국 여성 메리 모튼Mary Morton과 결혼했을 뿐만 아니라, 그녀의 아버지(동인도회사의 직원)의 추천으로 운좋게 영국 동인도회사의 중국어통역으로서 정식으로 고용되었다. 이후 본인의 선교활동이 원인이 되어 일시 면직을 당한 일이 있지만, 거의 순조롭게 이 직무를 유지하면서 1834년에 사망하기까지 '본업'인 선교활동을 부지런히 진행하였다.

광주에서 모리슨이 최초로 한 일은 중국에 오기 전부터 미리 계획한 『성서』번역과 '영화자전' 편찬이었다. 본인의 끊임없는 노력, 또 중국인 조수 갈선생葛先生, Ko seensang(고전 강독, 번역 정정, 원고 교정 등 담당)과 채헌蔡軒, Low-Heen(서적·자료의 필사, 목판의 초고草稿 등 담당) 등의 협조, 동인도회사의 대반과 성원들의 지원(미니 도서관의 설치, 중국관련 도서와 자료의 수집, 관련 자금의 원조, 인쇄기의 제공, 인쇄공의 파견 등)도 있어서 거의 동시 진행이었음에도 불구하고, 먼저 1813년에 『신약성서』의 중국어 번역이 완성되고, 이어서 1815년, 뒤에 3권본이 된 『화영·영화자전華英·英華字典』(전권全卷은 1822년에 완성)의 제1권 『자전字典』도 상재

되었는데, 각각 마카오에서 목판으로 인쇄, 출판되었다.

이 사이, 이 선교사업들을 힘있게 추진하기 위해 여러 번 파견교회인 런던선교회에 광주로 증원을 요구한 것이 결실을 맺어, 그의 조수가 될 새로운 동료인 윌리엄 밀른이 1813년 부인을 데리고 광주에 찾아왔다. 그러나 모리슨 같은 공식적인 신분이 없는 그로서는 광주에서의 장기체제는 역시 힘들었기에 갖가지 모색과 현지 시찰을 거쳐 마침내 1815년 화교가 많은 말라카에 선교의 거점을 두고, 거기서부터 광주를 지원하는 체제를 취하기로 결정하여 부부 모두 말라카로 이주했다.

말라카에서 밀른은 광주에서 모리슨으로부터 배운 중국어 어학실력을 살려, 우선 광주에서 데려온 중국인 인쇄공 양발梁發(뒤에 신자가 된 중국 최초의 목사)을 시켜 인쇄소를 세우고, 중국 최초의 선교잡지 『찰세속매월통기전察世俗每月統記傳』(1815년 창간)을 발행했다. 이후 본인이 1822년에 병사하기까지 7년에 걸쳐 이 잡지를 이용해 포교의 내용뿐 아니라 서양의 사정들과 지식들을 중국인에게 계속 소개했다. 이 잡지를 편집하는 한편, 밀른은 또 모리슨의 『구약성서』 번역의 일부를 도와 그것의 완역 및 출판(1823)에 크게 공헌했다. 그리고 그는 모리슨의 지시와 지원하에 식민지당국과의 교섭 및 자금수집 등의 간난신고 끝에 마침내 1818년에 선교, 출판, 교육의 삼자를 겸한 종합 종교시설인 영화서원英華書院을 창립했다. 설립 뒤에 서원은 한번에 8인의 인쇄공을 고용해 앞서 말한 『찰세속매월통기전』과 『인중수신印中搜訊』[4](영어. 인도와 중국 쌍방에서의 선교를 목적으로 하는 계간지) 두 잡지를 발행하면서 막대한 양의 선교출판물을 간행했을 뿐만 아니라, 현지 화교의 교육에도 크게 공을 들여 1843년에 홍콩으로 옮기기까지 참으로 광주에서 중국 선교의 후방거점으로서 아주 중요한 역할을 수행했다.

거의 동시에 말라카에서의 선교사업, 특히 포교인쇄물에 대한 큰 수요가 예상된 애초에 밀른을 돕기 위해 모리슨과 그의 거듭된 요청으로 1817년에 메드허스트Medhurst, Walter Henry가 밀른의 조수 겸 인쇄 기사로서 런던선교회로부터 말라카에 파견되었다. 도착 후, 그는 2년 정도 인쇄소를 관리하고『찰세속매월통기전』편집을 돕는 일을 했으며, 사업 확대를 위해 모리슨 등의 지시로 1819년에 바타비아로 이전하여 남양에서의 런던선교회의 또 하나의 선교 거점을 세웠다.

바타비아에서 메드허스트는 1823년에『특선촬요매월기전特選撮要每月紀傳』(1826년 종간)을 창간해,『찰세속매월통기전』에 이은 두 번째 중국어 선교잡지를 편집하면서 본인의 기술을 살려 조판影版, 석판石版 등을 사용해 대략 30종류의 중국어 선교 책자를 인쇄, 간행하였다. 그리고 1833년에 모리슨이 병으로 죽게 되자, 광주에 런던선교회의 선교사가 부재하게 된 사실을 알고 1835년에 광주로 찾아왔다.

모리슨이 병사한 뒤, 동인도회사에 그의 중국어통역 후임으로 채용된 이가 귀츨라프Gützlaff, Karl Friedrich August. 郭實臘. 郭士立라는 독일인 선교사였다. 프로이센 출신의 귀츨라프는 네덜란드의 신학원을 졸업한 뒤, 네덜란드선교회의 파견으로 1827년에 바타비아에 도착했다. 바타비아에서 그는 메드허스트와 만나 그 영향을 받았는지 점차 처음

4　【역주】 영문 제목은 Indo-Chinese Gleaner이다. 저자는 번역어로 印中搜訊이라는 표현을 사용했으나, 印中搜聞이라고도 한다.

에 예정했던 원주민 포교보다도 중국인, 나아가 중국 본토에 대한 선교에 열심히 뛰어다니기 시작했다. 1831년부터 그는 중국 상선, 동인도회사의 탐찰선探察船, 자딘의 아편밀수선에 각각 탑승하여 총 3회에 걸쳐 중국연안부를 북상하면서 직접 중국인 선교의 가능성을 탐색한 뒤, 광주에 자리잡고 동인도회사의 고용을 수용했다.

광주에 활동거점을 설치한 후 바로 귀츨라프는 『동서양고매월통기전東西洋考每月統記傳』(1833)이라는 중국어 잡지를 13행에서 창간하고, 종교의 내용과 동시에 서양의 역사와 지리 또 약간의 정치와 법률, 광주 현지의 뉴스, 무역상황 등을 게재했다. 가장 많을 때에는 1천 부나 발행된 이 잡지는 중국 본토에서 간행된 최초의 '근대'적 잡지로서, 이후 임칙서林則徐를 시작으로 하는 많은 중국 지식인에게 인용되었는데, 외국에 대한 이해에 이것이 지닌 선구적인 의미는 무시할 수 없다. 또 교육에도 열심이었던 그는 마카오에 거주하는 부인에게 여학당(1834년)을 만들게 하여 소수이지만 여자아동교육을 시작했다. 덧붙여 그는 1835년에 동인도회사가 물러난 뒤 영국정부가 파견한 상무감독商務監督의 통역이 되었고, 1837년에 모리슨호(모리슨 사후 그를 기념하여 명명된 미국 올리펀트사 소유의 범선)에서 뒤에 얘기할 윌리엄즈, 파커 등과 함께 표류민의 반환을 구실로 에도江戶, 가고시마鹿兒島에 내항하여 각각 포격에 의해 격퇴당한 역사상의 모리슨호사건을 일으킨 인물로서도 알려져 있다.

귀츨라프의 『동서양고매월통기전』이 광주에서 1836년(이후 싱가폴로 옮겨 2년간 발행)까지 이어졌는데, 일시적 공백기를 거친 뒤 이번에는 메드허스트에 의해 또 새로운 중국어 잡지 『각국소식各国消息』(1838)이 창간되었다. 월간으로 석판石版인 이 잡지는 앞선 일련의 잡지와 달리 종교적인 색채를 가능한 한 억제하고, 많은 기사가 주로 서양 사정의 소개, 광주 지역의 상업정보로 채워졌다고 하는데, 이것이 바로 후일 의 『하이관진遐邇貫珍』[5](1853년 홍콩에서 창간), 『육합총담六合叢談』[6](1857년 상해에서 창간)과 상통하는 일면을 가지고 있으며, 메드허스트 주도하의 선교방식에 일종의 변화가 생겼음을 나타낸다.

그런데 모리슨은 광주에서 활동을 시작한 이래, 런던선교회뿐만 아니라 기회가 있을 때마다 미국의 각 교회 특히 미국해외선교부연합회American Board of Commissioners for Foreign Missions에 중국선교의 인원을 파견하도록 계속 호소했다. 이 모리슨의 열의에 응해 미국해외선교부연합회는 1830년 마침내 브리지먼Bridgman, Elijah Coleman을 광주에 파견하고, 미국인에 의한 중국 선교의 길을 열려고 했다. 13행에 도착한 브리지먼은 모리슨의 절대적인 환영을 받아, 이후 상해로 옮기기(1847)까지 17년간 이 기대를 조금도 배반하는 일 없이 열심히 다양한 사업을 전개했다.

브리지먼이 광주에서 심혈을 기울인 최대의 일은 바로 모리슨의 제안에 의해 도착 1년 뒤에 창간한 영문지 『중국총보The Chinese Repository(1832~1851)』의 편집이었다. 약 20년간 계속 간행된 이 잡지에 브리지먼은 장기간에 걸쳐 관계하고, 세계 각국에 중국의 역사와 문화를 대량으로 소개하는 한편, 때로는 문호를 열지 않는 청왕조에 대해 강경한 자세를 취해야 한다는 논진論陣도 계속 펼쳤다.

---

5 【역주】영문명은 Chinese Serial이다.
6 【역주】영문명은 Shanghai Serial이다.

『중국총보』의 편집 외에, 브리지먼은 또 모리슨과 협력해 모리슨 사후에는 본인이 중심 멤버가 되어 재중그리스도교협회(1830), 재중실용지식보급협회(1834), 모리슨교육회(1836), 중국의료선교회(1838) 등의 조직을 세우고, 『성서』를 시작으로 서양 서적의 출판과 모리슨학당(마카오, 1839)의 창립 등의 사업을 제창하고 그 실현을 위해 분주하게 뛰었다. 실제로 그의 요청으로 미국해외선교부연합회로부터 1834년 의사이자 선교사이기도 한 파커Parker, Peter가 파견되었고, 다음해에 13행에서 안과의국眼科醫局을 개설했다. 이것은 본토에 창립된 최초의 서양의원으로서 뒤에 아편전쟁을 거쳐 1859년에는 박제의원博濟醫院으로 발전해, 19세기 말에 젊은 손문孫文이 한때 부속의학교에서 공부하고 또 의사로서 근무한 병원으로서 오늘에 이르고(중산의과대학中山醫科大學의 일부) 있다.

그리고 그도 귀츨라프와 마찬가지로 극히 교육분야에 열심이어서 일찍부터 자택에서 작은 학습숙學習塾을 열어 양발의 아들인 양진덕梁進德을 시작으로 5, 6명의 아동을 교육했는데, 특히 양진덕을 아편전쟁때 중국 측의 대외교섭의 통역으로까지 길러내었다. 덧붙인다면 이 때 영국 측 통역은 다름 아닌 모리슨의 아들 존 로버트 모리슨John Robert Morrsion으로, 정말이지 역사의 인연을 느끼게 하는 조합이었다고 하지 않을 수 없다.

일찍이 메드허스트가 밀른을 돕기 위해 인쇄기사로서 바타비아에 파견된 것과 마찬가지로, 광주에서 브리지먼의『중국총보』인쇄와 간행을 보다 잘 진행하기 위해 미국의 해외선교부연합회로부터 1833년 인쇄공 윌리엄즈Williams, Samuel Wells, 衛三畏가 중국에 파견되었다. 13행에 도착한 다음해, 그는 미국상관 안에 '미국해외선교부연합회광주인쇄소'를 만들고, 『중국총보』와 함께 갖가지 서적과 팜플렛의 인쇄에 힘을 기울였다. 그리고 광주 당국의 단속을 피해, 또 동인도회사의 중국어활자를 사용하기 위해, 1835년에 다시 인쇄소를 마카오로 옮기고, 중국어관련서적의 대량인쇄도 가능케 했다. 이후 윌리엄즈도 인쇄공으로서 일하면서 선교활동에 가담해, 이윽고 미국해외선교부연합회가 공인하는 선교사가 되었다. 윌리엄즈가 그 후 계속 『중국총보』의 편집에 관계하고, 종간終刊(1851) 때까지 현지의 업무들을 계속했지만, 그를 단숨에 유명하게 한 것은 역시 페리함대의 중국어통역으로서 1853, 54년 두 차례에 걸쳐 일본에 왔을 때의 활약이었음은 말할 것도 없다. 그 뒤 그는 미국해외선교부연합회를 완전히 이탈해 미국의 중국주재 사절단에 가담하고, 말년에는 예일대학 중국문학교수로 훌륭하게 변신했다.

3) 광주13행의 종언과 그 확산

그런데 공간으로서의 13행 상관가商館街는 월해관 설립 당초부터 광주 교외 남서쪽의 주강珠江에 면한 한 모퉁이에 위치했으며, 동서 약 315미터, 남북 약 170미터로, 총면적은 약 51,000평방미터 남짓 된다. 여기서 남북으로 세 개의 거리(동문가同文街, 정원가靖遠街, 신두란新豆欄)가 뻗어 있고, 그것을 끼고 13개의 양행상관이 북적거린다. 당국의 규칙상, 여기는 어디까지나 무역계절 기간 중의 일시적인 거래 장소로서, 상인 이외는 물론 상인이라도 장기 체재는 할 수 없게 되어 있었다. 그러나 현실적으로는 1830년대 이 상관 내에는 300인의 외국인, 800인의 중국인 관계자(통사, 매판, 일꾼, 파수꾼 등)가 매일 생활했다. 덧붙인다면, 당시의 데지마出島는 13,000평방미터로서 상주하는 네덜란드인은 9인부터 13인 사이였다고 한다. 면적상 13행이 4배 가까이 된다.

이미 보았듯이, 이 결코 넓다고는 할 수 없는 공간에 암闇'은행', 출판소出版所, 학습숙, 병원, 그리고 미니도서관(약 1만 책의 장서), 댄스홀(영국관), 교회 등이 반쯤 공공연하게 늘어서 있고, 그 주위에는 수출용 그림을 그리는 공방=화실(약 30채)과 행상회관行商會館에 병설되어 현지 지식인과의 교류의 장이 되는 문란서원文欄書院 등도 존재하여 제도적인 제한을 훨씬 넘어선 '근대성'이 나타났다. 덧붙여 말하자면, 여기서 유통된 것은 소위 '광동영어'로서, 영어 단어를 중국어순으로 늘어놓고 사용하는 이 언어는 '귀화鬼話'라고 불리는데, 2백 년 가까이 동서의 교역을 지탱해왔다.

1842년 아편전쟁 뒤에 체결된 '남경조약南京條約'에 의해 광주13행 제도가 정식으로 폐지되고, 소위 '오구통상五口通商'의 시대를 맞게 되었다. 일찍이 여기서 활약한 13행상인과 매판들 그리고 외국인 개인 상인과 선교사들이 잇따라 이 장소를 떠나, 먼저 상해와 홍콩 그리고 20년 뒤에는 다시 나가사키長崎와 요코하마橫濱로 진출했다. 상해에서 그들의 활약은 뒤에 다시 소개하겠지만, 한 가지만 기억해 두고 싶은 것은 여기서 양성된 갖가지 근대적 '장치'가 이후 실로 큰 힘이 되어 음으로 양으로 동아시아 전체의 진로를 좌우하게 되었다는 것이다. 예를 들면, 자딘·매티슨상회는 1840년대에 홍콩과 상해로 옮겨 그 두 곳에서 대대적으로 근대적 비즈니스를 전개하고, 1850년대에는 일본의 개국에 맞추어 일찍 나가사키에 대리점(토마스 블레이크 글로버 Thomas Blake Glover), 또 나가사키 거류지의 일번지에 지점을 개설하여 사쓰마薩摩, 죠슈長州 두 번에 대량의 무기를 수출했을 뿐 아니라, 죠슈 번의 유학생 이토 히로부미伊藤博文, 이노우에 가오루井上馨 등의 밀출 국密出國도 도왔다.

3.상해의 충격
– 한역양서漢譯洋書의 일본·나가사키 전래와 그 의미

1) 상해에 모인 선교사와 그 저작활동

아편전쟁 뒤, 특히 1840년대 후반에 들어서면 무역과 교통뿐 아니라, 소위 정보네트워크도 상해를 중심으로 재편되었다. 이것은 예를 들면 아편전쟁 전부터 일관되게 서양 정보 전달의 최대 담당자인 프로테스탄트 선교사들의 동향을 보면 잘 알 것이다. 덧붙여 말하자면, 아편전쟁 뒤 일단 광주로부터 5개의 개항지로 흩어져 간 이 선교사들은 이 시기가 되면 선교상의 편의를 위해서라고 생각되는데, 차례차례 상해에 모여 무역과 교통네트워크의 중심지인 이 땅을 자신의 활동거점으로 삼기 시작했다.

프로테스탄트선교사로서 최초로 상해에 들어온 이는 영국 런던선교회 소속의 메드허스트와 록카트Lockhart, William였다. 두 사람은 상해 개항 직후인 1843년 각자 종래의 근거지였던 광주와 주산舟山의 정해定海로부터 여기로 이주했는데, 그 때 이들은 또 원래 바타비아에 있던 런던선교회의 인쇄소와 정해에 있던 록카트의 진료소를 함께 이 신천지로 이전시켰다. 그리고 후술하듯이, 각기 묵해서관墨海書館과 인제의관仁濟醫館으로 명명된 이 두 시설에, 뒤에 같은 런던선교회 소속의 교회인 천안당天安堂도 가담하여, 삼자는 메드허스트의 중국이름 맥도사麥都思와 연관된 '맥가권麥家圈'(지금의 산동로山東路 부근)이라는 장소에서 크게 발전하여 런던선교회뿐만 아니라, 상해에 있는 모든 프로테스탄트 교파의 일대 활동거점이 되었다.

앞에서 말했듯이, 메드허스트는 본래 로버트 모리슨에게 붙어서 소위 남양에서 프로테스탄트선교에 종사하고, 모리슨 사후에는 실질적으로 그 후계자로서 런던선교회의 중국 선교에서 중심적인 역할을 수행해온 인물이다. 따라서 그의 이 상해 이주는 매우 중요한 의미를 지니는데, 그것은 극단적으로 말하면 상해가 프로테스탄트선교의 새로운 중심지가 되었음을 그대로 보여주는 사건이기조차 하다. 실제로 이후 그의 감독하에 있던 묵해서관은 15년 이상에 걸쳐 그리스도교출판계에 군림하고, 25만 부 가까운 한역 성서[7]와 171종류의 중국어 선교서와 과학서를 세상에 내보냈고, 또 그 개인과 묵해서관 등의 존재에 이끌려 서른 몇 명의 선교사가 잇따라 이 땅에 거주하게 되었다.[8]

그리고 그 많은 선교사는 선교하는 한편, 직접 저술하거나 구미 학자의 저서를 번역하는 형태로 실로 다양한 서양 지식을 중국에 소개했다. 이 저작들 가운데 주된 것을 분야별로 소개하자면, 예를 들어, 천문·지리학에서는 무어헤드Muirhead, William. 慕維廉가 1853년부터 54

7 阮仁澤·高振農 編, 『上海宗教史』, 上海人民出版社, 1992.
8 張仲禮 編, 『東南沿海都市與中國近代化』, 上海人民出版社, 1996.

년에 걸쳐『지리전지地理全志』를 지어, 서양근대지리학에 대해서 종래의 인문지리학뿐 아니라, 자연지리학의 내용도 더해 상세하고 간명하게 해설했다. 또 웨이Way, Richard Quarterman. 褘理哲(그는 영파를 근거지로 했다)가 1856년에 앞서 말한[9]『지구도설地球圖說』을 대폭 개정하고, 아직 중국 지식인에게 충분히 인지되고 있지 않았던 지구구체설地球球體說과 태양중심설의 설명과 각국 국세國勢의 소개를 위해 노력했다. 그리고 이것은 본인의 저술은 아니지만, 와일리Wylie, Alexander. 偉烈亞力가 1859년에 일찍이 영국천문학회 회장도 역임한 존 허셜John Frederick William Herschel의 명저『천문학개론Outlines of Astronomy』(1849년 초판)을『천담天談』이라는 서명으로 번역하고, 코페르니쿠스로부터 케플러 그리고 뉴튼에 이르기까지의 서양근대천문학의 흐름과 그 최신 연구성과를 체계적으로 소개했다.

다음으로 역사학에서는 또 무어헤드가 1856년에 토마스 밀너 Thomas Milner, 托馬斯米爾納의『영국사The History of England』를『대영국지大英國志』라고 중국어로 번역하여, '정교의 아름다움이 동서양에서 최고이다政敎之美, 爲東西州冠', '전성의 국가全盛之國'(중국어 서문)인 영국의 이천년 역사를 왕조마다 더듬었는데, 그중에서도 그 정치제도에 대해서는 '파력문의회巴力門議會'[10](국회)의 '로이덕사勞爾德士'[11](상원)과 '고문사高門士'[12](하원)의 이원제와 '추선推選'의 제한선거제, 하원의 주도적인 입장 등을 간결하게 해설하고, 종래 위원魏源의『해국도지海國圖志』

---

9 【역주】그러나 이 글에서『지구도설』에 대한 언급은 여기가 처음이다.
10 【역주】Parliament.
11 【역주】House of Lords.
12 【역주】House of Commons.

등에서는 확실히 설명하지 못했던 지식을 명확히 제시했다. 또 앞서 말한 브리지먼이 자신의 『미리가합성국지략美理哥合省國志略』의 재증보판再增補版으로서 1861년에 『연방지략聯邦志略』을 저술하고, 신흥국인 미국의 독립사를 시작으로, 그 정치, 경제, 교육, 종교, 여기에 각 주州의 구체적인 정황 등에 대해서 아주 체계적으로 소개했다.

그리고 수학·물리학에서는 와일리가 우선 1863년에 『수학계몽數學啓蒙』을 지어 서양 수학의 초보적인 지식을 해설한 것 외에, 이어서 1857년 마테오 리치가 전반부밖에 번역하지 않았던 유클리드의 『원론Elements』의 후반부를 『속기하원본續幾何原本』으로 번역하여, 리치의 번역으로부터 250년이 지나 마침내 이 고대 그리스의 명저를 완역했다. 그 후 그는 1858년에 또 『중학천설重學淺說』을 간행하여 역학力學을 중심으로 한 서양 근대물리학에 대한 해설을 처음으로 중국어로 시도하는 한편, 다음해에는 다시 영국 수학자 오거스터스 드 모르간Augustus De Morgan의 『대수초보代數初步, Elements of Algebra』(1835)을 『대수학代數學』, 미국 수학자 엘리어스 루미스Elias Loomis의 『해석기하와 미적분초보Elements of Analytical Geometry and of the Differential and Integral Calculus』(1850)를 『대미적습급代微積拾級』이라는 서명으로 번역했는데, 특히 후자에서 처음으로 서양 근대수학의 지식을 중국에 소개했을 뿐만 아니라, 동시에 많은 새로운 수학용어, 예를 들면 계수係數, 함수函數, 변수變數, 미분微分, 적분積分 등도 만들어내었다.

이 분야들 외에도, 예를 들면 의학에서는 로카트의 뒤를 이어 인제의관의 관리를 맡게 된 벤자민 홉슨Benjamin Hobson, 合信의 『전체신론全體新論』(1851년 광주 초판, 1855년 묵해서관 재판), 『서의약론西医略論』(인제의관,

1859), 『부영신설婦嬰新説』(인제의관, 1858), 『내과신설內科新説』(인제의관, 1858) 그리고 박물·생물학에서는 같은 홉슨의 『박물신편博物新編』(1855년 광주 초판, 동년 묵해서관 재판), 윌리엄슨Williamson, Alexander, 韋廉臣의 『식물학植物學』(묵해서관, 1859) 등, 소위 프로테스탄트선교사에 의한 한역양서는 실로 일일이 열거할 수 없을 정도로 많았다. 그리고 이 참으로 놀랄 만한 그들의 활약으로 상해는 급속히 서양 정보 발신지로서 발전하고, 1850년대 후반에는 더 완전히 자신을 중심으로 한 일대 정보 네트워크를 형성하였다.

2) 한역양서의 나가사키 전래

1850년대 이래 상해의 묵해서관 등으로부터 간행된 대량의 한역양서는, 곧 전부 선교사들이 중국 선교의 길을 개척하고자 중국 지식인을 계몽하고, 중국의 '개국'을 촉진하기 위해 저술된 데 그 근본 원인과 동기가 있었다. 실제로 이것이 어느 정도 중국사회에 침투하고, 조금 '충격'을 야기한 것도 사실이다. 그러나 유감스럽게도 그 후 중국에서는 그 서적들이 전한 내용을 본격적으로 수용하고, 더 나아가 소화하기까지에는 아직 반세기 이상의 시간이 걸렸다. 물론 여기에는, 예를 들면 외래의 사물을 좀처럼 받아들이기 어려운 중화의식의 존재라든가, 과거 제도에 의한 엘리트 지식인의 속박이라든가 하는, 실로 수많은 원인을 생각할 수 있다. 그것을 규명하는 것도 매우 어려운 작업이지만, 그러나 이번 주제로부터 벗어나버리기 때문에 여기에 이 이상 깊이 들어가지는 않겠다. 그보다도, 오히려 이 서적들이 어떻게 새롭게 형성된 동아시아의 '교통'네트워크에 올라타 일본에 박재船載되어서 일본 지식인을 '계몽'하고, 일본의 '개국'을 촉진했는지 그 프로세스를 좀 쫓아가보자.

한역양서의 막말幕末 일본 전래를 고찰할 때, 처음부터 부딪치는 것은 도대체 이 서적들이 어떤 루트로 그리고 어느 정도의 종류와 수량으로 박래船來했는가 하는 문제이다. 이것은 만약 종래의 당인무역唐人貿易에 의한 수입이라면, 예를 들어 『재래서목齎來書目』, 『서적원장書籍元帳』, 『낙찰장落札帳』 등 나가사키회소會所의 수입업무에 관한 리스트가 있어서, 어떤 의미에서는 아주 간단히 조사할 수 있다. 그러나 페리 내항 이후는 당선唐船 이외의 루트도 생기고, 특히 1858년 안세이개국安政開國에 의해 일종의 자유무역체제에 들어가자 우편선을 포함한 갖가지 종류의 배가 빈번히 일본과 중국 사이를 왕래하게 되었기 때문에, 도저히 종래의 방법으로 그것을 특정할 수 없다. 다만 억지로 그 루트를 분류한다면, 열강의 군함에 의한 박재, 일본과 중국의 상인에 의한 수입, 거기에다 일본에 오는 선교사의 지참이라는 세 가지가 우선 생각된다. 아래에서 각각의 루트에 의한 박래의 모습을 간단히 보도록 하자.

군함에 의한 박재는 일찍부터 페리함대 자체의 내항으로 거슬러 올라간다. 1854년 1월, 두 번째로 일본에 오는 도중에 들른 류큐에서 페리함대의 누군가가 중국어 잡지 『하이관진』을 두 권 지니고 들어와 현지인에게 넘겼다. 『하이관진』은 1853년 9월에 메드허스트가 상해에 있으면서 홍콩에서 발행한 월간지로서, 그 내용은 각 호의 전반부는 과학 등의 서양문명을 소개하는 글이 중심이고, 후반부는 국내외 뉴스 기사가 대부분을 차지했다. 이 『하이관진』 두 권을 류큐에

가지고 온 이가 도대체 누구인지는 물론 특정할 수 없다. 그러나 이때 페리함대에 탑승한 멤버 중 중국어를 이해할 수 있는 사람은 통역인 윌리엄즈와 라삼羅森밖에 없었으니, 아마도 그중 누구일 것이라는 것은 추측할 수 있다.

윌리엄즈는 앞서 말한 대로, 미국해외선교부연합회 소속 선교사로서 1833년에 중국에 오는데, 당시는 광주에서 선교인쇄소를 관리했다. 라삼은 홍콩에 거주하는 문인으로서, 윌리엄즈의 권유로 페리함대에 올라탔고, 뒤에 '가나가와조약神奈川条約'[13]이 체결될 때 중국어 통역으로 크게 활약했다. 아무튼 이『하이관진』두 권은 그 후 류큐로부터 사쓰마에 전해지고, 다시 필사본으로서 전국의 유력有力 번사藩士들 사이에서 널리 유포되게 되었다. 예를 들면, 안세이 5년에 당시 가이코쿠부교外国奉行였던 이와세 다다나리岩瀨忠震도『하이관진』을 소장했고, 또 그 전에 가쓰 가이슈勝海舟와 요시다 쇼인吉田松陰도 각기 이 잡지를 열독閱讀했다고 친구에게 보내는 서간에 적은 바가 있다.[14] 물론 이『하이관진』의 경우는 어디까지나 하나의 특수한 예이고, 일반적으로 군함에 의한 박재는 그 루트를 알아낼 수 없다. 조사할 수 있는 한에서는, 그 뒤 겨우 가쓰 가이슈의『개국기원開國起源』에 그럴싸한 기록이 남아 있는 정도이며, 그 이외에는 거의 알 길이 없다.

이 사정은, 어떤 점에서는 일본과 중국의 상인에 의한 수입의 경우에도 해당한다. 그렇다는 것은, 소위 자유무역체제에 들어온 뒤 재래의 나가사키회소에 의한 박래도서 검열 기능이 거의 마비되었기 때

---

13 【역주】 1854년 에도막부와 미국이 맺은 일미화친조약 — 역주
14 增田涉,『西學東漸と中國事情』, 岩波書店, 1979.

문에, 오늘날 이 루트를 통해 도대체 어떠한 서적이 어느 정도 박래했는지를 조사하려고 해도 상당히 어렵다. 다만 나가사키에서는 1858년경부터 영국과 미국 등의 외국 상사가 잇따라 진출해 옴에 따라 그 상사의 피고용인이라는 형태로 많은 중국 상인이 새로 일본에 오고, 재래의 상관商館·액상額商과 경쟁하면서 활발하게 합법·비합법적인 무역활동을 전개했다는 사실[15]과 당시 나가사키에게 상해는 가장 중요한 무역 상대였다는 점도 함께 생각한다면, '무허가無許可 당인もぐり唐人'이라고 불린 이 중국 상인들에 의해 수요가 많은 한역양서가 일부 수입되었다고 보아도 전혀 이상하지는 않다. 예를 들면, 1858년부터 다음해에 걸쳐 미야케 곤사이三宅艮斎라는 에도에 거주하는 난방의蘭方醫가 앞서 말한 홉슨의 『서의약론』과 『부영신설』, 『내과신설』을 잇따라 번각翻刻하는데, 그는 결국 나가사키 루트를 통해 상해로부터 '긴밀하게 서적 약품 등'을 구입했다고 보인다.

위의 두 루트와 비교하면, 일본에 온 선교사의 지참은 의외로 간단하게 확인할 수 있다. 그것은 많은 경우 친구에게 보내는 그들의 서간과 일기 등에 기록을 남기고 있고, 일부에는 도서의 종류뿐만 아니라, 그 구체적인 권수까지 기록되어 있다. 예를 들면, 개국 후 최초로 상해에서 나가사키로 찾아온 미국성공회 소속의 리긴스Liggins, John는 친구에게 보내는 서간에서 무어헤드의 『지리전지』, 『영국사』, 브리지먼의 『연방지략』, 웨이의 『지구도설』, 홉슨의 『서의약론』, 『박물신편』, 윌리엄슨의 『식물학』 등의 '한문서漢文書'를 '일본상류사회의 인

---

15 山脇悌二郎, 『長崎の唐人貿易』, 吉川弘文館, 1964.

사'에게 '1천 부 이상 매각'[16]했다고 자랑했다. 또 1859년에 일본에 와서 가나가와에서 선교활동을 전개한 장로회 소속의 헵번Hepburn, James Curtis도 그 다음해 4월 7일에 친구에게 보내는 서간에서 자신이 이미 웨이의 『지구도설』을 '250책 정도' 팔았다[17]고 적고, 그 책이 일본인 사이에서 아주 호평을 받고 있음을 전했다.

3) 한역양서의 유포와 그 영향

한역양서의 전래 루트에 대해서는 대체로 이상과 같은데, 그러나 이 루트들을 확인한 뒤 다음 과제로서 박래 후 일본에서의 유포 정황도 볼 필요가 있을 것이다. 왜냐하면, 이 서적들이 일본에서 어떠한 '충격'을 초래했는가라는 문제를 생각할 경우, 그 유포 정황은 어쩌면 전래 루트 이상으로 중요하다고 생각되기 때문이다.

막말 한역양서의 유포에 대해서는 그 전래 루트와 마찬가지로, 아직 해명되지 않은 것이 많다. 따라서 여기서는 그 유포 정황의 전모, 특히 구체적인 통계 수치에 관해서는 아무것도 제시할 수 없다. 단 앞의 리긴스와 헵번도 그랬듯이, 개별적으로 이 서적들의 유포 정황을 기록하는 자료가 일부 남아 있어서, 그것이 겨우 당시 상황의 일단을 엿보게 해 준다.

예를 들면, 1863년에 당시 진종眞宗 오타니파大谷派 사강嗣講[18]인 고

---

16 吉田寅, 『中國プロテスタント伝道史研究』, 汲古書院, 1997.
17 高谷道男 編譯, 『ヘボン書簡集』, 岩波書店, 昭和三四.
18 【역주】 히구치 류온은 1869년에 擬講, 1861년에 嗣講이 되고, 1864년에 講師가 되었다. 원문에서는 嗣講師라고 표현되어 있으나, 역자가 수정하였다. 擬講, 嗣講, 講師는 모두 진종 오타니파의 位階이다.

잔인香山院 히구치 류온樋口龍溫은 자신의 강술 「벽사호법책闢邪護法策」
에서, "최근 2, 3년 전부터 『만국강감록萬国綱鑑録』, 『지구략地球略』,
『지리지地理誌』, 『담천談天』 등의 책이 엄청나게 많이 몰래 유포되었다.
또 관판官版이 된 것도 적지 않다. 오로지 야소교耶蘇敎를 밝힌 것이 아
니면 금제禁制되지 않긴 하지만, 그 핵심은 전부 야소이다. 그 위에
『중외신보中外新報』라는 것 한 권과 해외 국가들의 『풍설서風説書』라는
것이 마치 달력처럼 수백 권이 낱개로 팔린다"[19]라고 한역양서가 엄
청나게 많이 '몰래 유포密行'되고 있음을 지적하고, 그 사태를 불교도
의 입장에서 우려하고 있다.

또 1867년에 같은 진종 오타니파 사강인 도가시 못케이富樫黙恵는
「내외이우록內外二憂録」이라는 강술 속에서 "당시 2, 3년 사이에 저술
한 야소교의 서류는 내 눈으로 본 것만도 백百 부에 가깝다. 이같이
사교邪敎가 도도히 천하에 유행하는 것을 누가 슬퍼하지 않겠는가. 2
백여 년의 엄금嚴禁마저 시세時勢라고는 해도, 이미 버려지고 해이해졌
으니 국가의 위기가 여기에 있다"고 개국 직후의 한역양서의 대량 유
입을 되돌아보고, 그것이 일본에 '국가의 위기'까지 초래했다고 슬퍼
한다.

이 밖에도, 예를 들면 1865년이라는 시점時點에서 소위 '사교서류
邪敎書類'의 '바다를 건너옴渡來'이 '총계 96사事'[20]라는 숫자도 지적되
고 있는데, 그러나 이것은 종교서도 포함하는 것으로서 결코 그 전부
가 다 우리가 문제로 삼고 있는 한역양서라고는 할 수 없다. 이후 일

---

19 常盤大定 編, 『明治仏教全集第八巻護法篇』, 春陽堂, 昭和一〇.
20 眞宗東派擬講安休寺雲英晃曜『護法總論』(一八六九年), 常盤大定 編, 앞의 책.

시 개성소開成所 두취頭取까지 역임한 야나가와 순산柳河春三이 자기의 한문저작 『요코하마번성기橫浜繁盛記』에서 막말의 '박래서적'으로서 제시한 두세 점點이라는 통계도 있지만, 이것은 매우 불완전한 것으로 그대로 받아들일 수는 없다. 아무튼 현재 파악하고 있는 자료에 한해서 보아도, 개별적인 것을 제외하고 상해 등에서 간행된 한역양서의 대략 8할 이상이 필사본 혹은 번각翻刻이라는 형태로 일본 각지에서 광범위하게 유포된 것은 거의 틀림없고, 그 침투의 정도는 중국의 내지內地 보다도 훨씬 높았다.

일본에서 한역양서의 이런 높은 '보급율'을 보기 위해 실은 또 하나, 각지의 학교에서의 이 서적들의 이용상황을 참고로 들 수 있다. 덧붙이자면 메이지 초기에 『지리전지』를 시작으로 『지구략설地球略說』, 『영국사』, 『연방지략』 등의 번각판은 많은 번교藩校, 예를 들면 가나자와金沢, 후쿠이福井, 이즈시出石, 다나베田辺, 고베神戸, 요도淀, 노베오카延岡, 다케오武雄, 이즈와타라이伊勢度会 등의 학교에서 '교과서'로서 사용되었다[21]고 하고, 그중에서도 『지리전지』와 레그Legge, James의 『지환계몽智環啓蒙』(홍콩 영화서원 1856년 초판)이 가장 인기가 높고, 둘모두 다섯 곳 이상의 학교에서 채용된 듯하다. 이것은 소위 에도의 난학蘭學으로부터 메이지의 양학洋學으로의 과도기에 일어난 일시적인 현상이라고 보일지도 모르지만, 그러나 대략 이 과도기에 해당하는 1850, 60년대에 이 서적들이 수행한 역할은 결코 무시할 수 없고, 극단적으로 말하면 그 존재가 에도 난학과 메이지 양학 사이의 시간

---

21 開國百年記念文化事業會 編, 『鎖國時代日本人の海外知識』, 乾元社, 昭和二八.

상의 공백을 메웠을 뿐만 아니라, 동시에 또 양자의 내질內質상의 전환을 가능케 하였다고까지 생각할 수 있다. 그만큼 이 한역양서가 초래한 '충격'의 사정射程은 컸다.

오사카상선회사의 조선항로와 「북선급항항로안내」

마쓰우라 아키라

1. 서언

오사카상선회사^{大阪商船會社}는 1884년에 서일본 중소형 기선^{汽船}회사의 통합과 병합에 의해 설립되어, 1885년에 설립한 일본우선회사^{日本郵船會社} 다음으로 큰 기선회사로 성장했다.[1]

오사카상선회사는 처음에는 서일본^{西日本}, 특히 세토내해^{瀬戶內海} 항로^{航路} 정비와 항로 확장을 진척시키고, 그 후 점차 해외항로로까지 확대하기 시작했다. 그 최초의 해외항로는 근해항로^{近海航路} 수준이었지만, 1890년에 조선항로^{朝鮮航路}의 개통을 시작했다.[2]

이 글에서는 오사카상선회사의 조선항로와 1937년 9월 발간된 『북선급항항로안내^{北鮮急航航路案內}』를 중심으로 논하려고 한다. 이 안내서는 현재에도 많이 간과^{看過}되어 도서관 등에서도 희귀한 것으로

---

1 神田外茂夫 編, 『大阪商船株式會社五十年史』, 大阪商船株式會社, 1934. 6, 1~51쪽.
2 위의 책, 189쪽.

되어 있지만, 당시에는 동해를 종단한 한반도 북동부 항구로 직행하는 항로 안내이고, '만주국'으로 가는 가장 가까운 길로 취급된 항로였다.

2. 오사카상선화사의 조선항로 개척

1876년에 미쓰비시三菱회사는 나니와호浪華號를 매월 1회 부산에 운항하고, 또 스미토모가住友家는 1880년에 새로 건조한 안네이마루安寧丸를 부산에 운항하여 화물과 여객수송을 담당했다.[3]

그 후 창업한 오사카상선회사는 해외항로 진출의 첫걸음으로, 1890년 7월에 오사카・부산항로를 개설하고, 1893년 3월에 오사카・인천항로를 개설하여 같은 해 6월부터 12월까지 단기간이었지만, 한국 연안선韓國沿岸線을 개설하였다.[4]

1895년 7월부터 오사카・인천 항로의 항해 횟수를 늘리고 부산선釜山線을 폐지했다. 더욱이 1899년 4월부터 1907년 상반기까지 오사카・진남포선大阪鎭南浦線을, 1901년 4월부터 마산馬山・군산群山 경유의 오사카・인천선大阪仁川線을 개설하고, 1902년 2월부터 1906년 2월까지 오사카・부산선大阪釜山線을 개설했다.[5] 이러한 항로들은 주로 한반도의 서쪽 연안항로를 중심으로 한 것이다.

---

3 위의 책, 189쪽.
4 위의 책, 189쪽.
5 위의 책, 189쪽.

1903년 하반기에는 인천·진남포를 개설하고, 그 뒤 인천·안동현선仁川安東縣線이 되어 1906년 상반기까지 이 항로가 운행되었다.[6] 또한 1903년 하반기에 인천·군산선仁川群山線을 1907년 4월까지 운행했다.[7] 1906년 9월에는 오사카·원산선大阪元山線을 개설하였고, 이것이 나중에 오사카북선선大阪北鮮線으로 개칭되었다.[8]

오사카·인천선은 일본정부의 우정청郵政廳(일본의 체신성遞信省)으로부터 보조금 인가를 받아, 1899년 4월 1일부터 쓰시마의 이즈하라嚴原와 목포木浦항구에 기항寄港하게 되고, 뒤이어 1901년 4월부터 보조금을 받아서 마산·군산에도 기항하여 마산·군산 경유의 오사카·인천선이 되었다. 그 후 1906년 10월부터는 우정청의 명령에 의해 목포·군산·인천·진남포와 중국의 안동현에 기항하게 된다. 이 보조금은 1915년 3월 말까지 계속되었다.[9] 오사카·진남포선은 1903년 10월부터 우정청의 명령항로가 되지만, 1906년 9월말에 보조금 폐지와 함께 항로도 폐항되었다.[10]

1905년 5월에 나가사키·진남포선長崎鎭南浦線을 개설하고, 같은 해 7월에 나가사키현長崎縣과 나가사키시長崎市로부터 항해보조금航海補助金을 받아 명령항로가 되었다. 1906년 4월에는 중국의 대련大連까지 연장하는 항해보조금을 받아서 나가사키·대련선長崎大連線을 개설하였다. 그 후 1910년 6월에 이 두 개의 항로를 병합해서 조선경유 나

---

6 위의 책, 189~190쪽.
7 위의 책, 190쪽.
8 위의 책, 190쪽.
9 위의 책, 190쪽.
10 위의 책, 190쪽.

가사키·대련선이 되지만, 1918년 3월에 폐항廢航되었다.[11]

1924년 12월 오사카·마산선大阪馬山線이 완성된 뒤, 오사카·부산·마산선大阪釜山馬山線을 개설하고, 다음 해 1925년 4월 규슈선만선九州鮮滿線, 1926년 5월에는 경빈조선선京濱朝鮮線, 나중에는 도쿄서선선東京西鮮線을 개설하였다. 이 가운데 규슈선만선은 조선총독부와 나가사키시와 구마모토현熊本縣 그리고 가고시마현鹿兒縣으로부터 보조금을 받아서, 조선우선회사朝鮮郵船會社와 공동수명항로共同受命航路, 즉 보조금을 주는 기관으로부터 공동으로 명령을 받는 공동명령항로가 되었지만, 1931년 3월에 조선우선회사에 양도했다.[12]

1932년 3월 '만주국'이 성립하자, 같은 해 7월 도쿄북선선東京北鮮線을 개설함과 동시에 오사카·인천선으로 항해하는 취항선就航船을 5척으로 늘리고, 오사카·중국 안동현선大阪安東縣線을 확충하며, 경빈조선선을 도쿄서선선으로 개칭하여 매달 3회 정기운항을 결정했다. 또한 오사카·마산선을 오사카·부산·마산선으로 개칭하고, 1933년 5월에는 오사카·청진大阪淸津선을 오사카·북선선大阪北鮮線으로 개칭하여, 오사카 고베 지역(阪神)과 청진淸津 지역 간의 직항항로인 오사카·청진선大阪淸津線을 신설했다.[13] 이 시기에 비로소 한반도 동부 연해沿海항로가 운항되기에 이르렀다.

조선의 각 항로의 중요화물은 조선에서 생산된 쌀을 일본으로 옮겨 내는 것이고, 특히 매년 11월, 12월부터 다음해 3월까지가 출하

---

11 위의 책, 190~191쪽.
12 위의 책, 191쪽.
13 위의 책, 191쪽.

시기로서 인천이나 진남포·군산·목포 등에서 옮겨온 쌀이 쇄도하여 임시 배를 할당하였다. 7월부터 11월까지는 어유魚油나 시메가스締粕(대두大豆나 생선 등에서 기름을 짠 후 생긴 술지게미 같은 찌거기) 등의 출하시기여서, 이것들이 북한 연안에서 일본으로 옮겨졌다. 매년 3월부터 10월에는 구미포九味浦로부터 대량의 규사硅砂(석영입자로 구성된 모래. 화강암 등이 풍화해서 생김)가 반출되어 임시 배로 옮기게 되었다.[14]

1927년 북한의 흥안興安에 조선질소비료주식회사朝鮮窒素肥料株式會社가 설립되어 흥안항에서 일본으로 유안硫安비료의 반출이 급증하여 임시 배로 수송되었는데, 1933년말에는 임시 배가 10척으로 증가되었다고 한다.[15]

조선항로에는 오사카상선회사 이외에도 참가했는데, 1930년 11월 1일에 '조선동맹회朝鮮同盟會'와 '남선동맹회南鮮同盟會'가 조직되고, 같은 해 12월 1일에는 '북선동맹회北鮮同盟會'가 조직되어 서로 불이익의 경쟁이 발생하지 않는 협정을 맺었다. 이러한 조직에 참가한 기선汽船회사에는 조선우선朝鮮郵船, 아마자키기선부尼崎汽船部, 사와야마형제상사澤山兄弟商社, 야마시타기선山下汽船, 가와사키기선川崎汽船, 긴카이우선近海郵船, 시마타니우선嶋谷郵船, 나카무라구미中村組 외에, 대련기선大連汽船, 다쓰우마기선辰馬汽船, 이이노기선飯野汽船 등이 있었다.[16]

---

14 위의 책, 192쪽.
15 위의 책, 192쪽.
16 위의 책, 192쪽.

3. 오사카상선회사 조선항로의 각 항로들

1) 오사카 · 부산선

오사카상선회사의 최초의 해외항로는 오사카와 부산을 잇는 항로였다.

1890년 7월 16일에 항해를 시작했는데, 이때 시라카와마루白川丸호로 고베神戶, 바칸馬關(시모노세키下關)에 기항하여 매번 8일째 한 번 운항하였다. 1894년 6월 26일부터 아카마가세키赤間關(시모노세키), 부산 사이를 매달 6회 이상 운항하는 것으로 개정하여, 7월 12일부터 격일隔日로 운항하게 되었다. 뒤이어 10월 29일부터는 인천으로 연장 운항하여 매월 3회 운항하는 것으로 개정했다. 1902년 2월 1일부터 데토리가와마루手取川丸호가 취항하여 매번 9일째 오사카, 부산에서 출항하는 일정으로 변경되어 오사카大阪 · 고베神戶 · 시모노세키 · 하카다博多 · 이즈하라嚴原에 기항하였고, 잇따라 같은 해 8월에는 오노미치尾道에도 기항하게 되었다. 1904년 상반기에는 러일전쟁 때문에 휴항休航했지만, 1905년 3월 3일부터 재개하여 기항지가 고베, 시모노세키, 하카다, 나가사키, 이즈하라였지만, 1906년 9월을 마지막으로 폐항廢航하였다.[17]

1903년 4월 오사카상선회사의 『오사카 상선항로안내大阪商船航路案內』[18]에는 부산에 관해 다음과 같이 기술되어 있다.

---

17 위의 책, 195쪽.
18 原田和作 編, 『大阪商船航路案內』, 駸々堂, 1903, 1~424쪽; 「汽船要目一覽表」(附錄), 1~24쪽.

부산 이즈하라로부터 69해리, 목포로 192해리 반

① 부산은 오사카·진남포선, 오사카·인천선, 마산·군산 경과 오사카·인천선, 오사카·원산선의 기항지로서 오사카·부산선의 종점이다.

② 부산은 한국 남단의 무역항으로서 옛부터 쓰시마국주(對馬國主) 소우지(宗氏)와 통상(通商)하던 곳인데, 항만이 광활하고 사계절 파도가 잔잔하고, 대형선박이 계류·정박할 곳이 많으며, 육지에는 현재 공사중인 경부철도가 있다. 시가(市街)는 전부 일본인 조직으로서, 인구는 7천여 명이고, 우리 영사관을 비롯해 관아, 은행, 회사, 학교, 병원, 신문사, 수도, 통신, 전화 등 갖은 설비가 정비되지 않은 것이 없고, 내지(內地)의 시가지와 조금도 다름없다.

지점 또는 화물승객 취급점

오사카상선회사 한국 부산 혼마치(本町) 일가(一丁目) 부산 지점

기선정박장(滊船碇泊場)

기선장박장은 부두와 두세 거리를 사이에 두고 있다.

교통

- 우리 회사 지점은 부두에 있다.

- 부산에는 인력거가 없고, 부두에 상륙하면 한국인 인부가 있어서, 수하물을 운반하기에 편리하다. 시내는 대략 한국돈 10문(文) 내지 20문(한국돈 1문은 대략 우리 2린(厘)[19]에 해당한다)이다.

각각의 항구로 가는 우리 회사의 정기기선은 아래와 같다.

- 목포 · 인천행 매주 2회

  그 밖에, 마산 · 목포 · 군산 · 인천행, 1개월에 2회

- 진남포행 매주 1회

  단 겨울에 진남포 결빙중에는 중지한다.

- 원산행 매월 대략 3회

- 이즈하라 · 나가사키행 매주 1회

  그밖에, 이즈하라행은 1개월 4회 내지 5회의 사선편(社船便)[20]이 있다.

- 하카타 · 오노미치행 매월 대략 3회

- 시모노세키 · 고베 · 오사카행

  그밖에, 1개월 7회 내지 8회의 사선편이 있다.

내지각항(內地各港)[21]행, 대만행 등은 나가사키 · 시모노세키 · 모지(門司)에서 접속(接續)한다.

여관과 요리점

여관 오이케(大池), 마쓰이(松井), 하나오카(花岡). 숙박료는 1박에 1엔부터 2엔까지로 한다.

요리점 동경루(東京樓), 광월루(光月樓), 일복루(一福樓)

---

19 【역주】 1린은 1/1000엔이다.
20 【역주】 오사카상선회사가 직접 보유한 선박을 말한다.
21 【역주】 한국이 아닌 일본의 항구들.

특산품

쌀, 콩, 팥, 해삼, 전복, 우뭇가사리, 청각채, 쇠가죽, 들깨

명소고적(名所古蹟)

용두산(龍頭山) 용미산(龍尾山)은 시의 중앙에 대치하는 두 개의 작은 언덕으로서, 푸른 소나무가 울창하여 풍경이 아름답다. 그중 용두산은 부산의 유일한 공원으로서, 정상에서는 곤피라구(金比羅宮)[22]를 봉사(奉祀)한다. 용미산에는 가토 기요마사(加藤淸正)의 무덤이 있다(부두로부터 서너 마치(町) 떨어져 있다).

고관성지(古館城址)는 부산진에 있다. 옛날 도요토미 히데요시공(豊臣秀吉公)이 한국을 정벌할 때의 전장(戰場)으로서, 고니시 유키나가(小西行長)의 공명(功名)이 있는 곳이다(부두로부터 20마치 떨어져 있다).

동래온천(東萊溫川)은 부산으로부터 3리(里) 반, 도로는 평탄하고 길가의 풍경은 꽤 아름다우며, 일본여관인 광삼루(光三樓)가 있다. 식사는 제공하지 않는다. 숙박료는 1박에 40센(錢)부터 5엔까지로 한다.

초어사(楚魚寺)[23]는 동래로부터 2리 반에 있는 큰 사찰이다. 노송(老松)이 가지를 교차하니 비취색이 방울져 떨어지려 하고, 맑은 물살이 흘러 감성을 불러일으킨다. 그 그윽함은 필설로 다 표현할 수 없다. 여름 피서에 적합한 곳으로 친다.[24]

---

22 【역주】 일본 신사(神社)의 하나로 해사(海事)와 관계되어 있고, 전전(戰前)에는 일본해군의 위령제가 열렸다.
23 【역주】 梵魚寺의 오기인 듯하다.
24 原田和作 編, 앞의 책, 366~368쪽.

〈표 1〉

	오사카	출발	오전 5시			제1일
	고베	도착	오전 7시	출발	오전 8시	제1일
	오노미치	도착	오후 9시	출발	오후 10시	제1일
가는 배편	시모노세키	도착	정오	출발	오후 1시	제2일
	하카타	도착	오후 7시	출발	오후 10시	제2일
	이즈하라	도착	오전 7시	출발	오후 10시	제3일
	부산	도착	오전 5시			제4일
	부산	출발	오후 10시			제4일
	이즈하라	도착	오전 5시	출발	오전 11시	제5일
	하카타	도착	오후 8시	출발	오후 11시	제5일
오는 배편	시모노세키	도착	오전 5시	출발	오전 7시	제6일
	오노미치	도착	오후 9시	출발	오후 10시	제6일
	고베	도착	오전 11시	출발	정오	제7일
	오사카			도착	오후 2시	제7일[25]

이상과 같이 1903년판의 『오사카상선항로안내大阪商船航路案內』에 나오는 부산에 관한 기록 전문全文이다, 게다가 이 안내서에 「오사카상선주식회사 기선 발착 일람표大阪商船株式會社汽船發着一覽表」가 첨가되어 그 첫 번째에 「오사카 부산선(자유정기)大阪釜山線(自由定期)」가 있고, 이 기록으로 인해 오사카에서 부산까지 매월 3회 항해했다는 도정道程을 알 수 있다.

〈표 1〉에 보이는 바와 같이 오사카를 출항出航한 후, 고베·오노미치尾道·시모노세키·하카다·이즈하라(대마도)에 기항해서 4일째 오전 5시에 부산에 도착했다. 그리고 귀항歸港은 같은 날 오후 10시에 부산을 출항해서 오사카에서 부산으로 가는 항로와 똑같은 항구에

---

25 原田和作 編, 「大阪商船株式會社汽船發着一覽表」其一, 앞의 책.

기항해서 7일째 오사카로 귀항하는 일정이었다.

계속해서 1907년판의 『오사카상선주식회사항로안내大阪商船株式會社航路案內』[26]에 의하면 부산에 관한 설명은 다음과 같다.

부산	나가사키로부터 172해리 목포까지 192해리
오사카상점주식회사	부산지점(전화14. 514번)
동(同)	초량(草梁)출장소(전화163번)

부산은 한국 최남단의 무역항으로서, 오사카·인천선, 오사카·성진(城津)[27]선, 나가사키·인천선, 나가사키·대련(大連)선의 기항지이다. 배는 바로 잔교(棧橋)[28]에 계류하고, 잔교 비용은 필요없다. 포터는 여객의 수하물 운반, 안내에 임하고, 지점은 잔교로부터 두 길 남짓 거리에 있으며, 잔교 기점지(起點地)에는 우리 회사 지점 선객대합소(船客待合所)를 건설할 계획이 있다. 경부철도정거장은 현재 초량에 있는데, 잔교로부터 1리(厘)이지만, 부산해륙연결공사의 준공과 동시에 부산으로 이전될 터이다. 시가지는 순전히 일본풍으로서 내지와 다르지 않다. 인력거와 한국인 인부가 있어서, 시내에서는 2센 내지 5센으로 여객이 보내고 받는 하물을 운반한다. 부산공원은 시의 중앙인 용두산으로서 풍경이 아름답다.

여관   부산호텔, 오카노(岡野), 오이케(大池), 마쓰이(松井), 도이(土

---

26 竹內直哉 編, 『大阪商船株式會社航路案內』, 大阪商船株式會社運輸課, 1907, 1~156쪽.
27 【역주】함경북도에 있다.
28 【역주】부두에서 선박에 걸쳐놓아 하물(荷物)과 승객이 오르내리는 다리.

肥), 이시이(石井)

숙박료 1박에 2엔 내지 4엔[29]

이상이 1907년판의 『오사카상선주식회사항로안내』에 나오는 부산에 관한 기록 전문이다.

1916년의 오사카 상선주식회사의 『항로안내航路案內』[30]도 전해진다. 그 기록은 다음과 같다.

부산　　모지(門司)로부터 121해리 원산까지 297해리

교통으로나 위치로나 예부터 가장 가까운 부산이다. 쓰시마와는 띠처럼 좁은 바다를 사이에 두고 있어서(一衣帶水), 그 거리가 겨우 40해리이며, 날씨가 화창한 날에는 수평선 멀리 쓰시마섬의 그림자를 볼 수 있다.

서북 일대는 붉은 흙으로 된 산으로 둘러싸여 있고, 동남은 바다에 면해 있다. 해내는 물이 깊어, 대형 함선을 수용하기에 족하며, 천연의 좋은 항구이다. 최근 호수(戶數) 8,440여, 인구 34,000을 헤아리고, 쌀·대두(大豆)·건어(乾魚)·어류(魚類)·소가죽·설탕 등이 주요 수출품이고, 수입품으로서는 목면(木綿)·옥양목·석유·식염(食鹽)·도기(陶器)·연초(煙草) 등을 취급하고 있다. 특히 어류는 연액(年額) 60만 엔인데, 반도에서 첫째가는 산출(産出)이다.

---

29 竹內直哉 編, 앞의 책, 94쪽.
30 大阪商船株式會社 編, 『航路案內』, 大阪商船株式會社, 1916. 12, 1~230쪽.

조선종단철도가 여기에서 시작하고, 유라시아대륙으로 통하는 문호이다. 경성에는 급행으로 10시간이 걸리고, 만주와의 경계인 신의주에는 23시간에 도착할 수 있다.

옛부터 쓰시마국주(對馬國主) 소우지(宗氏)와 통상을 계속해왔기에, 옛 막부 시대부터 일본인 부락이 존재하고, 지금은 일본인 가옥이 즐비하며, 갖가지 설비가 내지의 도회지와 조금도 다르지 않다.[31]

위의 기술에도 보이는 바와 같이 계속해서 명승(名勝)지, 여관, 요리점을 설명하고 있다.[32] 명승지로는 용두산(龍頭山), 용미산(龍尾山), 절영도(絶影島), 고관성지(古館城址), 동래성지(東來城址), 동래온천(東來溫泉), 범어사(梵魚寺), 울산성지(蔚山城址)에 관한 설명문이 있다.[33]

이 3권의 오사카상선회사 「항로안내」의 부산에 관한 기록을 본 바로는, 부산은 일본과 옛날부터 서로 깊은 관계가 있었고, 더구나 항만으로서 빼어난 지리적 요소를 잘 보존 유지하고 있다는 사실을 알 수 있다. 부산은 일본에서 조선으로 내항來港하는 정기적인 기선이 반드시 기항하는 중요한 항구였다.

31 大阪商船株式會社 編, 『航路案內』, 大阪商船株式會社, 1916.12, 111~112쪽.
32 위의 책, 112~114쪽.
33 위의 책, 112~113쪽.

2) 오사카·인천선

오사카상선회사는 1893년 3월 18일부터 오사카·인천선을 개항開
航했다. 경유항구는 고베·아카마가세키赤馬關(시모노세키)·부산이고,
오사카상선회사의 기소가와마루木曾川丸가 매월 2회 운항했다.[34] 청일
전쟁 뒤인 1894년 12월 27일에 운항을 재개하여 이듬해 1895년 7월
부터 사용할 배를 2척으로 늘려 매월 4번 운항을 하고, 임시로 대마도
의 이즈하라嚴原에도 기항했다. 1900년 1월부터 시라가와마루白川丸,
기소가와마루木曾川丸 2척의 배를 사용해서 매주 1회 운항하는 것으로
개정하고, 1904년 9월 이후에는 오사카·군산선大阪群山線으로 합병되
었다. 1906년 6월에 오사카·인천선이 재개되어 기선 1척으로 매월
2번 운항하고, 기항지로는 고베·모지門司(또는 시모노세키)·부산·마
산·목포·군산이었다. 이즈하라에는 한달에 1번 기항했다.[35] 1918
년 6월 이후 오사카남선선大阪南鮮線을 개설하고 기선 4척으로 매월 10
번의 항해를 하여, 고베·모지·목포·군산·인천·진남포鎭南浦에 기
항해서 중국의 안동현安東縣을 최종항구로 운항했다.[36] 이 항로는 1922
년 11월 16일에 오사카·인천선과 오사카·안동선大阪安東線으로 분할
되었다. 오사카·인천선은 기선 3척으로 매월 6회 운항하고, 그 기항
지로는 고베·모지·목포·군산이었다.[37] 1927년 12월 이후에는 5
척의 기선으로 매월 10회 운항하는 것으로 개정하고, 1928년 7월에
는 기선 4척으로 매월 8회 운항하는 것으로 바뀌었다. 1930년 6월부

---

34 神田外茂夫 編, 『大阪商船株式會社五十年史』, 大阪商船株式會社, 1934.6, 195~196쪽.
35 위의 책, 196쪽.
36 위의 책, 196~197쪽.
37 위의 책, 197쪽.

터는 기선 3척으로 매월 6회 항해하는 것으로 축소되었다. 그러나 1932년 7월에 기선 5척으로 매월 10회 운항하게 되었다.[38]

1903년 4월의 오사카상선회사의 『오사카상선항로안내大阪商船航路案內』에 보이는 인천에 관한 기술은 다음과 같다.

> **인천**　　목포로부터 182해리 진남포까지 191해리
> - 인천은 오사카·진남포선의 기항지(겨울에는 종점지)로서, 오사카·인천선, 마산·군산 경과 오사카·인천선의 종점지이다.
> - 인천은 한국 제일의 무역장으로서 이 나라의 서안(西岸)에 위치하고, 수도인 경성의 관문이다. 땅은 한강 하구에 임하고, 인구 약 15,000, 일본인(內邦人) 약 5,000, 시가의 대부분은 일본인 조직으로서, 우리 일본 영사관을 비롯해서 관아, 학교, 병원, 신문사, 은행, 회사 등이 있다. 그리고 경성에는 철로가 통하여, 교통이 극히 빈번하다.
> - 경성은 한국의 수도로서, 다른 말로는 한양이라고 부른다. 경성에 거류하는 일본인의 수는 인천보다 못하지 않고, 시가는 빙 둘러 주위 5리의 성벽이며, 높이 10척 내지 20척, 다듬은 돌로 쌓고 사방은 팔대문을 설치하여, 철문을 열고 닫아 성밖과 통하지 않으며, 성내 인구는 약 20만, 관아들은 모두 이곳에 있다. 우리 거류지 역시 성내에 있다.[39]

인천에 관해서 위에 기술되어 있는 바와 같이, 이 항로안내 자료에

---

38 위의 책, 197쪽.
39 原田和作 編, 『大阪商船航路案內』, 駸々堂, 1903, 370~371쪽.

첨부된 「오사카상선주식회사 기선 발착 일람표」에 보이는 「오사카·
진남포선大阪鎭南浦線」(겨울에는 인천 중지)에 의하면, 매주 1회 운행되어
수요일 오전에 오사카를 출항한 후, 고베·시모노세키·나가사키·
이즈하라·부산·목포에 기항해서 인천에는 월요일 오전에 도착한
다. 이 항로선은 인천에 하루 정박하고 다음날 화요일 오전에 출항해
서 진남포는 수요일 오후에 도착한다. 그 후 진남포를 금요일 오전에
출항해서 토요일 오전 인천에 도착한다. 일요일 정오에 인천을 출항
한 후, 왔던 항로대로 기항한 항구에 기항하면서 오사카에는 금요일
오후에 도착하는 항로 일정이었다.[40] 즉 오사카에서 인천까지 5일간
의 여정이 필요했다.

3) 오사카북선선大阪北鮮線

오사카상선회사의 조선항로는 주로 조선 서해안을 중심으로 하는
항로뿐이었는데, 이에 반해 동쪽 항로의 개항은 조금 늦어져, 1902
년 9월 20일부터 개설된 오사카·원산선大阪元山線이 최초였다. 기선
1척을 사용해서 매월 2, 3회 항해하는 것으로 해서 고베·시모노세
키·부산을 기항했다. 1905년 1월 이후에는 기선 2척으로 매월 2, 3
회 운항했다. 이 항로는 1906년 4월 이후에 블라디보스토크Vladivostok
까지 항로를 연장한 것으로, 오사카 불라디보스토크선大阪浦鹽線으로
개칭하고 고베·모지(또는 시모노세키)·부산·원산·성진城津에 기항
해서 기선 2척으로 매월 3회 운항했다. 1910년 4월에 청진淸津을 종

---

40 原田和作 編, 「大阪商船株式會社滊船發着一覽表」其一, 『大阪商船航路案內』, 駸々堂, 1903. 4.

점으로 하는 오사카북한선大阪北韓線이 매월 5회 운항했지만, 1912년 상반기부터 2척의 기선으로 매월 3회 항해를 하게 되었다.[41]

1916년 6월에 오사카북선선大阪北鮮線으로 개칭되었지만, 1920년 5월에 오사카·청진선大阪淸津線으로 개칭되었다. 그 후 여러 변화가 있었지만 1933년 5월에 오사카·청진선이 따로 개항되고 또 재차 오사카북선선大阪北鮮線이 개항되어 매주 1회 왕래하는 항로로 항해해서 성진城津에 기항하게 되었다.[42]

조선 동해안의 각 항구에 관해서는 1916년 오사카상선회사의 『항로안내航路案內』에 상세하게 기술되어 있다. 이 안내서에 실린 각 항구의 개요 곧 원산, 신포新浦, 성진, 청진의 상황을 적어둔다.

원산　　부산으로부터 297해리, 북선(北鮮) 제일의 무역항

동조선(東朝鮮)은 수산·광산·축산·임산의 부가 막대하다. 그 중심은 실로 원산이다. 최근 무역액 586만 엔으로, 부산·인천의 4분의 1이다. 마포(麻布)·대두·쌀·비료용 말린 정어리·명태·어류·면화(棉花)·면포(棉布)·사금(沙金)·금지금(金地金)[43] 등이 집산화물 중 주요한 것이다. 메이지 13년 5월 개항[44]

서호진(西湖津)　　원산으로부터 43해리 신포까지 41해리

함경도의 수도 함흥에 이르는 중요한 진(津)이다. 상호간 거리는 8마일

---

41 神田外茂夫 編, 『大阪商船株式會社五十年史』, 大阪商船株式會社, 1934.6, 198~199쪽.
42 위의 책, 199~200쪽.
43 【역주】금괴, 혹은 화폐발행의 바탕이 되는 금.
44 大阪商船株式會社 編, 『航路案內』大阪商船株式會社, 1916年(大正5)12月, 135쪽.

가량이다. 경편철도(輕便鐵道)로 당일 도착할 수 있다.

함흥은 북쪽에 반룡산(盤龍山)을 등지고, 서북에 성천강(城川江)을 두며, 서남은 광막한 2여 리의 크고 비옥한 평야로서 소(牛)의 산지이다.[45]

신포(新浦)　　　　서호진으로부터 41해리 성진까지 66해리

함경남도에 속하며, 서호진의 동북에 해당한다.

육대갑(陸臺岬)과 마양도(馬養島)에 안겨 있으며, 북동에 구릉이 이어지고, 서북남의 바람을 차단하므로, 정박하기에 가장 안전하다.

조선 전민(全民)이 관혼상제에 빠트릴 수 없는 명태의 산지로서, 매년 10월부터 4월까지 어기에는 8백의 어선이 고기를 잡기 위해 출입하여 극히 번성하다. 배 한 척의 어획량이 족히 백태(駄)[46] 내지 2백태에 이르고, 백만 원 내지 140만 원에 달한다. 신포의 제조업의 상황은 상당히 규모가 크다.[47]

성진(城津)　　　　신포로부터 66해리 청진까지 83해리

함경북도의 남단에 있고, 신포의 북동연안이다.

원산과 블라디보스토크의 거의 중간에 위치하여, 두 곳과 각각 110여 해리 떨어져 있다.

메이지 32년 5월, 마산, 군산과 함께 개항되어, 북선의 중요지점을 차지하고, 함북 일대의 화물을 집산하고 있다. 최근 무역액은 150만 원이다.[48]

---

45 위의 책, 138쪽.
46 【역주】1駄는 135kg.
47 大阪商船株式會社 編, 앞의 책, 139쪽.
48 위의 책, 140쪽.

청진(淸津)　　　　성진으로부터 83해리 블라디보스토크까지 37해리

간도(間島), 경성(鏡城), 나남(羅南)에 출입하는 목구명과 같은 땅이다.

성진의 북쪽 83해리에 있고, 북선항로의 종단(終端)이다.

청진–회령(會寧)철도는 현재 공사중이며 청진–창평(蒼坪)간 32마일만

개통되어 있다. 전선(全線) 개통하는 날에는 간도 방면 무역의 면모를 바꿀

것이다. 또 회령–갈림(吉林)간 철도가 놓이면 북만주의 풍요로운 창고의

문이 열리고, 그 물자는 전부 이 지역으로부터 집산될 것이기에, 제2의 대

련항이 되는 것은 먼 장래의 일이 아니다. 특히 국교(國交), 경제, 정치상으

로 북만주와의 관계에서 청진의 장래는 괄목할 만한 것이 있다.[49]

이상은 원산, 서호진, 신포, 성진, 청진에 관해서 단순히『항로안

내』라고 하지만, 아주 간결하게 각 항구의 상항을 구체적으로 서술하

고 있다.

4.『북선급항항로안내北鮮急航航路案內』

오사카상선회사는 중국 동북부의 길림吉林과 조선의 회령會寧 간의

철도가 모두 개통되면 북한에서의 물자 유통의 신속성을 감안해,

1933년 5월에 오사카와 고베(阪神) 지역과 청진 간의 간선幹線항으로

오사카북선급항선大阪北線急航線을 개설했다. 그리고 화물과 여객을 함

---

49 위의 책, 141쪽.

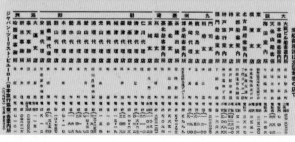

께 운반하는 화객선貨客船인 기슈마루貴州丸・부쇼우마루武昌丸 2척을 사용해서 매주 1번씩 운항하여, 오사카・고베・모지・청진을 기항하고, 웅기雄基・나진羅津으로도 항로를 연장 운항하였다. 이 항로는 1941년 8월에 휴항休航될 때까지 운항되었다.[50]

이 항로에 관한 「항로안내」 자료가 있다. 오사카상선회사가 1937년 9월에 발행한 『북선급항항로안내北鮮急航航路案內』가 그것이다. 크기는 세로 22.4cm×가로 19.1cm의 6페이지로 만들어져 있고, 2~5페이지가 9.4cm이다. 표지의 배경은 황색이고, 윗부분에 오른쪽에서 왼쪽에 걸쳐 「북선급항항로안내」와 중앙부분에는 빨간색 글자로 「희囍」가 적혀 있고, 이 페이지 전면에는 장구를 치는 조선 부인이 그려져 있다. 표지 뒤편에는 「북선항로약도北鮮航路略圖」가 있다. 그 내용은 다음과 같다.

바깥 일본에서 북선으로 – 급항선(急航船)으로 만주국의 대문 안까지

일본해로부터 들어가는 만주국의 대문 안 북선 삼항(三港)과 기타큐슈 (北九州) 및 한신(阪神)을 잇는 오사카상선의 북선급항항로는, 쇼와(昭和) 8년 5월 기슈마루(貴州丸)・부쇼우마루(武昌丸) 두 척으로 개설한 것인데, 해마다 서비스를 개선하고, 사용하는 선박도 점차 충실히 하고 있음과 동시에, 대나진항(大羅津港)의 건설계획도 제1기는 완성되고, 한편으로 북선 삼항과 나란히 그 배후의 여러 철도의 기능을 발휘할 만철철도총국의 정책도 점차 구체화하고 있기에, 이 새로운 정세에 적응해야 하고, 아울러 장래

---

50 岡田俊雄 編, 『大阪商船株式會社80年史』, 岡田俊雄, 1966, 276쪽.

〈표 2〉

가는 배편	오사카	출발	제1일	오전 10시
	고베	출발	제2일	오전 10시
	문사	출발	제3일	오후 2시
	청진	도착	제5일	오후 2시
	청진	출발	제6일	오전 7시
	웅기	도착	제6일	정오
	웅기	출발	제7일	정오
	나진	도착	제7일	오후 3시
오는 배편	나진	출발	제8일	이른 아침
	청진	출발	제9일	정오
	문사	도착	제11일	정오
	문사	출발	제11일	오후 4시
	고베	도착	제12일	오후 3시
	오사카	도착	제13일	정오

의 일만(日滿) 문화교통문화에의 공헌에 일단의 박차를 가하고자 하여, 쇼와 10년 말부터 11년 초에 걸쳐 세 척의 신예 선박 낙동환(洛東丸) · 대동환(大同丸) · 용흥환(龍興丸)을 건조하여 취항시켰다.[51]

오사카 상선회사는 1933년 5월부터 북선급항항로를 개설했다. 오사카에서 고베 · 모지를 경유해서 북한의 청진 · 웅기 · 나진으로 가는 직항선直航船을 운항하는 항로였다. 이 팜플렛의 「오사카북선급항선발착정기大阪北線急航線發着定期」에 의하면 매주 2회 운항했음을 알 수 있다.

오사카를 출항한 후, 고베 · 모지에 기항해서 북한의 청진 · 웅기 · 나진에 도착한 배는 나진에 반나절 정도 정박하고, 동일 항로로 되돌

---

51 『北鮮急航航路案內』, 大阪商船, 1937, 1쪽.

아오는 여정으로 13일째에 오사카에 도착했다고 한다. 이 동일한 배로 약 2주간 노정으로 운항한 것이다. 그 목적지인 청진·웅기·나진에 관한 동일 항로안내에 의하면, 「북선지방北鮮地方」으로서 청진·나진·웅기에 관해 간단하게 기술되어 있다.

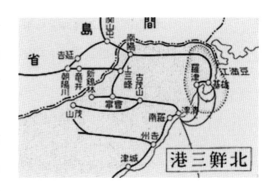

청진

북선의 중심지로서, 철도는 남방의 원산, 경성에 통하고, 북은 도문圖們, 연길延吉[52]를 거쳐 돈화敦化, 길림吉林, 신경新京에 도달하기에 장래에는 간도로부터 북만주방면의 물자의 탄토항吞吐港[53]으로서, 북방의 웅기·나진과 함께 눈부시게 발전할 것이라고 상상하고 있습니다. 인구 5만, 시가는 고말산高秣山과 쌍연산雙燕山의 계곡과 산허리를 절개하여 건설된 좁고 긴 거리인데, 방파제와 선박계류용 안벽岸壁도 완성하여 북선 제일의 상업항으로서 위용을 정비했습니다. (…하략…)

나진

청진과 웅기의 중간, 해수가 6해리 만입(灣入)하고, 만 입구에 대초도(大草島), 소초도(小草島) 등의 섬이 천연의 방파제를 이루는 두 항이며, 인구 3

---

52 【역주】 원문에 延敦吉이라 되어 있는데, 오식으로 보인다.
53 【역주】 화물 출입이 많은 큰 항구.

만, 만철(滿鐵)에 의해 대규모 항구 축성 계획의 제1기 공사도 준공했기 때문에, 간도, 북만주, 동만주의 물자집산지로서 청진과 경쟁할 지위에 있습니다. (…하략…)

웅기

조선 북만주의 좋은 항구로서 철도는 경도선을 거쳐 길림·신경에 통하고, 북선으로부터 연해주(沿海洲)로 가는 물자집산지로서 번영하고 있습니다. 인구 2만, 청진, 나진과 함께 삼위일체, 북만주의 문호입니다. (…하략…)[54]

청진·나진·웅기는 북한의 중요한 항구이고, 북한만이 아니라 중국 동북부의 지역과의 물자 유통에 적합하고, 그 물자의 외항外港으로서의 기능도 보유하고 있다.

이 항로로 취항就航한 것은 라쿠토우마루洛東丸, 다이도우마루大同丸, 류코우마루龍興丸이고, 각각 3,000톤의 기선으로 정원은 2등 항해사가 18명, 3등 항해사가 100명이었다.

---

54 『北鮮急航航路案內』, 大阪商船, 1937, 6쪽.

5. 소결小結

1874년에 창업한 오사카상선회사는 해외항로 진출의 첫걸음으로 1890년 7월에 오사카·부산항로를 개설했다. 그 뒤 1893년 3월에 오사카·인천항로를 개설하고, 같은 해 6월부터 12월까지의 단기간이었지만, 한국의 연안선을 개설했다. 그 후에도 조선항로의 운항을 계속해 왔다.

특히 1945년 이전인 1932년 3월에 '만주국滿洲國'이 성립하자, 같은 해 7월에 도쿄북선선東京北鮮線을 개설하고, 오사카·인천선의 취항을 5척으로 증가시킨다. 게다가 조선반도의 동북부와 가까운 중국의 안동安東과의 관계를 밀접하게 하고자 오사카·안동현선大阪安東縣線의 확충을 도모하고, 경빈조선선京濱朝鮮線을 도쿄서선선東京西鮮線으로 개칭해서 매월 3회의 정기운항을 확립했다. 또한 오사카·마산선을 오사카·부산·마산선으로 개칭하고 1933년 5월에는 오사카·청진선을 오사카·북선선大阪北鮮線으로 개칭하고, 오사카·고베 지역과 청진 간의 직항항로인 오사카·청진선을 신설하였다. 이 시기가 되면, 조선반도 북부연해 항로가 중시되고, 게다가 중국 동북부의 길림吉林과 조선의 회령會寧 간의 철도가 모두 개통되면서 북한의 물자유통의 신속성을 고려해 오사카상선회사는 1933년 5월에 오사카·고베 지역과 청진 간의 간선항로幹線航路로서 오사카북선급항선大阪北線急航線을 개설했다. 그리고 화물과 여객을 동시에 운반하는 선박인 기슈마루貴州丸·부쇼우마루호 2척을 사용해서 매주 1회 항해하여 오사카·고베·모지·청진에 기항하고 웅기·나진으로도 연장해서 운항했다.

이 항로는 1941년 8월에 휴항休航되기까지 운항되었다.

이 시대의 항로운항의 역사적 증거들이 오사카상선회사가 1937년 9월에 발행한 『북선급항항로안내』에 의해 밝혀진 것이다.

일본 해군의 남해안 해역조사와 러일전쟁

김윤미

1. 머리말

19세기 중엽부터 구미제국은 동아시아 해안에서 해도를 작성하기 위한 측량을 시작했다. 조선에 등장했던 함선은 통상을 요구하며 위협적인 태세를 취하면서 한편으로는 해안측량을 감행했다. 프랑스와 미국이 조선에 개항을 요구하며 군사적 충돌을 시작한 것은 그 서막이었다. 러일전쟁이 끝난 1905년 조선이 일본의 영향권에 완전히 들어가기 전까지 조선은 열강들의 각축전이었다. 열강들은 조선의 육지와 바다를 조사하며 개항장을 기반으로 세력을 확대하고자 했다. 특히 일본과 러시아는 1894년 청일전쟁부터 1905년 러일전쟁이 끝나는 기간 동안 조선과 만주 지역에서 치열하게 정보수집 경쟁을 전개했다.[1]

---

1 러시아는 1884년 조러수호통상조약 이후 한반도의 군사지도를 조직적으로 제작하기 시작하여 1903년 축척 1 : 420,000 지도 19장을 완성했다. 하지만 1905년 러일전쟁 패배 이후로 한반도를 대상으로 하는 지도 제작은 중지되었다. 일본 육군참모부도 첩보원들을 조선에 파견하여 20여년간 은밀하게 지도 제작을 위한 정보를 수집했다. 1895년 공식 측량사업을 시작한 후 1899년 완료하여『朝鮮地誌略』을 출간하고, 1:5만의『軍用秘圖』를 간행했다. (박경,「러시아제국의 극동진출과 1860년대 이후의 한반도 주변 지도 제작에 관한 연구」,『한국지도학회

정보수집를 통해서 러시아와 일본은 원산, 인천 월미도, 부산 영도, 마산에서 조차권을 두고 충돌했다.[2] 조차지는 잠재적인 군사기지였다. 함대의 이동에 필요한 연료와 식수 공급기지를 건설하기 위한 군용지 쟁탈전이었다. 조차지를 두고 치열하게 러시아와 일본이 경쟁한 것은 항로의 문제이기도 했다. 러시아의 최대 관심사는 여순과 블라디보스톡 간 항로를 안정적으로 확보하는 것이었고, 이를 위해서는 두 항구를 연결하는 중간 지점인 한반도 남부 지역에 중간 기항지가 꼭 필요했다. 일본은 러시아의 항로를 막기 위해 남해안 연안과 거점 지역에 대한 전략적 조사를 시행하고, 주요 지점에 근거지를 마련하여 러시아의 항로를 차단했다. 대표적인 군사기지는 가덕도−거제도−통영을 잇는 진해만기지,[3] 신안의 팔구포 군도기지였다.[4] 일본이 군사행동을 통해 한반도를 둘러싼 제해권을 장악한 것은 러일전쟁의 시작이었다.[5]

지』 16-2, 한국지도학회, 2016; 남영우, 『일제의 한반도 측량침략사−조선 말 일제강점기』, 법문사, 2011 참고)

2 최덕규, 「러시아 해군성과 마산포(1894~1905)」, 『한국시베리아학보』 창간호, 1999; 유장근 · 허정도 · 조호연, 「大韓帝國 時期 馬山浦 地域의 러시아 租借地 성립과정과 各國共同租界 지역의 都市化」, 『人文論叢』 16, 2003; 최문영, 『러시아의 남하와 일본의 한국 침략』, 지식산업사, 2008.

3 김일상, 「鎭海 軍港史」, 『海洋戰略』 8, 해군대학 해군전략연구부, 1981; 김일상, 「日帝의 韓半島 侵略政策과 鎭海軍港建設」, 『海洋戰略』 69, 해군대학 해군전략연구부, 1990; 김경남, 「韓末 日帝의 鎭海灣要塞 建設과 植民都市 開發의 變形」, 『港都釜山』 28, 부산시사편찬위원회, 2010; 이학수, 「진해 군항의 탄생」, 『해항도시문화교섭학』 7, 한국해양대 국제해양문제연구소, 2012; 류교열, 「제국일본의 송진포 해군기지 건설−국제관계와 지역사회의 변동을 중심으로」, 『일어일문학』 62, 대한일어일문학회, 2014; 고경석, 「鎭海軍港史」, 해군사관학교 해양연구소, 2016.

4 최성환, 「러일전쟁기 일본해군의 玉島 八口浦防備隊 설치와 활용」, 『도서문화』 38, 국립목포대 도서문화연구원, 2011.

5 한반도의 바다에 대한 제해권은 역사의 전환점에서 중요한 역할을 했다. 제해권이란 전시 또는 비상사태 하에서 자국이 필요로 하는 해역을 자유롭게 사용할 수 있을 뿐만 아니라, 적국이 자국을 공격하기 위한 목적으로 일정한 해역을 자유롭게 사용할 수 없도록 하는 능력, 또

러일전쟁은 조선이 일본의 지배아래 놓이게 된 결정적인 전쟁이었던 만큼 관련 연구가 상당하다. 그러나 국제적이고 거시적인 측면에서 활발히 논의되어 왔기 때문에 한반도가 전쟁터의 한가운데 있었다는 점이 명확히 드러나지 않는다. 한국사적 시각에서 러일전쟁을 연구하고, 일차적 사료에 기반한 실증연구의 축적이 필요하다는 제언은 이미 선행연구에서 제기된 바 있다.[6] 이 글도 일본 해군이 생산한 보고서를 분석하여 러일전쟁에 대한 구체적이고 지역적인 연구를 시도하려고 했다.

연구 대상 지역은 조선 남해안이다.[7] 러일전쟁을 전후해서 남해안과 대한해협(조선해협)의 전략적 위치와 군사적 중요성을 논의한 연구는 다수 있다. 다만 공간에 대한 의미만 논의될 뿐 일본 해군의 전략

는 그 상태를 말한다. 개항 후 우리나라는 세계 각국과 항해·통상조약을 맺음으로서 영해라는 인식을 갖게 되었지만, 공해라는 개념과는 거리가 먼 것이어서 무지에 가까운 상태였다. 반면 구미열강들은 아시아와 한국에 관한 진출, 진입, 침략을 통해 제해권을 확보했다.(김용욱, 「淸日戰爭(189~1895)·露日戰爭(1904~1905)과 朝鮮海洋에 대한 制海權」, 『법학연구』 49-1, 충남대 법학연구소, 2008 참고.

6　조재곤, 『전쟁과 인간 그리고 '평화'―러일전쟁과 한국사회』, 일조각, 2017; 조건, 「日本 防衛 省 소장 陸軍 '日露戰役' 문서군의 한국사적 의의」, 『한국민족운동사연구』 96, 한국민족운동 사학회, 2018.

7　독도영해 문제가 첨예해지면서 동해에 대한 연구는 많은 관심 속에서 꾸준히 이어지고 있다. 당시 제작된 해도와 자료 발굴도 계속되고 있다. 다만 독도와 동해에 주제가 집중되어 있어 조선 전체에 대한 연구로 외연을 확대하는 계기가 필요하다. 일본 해군 수로부와 동해 조사 에 관한 대표적인 연구는 다음과 같다. 신용하, 『독도의 민족영토사 연구』, 지식산업사, 1996; 송병기, 『울릉도와 독도, 그 역사적 검증』, 역사공간, 2010; 송휘영, 「근대 일본의 수로지에 나 타난 울릉도·독도 인식」, 『대구사학』 106, 대구사학회, 2011; 정영미, 「일본의 독도 인식에 관한 연구―섬의 명칭 혼란(島名의 混亂)을 중심으로」, 서울시립대 박사논문, 2013; 한철호, 「일본 해군 수로부의 오키 측량과 독도 인식」, 『한국근현대사연구』 65, 한국근현대사학회, 2013; 한철호, 「대한(조선)해협의 명칭 변화 및 그 의미―일본 해군 수로부 간행의 수로지와 해도를 중심으로」, 『도서문화』 44, 국립목포대 도서문화연구원, 2014; 한철호, 「일본 수로부 의 '조선전안」 간행·개정 및 활용과 독도 인식」, 『한국사연구』 169, 한국사연구회, 2015; 한 철호, 「일본 수로국 아마기함(天城艦)의 울릉도 최초 측량과 독도인식」, 『동북아역사논총』 50, 동북아역사재단, 2015; 김영, 「해군성 수로부장 기모쓰키 가네유키(肝付兼行)에 관한 고 찰」, 『한일군사문화연구』 23, 한일군사문화학회, 2017.

이 지역에 미친 영향에 대해서는 제대로 조명되지 못한 부분이 있다. 1899~1903년 작성된 남해안 조사보고서를 수집하여 일본 해군이 설정한 군사거점 지역의 위치, 조선의 해안에서 얻고자 한 정보 내용, 조사 결과에 따른 지역의 변화 등을 밝혀보고자 한다.

2. 해안측량과 조사보고서

1) 해안측량과 군용해도 제작

일본 해군은 1894년 청일전쟁 이후 요코스카橫須賀군항, 구레吳군항, 사세보佐世保군항, 다케시키竹敷요항의 규모를 확장하고, 마이즈루舞鶴군항을 개설했다. 대만에도 마공馬公요항을 건설했다. 1903년 7월 일본 해군은 나가사키長崎, 하코다테函館, 모지門司, 유라由良, 오미나토大湊 5곳의 방어 임무를 수행하고 있었고, 한편으로 함대전진근거지와 전략지점을 수색하고 측량하는 데 힘을 쏟았다. 주요지역은 조선 남해안과 서해안의 항이었다. 1896년 이후부터 집중적으로 진해만, 팔구포, 해주읍, 대동강, 아산만, 영흥만, 나주군도, 장산열도長山列島, 나원만羅源灣 등을 정밀 측량하고, 각 지역의 군용 해도를 제작했다. 특히 진해만, 나주군도, 나원만에 대해서는 방어계획도 수립했다.[8]

해도 제작은 일본 해군 수로부에서 담당했다. 1869년 창설된 수로부는 연안과 해역의 수로를 측량하고, 군사 목적의 해상 관측을 했다.

---

8   海軍軍令部, 「第1編 防備/第1章 防備一般」, 『極秘 明治37.8年海戰史』(アジア歷史資料センター, C05110104500).

수집한 정보를 모아 해도海圖, 수로지水路誌 등을 제작하여 군에 공급했다.[9] 수로부는 조선의 수로와 특징을 기록한 『조선수로지朝鮮水路誌』를 1894년 11월 발행했다. 청일전쟁이 한창이던 시기였다. 청일전쟁 이후 1899년 재간행하고, 러일전쟁 전후 빠르고 전면적으로 조사에 착수해서 1907년 전폭적으로 개정 보완했다.[10]

1899년 재간행된 『조선수로지』는 서쪽의 압록강에서 남해안을 거쳐 동쪽의 두만강까지 조선의 전 연안을 대상으로 했다.[11] 다만 동해안에 대해서는 간략히 조사하거나, 측량하지 못한 지역이 상당수 있다. 서문에 간략한 경과와 개요를 싣고 있다. 제1편 조선전체 자료 조사는 일본 해군도지海軍圖誌와 재한영사 보고, 1894년 영국 수로부에서 간행한 『중국해 수로지』 제4권을 근간으로 했다. 제2편 서해안은 1889년, 1894년, 제3편 남해안은 1893년, 1894년, 1896년, 제4편 동해안은 1880년, 1896년, 1898년 조사 결과였다. 1899년 간행물은 그해 12월까지 국내외 정보, 고시 등을 수합하여 발간했다. 서해안은 압록강, 진남포, 대동강, 대동만, 연평열도, 한강, 아산만, 목포, 대흑산군도, 염하, 제물포, 천수해만, 나주군도, 압양도 등을 조사했다. 동해안은 원산진, 신포묘지, 서호만, 사포, 조산만, 영호진 및 장전동, 영흥만, 송전만, 퇴호포, 신창만, 이원박지, 성진포, 나진포, 두만강 등을 대상으로 했다. 남해안은 세부적으로 남서해안, 남해안, 남

9 大濱徹也・小澤郁郎, 『帝國陸海軍事典』(改訂版), 同成社, 1995, 74~75쪽.
10 남영우, 「日帝 參謀本部 聞諜隊에 의한 兵要朝鮮地誌 및 韓國近代地圖의 作成過程」, 『문화역사지리』 4-4, 한국문화역사지리학회, 1992 참고.
11 水路部, 『朝鮮水路誌』, 東京製紙分社, 1894; 水路部, 『朝鮮水路誌』 第2版, 東京印刷株式會社, 1899. 1894년과 1899년 간행물을 비교해보면 구성과 내용에서 큰 차이를 보이지 않는다.

동해안을 구분하여 다른 지역보다 많은 분량을 기록했다. 남해안에는 '조선해협朝鮮海峽'을 조사한 기록도 수록되어 있다.[12]

조선 해안조사는 근대적 해도 제작으로 이어졌다. 수로부는 1896년『조선전안朝鮮全岸』을 시작으로 매년 많은 해도를 생산했다. 매년 간행하는 해도의『간행수로도지목록』집을 발행하고, 이중 일반에 제공하는『공급수로도지목록』집도 발간했다. 1899~1902년의 간행목록은 거의 동일하다. 해도 목록이 두드러지게 변화되는 것은 1903년과 1905년이다. 1902년 '부산항과 부근연안' 해도가, 1903년 '조선남동해안과 쓰시마對馬島', '조선남해안과 남서해안', '제물포'가 새롭게 제작되었다. 해군의 조선해안 측량의 결과는 1905년을 전후해서 대대적인 해도의 수정보완으로 나타났다. 보완된 해도에는 새로운 번호를 부여했다.[13] 1905년 특별히 아산만과 해주읍, 원산 송전만에 전략지점 측량을 긴급히 시행했다.[14] 1905년까지 간행된 해도의 목록은 〈표 1〉과 같다.

〈표 1〉처럼 수로부는 매년 간행하는 해도목록집을 발행하는데, 이것은 공급목록과 차이가 있다. 1899년부터 1903년까지 울산항, 소

---

12 조선해협은『조선수로지』에 따르면 西水道와 東水道로 나누고, "이 해협은 일본 서안과 조선 남동안 사이의 해협으로 쓰시마(對馬島)를 중앙에 두고 횡으로 동서 2개의 수도로 나누어진다. 서수도는 쓰시마 南角－조선 鴻島에 이르는 34里, 쓰시마의 北角－부산항에 이르는 24里이다. 가장 깊은 곳은 쓰시마의 서안부근으로 90尋이다. 동수도는 쓰시마 南角－이끼시마(壹岐島)를 이르고, 가장 좁은 부분이 약 25里, 가장 깊은 부분이 대략 60尋이다"라고 기록하고 있다.

13 '수로도지목록'을 참고한 내용은 별도의 표기가 없으면 다음의 자료를 출처로 한다.
水路部,『刊行水路圖誌目錄』, 1899; 1900; 1901; 1902; 1903; 1904; 1905; 1906.
水路部,『供給水路圖誌目錄』, 1901; 1902; 1903; 1904(1); 1904(2); 1905; 1906.

14 海軍軍令部,「第4編 艦隊の施設/第4章 戰略地点の測量」,『極秘 明治37.8年海戰史』(アジア歷史資料センター, C051101157000).

〈표 1〉 1906년 간행된 『간행수로도지목록』 중 조선해도 목록(1월 조사, 2월 발행)

번호	海名	측량년도	간행년월	개정년월
74	朝鮮西岸諸錨地_頂山錨地, 馬山浦, 淺水灣門, 牙山錨地, 巴露斯巷, 喬桐錨地	1892	1892.4	1894.6
301	朝鮮全岸	1892	1896.4	1905.7
304	朝鮮南東岸及對馬	1899	1902.7	1905.8
311	朝鮮南岸及南西岸	1899	1902.5	1905.1 1905.8
313	釜山港	1899	1904.3	1905.8 1905.12
314	永興灣_元山津	1899	1903.2	1900.1 1905.10
315	朝鮮東岸北部諸錨地	1887	1899.12	1897.12 1905.11
316	濟州島諸錨地	1902	1904.2	
319	造山灣_浦項錨地, 瑪丁灣	1887	1899.5	1900.10
320	朝鮮叢島南部	1887	1888.12	1901.4 1905.11
321	朝鮮東岸諸錨地*	1889	1894.4	1900.10 1904.10
322	長箭洞至溟津灣一城津浦,退湖浦, 泗津錨地 등	1887	1905.5	1905.11
323	濟物浦錨地	1901	1903.2	1904.2
326	漢江近海	1902	1905.11	-
327	濟物浦錨地及近海	1904	1905.11	-
328	해밀턴항**	1885	1904.11	1904.9 1905.5
330	馬山浦及釜島水道	1899	1904.5	-
331	所安港	1896	1899	1905.6
332	延平列島至大同江	1890	1893.5	1905.4
333	群山浦及附近	1899	1899.10	1903.1
334	朝鮮西岸	1903	1905.10	1905.11
336	馬山浦附近_知世浦	1898	1902.4	-
338	蔚山港	1891	1892.11	1900.5
340	木浦泊地	1895	1899.2	1902.8
348	大同江_鐵島錨地	1901	1905.9	1905.12

* 원자료에 1897년으로 기재되어 있으나, 1905년 발간물을 참고하여 1889년으로 수정함.
** 거문도를 지칭함.

<표 2> 1905년 『간행수로지목록』과 『공급수로지목록』 현황

간행 수로도지목록(1월 조사)		공급 수로도지목록(1월 조사)	
번호	圖名	번호	圖名
74	朝鮮西岸諸錨地_頂山錨地, 馬山浦, 淺水灣門, 牙山錨地, 巴露斯港, 喬桐錨地		
156	所安港		
301	朝鮮全岸		
304	朝鮮南東岸及對馬	304	朝鮮南東岸及對馬
311	朝鮮南岸及南西岸	311	朝鮮南岸及南西岸
313	釜山港及附近沿岸	313	釜山港及附近沿岸
314	永興灣_元山津	314	永興灣_元山津
315	朝鮮東岸北部諸錨地	315	朝鮮東岸北部諸錨地
316	濟州島諸錨地	316	濟州島諸錨地
319	造山灣_浦項錨地, 瑪丁灣	319	造山灣_浦項錨地, 瑪丁灣
320	朝鮮叢島南部	320	朝鮮叢島南部
321	朝鮮東岸諸錨地	321	朝鮮東岸諸錨地
322	長箭洞至瓥津灣―城津浦, 退湖浦, 泗津錨地 등	322	長箭洞至瓥津灣―城津浦, 退湖浦, 泗津錨地 등
323	濟物浦錨地	323	濟物浦錨地
326	漢江近海		
327	濟物浦錨地及近海		
328	해밀턴항	328	해밀턴항
330	馬山浦及釜島水道	330	馬山浦及釜島水道
331	所安港		
332	延平列島至大同江		
333	群山浦及附近		
334	朝鮮西岸		
336	馬山浦附近_知世浦		
338	蔚山港		
340	木浦泊地	340	木浦泊地
348	大同江_鐵島錨地	348	大同江_鐵島錨地

안도(완도), 마산포 및 거제도-지세포 해도는 일반에 제공되지 않았다. 1904년 1월 조사결과를 보면 공급목록이 크게 줄었다. 군용해도로 지정되었기 때문이다. 1904년부터 1905년까지는 러일전쟁 시기였다. 〈표 2〉와 같이 1905년 1월 조사에 따르면 대동강, 인천과 서울 한강, 군산, 완도, 마산과 거제도, 울산의 해도는 일반에 공개되지 않았다.

3. 조사보고서 현황과 특징

일본 아시아역사자료센터에서 1899~1903년 일본 해군의 조선 남해안 조사보고서를 수집했다. 확보한 보고서는 연도별로 1~2건이다. 함선들이 이 기간 동안 조선 남해안을 순항하면서 항로와 지역조사를 수행한 결과물이다. 보고서를 통해 조사 목적, 경과, 종합의견을 알 수 있다. 이 글에서 분석하고자 하는 사료는 〈표 3〉과 같다.

조선 연안과 개항장을 조사한 것은 상비함대였다.[15] 1899년 3월 : 사세보진수부 소속 海門, 天龍를 대만으로, 요코스카진수부 소속 측량함정 筑波를 조선에 파견했다. '한국측량훈시'를 통해 조사 대상을 전라도와 경상도 방면으로 한정했다. 자세한 조사 내용은 없지만 팔구포, 울산, 부산, 진해만의 해도가 첨부되어 있다. 이 때 조사 지역은 러일전쟁 시기에 군사거점이 된 곳이다.[17]

---

15 1870년 최초로 함대를 편성하여 1889년 상비함대로 재편했다. 1903년 12월 상비함대는 해제되고, 제1함대와 제2함대로 재편되었다.

〈표 3〉 일본 해군의 남해안 조사보고서(1899~1903)

시기	건	철	자료번호
1899	軍艦磐城 海門 筑波 天龍 爲測量派遣幷歸朝命免(1)~(2)	明治32年 公文備考 艦船1巻7	C06091208700
1900	駆逐艇 薄雲, 夕霧 韓国沿岸巡航報告(1)~(2)	明治33年 公文備考 艦船3巻10	C06091267500~ C06091267600
1901	常備艦隊敷島, 出雲, 浅間, 常磐, 笠置, 夕霧, 漣, 隣邦沿岸巡航報告(1)~(8)	明治34年 公文備考 演習艦船1巻8	C06091313600~ C06091314300
1901	艦船 3(1)~(3)	明治34年 公文備考 艦船3巻10	C06091470500~ C06091470800
1902 ~ 1903	水雷艇隊巡航報告(1)~(3)	明治36年 公文備考 巻14艦船3	C06091470500~ C06091470800
	第12師団 海軍大演習陪観の件 報告	密大日記 明治36年 従1月至6月	C03022786700
	第1師団 海軍大演習陪観の件 報告		C03022786800
	第4師団 海軍大演習陪観の件 報告		C03022786900
1911		極秘 明治37.8年海戦史[16]	C05110029500~ C05110203200

1900년 보고서도 1건 확인된다. 10월 상비함대 제1구축대사령부, 제2구축대사령부에서 조선 남해안 조사를 위해 함대를 출항시켰다.[18]

---

16 『極秘 明治三十七八年海戦史』는 1905년 12월부터 편찬에 착수하여 1911년까지 150책이 완성되었다. 이 자료를 근간으로 일본 해군은 『明治三十七八年海戦史』를 편찬했다. 1910년 4권으로 간행했고, 1934년 러일전쟁 30주년을 기념해서 2권으로 재간행 했다. 책은 일본국회도서관에서 데이터를 열람할 수 있다.(海軍軍令部 編, 『明治三十七八年海戦史』1~4, 春陽堂, 1910; 海軍軍令部 編, 『明治三十七八年海戦史』上~下, 内閣印刷局朝陽會, 1934)

17 海軍省, 「軍艦磐城 海門 筑波 天龍 爲測量派遣幷歸朝命免(2)」, 『明治32年 公文備考 艦船1巻7』, 1899(アジア歴史資料センター, C06091208600).

18 1900년 10월 제1구축함대사령부의 조선 남해안 조사에 관한 내용은 「駆逐艇 薄雲, 夕霧 韓國沿岸巡航報告」, 『明治33年 公文備考 艦船』 3-10, 1900(アジア歴史資料センター, C06091267500~ C06091267500)를 근거로 서술하였다.

작성일	발신→수신	구성
1900.10.31	제1구축대사령관→상비함대사령장관	한국 순항 기사와 의견서를 첨부하여 상신
1900.10.29	薄雲 함장→제1구축대사령관	한국순항 발착시각, 항로 여정과 석탄 소모 보고 薄雲, 夕霧 한국남안 순항기사
1900.10	제1구축대사령관→상비함대사령장관	한국순항 중 의견
1900.10.29	해군 군의→제1구축대사령관	한국순항 위생기사
1900.10.29	夕霧 함장→제1구축대사령관	한국연안 순항기사

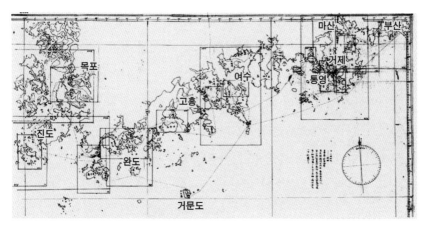

〈그림 1〉 제1구축대사령부의 조사 항로와 지역[19]

제1구축대사령부는 구축함 薄雲, 夕霧를 파견해서 10월 16～29일
조선 남해 연안조사와 거점지역에 대한 측량을 시행했다. 사세보를
출발한 함선은 부산과 목포를 기착지점으로 하여 식료품과 물을 공급
받고, 군인들은 상륙하여 휴식을 취했다. 사세보에서 물과 기본 식량
을 싣고 출발한 함대는 부산에서 물을 보충했고, 이후에는 끓인 물을
사용했다. 생선이나 식료품은 부산과 목포에서 구입했다. 함대는 13
일 동안 사세보－부산－마산포－통영－죽림포－고성－방로진防踏鎮
－장직로－목포－소안도所安島－거문도－안도安島－지세포－부산－
사세보를 순항하는 일정이었다. 함대의 항로는 〈그림 1〉과 같다.

해도의 선은 항로를 표시한 것이다. □는 조사 지역과 견취도를 제
작한 곳이다. 지역에 대해 상세한 보고서를 작성한 곳은 부산항, 마산

---

19 이 해도는 아시아역사자료센터에서 제공하는 파일을 참고한 것이다. 부산항, 마산포, 釜島수
도 등이 비밀해도에 해당되고, 이 지역은 청색으로 구획선을 그었다고 한다. 검은색으로만
확인이 되어 향후 원문과 대조할 필요가 있다.

포, 통영, 죽림포, 지세포, 고성, 목포, 소안도, 청산도, 거문도였다. 특히 마산포에 관한 기록은 여러장이다. 이 외에 정박 지역의 수질을 검사하여 생수로 음용이 가능한지 시험하고, 결과를 보고했다.

1900년 10월 14일 제2구축대사령부도 군함 雷, 電, 曙, 連 4대를 사세보에서 부산으로 출항시켰다. 함대들은 한달 가량 부산에서 목포까지 연안조사를 시행하고, 사령관에게 결과를 보고했다.[20] 군함 曙와 連는 수로 등 중요한 지역의 산세와 지형을 스케치하는 견취도를 제작하고, 군함 雷과 電은 함대를 호위했다.

함대 連, 曙는 견취도와 사진을 보고했다. 連함장은 '마산포 입구' 견취도, '마산포 거류지' 사진, '견내량 해협' 견취도, '여수 해협 동입구' 견취도, '여수 해협 서입구' 견취도, '목포 입구' 견취도, '목포 거류지' 사진을 첨부하였다. 曙함장은 '가덕 수도 입구', '여수 해협 동구', '백야도 수도 서구' 견취도, '여자만 입구' 견취도를[21] 제작하여 보고했다.

위와 같은 보고를 받은 제2구축대사령관은 11월 20일 「한국남안 순항보고서」를 상비함대사령장관에게 상주했다. 이동한 항로, 항구의 시설과 수심 등을 기재했다. 마산, 거제도 죽림포, 통영, 부산은 비교적 세밀히 보고했다. 그 내용을 보면 외국 선박의 정박 유무, 일본

---

20 水路部, 「艦船3」, 『明治34年 公文備考 艦船』 3-10, 1901(アジア歴史資料センター, C06091316200~C06091316400). 이 보고서는 다음과 같은 보고 체계와 내용으로 편철되어 있다.

작성일	발신→수신	구성
1901.3.14	해군성 수로부→군무국	
1900.12.24	상비함대 사령장관→해군대신	
1900.11.20	제2구축대사령관→상비함대사령장관	「한국남안순항보고」
1900.11.2	電함장→제2구축대사령부장	조선남해안 순항기사, 견취도 및 사진

21 白也島와 汝自灣는 현재 행정구역으로는 여수에 속한다.

〈그림 2〉 제2구축함대사령부 함대 曙의 '가덕 수도 입구' 견취도

〈그림 3〉 제2구축함대사령부 군함 雷, 電 航跡圖[22]

과 교통 상황, 음료로 사용할 수 있는 담수, 쌀·닭·소·돼지·채소·계란 등의 식량 조달상황 등에 관한 것이었다. 마지막에 〈그림 3〉의 항적로를 첨부하였다.

1901년 8월에는 군함 敷島, 出雲, 浅間, 常磐, 笠置, 夕霧, 漣이 중국과 조선 연안을 시찰하고 보고서를 상주했다.[23] 조선의 조사 지역

---

22 보고서 말미에 별지에 첨부한 항적도에 대한 설명을 하고 있다. '赤선은 군함 雷의 항적이고, 靑선은 군함 電의 항적이다. 두 함대가 함께 간 곳은 단지 적색으로만 표시하였다'고 한다. 추후 원문 확인이 필요하다.

23 常備艦隊副官, 「艦隊敷島, 出雲, 淺間, 常磐, 笠置, 夕霧, 漣, 隣邦沿岸巡航報告」, 『明治34年 公文備考 演習艦船』 1-8, 1901(アジア歷史資料センター, C06091313600~C06091314300). 문서의 편철은 다음과 같다.

은 경성, 인천, 목포, 통영, 마산포, 부산항, 죽림포, 팔구포 등이었다. 경성에서는 경성 거주 일본인, 풍속, 재류 청국인, 곡물수출금지령, 최근 함선 함정 정박지, 우편, 전신, 도로, 화폐, 식료품 및 일용품, 범죄, 대한제국 황실 등에 관한 내용을 자세히 조사했다. 그 외 지역도 조사 항목은 비슷하다. 특별히 팔구포에 대한 보고서는 140여장에 이른다.

1903년 조사는 다케시키요항부 소속 제1수뢰함대, 제3수뢰함대, 제14함대대의 보고서에서 확인할 수 있다.[24] 1903년 1월 거제도 지세포 조사를 한 차례 실시했고, 12월에는 목포, 군산, 부산에 대한 조

작성일	발신→수신	구성
1901.9.21	상비함대사령장관→해군대신	상비함대 敷島, 出雲, 淺間, 常磐, 笠置, 夕霧, 漣, 隣邦「연안 순항보고」
1901.8.23	淺間함장→상비대사령장관	「北淸 및 한국 남해안 시찰보고」
1901.8.24	朝日함장→상비함대사령장관	경성 시찰보고」
1901.8.28	朝日함장→상비함대사령장관	「太沽, 天津, 北京 시찰 보고」
1901.8.28	笠置함장→상비함대사령장관	北淸과 한국 시찰 보고
1901.9.19	敷島함장→상비함대사령장관	「팔구포조사보고」
1901.8.24	常磐, 出雲함장→상비함대사령장관	「팔구포 조사 사항 보고」
1901.9.5	淺間, 朝日함장→상비함대사령장관	「출정가근거지로서 팔구포방비」
1901.8.24	笠置함장→상비함대사령장관	「팔구포」
1901.8.15	佐伯濟遠함장→상비함대 참모장	「팔구포 조사」

24 竹敷要港部司令官,『水雷艇隊巡航報告』,『明治36年 公文備考 卷14艦船 3』, 1903.(アジア歴史資料センター, C06091470500~C06091470800). 이 문서는 1903년 함선3의 공문철에 수록된 건으로 4개로 편철되어 있다. 내용은 거제도보고서, 남해안과 고토열도 조사보고서, 동해안조사보고서로 구성되어 있다. 竹敷要港部司令官이 1903년 12월 해군대신에게 보고한 건으로 총 178장이다. 구성 및 내용은 다음과 같다.

작성일	발신→수신	구성
1903.1.21	竹敷要港部 제3수뢰함대 함장	「거제도 지세포 시찰보고」
1903.1.24	竹敷要港部司令官→해군대신	「수뢰정대 순찰보고」 제3수뢰정대 수뢰함 남해안 시찰 보고 진달
1903.7.18		「제1수뢰정대(鵲, 隼) 한국동해안순항기」
1903.8.18	竹敷要港部司令官→해군대신	제1수뢰함대(鵲, 隼) 한국동해안항로조사
1903.11	제14함대	「한국남해 및 五島연안순항보고」
1903.12.16	竹敷要港部司令官→해군대신	제14함대사령관－한국남해 및 五島연해순항보고

사를 면밀히 진행했다. 규슈九州의 고토五島 열도 연안항로도 함께 순찰했다. 8월에는 울산에서 원산에 이르는 주요 지역을 조사하고, 항로도 첨부했다.

1903년 11월에도 남해안 조사를 시행했다. 보고서에 따르면 이 조사의 목적은 부산에서 군산으로 수뢰대가 임무를 수행 할 때 좁은 수로가 많으므로 미리 정보를 수집해두는데 있었다. 보고서는 목포, 통영, 산일도(고흥), 군산 조사, 그리고 항로도와 수온변화표가 첨부되어 있다. 그 다음으로 일본 규슈 나가사키 서쪽의 고토열도의[25] 순항 보고와 항로도가 있고, 부산과 목포의 위생에 관한 조사도 자세히 실려 있다.

4. 거점해역 조사와 해군기지 건설

1) 거점해역 조사

1899~1903년 일본 해군의 남해안 조사보고서를 정리해보면 대략 몇 가지 사안들로 집약된다. 첫째는 개항장, 둘째는 진해만, 셋째는 팔구포, 넷째는 석탄저장소와 식수 조사이다.[26]

첫 번째는 개항장 조사였다. 조선의 개항장은 부산(1878), 원산(1880

---

25 고토열도는 나가사키 서쪽에 있는 후쿠에(福江), 히사카(久賀), 나루(奈留), 와카마쓰(若松), 나카도오리(中通) 5개 섬을 이른다. 고토열도를 중심으로 140개의 섬들이 늘어서 있다. 이 해역은 중국해와 동해, 서해와 남해를 지나는 항로의 중요한 거점이다.
26 이 장에서 참고한 자료는 별도의 각주가 없으면 〈표 3〉의 조사보고서(1899~1903)를 출처로 한다.

년), 인천(1883년), 목포, 진남포(1897년), 군산, 마산, 성진(1899년), 용암포(1904년), 신의주(1906), 청진(1908년)이었다. 이 중 조선 남해안의 개항장은 부산, 목포, 마산이었다. 일본 해군은 남해안 조사범위에 군산까지 포함하기도 했다.

1900년 10월 파견된 제1구축함대는 마산에 대해서 10여장의 보고서를 제출했다. 러시아의 마산포 토지 매입 경과, 배치된 군함과 군인들의 동향을 자세히 기록했다. 별도로 러시아와 일본의 마산포 토지 소유 현황을 그린 '마산포계면馬山浦界面'을 첨부했다. 10월 17일 부산을 출발한 제2구축함대도 마산에 도착한 후 교통, 물산, 일본 상인과 거류민 현황, 석재, 러시아 군함의 정박, 해안 매립 공사 종료 확인, 세관과 우편국 공사 진행 점검, 식수 등을 파악했다.

1903년 11월 제14함대도 주요 지역에 대해 여러 방면에서 관찰하고 검토했다. 통영과 산일도(고흥)에 대해서는 간단히 지역 조사를 진행하고, 목포와 군산에 대해서 세밀한 조사를 시행했다. 목포와 군산에 대한 조사 항목은 25개로 다음 같다.

① 조우한 외국 함선 함정, ② 우편전신국 유무와 소속, ③ 석탄 종류, 양, 가격, ④ 폭풍, 표 유무, ⑤ 호수 및 인구, ⑥ 주요 물산, ⑦ 수출입 물품의 수송 교통선, ⑧ 담수성질, ⑨ 상점과 공장 상황, ⑩ 해륙교통 상황, ⑪ 사원의 수 및 그 명칭, ⑫ 부근의 이름 있는 읍(邑)까지의 거리, ⑬ 학교, 병원, 은행 유무, ⑭ 소, 말, 기타 가축, 야채 종류, ⑮ 여관 수와 이름, ⑯ 기후, ⑱ 승객용 부선(浮船) 수, ⑲ 화물운반선 수, ⑳ 한선(漢船) 수, 수선(水船) 수, 배를 접안할 해안 하양장, ㉑ 水船 수, ㉒ 艀船을 접안할 해안 荷揚場, ㉓해안접

안 창고, ㉔ 짐꾼, 주부(舟夫), 인부 수, ㉕ 목재의 종류, ㉖ 작전계획에 대한 긴요한 자재.[27]

군산을 조사한 후에는 해도와『조선수로지』의 정보가 실제와 전혀 맞지 않다는 것을 보고했다. 조선 서해안 해도는 군산항 방면의 강물 유속, 바위 높이, 섬 또는 산의 높이와 형태, 위치 등에 오류가 많았다. 또『조선수로지』에 기록된 군산의 정보보다 거류민이 훨씬 더 많았고, 해상의 교통도 아주 번잡했다.

부산과 목포에 대해서는 전염병을 포함한 위생에 관한 조사를 시행했다. 각종 전염병의 유행 여부, 환자 발생수, 전염병 환자를 격리할 병원 상황 등을 확인했다. 부산은 다수의 전염병 환자들이 치료를 받고 있었고, 목포는 조사 당시 전염병 환자가 없었다.

두 번째는 진해만 조사였다. 진해만은 부산 가덕도에서 거제도와 통영까지 이른다. 조사보고서마다 빠지지 않는 조사지역이 진해만이다. 1900년 10월 제1구축함대도 거제도 죽림포, 통영을 비교적 상세히 기록했다. 10월 18일 죽림포에 정박했을 때는 담수의 양, 육류와 채소 등의 식품 공급량을 확인했다. 특히 '군사상 죽림포의 가치'를 별도로 언급했다. 항내의 수심은 큰 함선이 정박하기 어렵지만 구축함과 수뢰함대의 가근거지로 적합하다. 죽림포는 부산―쓰시마, 블라디보스톡―여순의 연락을 단절하는 데 중요한 위치가 될 것이라고 하였다. 10월 19일 통영으로 이동하여 해안의 우물을 조사하고

---

27 보고서에는 항목 17이 없어 조사한 항목은 모두 25항목이다.

쌀과 육류 등의 식품을 시장에서 충분히 구매할 수 있다는 점을 확인했다. 소형선박 여러 척이 동시에 정박할 수 있고, 식품을 대량으로 구할 수 있으므로 유용한 항만으로 평가했다.

1900년 10월 파견된 제2구축함대도 마산포, 진해만, 거제도 죽림포, 한산수도에 대한 개괄적인 의견을 남겼다. 하루 정박하는 정도여서 세밀한 조사를 못했다고 덧붙였다. 가덕도의 남단인 마산포는 사면이 넓고 안전하며, 진해만은 섬이 병렬하여 만을 방어하고 부산과 경성간 도로가 있어 교통의 이점이 있음을 알렸다. 거제도 죽림포는 쓰시마의 군항 다케시키와 군사상 최상의 연결지역이라고 평가했다. 한산수도는 협소하여 큰 함대가 통과하지 못하지만, 수축함이나 수뢰정이 통과하는데는 지장이 없다고 하며 군사상 필요한 수도라고 제시했다. 거문도도 사세보에서 조선 서해안 항해시 피난소로 좋은 위치 있다고 보고했다. 견내량 해협은 거제도와 진해만을 방어할 때, 칠천수도와 함께 가장 필요한 수도이고, 구축함 이하 급의 함정이 숨어서 정박하기에 좋은 곳이다. 따라서 석탄저장소를 설치할 필요가 있다고 제안했다.

1903년 1월 8일 제3수뢰함대 소속 수뢰함이 거제도 지세포를 집중 시찰했다.[28] 조사한 내용에 따르면 지세포는 사방 1해리가 허가된 항만으로 수뢰함 30척은 정박할 수 있고, 항구는 좁지만 별다른 풍파가 없다. 만약 전투가 있을 때는 수뢰함의 은신처로 가장 적당한 항

---

28 거제도 지세포는 진해만 방어와 '조선해협' 봉쇄를 위한 작전지역이었다. 정면에 지심도라는 큰 섬이 지세포만을 방어해주고 있는데, 러일전쟁 이후 이 섬에 진해만요새사령부의 포대가 대규모로 건설되었다.(朝鮮所在重砲兵聯隊史編纂委員會, 『馬山‧永興灣‧羅津‧麗水 重砲兵聯隊史』, 千創, 1999 참고)

만이라고 판단했다. 지세포는 2백여 명이 거주하며 곡식을 생산하고 해산물을 잡아서 식량으로 삼았는데, 자체 소비하는 정도로 소량이다. 소 40마리, 돼지 20마리, 야생소 10마리, 닭 200마리가 있고, 달걀은 매일 50개를 생산할 수 있다. 담수는 육지에서 다량으로 얻을 수 있다. 별도로 1월 21일 마산포영사가 보고한 문서가 함께 편철되어 있다. 마산포영사에 따르면 마산주재 러시아 수병 7명이 1월 7일 병영을 떠나 러시아 선박에 탑승하여 귀국하였는데, 이후 이제까지 교대병이 없다는 것이다. 러시아가 마산에서 완전히 철수한 상황을 보고한 것이다.

세 번째는 팔구포 조사였다. 1901년 8월 군함 敷島, 出雲, 浅間, 常磐, 笠置, 夕霧, 漣은 중국과 조선 연안을 시찰하고 보고서를 상주했다. 집중 조사한 곳은 팔구포였고, 제출된 보고서는 140여장에 달한다. 각 함대는 팔구포에 대한 조사보고서를 별도로 작성했다. 팔구포는 남서해안이 만나는 지점으로 현재 행정구역으로는 전라남도 신안군에 속한 군도이다. 비금도, 도초도, 자은도, 암태도, 팔금도, 안좌도, 하의도, 신의도, 장산도 일대를 지칭하는데, 8개의 물길이 열려있어서 붙여진 이름이라고 한다.[29]

1901년 8~9월에 걸쳐 각 함대는 상비함대장관에게 조사보고서를 상신했다. 이중 浅間 함장의 '출정근거지로서 팔구포의 방비' 계획을 살펴보겠다. 보고서는 ① 출정가근거지 방비의 요지, ② 팔구포의 가치, ③ 방어계획과 이에 필요한 인원·재료, ④ 방어준비에 관한

---

29 최성환, 「러일전쟁기 일본해군의 玉島 八口浦防備隊 설치와 활용」, 『도서문화』 38, 국립목포대 도서문화연구원, 2011. 참고.

희망으로 구성되어 있다. 출정가근거지는 전진근거지 중에서도 가장 중요성이 높은 곳을 설정한다. 여기에는 우수한 함대를 먼저 배치한다. '팔구포의 가치'에 대한 논의를 보면, 팔구포는 조선 남해안에 위치하여 황해와 조선해협을 장악하고, 동해와 중국해의 중간에 위치하여 제해권을 장악하는데 중요한 위치에 있다. 또한 인천항과 목포항의 길목을 장악하고 전라도와 경기도에 군세를 떨칠 수 있으며, 선박의 항로에 해당하므로 적국의 해상무역 등을 막을 수 있는 곳이다. 팔구포는 만내가 넓어 출입이 안전하고 풍랑을 피하기 좋으며, 사면의 모든 섬들이 봉우리가 높아서 만내를 가려준다.

그러나 전진근거지로 전략상으로는 중요하나, 지질과 지형상으로 고려해볼 때는 영구적 근거지로는 부적당하다. 사면의 섬은 모두 바위가 많고, 토질이 좋지 않아 여러 종류의 자재를 구하기가 어려우며, 정박할 해안이나 평탄한 지역이 없다. 따라서 조선소, 청사, 병영, 창고, 그 외 시가지를 형성해야 했다.

팔구포의 방어구역은 3구역으로 나누고, 근거지사령부는 옥도에 두도록 했다. 제1구 사령부는 대야도, 제2구사령부는 북도, 제3구사령부는 옥도에 둘 것을 제시했다. 옥도에는 항만시설을 갖추고 팔구포의 본부가 되도록 했다. 각 지구의 방어 시설과 배치 병력, 방비 전략 등을 구체적으로 제시했다.

네 번째는 석탄저장소와 식수조사였다. 항해하는 중에 석탄과 물 공급은 필수품이다. 1900년 10월 조사결과를 보고 받은 제2구축함대사령관은 남해안의 석탄저장소에 관한 내용을 상신했다. 진해만을 출발하는 함대의 근거지로, 구축함 혹은 수뢰함대가 이용할 수 있는 석탄저장소 건설지로 5곳을 추천했다. ① 부산(진해만에서 32리), ② 욕지도 동항(진해만에서 54리), ③ 좌수영(진해만에서 78리), ④ 장직로(진해만에서 150리), ⑤ 달리도(진해만에서 195리)였다. 모든 석탄저장소는 진해만과 거리가 표시되어 있다.[30]

1903년 11월 조사보고서에 석탄저장소 설치에 대한 여러 의견이 있다. 보고서 말미에 해군대위 吉川安平와 飯田延太郎이 작성한 의견서가 첨부되었다. 먼저 吉川安平은 '목포에 함대 탄창의 설립에 대해'라는 제목으로 글을 시작했다. 석탄저장소는 부산과 인천에 있고, 사세보에서 청으로 갈 때 인천에서 석탄과 물을 보충한다. 그런데 인천은 편성된 일반 항로와 거리가 멀어서 이용에 불편함이 많다. 이번 조사에서도 임무 수행 중 부산으로 되돌아가 석탄과 물을 보충해야 했다. 마산에 석탄저장소 공사를 하고 있지만 진척이 없다. 일본 해군이 조선 서남해안을 항해 할 때는 목포에서 석탄과 물을 보급하는 것이 좋은 데 고하도가 가장 적당하다고 판단했다. 고하도 북부는 육군성의 조차지이므로 일부를 석탄저장소 부지로 하고, 저수지를 만들어 항상 20톤 내외의 담수를 저장할 계획을 세웠고, 공사를 거의 마쳤다.

각 지역의 석탄 종류, 양, 가격 등을 조사했는데, 목포는 함선용으로 비축한 석탄이 전혀 없었다. 군산에서 선박용으로 저장된 석탄이 10톤 정도 있었는데, 이 석탄은 강경군 산맥에서 채취되는 것이었다. 겨울동안 약 100톤을 저장할 수 있는 금강 상류에서 군산에 이르는

---

30 좌수영은 여수를 지칭하고, 장직로는 완도의 고금도·조약도·신지도를 일컫는 것이며, 달리도(達里島)는 목포 고하도 부근이다. 진해만의 기점은 거제도 송진포 가근거지로 추정되지만 확실하지 않다.

〈표 4〉 1900년 10월 조선 남해안 식수 조사 현황

일시	지역, 용수	결과
10월 17일	부산절영도 석탄저장소의 물 부산거류지 수돗물	적합
10월 18일	마산포 계곡물	부적합
	마산영사관 우물물	적합
10월 19일	통영 우물물	부적합
〃	거제도 계곡물	부적합
10월 20일	고성 우물물	부적합
10월 22일	돌산도 우물물	부분적합
10월 23일	목포 영사관 우물물	부분적합
	목포거류지 사용 물	부분적합
10월 24일	소안도 우물물	적합
	소안도 강물	부분적합
10월 25일	안도 우물물	부적합
10월 26일	지세포 계곡물	적합

탄맥을 발견하고, 즉시 시료를 도쿄東京로 보내 탄질과 성분을 실험하도록 했다.

飯田延太郞도 역시 목포 탄창 설치의 필요성, 조선 연안에 탄창과 연탄 준비의 필요를 제시했다. 조선 항로에서 서쪽에 있는 목포는 현재 석탄저장소인 부산, 쓰시마 다케시키에서 너무 멀리 떨어져 있으므로 순항하는 함정을 위해 조선 연안에 석탄저장소와 연탄 비축이 필요하다고 제안했다. 2회의 남해 순항조사 시에도 부산에서 석탄을 보충했기 때문이다.[31]

식수공급에 대해서는 1900년 10월 제1구축함대사령부의 조사보고서가 있다. 연안 조사 중 정박한 지역의 수질을 검사하여 생수로 음용이 가능한지 보고했다. 해군군의가 작성한 수질검사 결과는 〈표 4〉과 같다. 〈표 4〉에 의하면 부산, 마산, 소안도, 지세포는 식수로 바로 이용할 수 있는 물이 있지만, 그 외 지역은 부유물이 많아서 마실 수가 없거나 일부 제한된 구역의 물만 이용할 수 있었다. 일본 해군

---

31 1904년 당시 한반도에는 부산, 인천, 원산에 석탄저장소가 있었고, 사세보진수부에서 석탄을 공급하고 있었다.(海軍軍令部, 「第2編 海軍艦政本部 / 第2章 石炭及ひ燃料」, 『極秘 明治37.8年海戰史』(アジア歷史資料センター, C05110112500)).

의 거점이 되기 위해서는 마실 물을 충분히 확보할 수 있는 곳이어야
했다. 군산의 식수조사는 1903년 11월 파견된 제14함대에서 실시했
다. 군산의 우물에서는 소량의 석회와 염분, 유기물이 포함되어 있어
식수로 바로 사용할 수는 없었다.

2) 대규모 해상훈련과 해군기지 건설

진해만은 러시아와 일본이 서로 차지하기 위해 경쟁했던 곳이다.
러시아는 석탄 등을 공급하는 보조군항이자, 만주와 한반도에 대한
일본의 지배 야욕을 견제하기 위한 지정학적 거점으로 삼고자 했다.
한편 일본도 이 지역을 블라디보스톡-여순을 연결하는 러시아 태평
양함대의 연결을 차단하고, 한반도로 진출하기 위해서는 반듯이 확
보해야 하는 요충지로 주목했다. 양국의 견제가 일촉즉발의 상황으
로 치닫기 직전 러시아는 마산을 포기하고, 1903년 1월 완전히 철수
했다.[32] 러시아는 1902년 10월 8일 만주에서도 군대를 철수시키기
시작하였다. 그런데 제2차 철병일인 1903년 4월 8일 러시아는 돌연
철수를 지연시켜 버렸다. 1903년 8월 12일 주러공사를 통해 일본은
조선을 러시아에 양보할 수 없다는 뜻을 러시아에 전달했다.[33]

일본은 러시아와 전쟁의 위협이 고조되는 가운데 1903년 3~4월
조선을 둘러싼 해양에서 '해군대연습'을 실시했다. 대규모 훈련의 목
적은 진해만을 포함한 '조선해협'의 확보였다. 연합함대사령장관은

---

32 류교열, 「제국일본의 송진포 해군기지 건설 – 국제관계와 지역사회의 변동을 중
   심으로」, 『일어일문학』 62, 대한일어일문학회, 2014 참고.
33 심헌용, 「러일전쟁 시기 러 · 일 양국군의 한반도 내 군사활동」, 『아시아문화』 21, 한림대 아
   시아문화연구소, 13쪽.

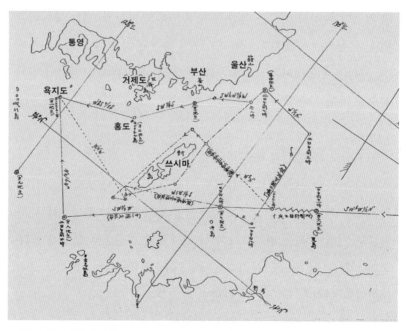

〈그림 4〉 서군 支隊 예정 항로도

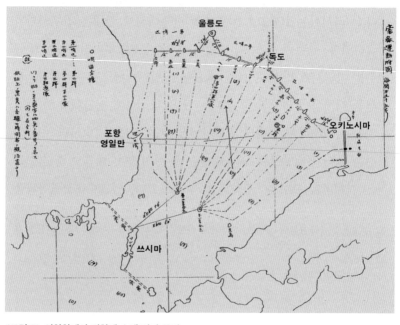

〈그림 5〉 연함함대의 적함대 수색 담당 구역

"적의 목적은 '조선해협'의 제압이므로 우리는 이에 대한 공격태도를 취해야 한다"는 방침을 밝혔다. 훈련은 해군 함대와 육군 요새포병대가 합동으로 시행했다.[34]

연합함대는 서군과 동군으로 나누었다. 일반방침을 보면, 서군의 주력은 중국해 북부, 그 외 부대는 동해 북부에 두고 함께 전비를 완성하도록 했고, 서군이 먼저 합동하여 조선 남해안(울산~목포 팔구포)에 중요 지역을 점령하도록 했다. 사세보항에 집결하여 준비를 완료한 동군은 서군의 전력이 미치지 않는 곳에 출정하고, 각 군항과 요항 방비에 착수하도록 했다. 〈그림 4〉는 1903년 3월 31일 ~ 4월 3일 시행한 해군대연습 보고서의 훈련 항로 서군의 支隊 연습항로이다. 〈그림 5〉는 연합함대의 동해안 수색 구역을 표시한 것이다. 작전지역을 울릉도-독도-오키노시마로 하는 동해선과, 쓰시마를 기점으로 남해선을 구역으로 적의 함선을 수색하는 연습을 시행했다.

'해군대연습'은 러일전쟁을 가상한 실전이었다. 일본 해군은 연합함대 체제로 재편하고 1904년 2월 2일 출정명령을 내렸다. 연합합대사령관은 연합함대(제1함대, 제2함대)에 황해방면의 러시아함대를 격파하는 임무를, 제3함대는 진해만을 점령하고 '조선해협'을 경계하는 임무를 발령했다.[35] 해군 파견과 동시에 주요 지역에 군시기지 건설을 시작했다. 군항, 요항, 가근거지로 구분하여 방비계획을 실행했

---

34 해군의 해상연습에 관한 보고서『密大日記 明治36年 從1月至6月』(陸軍省, 1903)에 편철된「第12師団 海軍大演習陪観ノ件 報告」(アジア歴史資料センター, C03022786700);「第1師団 海軍大演習陪観ノ件 報告」(アジア歴史資料センター, C03022786800);「第4師団 海軍大演習陪観ノ件 報告」(アジア歴史資料センター, C03022786900) 등 3건을 참고할 수 있다.

35 外山三郎,『日本海軍史』, 吉川弘文館, 2013, 83쪽.

〈표 5〉 러일전쟁시기 전진근거지 현황과 경과

구분	경과
진해만	1904년 2월 7일 점령. 가근거지방비대 파견. 12월 진해만방비대로 개칭. 전후 영구방어 설비.
팔구포	연합함대 전진근거지로 선정. 함대부속부설대에서 방비 시행. 1905년 1월 27일 팔구포방비대로 편제. 10월 16일 편제를 해제.
아산	1904년 2월 중순 전진근거지로 선정하고 항구에 방비시설 구축함. 작전 진행 후 사용을 멈추고, 2월 하순 방비를 철수.
해주읍	1904년 2월 하순 전진근거지로 선정. 연합함대 주력을 3월 7일부터 집중시켜 고정방비를 실시.
대동강	1904년 3월 상순 근거지로 선정. 제7함대와 함대부속부설대에서 방비 시행. 10월 상순 철수.
대련	1904년 10월 대련만방비대 편제. 러시아 증원함대에 대비한 수뢰방비를 실시.
장산열도	1904년 5월 상순 전진근거지로 선정. 연합함대 주력을 5월 9일 집중시키고 방비 시행. 9월 상순 철수.
여순	1905년 1월 진수부를 설치. 러시아 증원함대에 대비해 육상 방비를 실시하고, 해상방비는 새로이 시행하지 않음
원산	1905년 1월 상순 조선 북부 방면 전진근거지로 선정. 2월 13일 원산방비대를 편제하여 방비. 전후 영구방어 설비.

다. 1903년 12월 결정된 '1903년도 가근거지방어계획假根據地防禦計劃'에 근거해서 진해만, 팔구포, 아산, 대동강, 원산, 그리고 대련에 임시 근거지를 설정하고, 부대를 파견하여 시설물 건설을 시작했다. 작전계획에 따르면, 일본 연합함대는 여순의 러시아 함대를 공격하고, 제3함대는 조선해협을 봉쇄하며, 임시근거지를 진해만에 설치하도록 했다. 쓰시마에서 거제도를 거쳐 마산포를 연결하는 전신선을 설치하여 해군의 가근거지, 한반도, 일본을 연결하는 지침도 마련했다. 근거지별 현황과 구축과정은 〈표 5〉와 같다.[36]

---

36 러일전쟁 이후 진해만 병력은 1/20, 원산의 병력은 1/4만 잔류하도록 했다. 팔구포방비대는 전부 철거하여 편제를 해제했다.(海軍軍令部,「第1編 防備 / 第1章 防備一般」,『極秘 明治37.8

'1903년도 가근거지방어계획'에 근거해서 사세보진수부는 진해만 가근거지 건설을 시작했다.[37] 가근거지방비대준비원 13명은 1904년 1월 4일 사세보진수부 내 사무소를 개설했다. 대포, 수뢰, 부속병기 재료조사, 부설지도 등의 표를 조정하고, 측량기구, 피복, 양식, 치료품 등도 준비했다. 1월 12일 '1903년도 해군전시편제'에 준해서 가근거지방비대를 편제하고, 준비원은 가근거지방비대의 사령관 등으로 임명했다. 곧이어 가근거지 방어공사에 착수했다. 진해만 내에는 거제도 송진포에 해군 근거지를 구축했다. 이 근거지대를 방비하기 위해 출입 2곳의 수로를 방어하는 시설을 설치했다. 한 곳의 수로는 한산도 주변의 견내량수도 방면이고, 한 곳은 가덕도-저도-거제도를 잇는 가덕수도 지대였다.

육군에서도 진해만 방비를 위해 1903년 12월 상순 진해만요새포병대대를 편제했다. 12월 13일 진해만에 파견하고 한국주차군사령관의 예하로 들어갔다. 거제도 동북쪽에서 저도를 지나 가덕도에 이르는 진해만어선은 진해만과 마산포의 함선 침입을 막고, 일본 함대의 역할을 지원하기 위한 것이었다. 궁극적으로 한반도 남해안에 일본 육해군의 근거지를 확보하려는 목적을 가지고 있었다. 포대는 가덕도 남단의 외양포와 저도에 구축했다.[38]

年海戰史』(アジア歴史資料センター, C05110104500))
37 진해만, 팔구포 근거지에 관한 전반적인 내용은 「第1編 防備/第6章 前進根據地の防備」(『極秘明治37.8年海戰史』(アジア歴史資料センター, C05110105200))를 참고했다.
38 가덕도 외양포기지에 관해서는 다음의 연구가 있다. 이지영 외, 「가덕도 외양포의 일본군사시설에 관한 연구-군막사 및 포대진지의 구축과정과 건축특성을 중심으로」, 『건축역사연구』 19-3, 한국건축역사학회, 2010; 김경남, 「韓末日帝의 鎭海灣要塞建設과 植民都市開發의 変形」, 『항도부산』 28, 부산시사편찬위원회, 2012; 남윤순・김기수, 「가덕도 외양포 일대 일본군사시설에 관한 고찰-국수봉 일대 군사시설을 중심으로」, 『한국건축역사학회 춘계학술

팔구포에도 방어시설을 건설했다. 1903년 12월 팔구포를 방어하기 위해 해군 군령부는 '나주군도 방어계획'을 수립했다. 수뢰위소와 포대를 가설하여 군함의 위력을 통해 팔구포로 통하는 모든 수로를 방어하는 것을 목적으로 했다. 1904년 2월 6일 연합함대는 사세보를 출발해서 2월 7일 팔구포에 도착했다. 옥도, 장병도, 대야도 동쪽과 북쪽, 남도, 북도에 부표수뢰 가설, 포대 건설, 통신시설 구축을 긴급히 시행했다. 3월 3일 방비시설을 완성했다.

5. 맺음말

일본 해군은 1894년 청일전쟁 이후 요코스카橫須賀군항, 구레吳군항, 사세보佐世保군항, 다케시키竹敷요항의 규모를 확장하고, 마이즈루舞鶴군항을 개설했다. 대만에도 마공馬公요항을 건설했다. 1903년 7월 일본 해군은 나가사키長崎, 하코다테函館, 모지門司, 유라由良, 오미나토大湊 5곳의 방어 임무를 수행하고 있었고, 한편으로 함대전진근거지와 전략지점을 수색하고 측량하는 데 힘을 쏟았다. 주요지역은 조선 남해안과 서해안의 항이었다. 1896년 이후부터 집중적으로 진해만, 팔구포, 해주읍, 대동강, 아산만, 영흥만, 나주군도, 장산열도長山列島, 나원만羅源灣 등을 정밀 측량하고, 각 지역의 군용 해도를 제작했다.

해도 제작은 일본 해군 수로부에서 담당했다. 수로부는 조선의 수

발표대회 논문집』, 한국건축역사학회, 2016.

로와 특징을 기록한『조선수로지』를 1894년 11월 발행했다. 청일전쟁이 한창이던 시기였다. 청일전쟁 이후 1899년 재간행하고, 러일전쟁 전후 빠르고 전면적으로 조사에 착수해서 1907년 전폭적으로 개정 보완했다.

수로부는 1896년『조선전안』을 시작으로 매년 많은 해도를 제작했다. 해군의 조선해안 측량 결과는 1905년을 전후해서 대대적인 해도의 수정보완으로 나타났다. 수로부는 매년 간행하는 해도목록집을 발행하는데, 1899년부터 1903년까지 울산항, 소안도, 마산포 및 거제도－지세포 해도는 일반에 제공되지 않았다. 1905년 1월 조사에 따르면 대동강, 인천과 서울 한강, 군산, 완도, 마산과 거제도, 울산의 해도가 일반에 공개되지 않았다.

1899~1903년 일본 해군의 남해안 조사보고서를 정리해보면 대략 몇 가지 사안들로 집약된다. 첫째는 개항장, 둘째는 진해만, 셋째는 팔구포, 넷째는 석탄저장소와 식수 조사이다.

첫째는 부산, 마산, 목포 등 개항장 조사였다. 마산에 대해서는 러시아의 마산포 토지 매입 경과, 배치된 군함과 군인들의 동향, 교통, 물산, 일본 상인과 거류민 현황, 해안 매립 공사 진행 상황, 세관과 우편국 공사 진행 점검, 식수 등을 자세히 기록했다. 목포와 군산에 대해서도 25개 항목을 세밀히 조사했다. 부산과 목포에서는 전염병을 포함한 위생상황을 살폈다. 군산을 조사한 후에는 해도와『조선수로지』의 정보가 실제와 전혀 맞지 않다는 것을 보고했다.

둘째는 진해만 조사였다. 진해만은 부산 가덕도에서 거제도와 통영까지 이른다. 조사보고서마다 빠지지 않는 조사지역이 진해만이다.

마산포, 진해만, 거제도 죽림포, 거제도 지세포, 한산수도에 대한 수로조사와 전략적 가치에 대해서 계속 보고했다.

셋째는 팔구포 조사였다. 1901년 8월 상주한 보고서는 팔구포를 집중 조사하고 각 함대별로 의견서를 제시했다. 보고서는 140여장에 달한다. 팔구포는 남서해안이 만나는 지점으로 현재 행정구역으로는 전라남도 신안군에 속한 군도이다. 팔구포는 조선 남해안에 위치하여 황해와 조선해협을 장악하고, 동해와 중국해의 중간에 위치하여 제해권을 장악하는데 중요한 위치에 있음을 강조했다. 각 지구의 방어 시설과 배치 병력, 방비 전략 등을 구체적으로 제시했다.

넷째는 석탄저장소와 식수공급에 대한 보고이다. 항해하는 중에 석탄과 물 공급은 필수품이다. 마산에 석탄저장소 공사를 하고 있지만 진척이 없었고, 일본 해군이 조선 서남해안을 항해 할 때는 목포에서 석탄과 물을 보급하는 것이 좋은 데 고하도가 가장 적당하다고 판단했다. 연안 조사 중 정박한 지역의 수질을 검사하여 생수로 음용이 가능한지 보고했다.

일본 해군의 정보 수집은 전략과 전술로 이어졌다. '조선해협'의 확보를 목적으로 일본 해군은 대규모 훈련을 1903년 3~4월 시행했다. 일본은 러시아와 전쟁의 위협이 고조되는 가운데 시행한 전쟁 준비였다. 연합함대사령장관은 "적의 목적은 '조선해협'의 제압이므로 우리는 이에 대한 공격태도를 취해야 한다"는 방침을 밝혔다. 훈련은 해군 함대와 육군 요새포병대가 합동으로 시행했다. 조선 남해안 전체를 방어하고, '조선해협'은 특별구역으로 촘촘히 방어막을 형성했으며, 울릉도와 독도를 잇는 남동해에서는 적함선 수색연습도 실시했다.

1904년 러일전쟁에 앞서 일본 해군은 군항, 요항, 가근거지 별로 방비 계획을 수립했다. 1903년 12월 일본의 작전계획에 따르면, 일본 연합함대는 여순의 러시아 함대를 공격하고, 제3함대는 '조선해협'을 봉쇄하며, 임시근거지를 진해만에 설치하도록 했다. 쓰시마에서 거제도를 거쳐 마산포를 연결하는 전신선을 설치하여 해군의 가근거지, 한반도, 일본을 연결하게 하는 등의 지침도 마련되었다. 해군 가근거지방비대를 송진포에 파견하여 가덕도−저도−거제도와 한산도 등에 포대와 수뢰를 가설했다. 목포 팔구포에도 연합함대를 파견하여 방비시설을 완성했다.

일본군이 러일전쟁 직전 급히 구축했던 군사시설은 이후 일본군의 영구 군사기지로 확장되었고, '조선해협'을 포함한 남해안 방어를 위해서 진해에는 군항을 설치하여 일본 해군의 근거지로 삼았다.

참고문헌

고경석, 『鎭海軍港史』, 해군사관학교 해양연구소, 2016.

김경남, 「韓末 日帝의 鎭海灣要塞 建設과 植民都市 開發의 変形」, 『항도부산』 28, 부산시사편찬위원회, 2010.

김영, 「해군성 수로부장 기모쓰키 가네유키(肝付兼行)에 관한 고찰」, 『한일군사문화연구』 23, 한일군사문화학회, 2017.

김용욱, 「淸日戰爭(1894-1895)·露日戰爭(1904-1905)과 朝鮮海洋에 대한 制海權」, 『법학연구』 49-1, 충남대 법학연구소, 2008.

김일상, 「日帝의 韓半島 侵略政策과 鎭海軍港建設」, 『海洋戰略』 69, 해군대학 해군전략연구부, 1990.

김일상, 「鎭海 軍港史」, 『海洋戰略』 8, 해군대학 해군전략연구부, 1981.

남영우, 「日帝 參謀本部 間諜隊에 의한 兵要朝鮮地誌 및 韓國近代地圖의 作成過程」, 『문화역사지리』 4-4, 한국문화역사지리학회, 1992.

_____, 『일제의 한반도 측량침략사』, 법문사, 2011.

남윤순 외, 「가덕도 외양포 일대 일본군사시설에 관한 고찰-국수봉 일대 군사시설을 중심으로」, 『한국건축역사학회 춘계학술발표대회 논문집』, 한국건축역사학회, 2016.

류교열, 「제국일본의 송진포 해군기지 건설 - 국제관계와 지역사회의 변동을 중심으로」, 『일어일문학』 62, 대한일어일문학회, 2014.

박경, 「러시아제국의 극동진출과 1860년대 이후의 한반도 주변 지도제작에 관한 연구」, 『한국지도학회지』 16-2, 한국지도학회, 2016.

서인원, 「일본 육지측량부 지도제작」, 『영토해양연구』 14, 동북아역사재단, 2017.

송병기, 『울릉도와 독도, 그 역사적 검증』, 역사공간, 2010.

송휘영, 「근대 일본의 수로지에 나타난 울릉도·독도 인식」, 『대구사학』 106, 대구사학회, 2011.

신용하, 『독도의 민족영토사 연구』, 지식산업사, 1996.

심헌용, 「러일전쟁 시기 러·일 양국군의 한반도 내 군사활동」, 『아시아문화』 21, 한림대 아시아문화연구소, 2005.

_____, 「러일전쟁기 러시아의 동아시아 해양군사전략과 독도의 위상」, 『군가전략』 14-2, 군사편찬연구소, 2008.

오병한, 「1906년 일본군 安東縣軍政署의 鴨綠江 하구 조사의 성격과 의의」, 『한국근현대사연구』 80, 한국근현대사학회, 2017.

유장근 외, 「大韓帝國 時期 馬山浦 地域의 러시아 租借地 성립과정과 各國共同租界 지역의 都市化」, 『人文論叢』 16, 경남대 인문과학연구소, 2003.

이지영 외, 「가덕도 외양포의 일본군사시설에 관한 연구-군막사 및 포대진지의 구축과정과 건축특성을 중심으로」, 『건축역사연구』 19-3, 한국건축역사학회, 2010

이학수, 「진해 군항의 탄생」, 『해항도시문화교섭학』 7, 한국해양대 국제해양문제연구소, 2012.

정영미, 「일본의 독도 인식에 관한 연구－섬의 명칭 혼란(島名の混亂)을 중심으로」, 서울시립대
　　　박사논문, 2013.

조건, 「日本 防衛省 소장 陸軍 '日露戰役' 문서군의 한국사적 의의」, 『한국민족운동사연구』 96,
　　　한국민족운동사학회, 2018.

조재곤, 『전쟁과 인간 그리고 '평화'－러일전쟁과 한국사회』, 일조각, 2017.

최덕규, 「러시아 해군성과 마산포(1894~1905)」, 『한국시베리아학보』 창간호, 한국시베리아학
　　　회, 1999.

최문영, 『러시아의 남하와 일본의 한국 침략』, 지식산업사, 2008.

최성환, 「러일전쟁기 일본해군의 玉島 八口浦防備隊 설치와 활용」, 『도서문화』 38, 국립목포대
　　　도서문화연구원, 2011.

최혜주, 『정탐－제국일본, 조선을 엿보다』, 한양대 출판부, 2019.

한철호, 「일본 해군 수로부의 오키 측량과 독도 인식」, 『한국근현대사연구』 65, 한국근현대사학
　　　회, 2013.

＿＿＿, 「대한(조선)해협의 명칭 변화 및 그 의미－일본 해군 수로부 간행의 수로지와 해도를 중심
　　　으로」, 『도서문화』 44, 국립목포대 도서문화연구원, 2014.

＿＿＿, 「일본 수로국 아마기함[天城艦]의 울릉도 최초 측량과 독도인식」, 『동북아역사논총』 50,
　　　동북아역사재단, 2015.

＿＿＿, 「일본 수로부의 「조선전안」 간행·개정 및 활용과 독도 인식」, 『한국사연구』 169, 한국사
　　　연구회, 2015

大濱徹也·小澤郁郎, 『帝國陸海軍事典(改訂版)』, 同成社, 1995.

朝鮮所在重砲兵聯隊史編纂委員会, 『馬山·永興灣·羅津·麗水 重砲兵聯隊史』, 千創, 1999.

水路部, 『供給水路圖誌目錄』, 1901; 1902; 1903; 1904(1); 1904(2); 1905; 1906.

＿＿＿, 『刊行水路圖誌目錄』, 1899; 1900; 1901; 1902; 1903; 1904; 1905; 1906.

＿＿＿, 『朝鮮水路誌 第2版』, 東京印刷株式會社, 1899.

＿＿＿, 『朝鮮水路誌』, 東京製紙分社, 1894.

海軍省, 『極秘 明治37,8年海戰史』, 1911.(アジア歴史資料センター, C05110029500 ～
　　　C05110203200)

＿＿＿, 「常備艦隊敷島, 出雲, 浅間, 常磐, 笠置, 夕霧, 漣, 隣邦沿岸巡航報告(1)~(8)」, 『明治34
　　　年 公文備考 演習艦船1卷8』, 1901.(アジア歴史資料センター, C06091313600 ～
　　　C06091314300)

＿＿＿, 「水雷艇隊巡航報告(1)~(3)」, 『明治36年 公文備考 卷14艦船3』, 1902.(アジア歴史資
　　　料センター, C06091470500 ～ C06091470800)

＿＿＿, 「第12師団 海軍大演習陪観の件 報告」, 『密大日記 明治36年従1月至6月』, 1903.(アジア
　　　歴史資料センター, C03022786700)

＿＿＿, 「艦船 3(1)~(3)」, 『明治34年 公文備考 艦船3卷10』, 1901(アジア歴史資料センター,
　　　C06091470500~C06091470800)

_____, 「軍艦磐城 海門 筑波 天龍 為測量派遣幷帰朝命免(1)~(2)」, 『明治32年 公文備考 艦船1卷7』, 1899. (アジア歴史資料センター, C06091208700)

_____, 「駆逐艇 薄雲, 夕霧 韓国沿岸巡航報告(1)~(2)」, 『明治33年 公文備考 艦船3卷10』, 1900.(アジア歴史資料センター, C06091267500~C06091267600)

海軍軍令部 編, 『明治三十七八年海戦史』上卷~下卷, 内閣印刷局朝陽会, 1934.

_____, 『明治三十七八年海戦史』第1卷~第4卷, 春陽堂, 1910.

牛越國昭, 『對外軍用秘密地圖のための潛入盜測』1, 同時代社, 2009.

_____, 『對外軍用秘密地圖のための潛入盜測』2, 同時代社, 2011.

_____, 『對外軍用秘密地圖のための潛入盜測』3, 同時代社, 2014.

_____, 『對外軍用秘密地圖のための潛入盜測』4, 同時代社, 2015.

개항도시의 근대문화 유입과 형성

부산과 상하이의 영화를 중심으로

곽수경

1. 개항장과 영화의 유입

근대 시기 바다는 새로운 문물을 싣고 시장 개척에 나선 사람들을 태운 배들이 대륙과 대륙, 국가와 국가, 항구와 항구로 가는 통로가 되어주었고 개항장들은 이를 받아들이는 관문 역할을 했다. 새로운 운송수단인 기선汽船이 범선帆船을 대체하면서 안전성과 운항 기간 단축을 가져다주어 세계의 바다는 빠르게 연결되었다. 동북아 해역을 구성하는 한중일 3국은 개항[1]과 더불어 근대를 시작했고 근대문물을 받아들이기 시작했다. 영화는 대표적인 근대의 산물로, 1895년 12월 28일 프랑스 파리에서 탄생한 후 신기한 볼거리라는 '상품'으로

---

1   여기에서는 근대 시기를 한국은 1876년부터 일본 패망까지, 중국은 당대(當代)라는 특수한 시기구분을 우리의 현대 개념으로 보고 1840년부터 1949년까지로 다루고자 한다. 다만 이 글에서는 영화의 유입에 주목하고 있으므로 개항 초기에 무게 중심으로 두고 근대 시기 전반의 흐름을 살폈다. 최근 부산에서는 개항을 언제로 볼 것인가라는 문제를 두고 논의가 진행되고 있다. 쟁점은 부산의 개항을 일본에 의해 강제로 문호를 개방한 1876년으로 볼 것인가, 『태종실록』의 기록에 의거하여 자주적으로 일본 선박의 기항을 허가해준 1407년으로 볼 것인가 인데, 이 글에서 말하는 개항은 근대의 개항을 의미한다.

유럽에서 미국, 그리고 아시아 각국으로 운송되었다.

부산과 상하이는 각각 한국과 중국을 대표하는 개항도시로, 일찍부터 영화를 접하고 영화문화를 형성한 도시이기도 했다. 하지만 부산과 상하이의 지정학적 위치와 개항 상황, 열강들과의 관계 등의 차이로 인해 이들 도시에 영화가 유입된 경로와 영화문화의 형성에도 차이가 존재한다. 부산은 일찍이 15세기부터 왜관倭館을 설치하여 일본과의 교류가 활발했던 지역으로, 개항과 더불어 왜관이 일본인전관거류지로 전환되고 한일강제병합으로 조선이 일본의 통치 체제에 편입되면서 일본의 절대적인 영향 아래에 놓이게 되었다. 반면 중국은 서구열강들이 각축을 벌이는 한편 반식민 상태였기 때문에 여러 나라의 영향력이 작용하는 가운데 중국 자체의 역량이 작용할 여지도 존재했다. 상하이는 역사적으로 광저우廣州나 닝보寧波와 같이 대외무역이 활발했던 지역 가까이에 위치하면서도 특별히 주목받지 못했지만 개항과 함께 영국조계와 미국조계, 그리고 프랑스조계 등이 형성되면서 이들 국가의 영향 속에서 빠르게 성장해나갔다.

여기에서는 근대 시기 개항도시 부산과 상하이를 중심으로 신흥 상품이었던 영화가 어떤 경로를 통해 한국과 중국으로 유입되어 영화문화를 형성하는 토대가 되었는지를 비교, 고찰하고자 한다. 이는 단순히 영화필름의 물리적인 수송경로나 산업과 교역 구조를 살피려는 것이 아니라 동북아 해역의 근대문물의 전파양상과 특성, 개항도시의 성격과 위상, 개항장의 기능 등을 살피는 데 목적이 있다. 선행연구를 볼 때 영화가 부산과 상하이에 어떤 경로로 유통되었는지에 관한 본격적인 연구는 찾아보기 힘들고, 영화사나 문화사 등 관련 연구에서 부분적으로 언급되고 있는 정도이므로, 이 연구는 이러한 연구의 공백을 메우는 출발점이 될 것으로 기대된다.

2. 부산과 상하이의 개항

부산과 상하이는 뛰어난 입지 조건으로 인해 자국에서 최초의 개항도시가 되었고 근대도시로 발전하였다. 하지만 부산은 일본과 거리가 가깝고 왜관이나 통신사선通信使船을 통해 조선과 일본을 이어주는 관문 역할을 했기 때문에 일찍부터 조선 내에서 일본문화를 가장 먼저 접하고 수용하는 곳이 되었다. 상하이 역시 사통팔달의 입지로 주목을 받으며 개항이 되었는데, 조계租界를 중심으로 하여 당시 상하이에서 권력을 행사했던 미국과 유럽 등 서양 국가들의 영향을 많이 받았다.

1) 부산의 개항과 근대도시의 성격

부산과 일본은 바다를 사이에 두고 서로 바라볼 수 있을 정도로 가까이에 위치하고 있으며, 발굴된 고대유물 중 우리나라 남부 지역에서 발견되는 흑요석은 대부분 규슈 지역에서 나는 것들로, 신석기 시대부터 일본과의 교류가 있었음을 알려준다. 조선 시대에는 1407년부터 부산에 일본과의 교역창구인 왜관이 설치되어 운영되었고, 1678년 11만 평 규모의 초량왜관이 열리면서 1876년 개항까지 200여 년간 조선과 일본을 연결했다. 열강 중에서 조선의 개항에 가장 적극적이었던 일본은 지정학적으로 탁월했던 부산을 조선 점령의 거점으로 삼고자 하여 부산은 조선에서 가장 먼저 개항장이 되었다.

김주관은 개항장은 '외국인의 거주와 통상을 위해 개방하였거나 개방하기로 약속한 항구 또는 지역'을 가리키는데, 쇄국에서 개국으로 이행하는 과정에서 동아시아에서만 탄생한 특수한 식민공간이 되었고, 이 지역을 통해 제국주의 침탈이 이루어졌기 때문에 조계의 공간구조와 발달 여부에 따라 식민도시의 여부를 알 수 있다고 했다. 일반적으로 식민도시는 격자형 구조를, 개항도시는 해안을 따라 선형 구조를 가지며 이후 인구 증가에 따라 배후지의 내륙방향으로 도시가 팽창하면서 격자형으로 변화하지만 그 시작은 선형구조로, 이는 교역을 중심으로 한 상업시설 기반 구축을 위한 경제적 목적인지, 아니면 이민자들의 주거지 형성을 위한 정치, 군사적 목적인지에 따라 달라진다는 것이다. 우리나라 개항장들은 처음부터 격자형 도시 형태를 기반으로 발달하여 일본의 식민지배 목적에 부합한다고 했다.[2]

부산의 경우 1877년 1월 30일 체결된 '부산구조계조약釜山口租界條約'에 의거하여 초량왜관이 일본인전관거류지로 전환되었고, 일본정부는 식민지배 체제를 공고히 하고자 일본인들의 이주를 장려하면서 급증한 일본인을 위한 거주 지역과 각종 편의시설의 필요에 따라 공간 확장이 불가피하게 되었다. 이러한 문제는 1902년 북빈매축공사 착공을 시작으로 1930년대까지 부산세관공사, 쌍산착평공사, 부산진매축공사, 영도 대풍포 매축공사, 남빈매축공사 등 주로 해안지역

---

2 김주관, 「공간구조의 비교를 통해 본 한국개항도시의 식민지적 성격 – 한국과 중국의 개항도시 비교를 중심으로」, 『한국독립운동사연구』 42, 독립기념관 한국독립운동사연구소, 2012.

의 매립을 통해 해결하였고, 일본인전관거류지를 중심으로 시가가 형성되면서 종래의 동래 중심에서 해안가로 중심이 이동하였다. 하지만 이것은 상하이 와이탄外灘과 같이 교역을 위한 공간이 아니라 식민도시에 대한 경제적 착취를 위한 선박 접안과 하역작업을 위한 공간이었다. 더불어 일본인들을 위한 각종 공공건축과 시설이 늘어나면서 시가가 새로 형성되고 식민 행정의 중심으로서 도시가 재편되었다. 따라서 부산의 도시공간은 해안을 따른 선형 발달과 동시에 내륙 확장에 따른 격자형 구조를 가지게 되어, 일본이 부산에 대해 수행한 경제 수탈과 식민통치체제 공고화 목적이 동시에 반영된 것으로 볼 수 있다.

한편 인구 유입이 빠른 속도로 이루어지는 가운데 일본인의 비중이 타 도시에 비해 절대적 우위를 차지하면서 그들의 여가활동을 위한 문화오락거리가 필요했는데 부산은 일본 문화를 빨리 흡수함으로 인해 다른 도시들에 비해 일찍 근대식 극장이 생겨나게 되었다.[3] 탈춤, 마당극, 남사당패 등 실내의 닫힌 무대와는 무관하던 한국 전통공연 공간은 이처럼 일본의 영향을 받아 실내극장으로 변화했다가 영화가 대중적 인기를 얻게 되자 다시 상설영화관으로 전환되었다. 부

---

3 홍영철은 다른 도시들은 1920년대에 극장이 생겼지만 부산은 1895년에 이미 극장이 있었다고 하며 이보다 앞서 1881년 제정된 '일본 거류민 영업규칙'에도 극장에 대한 언급이 나온 걸로 봐서 한국 극장사의 시초인 행좌(幸座)도 이때쯤 이미 존재하고 있었을 것이라고 주장한다(편집부, 「부산, 한국 영화 역사의 시발점」, 『로컬리티의 인문학』 8, 부산대 한국민족문화연구소, 2009, 3쪽). 하지만 이것은 현재까지는 확인할 수 있는 사료가 없는 반면 "일본인 거류민들이 인천에서 발간하던 『朝鮮新報』를 통해 확인해본 바, 1892년 5월에 이미 인부좌(仁富座)라는 이름의 극장이 인천에 만들어져 운영된 것을 확인할 수 있었다"(한상언, 「활동사진 시기 조선영화산업 연구」, 한양대 박사논문, 2012, 22~23쪽)고 하므로 현재로서는 부산에 최초의 근대식극장이 있었다는 주장도 힘을 얻기 힘들다고 하겠다.

산에서 처음 영화가 상영되었던 것을 1904년 행좌와 송정좌에서라고 보면 가까운 중국과 일본에 비하더라도 상당히 늦지만 홍영철의 주장처럼 부산이 일본과 가까이 있으면서 일본의 영향을 많이 받았기 때문에 실지로 영화는 이보다 훨씬 빨리 유입되었을 개연성이 높다.[4] 특히 다른 나라들에서도 초기의 영화 상영이 정식 영화관에서 이루어진 경우가 많지 않다는 점을 생각하면 그 주장의 개연성은 훨씬 높아진다. 부산에서 영화관은 일본인전관거류지 일대를 중심으로 집중 건설되었는데, 이들 영화관에서는 일본인들을 대상으로 하여 일본영화가, 조선인을 대상으로 하는 영화관에서는 주로 일본영화와 할리우드영화가 상영되었다. 부산은 1920년대에 이미 연간 영화 관객이 30만 명에 달하는 거대 영화도시가 되었음에도 불구하고 〈춘향전〉을 계기로 경성을 비롯한 다른 지역에서 조선영화 붐이 일어났을 때에도 그런 현상이 나타나지 않았을 뿐 아니라 〈춘향전〉조차 상영되지 않아[5] 부산이 처한 특수한 상황을 보여주었다. 일본에 의해 탄생한 근대도시 부산은 일본의 영향력과 그에 대한 의존도가 절대적일 수밖에 없는 상황에서 강한 식민성과 종속성을 보였다.

2) 상하이의 개항과 발전

상하이는 개항을 맞이하면서 중국에서 새로운 중심으로 부상했다. "1685년 청 강희제가 개방했던 네 곳의 항구 중 하나인 강해관江海關

---

4 홍영철, 『부산근대영화사-영화상영자료 1915~1944』, 산지니, 2009, 20쪽.
5 이지현, 「1920년대 부산과 경성 극장가의 식민성 연구」, 『日語日文學研究』 105, 한국일어일문학회, 2018, 215쪽.

인근에 자리하고 있어 상하이의 지정학적 가치는 일찌감치 주목을 받아왔고"[6] 영국동인도회사 소속으로 로드 애머스트호Lord Amherst를 타고 1832년 중국 해안을 조사했던 예수회 선교사 "구츨라프는 영국인에 의해 개항되기 전부터 상하이가 번성한 상업 항구였음을 명확하게 밝히고 있다. 때문에 상하이에 처음 도착한 영국인들은 상업의 편리를 위해 상하이의 경제 중심인 상하이현성 내에 영사관을 설치하고 거류지를 확보하고자 했던 것이다"[7]라고 했다. 이들의 주장처럼 상하이가 개항 이전부터 이미 어느 정도 번성한 항구로서 역할을 하고 있었다고 하더라도 대외무역항으로서의 오랜 역사를 가지고 있고 기반 여건이 갖추어져 있던 광저우나 함께 개항했던 다른 항구가 아니라 그들 중에서 가장 덜 발달한 상하이가 서구 열강들에게 주목받은 이유는 바로 가장 덜 발달했기 때문이었다.

서구 제국들에게 있어 상하이가 갖는 또 다른 이점은 중국 상인들과 동일한 출발선상에서 경쟁을 할 수 있었다는 점이다. 즉 앞서 기술한 바와 같이 초기에 개항한 다섯 개의 개항도시들 중에서 상하이를 제외한 네 개의 항구는 전통적으로 교역이 발달한 도시들이었거나 이미 지역 상인들이 상권을 장악하고 있었던 곳이었던 반면 상하이는 개항과 더불어 상업도시로 발달하기 시작한 곳이었다. 게다가 상하이는 중국인들과 토지에 대한 분쟁도 피할 수 있는 곳이었다. 상하이는 기존에 원주민들이 거주하던 지역이 아니어도 정착할 장소가

6   임춘성, 「중국영화를 통해 본 상하이와 상하이인의 정체성」, 임춘성·곽수경 편저, 『상하이 영화와 상하이인의 정체성』, 산지니, 2010, 19~21쪽.
7   최낙민, 「세계를 품은 해항도시, 상하이(上海)—올드 상하이 노스탤지어를 찾아서」, 한국해양대 국제해양문제연구소, 『세계의 해항도시』 I(아시아편), 선인, 2014, 79쪽.

있었기 때문에 그야말로 자유롭게 새로운 도시를 건설할 수 있었던 곳이었다.[8]

이처럼 자신들의 기호에 맞도록 새로운 도시를 건설하려는 열강들의 목적은 멋지게 성공한 셈인데, 그들은 치외법권이었던 상하이 조계에서 마음껏 활보하며 자신들의 이득을 챙길 수 있었던 것이다. '조계는 거주와 상업 활동을 위해 주요 무역항이나 도시의 일정 구역의 토지를 임대하여 외국인이 관리권을 행사하는 지역'을 말하지만 "조계에서 생활했던 외국인들은 행정권과 사법권, 경찰권을 독립적으로 행사했으므로 중국의 주권이 미치지 않는 '국중지국國中之國'을 건설"[9]했고, 조계는 근대 상하이의 성장과 발전의 한 축이 되었다.

상하이에는 1845년에 영국조계가 건설된 것을 시작으로 1848년에는 미국조계, 1849년에는 프랑스조계가 건설되었다. 1863년 영국조계와 미국조계가 공공조계로 통합되어 상하이는 공공조계, 프랑스조계, 중국인 거주지인 화계華界로 3분되었다. 1854년은 상하이 사회발전의 전환점으로, 소도회小刀會가 상하이에서 봉기를 일으켜 화계지역으로 피난했던 중국인 2만 명이 난스南市에서 양징빈洋涇濱으로 몰려왔다. 양행 상인들은 태평천국의 난으로 명주실, 차, 아편무역을 할 방법이 없어지자 남아도는 자금을 부동산 사업으로 돌리고, 양징빈연안에 800여 동의 간이주택을 지어 중국 난민들이 살게 했다. 중국인을 대상으로 다양한 사업이 요구되면서 대량의 자금이 조계로 흘러들었고 토지, 주택가격이 크게 오르면서 조계가 번영할 기초를 제

---

8 김주관, 앞의 글, 264쪽.
9 최낙민, 앞의 책, 83쪽.

공했다. 이에 영국상인들은 정부 관계자들이 주장하는 '화양분거華洋
分居'를 반대했다. 1년간의 논쟁 끝에 중국과 영국은 〈토지장정〉을 수
정하여 중국인들이 조계에서 상업 활동을 하도록 허용해주었다. 그
에 따라 중국인들이 대거 조계로 쏟아져 들어왔고 화양잡거華洋雜居 상
황으로 전환되었다.[10] 이런 특수한 상황은 상하이 사람들이 자연스럽
게 조계에 거주하는 외국인들과 자주 접촉하면서 그들의 생활방식과
사고를 이해하고, 동경하게 했다.

영화 관람에 있어서도 상하이 사람들은 중국영화를 별로 좋아하지
않았다. 일류 영화관들은 모두 조계에 있었고 절대 다수의 외국영화
가 그곳에서 상영되었다. 외국영화를 보는 것이 유행을 따르는 행위
로 여겨져서 양행, 외국무역회사 직원과 학생들이 좋아했고, 유한마
담과 부잣집 아가씨들은 일류 영화관에서 외국영화를 보는 것을 폼 나
는 일이라고 생각했으며, 작가와 기자들도 영화 애호가들이었다. 이
것은 상하이에서만 볼 수 있었던 독특한 광경이었고, 카이펑開封, 타이
위안太原, 청두成都, 지난濟南과 같은 내지의 다른 도시들에서는 미국영
화는 인기가 없었다. 이들 도시의 중국인들은 대부분 할리우드영화를
이해하지 못했기 때문에 관람료를 낮추어도 보려고 하지 않았다.[11] 당
시 상하이는 중국의 다른 도시들과 문화적 차이가 컸는데 이런 것들이
근대 상하이의 독특한 도시문화적 특징이었다고 할 수 있다.

이처럼 개항으로 인해 급성장했던 상하이는 탄灘이라는 상하이에

---

10 李天綱, 『人文上海—市民的空間』, 上海教育出版社, 2004, 75쪽.
11 李微, 「近代上海電影院与城市公共空間(1908～1937)」, 『檔案与史學』 2004年第3期, 上海市檔
案館, 2007, 28쪽.

붙는 수식어가 말해주듯이 바다를 향해 열려있는 교류의 공간이라는 자연환경적 요소에 조계의 설치라는 정치경제적 요인이 결합하여 외국문화를 자연스럽게 이해하고 수용하게 함으로써 상하이 사회의 특징을 형성하였다. 이처럼 상하이의 개방성과 세계지향성은 오랜 역사를 두고 형성된 것이라고 할 수 있다.

3. 부산과 상하이의 영화 유입 경로와 형성

영화는 공식적으로 1895년 12월 28일 프랑스 파리에서 탄생하여 1896년 2월 20일 영국, 5월 17일 러시아, 6월 29일 미국, 7월 7일 인도, 8월 11일 중국, 1987년 2월 15일 일본에서 소개되었다.[12] 기선의 운항은 영화가 이처럼 빠른 속도로 전 세계로 퍼져나갈 수 있는 기반이 되었고, 개항장은 그것을 받아들이는 관문 역할을 했다. 여기에서는 이런 사정을 바탕으로 대표적 근대문물이었던 영화가 어떤 경로를 통해 부산과 상하이로 유입되어 배급되었고 영화문화를 형성하는 토대를 마련했는지 살펴보고자 한다.

1) 근대 동북아시아의 기선 항로
근대의 산물들이 세계 각국으로 빠르게 퍼져나갈 수 있었던 토대

---

12 1986년 11월 25일 일본 고베에서 에디슨의 키네토스코프가 소개되었고 1987년 2월 15일 오사카에서 뤼미에르형제의 시네마토그라프가 소개되었으므로(한상언, 앞의 글, 2012, 52~53쪽) 일본에서 최초로 영화가 소개된 것은 1987년이라고 해야 할 것이다.

의 하나는 기선이 범선을 대체하게 되었다는 것이다. 당시 기선은 매우 과학적이고 선진적인 운송수단으로, 기존의 운송기간을 대폭 줄이면서 안전하게 항해할 수 있게 해주었다. 서구 열강들은 일찍이 동인도회사를 징검다리로 삼고 드넓은 바다를 건너 아시아로 진출했다. 무력으로 아시아 국가들의 문을 열게 하고 각 개항장과 주요 항구들을 잇는 정기항로를 개설하여 신속하고 체계적으로 사람과 물품을 실어 날랐고 이런 가운데에서 새롭고 이질적인 문화도 함께 전파되었다.

1837년 영국 해군본부와 동인도회사는 P&O와 공동으로 영국과 인도간의 정기항로를 개설했고, 1849년에는 홍콩-상하이 간 항로를, 1859년에는 상하이-나가사키에 정기항로를 개설하고 운항했다. 1866년 영국 제2의 동양해운기업인 태평양기선회사太洋汽船會社, Ocean Steam Ship Co.가 리버풀-상하이 항로를 개설했다. 이에 앞서 영국의 이화양행怡和洋行, Jardine Matheson & Co.도 1842년 홍콩섬에 본사를 세우고 1844년 홍콩-상하이 간 기선항로를 개설했다. 1858년에는 일본 요코하마에 사무소를 개설하고 고베와 나가사키에 진출했다. 1883년 8월 상하이-부산-인천-나가사키 정기항로를 개설했다.

미국은 기창양행旗昌洋行, Russel&Company이 1853년 홍콩-상하이 간 기선을 운항했고, 태평양우선회사太平洋郵船會社, Pacific Mail Steamship Co.가 1867년 샌프란시스코-요코하마-홍콩항로를 개설하고 별도로 요코하마-상하이 지선을 경영했다. 1870년에는 샌프란시스코-요코하마-고베항로를 상하이까지 연장 운항했다.

일본 정부는 1875년 1월 미쓰비시사三菱會社에 일본 근해에 세력을 확장시켜오던 미국의 태평양우선회사에 맞서 상하이-요코하마항로를 개설 운항하라고 명령했는데, 이는 일본 해운회사에 의한 최초의 해외항로가 되었다. 우편기선미쓰비시사郵便汽船三菱会社는 이듬해 한국과 일본 간 최초의 정기선이었던 나가사키-부산노선을 왕복으로 운항했고 1883년에는 조선항로를 개정 연장하여 고베에서 시모노세키-나가사키-고토-쓰시마를 경유해서 인천까지 운항했다.

1885년 10월에 설립된 일본우선회사日本郵船會社는 요코하마-고베-시모노세키-나가사키-상하이, 나가사키-부산-원산-블라디보스토크, 나가사키-고토五島-쓰시마-부산-인천, 나가사키-인천-옌타이煙臺-톈진天津 항로 등을 운항했는데, 이를 바탕으로 일본해운도 해외 진출을 본격적으로 시작하는 기틀을 다지게 되었다. 1889년에는 상하이-옌타이-인천-부산-원산-블라디보스토크항로를 신설하고, 1905년에는 마침내 부관연락선釜關連絡船을 개설했다.

프랑스의 경우에는 제국우편회사帝國郵便會社가 1866년에 상하이-요코하마 항로를 개설했고 중국의 윤선초상국輪船招商局도 1883년 상하이-인천 정기항로를 개설했지만 3차례 운항 후 재정 문제로 노선을 폐지했다.[13]

이처럼 1830년대를 지나면서 유럽에서 아시아에 이르는 기선의 정기항로가 개설되기 시작했고 인도, 싱가포르, 홍콩, 상하이가 주요

---

13 이상의 기선 항로에 대해서는 기본적으로 노정호, 「近代 韓日航路에 관한 硏究」, 부경대 석사 논문, 2007; 황은수, 「개항기 한중일 정기 해운망과 조선상인의 활동」, 『역사와 현실』 75, 한국역사연구회, 2010; 吳松弟·王哲, 「근대 중국의 개항 도시와 동아시아」, 『한국학연구』 26, 인하대 한국학연구소, 2012; 松浦章·笹川慶子, 『東洋汽船と映畫』, 關西大學出版部, 2016 등을 참고하여 연구자가 재정리하였다.

기항지나 경유지 역할을 했다. 1895년 공식적으로 탄생한 영화는 상인들에 의해 무역품의 하나로 기선에 실려 이들 항로를 따라서 신속하게 아시아로 운송되었음을 알 수 있다.

마쓰우라 아키라松浦章와 사사가와 게이코笹川慶子는 일본의 동양기선이 태평양항로의 정기항로를 개설한 것과 그것을 따라 미국에서 일본으로 영화필름이 운송되었던 것에 대해 연구했다. 그들에 따르면, 동양기선회사의 선박은 요코하마에서 상하이로 기항하여 중국차를 싣고 수송했으며 그밖에 영화필름도 있었다고 한다.[14] "미국영화 제작의 메카였던 할리우드가 일어나기 시작한 1910년대 초는 할리우드에서 가까운 샌프란시스코로 동양기선회사가 일본에서의 정기항로를 이미 운항하고 있었다. 그 덕에 얼마 안 있어 할리우드가 영화를 직접 미국에서 아시아로 수출할 수 있게 되었고 많은 영화가 샌프란시스코에서 태평양항로를 이용해서 아시아를 향해 수송되었다. 이로써 샌프란시스코를 거점으로 태평양항로를 운항하고 있던 동양기선회사와 미국영화의 일본으로의 수출과도 밀접한 관계가 있다고 예상할 수 있다."[15] 미국영화는 제1차 세계대전 이후 세계영화시장에서 주도권을 잡고 아시아영화시장을 적극 공략했는데 직배체제를 갖추고 샌프란시스코항로를 이용해서 보다 빠르게, 보다 많이 유입될 수 있었다고 하겠다.

---

14 松浦章・笹川慶子, 『東洋汽船と映畫』, 關西大學出版部, 2016, 83쪽.
15 위의 책, 429쪽.

2) 부산의 영화 유입 경로와 형성

한일강제병합이 이루어졌던 1910년 이후로는 일본이 조선의 영화 산업을 장악하게 되면서 영화 유입 경로도 이전과 다른 양상을 보인다. 즉 1910년 이전에 미국과 유럽영화는 싱가포르를 경유해서 상하이에서 조선으로 유입되거나 상하이에서 다시 일본을 거쳐 조선으로 유입되었다. 싱가포르를 경유한 이유는 당시 프랑스 영화사 파테가 싱가포르에 파테 총대리점을 설립하고 이를 거점으로 동남아시아 일대와 필리핀, 홍콩 등지까지 영화를 판매했기[16] 때문일 것이며, 조선으로는 싱가포르에서 다시 중간 판매업자를 통해 상하이나 일본을 거쳐 유입되었다. "싱가포르는 1826년에 말라카, 페낭과 함께 영국동인도회사의 해협식민지Straits Settlements를 구성했으며, 1867년부터는 영국의 직접 지배하에 놓이게 되었다."[17] 그리하여 영국이 아시아로 진출하는 기지 역할을 했을 뿐만 아니라 물리적으로는 1840년부터 아시아 바닷길을 운항하는 증기선의 석탄 공급 항구가 되었기 때문에[18] 선박들이 긴 항해를 함에 있어 경유하지 않을 수 없었던 것이다.

한편 1910년 이후로는 영화가 상하이에서 곧바로 조선으로 유입되던 상황은 사라지고 일본을 통해 조선으로 유입되었다. 미국영화 역시 제1차 세계대전을 거치며 아시아에서의 유통체계 역시 변화를 보인다. 원래 영국에서 판매되어 싱가포르를 거쳐 일본으로 건너왔

---

16 한상언, 「1910년대 중반 조선에서 유니버설 영화에 관한 연구」, 『씨네포럼』 23, 동국대 영상 미디어센터, 2016, 340쪽.
17 노영순, 「글로벌 시티의 비밀을 간직한 싱가포르」, 한국해양대 국제해양문제연구소, 『세계의 해항도시』 I(아시아편), 선인, 2014, 265쪽.
18 위의 책, 266쪽.

던 미국영화는 극동지역에서 유니버설영화에 대한 독점권을 가진 하리마유니버설이 1916년 도쿄에 설립되면서 곧바로 일본으로 수입되었다.[19] 할리우드의 주요 스튜디오들도 일본의 극동지사에 미국인 지사장을 파견하고 흥행과 선전, 기타 업무들을 현지인력에 맡겼고[20] 조선의 국내배급업자들은 이들과 계약을 맺어 미국영화를 수입, 배급했다.[21]

그렇다면 이처럼 영화가 미국이나 유럽 국가들에서 싱가포르를 거쳐 상하이에서, 혹은 상하이에서 다시 일본을 거쳐 조선에 도착한 후 조선에서의 유입 경로는 어떠했는가. 먼저 조선에 영화가 언제 처음 소개되었는가 하는 문제에 대해서 손탁호텔설이나 영미연초회사의 담배 선전, 조선연초주식회사의 일본담배 선전을 상영했다거나 미국인 버튼 홈스가 경성을 촬영해서 상영했다는 설[22] 등 다양하지만 어떤 것이 사실이라고 하더라도 공통적인 것은 조선에서 최초로 영화가 상영된 지역이 경성이라는 것이다. 조선에서 중심도시는 줄곧 수도 경성이었고 개항과 함께 진행된 부산의 발전은 일본의 경제적 수탈의 필요에서 기인한 것이었다. 따라서 영화 유입 초기에 조선에 영화를 가져왔던 서양인들이 관심을 가졌던 도시는 당연히 경성일 수밖에 없었다. 하지만 1910년대 이후 조선으로의 유입 경로가 일본으로 단일화되었을 때에도 여전히 영화는 일본과 가깝고 기선항로가 다양하게

---

19 한상언, 앞의 글, 2016, 349쪽.
20 이화진, 「유럽영화의 조선 배급―도와상사(東和商事)의 사례를 중심으로」, 『현대영화연구』 25, 한양대 현대영화연구소, 2016, 286쪽.
21 이호걸, 「1920~30년대 조선에서의 영화배급」, 『영화연구』 41, 한국영화학회, 2009, 129쪽.
22 김려실, 『투사하는 제국 투영하는 식민지―1901~1945년의 한국영화사를 되짚다』, 삼인, 2006, 21~28쪽.

개설되어 있던 개항장 부산이 아니라 경성에서 제일 먼저 상영된 다음 부산에서 상영되었다는 것은 의외라고 생각할 수 있다.[23]

당시의 기선항로나 철도 상황을 보았을 때 영화필름의 운송 자체는 일본을 출발하여 부산에 도착한 다음 다시 인천이나 육로를 거쳐 경성으로 운송되었거나 일본에서 곧바로 인천을 거쳐 경성으로 운송되었을 확률도 높다. 일례로 부산 출신이면서 인천 상권을 주도했던 정치국丁致國은 1899년 1월 협동기선회사協同汽船會社를 설립하여 부산에서 함경북도 경성鏡城까지 항행하며 북한 지역의 항로를 개척했다. 또한 1900년에는 이완용의 형인 이윤용과 합자로 대한협동우선회사大韓協同郵船會社를 창립하여 주로 인천-진남포 항로에 주력하면서 군산, 목포, 제주, 부산, 원산 등지에 선객과 화물을 수송했다. 그는 인천의 대표 극장이었던 애관愛館의 전신인 협률사協律社도 경영했으므로[24] 자신이 운영하던 선사들을 이용해서 영화필름을 부산에서 경성으로 운송했을 가능성이 크다.

한편 이처럼 영화필름의 최종 운송 목적지가 부산이 아닌 경성이었고 그곳에서 먼저 상영된 것은 관람을 통해 소비가 완성되는 영화의 속성 때문으로, 도시 간의 위상을 알 수 있다. 영화는 초기에는 주로 서양 상인들이 개별적으로 경성으로 가져가서 돈벌이 수단으로 삼다가 차츰 독립된 업종으로 자리 잡으면서 조선영화 배급사나 외

---

23 경성에서 상영이 끝난 필름들은 바로 부산으로 보내졌다. 부산의 보래관(寶來館)은 황금관의 프로그램을 받아 상영했으며, 행관(幸館)은 유락관의 프로그램을 그대로 상영했다. 마찬가지로 니카츠 계통의 닛다연예부에서는 경성의 조선인 상설관인 우미관에 유니버설 영화를, 대정관에 니카츠 영화를 공급했다. 대정관의 니카츠 영화들은 경성에서 상영이 끝난 후, 바로 부산의 상생관(相生館)으로 보내졌다. (한상언, 앞의 글, 2012, 95쪽)

24 吳美一, 「開港(場)과 移住商人」, 『한국근현대사연구』 47, 한국근현대사학회, 2008, 62~63쪽.

국영화 배급사들이 경성을 거점으로 활동했다. 당시 영화는 극장 등급에 따라 경성의 일류 영화관에서 제일 먼저 상영된 다음 경성의 이류 영화관과 지방 극장에서 상영되는 방식이었기 때문에 비록 영화필름이 부산으로 먼저 운송되었을 지라도 상영은 경성에서 먼저 이루어졌던 것이다.

3) 상하이의 영화 유입 경로와 형성

상하이는 개항과 더불어 신속하게 중국의 경제 중심으로 발전해나갔고 중국과 교역을 원하는 서구 열강들로 인해 조계가 형성되었다. 그리하여 자연스럽게 조계지역을 중심으로 새로운 문물과 문화가 활발하게 유입되고 전파되었다. 그에 따라 근대 상하이의 문화를 대표하는 영화 역시 수도 베이징이 아닌 개항장 상하이를 통해 가장 먼저 유입되고 발전했다. 1896년 8월 11일 중국 최초로 상하이 유이춘又一村에서 영화가 소개된 이후 상하이에서는 외국영화의 유입과 전파는 물론이고 영화관과 영화사 설립, 영화 제작에서 배급과 상영에 이르기까지 활발한 영화 관련 활동이 이루어졌다. 양진푸楊金福는 책 제목에 '상하이영화'라는 명칭을 내세우고 서문에서 상하이는 영화가 생장하기 적합한 곳으로, 중국영화의 발상지가 되었다. 상하이에서 최초의 영화 상영, 최초의 영화관, 최초의 영화사, 최초의 단편극영화, 최초의 애니메이션, 최초의 영화잡지 등이 탄생했으며, 상업영화의 기록적인 박스오피스, 우수한 영화 작품, 감독, 배우들이 끊임없이 출현했다. 1949년 이전 중국에서 제작된 3,000여 편의 영화중에서 80% 이상이 상하이에서 제작된 것만 보아도 1949년 이전의 상하이

영화사는 기본적으로 곧 중국영화사라고 할 수 있다고 했다.[25]

상하이는 개항 초기부터 외국인들이 활동하기 좋은 여건이 마련되어 있었고 경제가 빠르게 번영을 이루어나갔기 때문에 조선의 경성에서와 마찬가지로 서양인들이 개별적으로 영화를 가지고 와서 소개하던 것이 점차 돈벌이가 되면서 극장업과 배급업 등 독립된 업종으로 자리를 잡게 되었다. 당시 상하이는 미국이나 유럽에서 일본까지 이어지는 기선항로의 기항지이기도 했고, 영화가 크게 인기를 얻었기 때문에 영화는 상하이로 먼저 유입되어 상영된 다음 내지의 다른 도시들로 유통되는 단계를 거쳤다.

조선에서는 한일강제병합이 이루어진 1910년을 전후로 영화의 유입 경로가 변화했다고 한다면 상하이의 경우는 세계영화사의 흐름과 마찬가지로 제1차 세계대전을 전후하여 미국영화와 유럽영화 간의 주도권이 역전되면서 배급체계도 변화하는 모습을 보인다. 즉 영화는 프랑스에서 탄생하여 제1차 세계대전 이전에는 자본력이 막강했던 프랑스에 비해 미국영화산업은 규모가 매우 작았고 중국에서의

---

25 楊金福 編著, 『上海電影100年圖史1905~2005』, 文匯出版社, 2006. 일반적으로 도시명 뒤에 영화라는 단어를 붙여 사용하는 경우로는 홍콩영화와 할리우드영화가 있었으나 홍콩영화는 서서히 중국영화로 흡수되고 있어 현재로서는 할리우드영화 정도가 있다고 하겠다. 1930년 대 후반, 좀 더 길게는 1940년대까지 상하이영화라는 용어도 할리우드영화가 미국영화를 대표하는 개념으로 사용되는 것과 마찬가지로 중국영화를 대표하는 개념으로 사용되었다. 최근에 중국에서 상하이영화라는 용어를 다시 끄집어내는 것은 사회주의 중국 이후 상실했던 영화의 주도권을 회복하고자 하는 데에서 비롯되었다고 할 수 있다.
아울러 이 글에서는 '부산영화'라는 용어를 사용할 수 있는지에 대해서는 유보해두고자 한다. 부산의 영화역사에 대한 관심과 관련 연구가 늘어나면서 1996년 시작된 부산국제영화제의 성공적인 개최와 함께 부산이 한국영화 발전사에 공헌한 바와 의미를 강조하고 있지만 필자는 '부산영화'를 고유명사로 사용하기는 힘들다는 입장이다. 현재 부산영화라는 용어를 사용하고 있는 경우들을 보면 편의적으로 사용하고 있을 뿐 설득력 있는 근거를 바탕으로 개념을 정립한 것은 아니다.

상영과 배급도 유럽보다 뒤쳐졌다. 프랑스 파테사 등이 영화 공급을 독점함에 따라 초기에 미국인이 아시아에 대행처를 가지고 있었고 필리핀 마닐라에도 사무소가 있었음에도 불구하고 프랑스인을 거쳐야 했다.[26]

하지만 제1차 세계대전이 발발하고 유럽이 전쟁으로 고전하는 사이 미국영화가 그 자리를 대신하고 주도권을 잡으면서 미국영화사들이 중국에 사무소를 설립하고 영화를 판매했다. 1921년부터 할리우드의 유니버설사가 앞서 나가자 다른 회사들도 따라서 중국에 사무소를 설립하고 영화를 판매했다. 가령 워너브라더스는 상하이와 텐진에, 파라마운트는 홍콩, 상하이, 텐진에 사무소를 설립했다. 이들 사무소는 현지에서 중국 영화시장에 관한 자료를 수집하고 미국영화 상영 상황을 뉴욕 본부에 보고했으며 중국 영화관의 계약 이행을 감독하고 이윤을 분배하는 것과 같은 문제들을 처리했다. 1900년대 전반기에 미국은 중국에서 평균 매년 350편 이상 영화를 배급했다.[27] 1930년대 할리우드의 8대 영화사가 모두 상하이에 배급기구를 설립하고 상하이 영화시장을 거의 독점하다시피 했다.[28] 보통 영화가 미국에서 상영된 지 2주일 정도면 상하이 영화관에서 상영되었고 미국과 상하이에서 거의 동시에 상영되기도 했는데[29] 이는 앞에서 살펴본

---

26 蕭知緯・尹鴻/何美, 「好萊塢在中國－1897～1950年」, 『當代電影』 2005年第6期, 中國電影藝術研究中心・中國傳媒大學, 2005, 67쪽.
27 위의 글, 69쪽.
28 周仲謀, 「20世紀30年代中國電影的發行放映－以藝華影業公司爲例」, 『東方論壇』 2016年第3期, 靑島大學, 2016, 73쪽.
29 汪旭娟, 『近代上海電影与社會生活關系研究(1927～1937)』, 上海大學碩士學位論文, 上海大學碩士學位論文, 2011, 36쪽.

것처럼 샌프란시스코항로와 같이 미국에서 아시아에 이르는 기선의 정기항로가 구축되어 있었기 때문에 가능했다.

4. 맺음말

이상으로 근대 시기 개항장의 영화 유입과 영화문화의 형성이라는 부분에 초점을 맞추어 부산과 상하이의 영화 유입 경로와 배급 상황을 살펴보았다. 근대를 대표하는 문화상품인 영화가 근대의 획기적인 수송수단인 기선의 운항에 힘입어 신속하게 아시아로 유입된 상황을 통해 새로운 문화의 전파와 교류 양상, 영향관계를 구체적으로 고찰하고 개항장의 역할과 위상, 열강과의 관계 등을 비교, 고찰할 수 있었다.

영화의 유입 경로에 있어서 조선의 경우는 1910년 이전에는 미국이나 유럽에서 싱가포르와 상하이를 거쳐 조선에 유입되거나 상하이에서 다시 일본을 거쳐 조선으로 유입되었고, 1910년 이후에는 그 유입처가 일본으로 단일화되어 문화의 유입과 전파에 있어서 한일강제병합과 같은 정치적 요소가 강력하게 작용했음을 확인할 수 있었다. 국내 유입 경로의 경우 일본과 가장 가까이 있으면서 기선항로가 개설되어 있었던 개항장 부산이 아니라 경성에서 먼저 상영된 다음 부산에서 상영된 상황을 통해 문화상품인 영화 소비의 특성과 경성으로 가는 관문으로서의 개항도시 부산의 위상을 알 수 있었다. 아울러 일본에 의해 거의 독점되었던 부산은 일본인전관거류지를 중심으로 일본인이 많이 거주했기 때문에 일본영화가 많이 상영되었고 생활방식에서 의식에 이르기까지 일본의 영향을 깊이 받아 강한 종속성과 식민성을 보였다는 것도 확인할 수 있었다.

반면 중국에서는 서구 열강들이 혼재해 있으면서 각자의 역학구도 속에서 상하이를 경제적으로 활용하고자 했기 때문에 상하이는 무역항으로 성장해갔다. 상하이는 미국과 유럽에서 아시아를 오가는 기선들의 기항지로, 영화는 상하이에서 먼저 상영된 다음 내지의 다른 도시들로 유통되었다. 조계의 설치로 인해 미국, 영국, 프랑스 등 외국 문화의 영향을 많이 받았고, 특히 할리우드영화의 절대적인 우세 속에 그것의 영향력이 매우 컸다. 하지만 상하이는 독자적으로 상하이영화를 탄생시켰고 1940년대까지 중국영화의 중심으로 존재했다.

이처럼 부산과 상하이는 각각 한국과 중국에서 최초의 개항도시였지만 열강들의 목적에 차이가 있음에 따라 그 역할과 위상도 차이가 있었다. 따라서 개항장을 연구함에 있어서 그것이 새로운 문물이 유입되고 전파되는 관문이라고 일괄적으로 간주해서는 안 되며, 각자의 역할과 위상에 주목하고 개별적이고 구체적으로 고찰해야 할 것이다. 한편 본고는 선행연구에서 주목하지 않았던 영화의 유통경로를 통해 문화 전파의 양상을 고찰했다는 데 의의가 있다. 하지만 2차 자료에 근거하여 연구가 이루어졌기에 후속 연구에서는 1차 자료를 확보하여 이를 토대로 사실을 확인하고 발굴하는 작업이 이루어져야 할 것으로 판단된다. 또한 영화의 소비가 제작-배급-상영으로 완성되므로 상영작, 관객, 영화관을 함께 연구함으로써 영화문화의 형성과 그 성격을 규명해야 할 것이다.

참고문헌

김려실, 『투사하는 제국 투영하는 식민지-1901~1945년의 한국영화사를 되짚다』, 삼인, 2006.
김주관, 「공간구조의 비교를 통해 본 한국개항도시의 식민지적 성격-한국과 중국의 개항도시 비교
　　를 중심으로」, 『한국독립운동사연구』 42, 독립기념관 한국독립운동사연구소, 2012.
노정호, 「近代 韓日航路에 관한 硏究」, 부경대 석사논문, 2007.
吳美一, 「開港(場)과 移住商人」, 『한국근현대사연구』 47, 한국근현대사학회, 2008.
吳松弟·王哲, 「근대 중국의 개항 도시와 동아시아」, 『한국학연구』 26, 인하대 한국학연구소, 2012.
이지현, 「1920년대 부산과 경성 극장가의 식민성 연구」, 『日語日文學研究』 105, 한국일어일문학
　　회, 2018.
이호걸, 「1920~30년대 조선에서의 영화배급」, 『영화연구』 41, 한국영화학회, 2009.
이화진, 「유럽영화의 조선 배급-도와상사(東和商事)의 사례를 중심으로」, 『현대영화연구』 25,
　　한양대 현대영화연구소, 2016.
임춘성·곽수경 편저, 『상하이영화와 상하이인의 정체성』, 산지니출판사, 2010.
편집부, 「부산, 한국영화 역사의 시발점」, 『로컬리티의 인문학』 8, 부산대 한국민족문화연구소,
　　2009.
한국해양대 국제해양문제연구소, 『세계의 해항도시』 I(아시아편), 선인, 2014.
한상언, 「1910년대 중반 조선에서 유니버설 영화에 관한 연구」, 『씨네포럼』 23, 동국대 영상미디
　　어센터, 2016.
　　　　, 「활동사진시기 조선영화산업 연구」, 한양대 박사논문, 2012.
홍영철, 『부산 근대영화사-영화상영자료 1915~1944』, 산지니, 2009.
황은수, 「개항기 한중일 정기 해운망과 조선상인의 활동」, 『역사와 현실』 75, 한국역사연구회,
　　2010.

周仲谋, 「20世纪30年代中国电影的发行放映-以艺华影业公司为例」, 『东方论坛』 2016年 第3期,
　　青岛大学, 2016.
李天綱, 『人文上海-市民的空間』, 上海教育出版社, 2004.
李微, 「近代上海电影院与城市公共空间(1908~1937)」, 『档案与史学』 2004年 第3期, 上海市档
　　案馆, 2004.
松浦章·笹川慶子, 『東洋汽船と映画』, 関西大学出版部, 2016.
楊金福編著, 『上海電影100年圖史1905~2005』, 文匯出版社, 2006.
汪旭娟, 『近代上海电影与社会生活关系研究(1927~1937)』, 上海大學碩士學位論文, 2011.
萧知纬·尹鸿/何美, 「好莱坞在中国: 1897-1950年」, 『當代電影』 2005年第6期, 中国电影艺术
　　研究中心;中国传媒大学, 2005.

근대 중국의 서학 수용과
한국에서의 번역 서양서 수용 양상
제조총국 번역관과 광학회의 서학 관련 서적의 유통을 중심으로

허재영

1. 서론

이 글은 근대 한중 지식 교류 양상을 서적 유통을 중심으로 살펴보는
데 목적이 있다. 김문식(2009)에서는 조선 후기 지식인의 대외 인식 경로를
'영선사 코스', '수신사 코스', '표류민 코스'의 세 경로로 제시한 바 있는
데, 다수의 연행록이나 해행총재 등을 살펴볼 때 적절한 지적이라고 할
수 있다. 근대 한국 지식인의 대외 인식 문제는 총성의(2000), 김당택(2009)
등에서도 다루어진 바 있는데, 경향신문사(1906)의 '셩교사긔'나 이능화
(1927)의 『조선기독교 급 외교사』, 이광린(1969, 1976), 강재언(1983) 등의
연구를 통해서도 주요 흐름을 살펴볼 수 있다.

그러나 선행 연구의 대부분은 이른바 서학西學으로 불리는 천주교
수용 과정이나 서학서西學書의 유통 등에 초점이 맞추어져 있고, 각종
서적의 특징 또는 유통 과정에 대한 구체적인 논증 등이 충분하지 않
은 상태이다.

근대 한중 지식 유통의 실증적인 모습을 이해하기 위해서는 **근대 중국의 지식 현상을 이해하고, 당시 한중 교통망과 교통수단 등을 고찰해야** 한다.

먼저 중국 근대의 서학 수용과 관련한 국내의 연구로는 차배근(1985)의 『중국 근대 언론사』(나남)를 주목할 만하다. 1815년부터 1949년까지를 연구 대상으로 한 이 책에서는 '이입기'(1815~1859), '개척기'(1860~1895)', '정론기政論期(1895~1911)', '격동기'(1912~1927), '정착기'(1928~1936), '항전기'(1937~1949)로 구분하고, 각 시기별 시대 상황과 사회운동, 서양자 및 중국 문자로 발행된 신문·잡지 등을 비교적 상세히 기술하고 있다. 그 이후 홍석표(2005)의 『현대 중국, 단절과 연속－20세기 중국의 문화 학술 문학 연구』(선학사)와 같이, 중국의 학술·사상의 변천에 주목한 연구 성과가 있고, 양일모(2004), 윤영도(2005)의 서양서 번역과 관련한 박사논문도 출현하였다. 그뿐만 아니라 학문 각 분야에서 중국의 근현대와 관련한 다수의 논저가 쓰였으므로, 중국 근대 학문지의 실상에 대한 연구가 비교적 활발하게 전개되었다고 할 수 있다. 그럼에도 이 분야의 연구에서 실증 자료에 대한 번역 소개, 서학 이외의 중국 근대 지식의 모습 등에 대한 상세한 분석 등은 아직까지도 연구해야 할 과제가 산적해 있음을 보여준다.

다음으로 근현대 한중 교류망에 대한 선행 연구를 살펴볼 필요가 있다. 특히 한국의 개항 이후 중국과의 교류 통로에 대한 선행 연구는 그다지 많은 성과를 거둔 것으로 보이지 않는데, 이광린(1969)에서 『해국도지』, 『조선책략』, 『이언』 등이 일본을 거쳐 유입된 과정을 규명한 것이나 인하대 한국학연구소(2012)의 『동아시아 개항도시의 형성과 네트워크』(글로벌콘텐츠) 등과 같은 개항지 중심의 교통망에 대한 연구가 대표적이다. 그러나 후자의 성과는 1890년대 이후부터 논의 대상에 포함하였고, 1880년대 인천의 화교 분포에 대한 논의가 포함되지 않은 것은 아니나, 교통망 분석보다는 거류지 분석이어서 지식 유통 상황을 추론하는 데는 한계가 적지 않다. 특히 김윤식(1881)의 『음청사』에 등장하는 상해 제조총국의 모습이나, 어윤중(1868~1893)의 『종정일기』, 『수문록』(연대 미상) 등의 자료에 나타나는 '나가사키 ―상해'의 교통망 등을 고려한다면, 1880년대부터 1900년대에 이르기까지의 교통망 분석은 지식 유통의 흐름을 밝혀내는 데 중요한 의미를 갖는 것으로 판단된다.

이 맥락에서 이 글은 근대 중국의 대표적인 중문 신문中文新聞인 『격치휘편』, 『만국공보』 등을 대상으로 근대 중국(대략 1860~1900년대)의 지식 현상을 살필 수 있는 '상해 제조총국 번역관'과 '광학회'의 활동을 객관적으로 기술하고, 이들 기관에서 발행한 서적의 국내 유입 상황을 밝히는 데 목표를 둔다.

2. 중국에서의 서학 수용과 번역관, 광학회

1) 상해 강남 제조총국 번역관

중국에서 서양 서적의 번역은 명말·청초 마테오리치利瑪竇가 중국어로 지명을 표기한 『곤여만국전도坤輿萬國全圖』(1602)를 제작하고, 다수의 기독교 교리서를 중국어로 저술한 이후 지속적으로 이루어져 왔다.[1] 그러나 서양 지식이 본격적으로 유입되기 시작한 것은 1840

년 아편전쟁 직후로, 이른바 '실용지식전파회'가 활동하고, 1868년 알렌(중국명 林樂知)이 『중국교회신보』(1872년 『교회신보』, 1874년 『만국공보』로 개제)를 창간한 시점이다.[2] 이를 전후하여 중국 지식사에서 중요한 의미를 갖는 『중서견문록中西見聞錄』(1872 윌리엄 마틴(중국명 丁韙良)과 요셉 에드킨스(중국명 艾約瑟), 1876년 『격치휘편』으로 개제)이 창간되고, 증국번曾國藩이 중심이 되어 '상해 제조총국 번역관上海製造總局飜譯館'이 설립되었다.

제조총국은 청나라 양무운동洋務運動을 주도했던 이홍장李鴻章이 1865년 '강남 제조총국'이라는 이름으로 설립한 기관이다. 아편전쟁 이후 중국은 서구식 교육 기관인 '양무학당洋務學堂'을 설립하고, 외교관 양성을 위한 동문관同文館 설립 등, 서구 학문을 수용하고자 하는 본격적인 움직임을 보이고 있다. 이홍장은 태평천국의 난(1850~1864)을 진압하는 데 중요한 역할을 했던 인물로, 독일·미국·영국 등지에 유학생을 보내 군사와 무기에 관한 연구를 하도록 했으며, 강남 제조총국을 설립하여 총포·탄약·기선 등을 만들게 하고, 남경에는 '금릉 기기국'을 설치하여 대포와 화약을 제조하도록 하였다. 증국번은 태평천국의 난을 진압하는 과정에서 상군을 조직하여 강서성을 탈환하고, 그 공을 인정받아 양강兩江 총독에 제수되었으며, 이홍장을 시켜 절강성을 공격하게 하고, 1864년 태평천국의 수도 천경을 함락

---

1 W. 프랑케, 김원모 역, 『동서문화교류사』, 단국대 출판부, 1977. 126쪽. 沈福偉, 『中西文化交流史』, 中國, 上海人民出版社, 1985에서는 중서 교류의 역사를 상주(商周), 춘추(春秋) 시대까지 거슬러 올라간다. 그러나 서방 문화가 본격적으로 유입된 시점은 명청(明淸) 시대로 기술하고 있다.

2 강미정·김경남, 「근대 계몽기 한국에서의 중국 번역 서학서 수용 양상과 의미」, 『동악어문학』 71, 동악어문학회, 2017, 253~288쪽.

한 뒤 태자태보가 되었으며 의용후에 봉해졌다. 그 후 1868년 직례 총독에 임명된 뒤 제조총국 내에 번역관을 설립하였다.

제조총국 번역관 설립 과정은 존 프라이어(중국명 傅蘭雅)가 편찬한 『역서사략譯書事略』[3]의 '제일장 논원류第一章 論源流'에 비교적 상세히 기술되어 있다. 이에 따르면 강남 제조총국의 서양서 번역은 무석無錫의 서수徐壽, 화형방華蘅芳 두 사람의 공이 컸는데, 두 사람은 1867년 양강 총독이었던 증국번의 추천으로 제조총국에 파견되어 격치의 이법理法을 연구하고, 그 당시 격치 관련 서적을 수집 발행하며,[4] 1868년 6월 번역관에 속한 초역서를 총독에게 드려 서양인 해설을 첨부하여 인출印出허가를 받았다. 이 시기 서수와 화형방은 제조총국에 파견되기 전 상해 묵해서관墨海書舘[5]에서 이임숙李壬叔(본명 李善蘭), 알렉산더 와일리偉烈亞力, 윌리엄슨韋廉臣 등을 만났고, 번역관에 들어와 크레이어金楷理(1869~1878), 알렌林樂知 등과 공동으로 번역 작업을 수행하였다. 번역관 설립 이후 관내에서 번역 작업에 참여한 대표적인 사람으로는 조정함趙靜函(본명 趙元益), 채총구蔡寵九, 정희대鄭熙臺, 이단애李丹崖, 서중호徐仲虎＝徐建實, 왕방운王芳雲, 엄자유嚴子猷, 가보위賈步緯 등과 같은

---

3   이 책은 광서 6년(1880) 격치휘편관에서 프라이어(傅蘭雅)가 편찬한 것으로, 본래 『격치휘편』 1880년 6월호부터 9월호까지 연재된 것을 엮은 책이다. 현재 서울대 규장각에 소장되어 있으며, 허재영 · 김경남의 번역본이 황종원 외, 『한국에 영향을 미친 중국 근대 지식과 사상』, 경진, 2019의 부록으로 실려 있다.

4   이 때 발행한 대표적인 서적으로는 마테오리치(利瑪竇, 1552~1610)의 『기하원본』(유클리트 기하학을 번역한 것), 알렉산더 와일리(偉烈亞力, 1815~1877)의 『대미적』, 요셉 에드킨스(艾約瑟, 1823~1905)의 『중학(重學)』 등이었다.

5   1843년 중국 남양의 선교사 매더스트(Rev. Walter Henry Medhurst, 麥都思, 1796~1857)와 록하트(Dr. William Lockhart, 雒魏林)가 상하이에 설립한 중국 최초의 인쇄소. 설교문과 기독교 서적을 주로 출판했으며, 1844년 1년 동안 4천 권 정도를 출판했다고 할 정도로 활발한 활동을 하였다.

인물이 더 있었다.

여기서 주목할 점은 이들이 창출해 낸 번역 문화이다. 이른바 '구역필술口譯筆述'의 방식이 그것인데, 번역 과정에서 서양인이 구역口譯하면 중국인 번역사翻譯士가 필술筆述하는 방식을 말한다. 이는 번역 과정에서 기존에 없던 신학문을 중국인이 쉽게 이해하지 못하므로, 중국어를 아는 서양인이 번역하고, 그것을 중국인 번역사가 중국 문장에 합치하도록 필술筆述하는 과정이다.[6] 그렇기 때문에 번역 과정에서 협동 작업이 필요했는데, 이에 대해 '논원류'에서는 "역서하는 중국인 학사는 여러 번 바뀌었다. 지금은 대략 5명이 서양인과 더불어 번역하고 혹은 장차 번역할 것을 토론하고 윤색하며 간행을 준비한다"라고 서술하였다.[7] 또한 기존에 없던 서양 격치학을 중국어로 번역하기 위한 방법을 모색하기도 했는데, 『역서사략』에서는 이를 '논역서지법論譯書之法'으로 설명하였다.[8] 역서법의 주요 내용은 '중국에 이미 존재하는 명사', '새로운 명사를 만드는 일', '중국과 서양의 자휘字彙를 만드는 일' 등과 관련된 것인데, 번역 과정에서 인지명을 포함하여 신명사新名詞, 즉 새로운 개념어를 만드는 일이 가장 어려운 일로 간주되었음을 확인할 수 있다.

『역서사략』 제4장 '논역서각수목 여 목록論譯書各數目與目錄(역서의 각

6　『역서사략』에서는 구역필술(口譯筆述)이라는 용어를 사용한 적이 없다. 그러나 역서 목록(目錄)에서 역자(譯者)와 필술인(筆述人)을 구분하여 표시했는데, 이러한 방식은 근대 이후 중국에서 발행된 대부분의 번역 서양서가 비슷하다. 또한 발행된 책에서는 이 용어를 사용하고 있는데, 예를 들어『조파리법(造玻璃法－유리 만드는 법)』은 프라이어(傅蘭雅) 구역(口譯), 서수(徐壽) 필술(筆述)이라고 표시되어 있다.

7　『譯書事略』第一章 論源流. "譯書華士屢有更換 迄今略有五人與西人繙譯 或將譯者討論潤色 以備刊版."

8　이에 대해서는 강미정 · 김경남, 앞의 글 참조.

수목과 목록을 논함)'에 따르면 1880년 당시 제조총국의 번역서는 총 98부 225본이 간행되었고, 45부 142본이 간행될 예정이었으며, 번역을 완료하고 간행 준비에 들어간 것이 13부 43본이었다.[9] 흥미로운 것은 제조총국의 번역 서학서는 대부분 서양의 과학·기술과 관련된 것으로 실용적인 목적에 따라 번역했다는 점이다. 따라서 역자나 필술자의 의견을 덧붙이지 않고, 내용 번역에만 충실했던 것으로 보이는데, 그중 하나인 『성학聲學』(英國 田大里, 傅蘭雅 口譯, 無錫 徐建寅 筆述)은 각 권을 번역한 뒤 '제강提綱'이라는 명칭 아래 간략한 요약을 덧붙이고 있다.[10] 예를 들어 권1의 '제강'은 소리가 나는 원리와 소리를 전달하는 원리를 39항으로 나누어 요약하고 있는데, 그중 일부를 살펴보면 다음과 같다.

(1) 卷一 提綱[11]

　　일. 공기가 소리를 전달하는 것은 물이 물결을 전달하는 것과 같다. 소리가 가나 공기가 전달되지 않고 물결이 전달되나 물이 또한 가지 않음은, 모두 질량(質點) 겨우 왕래하여 움직여 흔들리는 것이다.

9　여기서 부(部)는 종류를 의미하며, 본(本)은 책수를 의미한다. 예를 들어 프라이어(傅蘭雅) 역, 이선란(李善蘭) 술 『내단수리(奈端數理)』(뉴턴의 수리학)는 1부 8본인데, 여기서 8본은 8책으로 분책했음을 의미한다.

10　이 책은 1874년 프라이어(傅蘭雅)가 구역(口譯)하고 서건실(徐建實)이 필술(筆述)한 것으로, 『역서사략』의 목록에 포함되어 있으며, 卷一 總論發聲傳聲(발성과 전성 총론), 卷二 論聲音之理(성음의 이치), 卷三 論弦音(현음을 논함), 卷四 論鐘聲之音(종의 소리를 논함), 卷五 論管音(관의 소리를 논함), 卷六 論摩盪生音(마찰과 흔들어서 내는 소리를 논함), 卷七 論交音浪與較音(교차음의 물결과 음의 비교를 논함), 卷八 論音律相和(음률이 서로 조화를 이룸을 논함) 등 8권 1책으로 구성되어 있다.

11　『聲學』(英國 田大里, 傅蘭雅 口譯, 無錫 徐建實 筆述), 第一章 提綱. "一. 空氣之傳聲 猶水之傳浪也. 聲往而空氣未往 浪往而水亦未往也. 皆僅質點往來盪動也. 二. 聲浪盪動之質點擊撞耳底之膜 膜卽震動傳於司聽之腦筋 再傳於腦髓而覺爲聲."

이. 소리의 물결이 흔들려 질량이 귀 아래 막을 충격하고, 막은 곧 진동하여 소리를 듣는 뇌신경에 전달하며, 다시 뇌수에 전달하여 자각하면 소리가 된다.

이처럼 번역관의 번역 서학서는 실용 위주의 서적으로, 북경 동문관이나 기독교계 학교 등에서 다수 사용되었으나 번역상의 오류 또는 난해함으로 인해 널리 보급되지는 못했던 것으로 보인다. 그렇기 때문에 『역서사략』 제3장에서는 '역서의 이익'을 논하면서, 다음과 같이 진술하고 있다.

(2) 제3장 역서의 이익을 논함[12]

번역국 내 이미 간행한 서적으로 북경 동문관에서 사용하는 것이 몇 종 있으며 야소교의 대서관(학교)에서 또한 사용하는 것으로 『삼각수리』 같은 것이 있는데, 등주의 적고문(狄考文, 칼빈 윌슨 매티어, Calvin Wilson Matteer, 1836~1908년, 등주학당 : 산동 제노대학-기독교 공화대학 창설) 선생 서관에서 이를 이용하여 과업을 부과하였다. 지금 적고문 선생이 회국하고

<hr />

12 황종원 외, 앞의 책. 第三章 論譯書之益. 局內已刊之書 有數種在北京同文館用之 在耶蘇敎中大書館內 亦有用之者 如三角數理一書 在登州狄先生書館 用以敎課 今狄先生回國 以惠先生代理 亦爲西國著名算家 其寄函云 本年有一半生徒 學貴舘所譯三角數理 余看此書 甚善 有數字刊訛 余已更正想 此書除在書舘 敎課則難識此訛 余見此訛字少者則甚稱奇 蓋將算書譯出 而華人能洞識者 甚爲難事也 等語 惜乎. 所有敎門中 學舘能與狄先生處用局中之書者 甚少焉.(中略) 局內之書爲官紳文士購存者多 又上海廈門煙臺之公書院中 亦各購存 如上海公書院 在格致書院內 有華君若汀 居院內敎習 凡來客容諏者則爲之講釋 而華君在局內時 與西人譯書 有十餘種. 故在院內甚能講明格致 夫格致書院 爲英國領事起手勸各埠. 西人捐設者 迄今院內大興 皆賴徐君雪村之力辦成. 惟望不久院內有生徒肄業能用 局內之書 則不勝欣然矣. 徐華二君 一生用力 不獨欲益智於己 並欲公好於人. 故在院內 若能多得學者 讀所譯之格致書 用備之格致器 將見中國人文蔚起 才智迭興四海之內 孰不景頌二君之盛德也哉.(번역)

혜 선생(惠先生, 惠頓?)이 대신하고 있는데 그 또한 서양의 유명한 수학자이다. 그가 기고한 글에서 "본년 일반 생도가 귀 학관에서 번역한 『삼각수리』로 공부하는데, 내가 보니 이 책은 매우 좋으나 숫자가 잘못된 곳이 있어, 이 책으로 서관(학당)에서 과업을 부과하면 그 그릇된 것을 알기 어려워 내가 다시 고치고자 한다. 내가 보니 이 잘못된 글자는 적으나 심히 이상한 일이나 장차 『산서』를 역출하여 중국인이 능히 통찰하여 알게 하는 것은 매우 어려운 일이다" 등과 같은 말들이 있으니 안타깝다. 기독교에서 학관을 세워 적 선생과 더불어 번역국의 책을 사용하는 경우가 극히 적다고 한다. (…중략…) 국내 몇 종의 학관이 설립되어 다년간 조선 혹은 조선 기기 혹은 병융 등 법을 교습하는데 번역국에서 간행한 책을 사용하지 않는 것은 대개 교습자가 중국어에 능통하지 못하여 서양문으로 가르치기 때문이다. 비록 생도가 처음에는 서양문을 익히기 어려우나 오래 배우면 잠깐 쉬워질 수 있어 국내 학관에서도 그 책을 사용하지 않으니 이상한 일이 아니다. 번역한 책이 소용이 없는데, 이에는 또한 이유가 있다. 그것은 다름 아니라 서양인이 그 의미를 깊이 고찰하지 않고 생도가 서양문을 이미 익혀 읽기 때문이다. 비록 이해하기는 어려우나 교습자가 오직 이로 말미암아 행하여 효과를 거둔 것이다.

이 진술에서는 『삼각수리』의 경우, 번역 과정에서 숫자상의 오류가 발견되고, 중국 내 학관에서 교습자가 영어로 수업을 하기 때문에 중국어로 번역한 책을 사용하기 어려워, 번역 서학서를 사용하지 않는 경향이 있음을 나타내고 있다. 이 시기 중국의 근대식 학교 대부분이 선교사가 설립한 경우가 많은 점을 고려한다면, 이 진술은 매우 신빙성이 높다. 그럼에도 '번역상의 오류' 문제는 근대 중국의 학문지 형성 과정에서 '번역 방법의 모색'이라는 차원에서 중요한 의미를 갖는 것으로 볼 수 있다. 근대 중국의 번역어 성립과 관련하여 윤영도(2005), 양세욱(2013), 진력위(2015), 김중섭(2014), 김태진(2016), 양세욱(2017) 등에서 논의한 바와 같이, 번역어와 번역 방법의 문제는 비단 중국에 한정된 것은 아니지만, 제조총국 번역관의 서양서 번역 작업은 엄복嚴福, 양계초梁啓超 등을 거쳐 현대 중국 학술 번역이 정착하는 과정에서 출발점으로서의 역할을 담당했던 것으로 볼 수 있다.

그러나 강남 제조총국 번역관이 언제까지 존속되었는지는 명확하지 않다. 그러나 무술변법을 주도했던 강유위康有爲도 번역관의 번역서를 읽었고,[13] 1902년 장음환張蔭桓이 편찬한 『서학부강총서西學富强叢書』 시리즈[14]에 『역서사략』에 들어 있지 않은 다수의 번역관 출간 서적이 등장하는 것으로 볼 때, 1880년 이후의 번역 서학서도 다수 존재했던 것으로 보인다.

---

13 梁啓超, 『飮氷室文集』 下卷, 廣智書局, 1903. 傳記 南海 康先生傳. 第二章 家世及幼年時代. "旣出樨乃游京師. 其時西學初輸入中國. 擧中國學者 莫或過問. 先生僻處鄕邑, 亦未獲從事也. 及道香港上海. 見西人植民政治之完整. 屬地如此. 本國之更進可知. 因思其所以致此者. 必有道德學問以爲之本原. 乃悉江南製造局及西敎會譯出各書盡讀之, 彼時所譯者 皆初級普通學及工藝兵法醫學之書 否則耶蘇經典論疏耳. 이 부분은 1879년부터 1882년 사이의 행적을 기록한 것으로, 이 시기 강유위는 홍콩을 방문하여 위원의 『해국도지』를 보고, 상해에서 제조총국의 번역 서학서를 접하게 되었다. 그러나 대부분의 번역서가 초급 보통학 정도의 학식이 있는 사람에 의해 번역되었으며, 공예, 병법, 의학 등의 실용서 중심으로 정치, 철학 등의 서적을 찾기 어려웠다고 전해진다.

14 張蔭桓, 『西學富强叢書』, 鴻文書局, 1902. 이 시리즈는 석인본(石印本) 48책으로 총 56종의 번역 서학서를 엮은 총서이다. 첫 출간은 홍문서국에서 이루어졌으며, 현재 교토대(京都大) 인문연구소에 소장되어 있는 것으로 확인된다. 시리즈는 권1 춘추(春秋)를 필두로, 갑집(甲集) 산학·구고육술(算學句股六術, 12종), 을집 전학(乙集 電學, 2종), 병집 화학(丙集 化學, 2종), 정집 천문학(丁集 天文學, 2종), 무집 지리학(戊集 地理學, 1종), 기집 사학(己集 史學, 3종), 경집 공법학(庚集 公法學, 3종), 신집 광학(辛集 鑛學, 5종), 임 상집 기기학(壬上集 汽機學, 2종), 임하집 공예학(壬下集 工藝學), 계 상집 병정학(癸上集 兵政學, 10종), 계 하집 창포학(癸下集 槍礮學, 8종)으로 구성되어 있다. 1972년 타이완 광문편역소(廣文編譯所)에서 총서 가운데 일부를 선별하여 『서학부강총서선췌(西學富强叢書選萃)』(廣文西國, 臺灣)를 발행하기도 하였다.

『역서사략』에 언급한 바와 같이, 1870년대부터 1880년대까지 중국의 서학서 번역 작업은 번역관뿐만 아니라 '익지서회益智書會'에서도 활발하게 진행되었다. 익지서회는 1876년 기독교 선교사들이 기독교 교과서를 출판하기 위해 조직한 단체로 윌리엄 마틴丁韙良이 회장을 맡고, 칼빈 윌슨 메이터狄考文, 알렉산더 윌리엄슨韋廉臣, 영 존 알렌林樂知, 존 프라이어傅蘭雅 등이 관여한 단체였다. 『역서사략』에서 '익지서회를 의거하여 저술한 각종 서적 목록' 42종은 본래 익지서회 또는 1874년 프라이어傅蘭雅가 설립한 격치서원格致書院에서 번역한 책들이었다. 익지서회는 매달 『익지신록益智新錄』을 발행했는데, 그 내용은 『만국공보萬國公報』에 지속적으로 소개되었다.[15]

2) 광학회廣學會

1860년대 후반부터 1870년대 서학서 번역의 중심 기관이 번역관, 익지서회, 격치서원 등이었다면 1880년대 중국 근대 학문지에서 중요한 역할을 담당했던 단체로는 광학회廣學會를 들 수 있다. 광학회는 1887년 상해에서 영국인 선교사들이 중심이 되어 조직한 단체이다. 처음 조직할 당시의 명칭은 '동문서회同文書會'였는데, 런던 교회 소속 윌리엄슨韋廉臣, 알렌林樂知, 세무 총관 하트赫德 등이 주도하였다.

---

15 『萬國公報』 1877年 9月 念2日(第10年 456卷), '益智新錄目錄便登' 參照.

(3) 廣學會序[16]

지금 대저 학업은 입국 양민을 기약하지 않으면 안 된다. 학문을 널리 구하지 않고 정밀히 취하지 않으면 중국의 토지가 날로 열리고 민생이 날로 피폐하니 고금의 시국이 서로 같지 않다. 옛날에는 토지가 넓고 인구가 적었으며 이익의 근원이 열리지 않아 스스로 살아갈 수 있었으나 지금은 중외가 일체여서 토지가 날로 척박하고 백성은 조밀하며, 재원은 날로 말라가니 널리 학문을 구하고 신법을 추구하여 양생의 방도를 구하지 않으면 안 될 것이다. (…중략…) 현재 서국의 학사들이 중국의 양민하는 법을 보면 그 곤란함이 심하고 더뎌 가엾은 마음이 생겨 하나의 회를 창립했으니 그 이름은 광학회이다. 그 취지는 각성 문무관이나 주현을 수비하는 각 관리들 그리고 위로는 각각의 학교나 지방의 학관 및 아래로는 각국 양민의 좋은 법을 탐구하고자 하는 문인이 탐구하게 하며, 그런 연후에 일반 백성 또한 이로 말미암아 점차 문호를 열면 진실로 능히 광학회의 이익을 알게 될 것이다. (…중략…) 이에 장차 각국의 생민하는 법에서 중국의 부국과 백성에게 이로운 점을 가려 모아 권질(卷帙)을 이루고 혹은 공보로 간행하거나 혹은 책을 만들어 각성에 나누어 주어 이치를 밝히면, 보는 사람이 좋은 점을 가려 따르게 될 것이다. 이 회가 설립된 지 4년인데 처음 주도한 사람은 총세무사 혁덕으로 그 출연금으로 책을 만든 것이 각 해국과 서국 관리와 상인 학자들, 중국

---

16 『萬國公報』1892.2, 「廣學會序」. 今夫學業不期其益 無以立國養民也. 學問不求其廣 無以取精用宏也. 中國土地日開 民生日窘 古今時局大不相同 昔則地廣民稀 利源未闢 隨在可以自立 今則中外一體 地瘠民稠財源日竭, 若不廣求今學爭尙新法 以謀生養之方, (中略) 現西國善士 看華人於養民之法 籌之甚難行之愈緩 因惻然動念爰立一會 名爲廣會. 其意要 使各省文武州縣守備各官 而上又自各書院山長學官 及 名下文人深悉各國養民善法 然後愚民亦可由此漸開門徑 苟能知廣學之利益 (中略) 玆將各國生養之法 擇其有益中華富國利民之事 彙爲卷帙 或刊於公報 或編輯成書 分散於各省 使明理人閱之 好擇善而從. 此會設有四年 倡首者 總稅務士 赫君德 其捐賞糿刻成書者 有各海國 西國官商善士 倘蒙中國各直省.

저자	서목
딩(丁韙良, 윌리엄 마틴)	『증정격물입문(增訂格物入門)』, 『문견선록신편(聞見選錄新編)』, 『부국책(富國策)』, **『공법회통(公法會通)』**, **『만국공법(萬國公法)』**, 『성초지장(星軺指掌)』, 『공법편람(公法便覽)』 7종
안(花之安, 파베르)	**『자서조동(自西徂東)』**, **『마가강의(馬可講義)』**, **『노가강의(路加講義)』**, 『완색성사(玩索聖史)』, 『성해연원(性海淵源)』, 『서국학교(西國學校)』, 『교화의(敎化議)』 7종
푸(傅蘭雅, 존 프라이어)	『격치수지초집(格致須知初集)』, 『격치수지이집(格致須知二集)』, 『격치수지삼집(格致須知三集)』, 『산법수지(算法須知)』, 『화학수지(化學須知)』, 『기학수지(氣學須知)』, 『성학수지(聲學須知)』, 『전학수지(電學須知)』, 『양법수지(量法須知)』, 『중학수지(重學須知)』, 『곡선수지(曲線須知)』, 『화구수지(畫具須知)』, 『대수수지(代數須知)』, 『삼각수지(三角須知)』, 『미적수지(微積須知)』, 『역학수지(力學須知)』, 『수학수지(水學須知)』, 『광학수지(光學須知)』, 『열학수지(熱學須知)』, 『광학수지(礦學須知)』, 『전체수지(全體須知)』, 『동물수지(動物須知)』, 『식물수지(植物須知)』, 『천문수지(天文須知)』, 『지지수지(地志須知)』, 『지리수지(地理須知)』, 『삼각수리(三角數理)』, 『산식집요(算式集要)』, 『아국지략(俄國志略)』, 『측후기(測候器)』, 『화학기(化學器)』, 『조상약법(照像略法)』, 『조상건편법(照像乾片法)』, 『대수난제(代數難題)』, 『성학(聲學)』, 『수학리(數學理)』 36종
웨(韋廉臣, 윌리엄슨)	『격물탐원(格物探源)』, 『기독실록(基督實錄)』, 『치국요무(治國要務)』 3종
무(慕維廉, 뮈르헤르)	『대영국지(大英國志)』, 『지리전지(地理全志)』, 『천문지리(天文地理)』, 『지식오문(知識五門)』 4종
린(林樂知, 알렌)	『중서관계약론(中西關繫略論)』, 『열국세기정요(列國歲紀政要)』 2종
리태(李提摩太, 리처드)	『구세교익(救世教益)』, 『삼십일국지요(三十一國志要)』, 『팔성지일총론(八星之一總論)』, 『칠국신학비요(七國新學備要)』, 『오주교무(五洲教務)』, 『전교정례(傳教定例)』, 『중서사대정(中西四大政)』, 『화영얼안정장고(華英讞案定章考)』, 『대국차제(大國次第)』, 『양민유법(養民有法)』 10종
리태(李提摩太) 미인출(미인출)	『서국백년래대사기(西國百年來大事記)』, 『구주고금팔대제기(歐洲古今八大帝記)』, 『열국변통흥성기(列國變通興盛記)』, 『시사신론(時事新論)』, 『부국첩경(富國捷徑)』 5종
명인잡저(名人雜著)	『법국율례(法國律例)』, 『만국통감(萬國通鑑)』, 『아사집역(俄史集譯)』, 『항해통서(航海通書)』, 『천문도설부도(天文圖說附圖)』, 『만국여도(萬國輿圖)』, 『지리약설 영부 천설(地理略說 另附 淺說)』, 『탈영기관(脫影奇觀)』, 『화학초계(化學初階)』, 『형학비지(形學備旨)』, **『성신지장(省身指掌)』**, 『위생요지(衛生要旨)』, 『서약약석(西藥畧釋)』, 『계오초율(啓悟初律)』, 『평원착색지구도(平圓着色地球圖)』 15종
서학보(西學報)	『만국공보(萬國公報)』(매년 12본 안월 출인), 『격치휘편(格致彙編)』(매년 4본 안계 출인), 『중서교회보(中西教會報)』(매년 12본 안월 출인)

각 성에 영향을 주었다.

이 서문에 나타난 바와 같이, 광학회의 설립 취지는 중국의 양민법 養民法을 위해 서양 지식을 널리 배울 수 있도록 하는 데 있었다.[17] 설립 당시 총세무사 하트가 중심이 되어 각 해국과 서국 관리, 상인, 중국 각 성의 신사들이 협력하여 만든 단체임을 알 수 있다. 이 단체는 1892년 분회 설립 이후 중국 각 성의 관료와 신사, 학자 등을 대상으로 한 강습講習, 서적 발행 등을 활발히 전개했는데,『만국공보』1893년 8월을 기준으로 할 때 총 89종(李提摩太의 미인출본 포함)의 번역 서양서와 3종의 신문을 인출 판매하고 있음을 확인할 수 있다.

(4) 西國敎養書目錄[18]

알림, 서국의 경사부(經史部)가 시로 많아 현재 서양 학자들이 중국어로 번역한 것이, 상해 제조국, 미화서관, 광학회, 격치서실 및 각 성의 선교사들의 판매처와 같이 모두 발매하나, 명목이 번다하여 모두 서술하기 어렵

---

17 이는『萬國公報』, 1892.5. '分設廣學會章程'에서 " 至西國養民 敎民 安民 新民 四大善政 如人身五官四支 不可缺一. 華人於此四政 尙未詳察. 近來西士分居中國各省者甚多. 其中深通此四政者不少. 內有人願設廣學會 將五洲各國至善之政 悉採成書以授華人 聽其擇善而從 現在上海已設學總會. 今又意欲請中西名人數位在各省再設廣學會分會.(서국 양민, 교민, 안민, 신민의 4대 선정은 인신의 오관 사지가 하나라도 빠질 수 없는 것과 같다. 중국인은 이 4대 정사를 아직까지 상찰하지 않았다. 근래 서양 학사들이 중국 각성에 나뉘어 분거하는 사람이 심히 많다. 그 가운데 이 4대 정치에 깊이 통한 자도 적지 않다. 이에 사람들이 광학회를 설립하기를 원하니 장차 5대주 각국의 지극한 선정을 모두 채록하여 책을 이루어 중국인을 가르치고자 하니 그 좋은 점을 가려 따르고자 한다. 현재 상해에는 이미 광학총회가 설립되었고, 지금 다시 중서의 이름난 학자 몇 사람이 각성에 광학회 분회를 설립하고자 한다)"라고 한 데서 좀 더 명확히 드러난다.

18 『萬國公報』1893年 8月, 西國敎養書目錄. 啓子 西國經史部數甚多 現經西儒譯成華文者 如上海製造局 美華書舘 廣學會 格致書室 以及 各省敎士售處 皆有發售然名目繁多 不能盡述. 玆擇其切中 時事尤有關繫者 載以何書 果係何人所著錄 其價目於後俾有志西學者 得以知其價 而就近購取焉.

다. 이에 그 모든 것 중 **시사(時事)와 관련을 맺는 것을** 실음으로써 어떤 책이 과연 어떤 사람이 지은 것이며, 그 가격을 적어 서학에 뜻을 둔 학자가 그 값을 알아 근처에서 쉽게 구하도록 한다.

이 표에서 확인할 수 있듯이, 광학회 서목에는 마틴丁題良, 파베르花之安, 프라이어傅蘭雅 등의 저서와 매월 발행되는『만국공보』,『격치휘편』 등이 있었다. 광학회 서목은 1907년 8월 264종(미인출 12종 포함)으로 늘어나는데,『만국공보』에 따르면 '도학道學(종교)' 12종, '천문학' 5종, '지리학' 11종, '정학政學(전쟁기 포함)' 22종, '이학理學' 6종, '사학史學' 31종, '전기傳記' 22종, '이재학理財學(경제)' 8종, '율학律學(법률학)' 7종, '농학農學' 2종, '의학醫學' 3종, '산학算學' 1종, '몽학蒙學' 8종, '문학' 4종, '격치학' 11종, '전학電學' 2종, '설부說部' 4종, '보報(신문)' 3종, '도화' 6종, '미인출' 12종이 있다. 흥미로운 것은 이들 서적이 대부분 1900년대를 전후로 국내에 유입되었다는 사실이다.[19] 그럼에도 이들 서적이 어떤 경로로 유입되었는지는 뚜렷하지 않다.

---

19 이에 대해서는 강미정 · 김경남(2017) 앞의 글 참고.

3. 한국에서의 중국 근대 지식 수용 과정과 번역 서양서

1) 지식 유통의 경로

중국 내에서 번역관과 광학회의 서적은 서양인 선교사들이 운영하는 서점이나 학교書院을 중심으로 널리 유통되었다. 그중 대표적인 서점이 상해 미화서관美華書舘이다. 이 서점은 본래 미국 장로회 선교사 코울柯理, Richard Cole이 1845년 영파寧波에 설립한 인쇄소 '화화성경서방'에서 비롯된 것으로 알려져 있다.[20] 이 서방書房은 1860년 상해 동문으로 옮겨와 '미화서관'으로 이름을 바꾸었는데, 연판鉛板과 전기동판電氣銅板의 영자英字·화자華字·만자滿字·동양자東洋字를 갖추고 서적 인쇄와 발매를 담당하였다.

(5) 美華書舘 本年 淸單[21]

상해 소동문 밖 미화서관은 중로교회 안에 교회 안의 관내에 여러 종류의 활자를 준비하여 성서 등을 전문적으로 인쇄하는 기관을 두었다. 영문자, 중국 문자, 만주 문자, 동양 문자 등을 각각 몇 종류로 나누고, 연판鉛板, 전기 동판電氣銅板으로 서국자와 중국자를 배열하고 인서印書에 필요한 크고 작은 시렁을 두었다. 큰 기구는 6인이 관리하

20 이에 대해서는 강인규(2003), '근대 중국 교회의 문서 선교'(중국어문선교회 http://www.chinatogod.com)를 참고할 수 있다.
21 『萬國公報』 1875.4.24. 上海 小東門外 美華書舘 乃長老敎會中 所開專印敎會中之聖書等件 舘中澆字數種 計英字華字滿字東洋字 各分幾等. 又澆鉛板電氣銅板 擺西國字中國字 印書有大小架子. 大架機器用六人管理 小架只須一人 推印靈活異常 年年出有淸單 玆所出者 乃一千八百七十三年 至一千八百七十四年 止合共印出聖書 曁 各種傳敎書單張 又 各新報數種 計有四十三兆 六十一萬 八千四百三十一張 其餘年中所澆電氣銅板 又鉛板 又造大小字模均載單內 本書院未便全譯 然足顯西國印書之法爲善速也.

고 작은 시렁은 다만 한 사람이 관리하며, 영혼의 삶을 특별히 새긴다. 해마다 목록을 만드니, 이에 1873년부터 1874년까지 간행한 성서 및 각종 전교서 장수, 각 신문 여러 종을 합쳐 43조 61만 8,431장을 인쇄하였다. 다른 해에 전기동판, 연판을 준비하고 대소 활자를 제작하여 서원 내 목록에 실었다. 본 서원이 모든 것을 번역하지는 않았으나 서국 인쇄법이 급속히 발전하고 있음을 충분히 보여준다.

이 자료는 번역관이나 광학회에서 번역된 서적이 인출 보급되는 과정에서 인쇄술 또는 서적 유통망이 어떤 역할을 하는지 보여준다. 이 자료에 따르면 미화서관은 현재의 출판사 겸 서점을 겸용하는 기관이었다.

이 맥락에서 1880년대 한국은 근대식 인쇄소나 서점이 없고, 단지 신문을 발행하기 위해 한성부에 설립한 '박문국博文局'만 존재하는 상황에서 중국 근대 지식을 수용하더라도 그것을 발행한 사례는 발견되지 않는다. 다만 정관응鄭觀應의 『이언易言』을 언해하고(1883), 일본인 이노우에가 번역한 『만국정표萬國政表』(1886년 박문국)를 간행한 사례가 있으나, 이 또한 근대 중국지의 한 형태인 번역 서양서를 복간한 것은 아니다. 그럼에도 1900년대에 이르러 중국 근대 번역 서양서의 상당수가 국내에 유입되었으므로, 그 경로를 확인하는 것은 이 시기 지식 유통 상황을 규명하기 위해 꼭 필요한 일이다.

김문식(2009)에서 밝힌 바와 같이, 조선 후기 지식인들의 대외 인식의 주요 통로는 영선사, 통신사, 표류민 코스가 있었다. 그러나 기선汽船의 발달에 따라 지식 유통의 경로에도 상당한 변화가 불가피했을 것으로 보이는데, 중국 근대 지식 수용 과정과 관련하여 상해와 일본의 정기적인 기선이 존재했음은 주목할 만하다.『격치휘편』1976년 6월 호에 수록된 '동양유람일기東洋遊覽日記'를 참고할 경우, 1870년대 전 반부터 상해와 나가사키에는 정기 유람선이 왕래한 것으로 나타난다.

(6) 동양유람일기東洋遊覽日記22

4월 20일 밤 상해에서 **일본 공사의 윤선을 탔다.** 배의 이름은 의발달검의 로 선방이 합쳐진 형태였다. 먼저 배삯을 놓았는데 배표를 사서 우인과 함 께 각각 배 안으로 들어갔다.

21일 아침. 약 3시쯤 배가 떠나니 일출 시간이 지났다. **오송 항구에서 오후 가 되어** 푸른 바다가 있는 곳에 이르렀다. 선중의 승객이 많았는데 중국인 도 있고 일본인도 있고 태서 몇 나라의 사람들도 있었다. 그러므로 적막함 을 깨닫지 못하니 그 승객 중에는 영국에 가 본 사람도 있고, 프랑스에 가 본 사람도 있고 미국에 가 본 사람도 있으며 일본으로 돌아가는 사람도 모두 있어, 회국하는 사람들 중에는 일본에 몇 날 동안 유람한 자도 있었다. **나도**

---

22 『格致彙編』1876.6. 四月 二十日 夜 由上海 搭日本公司輪船 船名宜發達檢 合式船房 先付船錢 買船票當與友人分別 卽住船中. 二十一日 早 約三點鐘 開船至日出時已過 吳淞口 午後至海水 淸處. 天晴無風浪 船中之客多 內有中國人 日本人 並 泰西數國之人 故不覺寂寞 其客內有往英 國者 有往法國者 有往美國者 回日本者 俱是回國之人間 有往日本遊覽數日者. 余亦在其內焉. 從前尙未遊歷欲略觀日本情形也. 二十二日 午後 可遠望日本海岸與山 太陽將落時 船至數海島 行過 其間九點鐘已 至長崎抛錨停船進長崎之港口 左右高岸極爲可觀 其山邊能種麥處 俱種麥 地面層層如階級可觀 見日本農事甚精 船入港口之後 周圍有山 而港形如湖 若不知船從何處而 進者 是晚英國有大兵船 在港內宴客觀劇 船上燈燭光輝 有小船來往送客甚多大爲鬧 船上樂班 奏樂 其音自山中而回 如有數樂班在山中同時奏樂者. 十點鐘上岸而友不遇因 西人之在長崎者 大半往兵船上會宴也. 灘上徘徊游玩一次 此處尙無煤氣燈 路上難行復回至船. 十一點鐘 兵船 之客回家時 船上放各種顏色之煙火 先有綠色之火周圍山水 若有月光後 有紅色之火 周圍山水 若有山之光最可觀. 此煙火約一刻許 送客小舟一路上岸 俱得光明亦取樂之一法也. 일기는 단 국대 일본연구소의 김경남 연구교수가 번역하였음.

또한 그 가운데 한 사람이다. 종전에 일본 유람을 못했는데, 이제 일본의 사정을 살펴보고 싶었다.

22일 오후 멀리 일본 해안과 산을 볼 수 있었다. 태양이 질 무렵 배는 몇 개의 해도를 통과하였고 그 사이 9시쯤 되어 **나가사키에 닻을 내리니 배가 나가사키 항구를** 지나면서 좌우의 높은 해안이 극히 볼 만했다. 그 산 주변은 보리를 심은 곳으로 맥종이 모두 갖추어져 있었고 층층한 지면의 계단이 가히 볼 만하니, 일본의 농사가 심히 정교한 것을 볼 수 있었다. 배가 항구에 든 뒤 주위에 산이 둘러 있어 마치 항구가 호수와 같았다. 만약 배가 어느 곳으로 나아갈지 모른다면 이곳은 영국의 대 병선과 같았다. 항국 내에 연회가 있고 연극을 보았다. 선상의 등촉이 빛나고 작은 배들이 왕래하며 손님을 실어 나르는 것이 매우 많고 시끄러웠다. 선상의 악대가 음악을 연주하니 그 음이 산중에서 돌아오는 것 같고 악대가 산중에서 동시에 음악을 연주하는 것 같았다. 10시쯤 언덕 위에서 벗을 만나지 못했는데, 나가사키에 있는 서양인은 태반 병선 위에서 연회를 한다. 물가에서 배회하니 이곳은 매기등煤氣燈이 없고 길이 배로 돌아가기 어렵다. 11시쯤 병선의 손님들이 돌아갈 때 선상에는 각종 색깔의 연화煙火를 방출하는데 먼저 녹색불은 주위 산수가 달빛과 같고, 홍색불은 주위 산수가 산빛과 같아 가히 볼 만했다. 이 연화는 약 1시각쯤 방출되며 작은 배가 노상의 해안에서 빛과 음악에 따라 손님을 실어 보낸다.

이 일기에 나타난 바와 같이, 1876년 일본 공사의 윤선輪船이 나가사키와 상해를 왕래했는데, 이는 중국에서 번역된 서학서가 일본을 경유하여 한국에 들어왔을 가능성이 있음을 의미한다. 다음을 살펴보자.

(7) 各口寄售格致彙編(각 항구에 격치휘편을 위탁 판매하는 곳)[23]

항구	판매소	항구	판매소
北京	崇文門內 東單牌樓 北施書院	蘇州	綠閭堂書坊 又 封門內 十泉街島*搖東斯公館內 美國 費先生
天津	紫竹林 英國 殷約翰	甯波	東門街 開明山 英國 閔先生
牛莊	旗昌洋行	杭州	竪樂橋 美國 來恩施
濟南府	都同門口 美國 隋蔓錫 又 北門外 機器局	福州	美國 艾若瑟 又 船政局
燕臺	英國 韋廉臣	廈門	英國 瑪高溫 又 博聞書院
登州	美國 崇奧學房	臺灣淡水	合間務司
漢口	英國 楊敎士	汕頭	法國 何楊春(?)
武昌	福音堂	香港	德臣印字舘 陳阿言
武穴	福音堂 李先生	廣州府	英國 湛約翰
九江	英國 領事公舘 又福音堂	新嘉坡	福音舘 陳德生
南京	南門內 邊營 美國魏丁	日本 神戶	第四十六號 洋行
鎭江	亨利洋行	橫賓	第五十九號 洋行
上海	格致書院 又 申報舘 又 學海書舘 張慶芳 又 榮泰駁船行		

『격치휘편』위탁 판매소 광고를 살펴보면 이 신문은 발행지인 중국 상해뿐만 아니라, 북경, 천진, 우장, 제남부, 연대, 등주부, 한구, 무창, 무혈, 구강, 남경, 진강, 상해, 소주, 영파, 항주, 복주, 하문, 대만 담수, 산두, 향항, 광주부, 싱가포르, 일본의 고베와 요코하마 등 동남아 및 중일 주요 항구도시를 망라하여 전파되었음을 확인할 수 있다. 이는 같은 성격을 띤『만국공보』나 격치서원, 익지서회 등에서 발행한 서적, 나아가 번역관의 서적이 일본에 유통되었음을 의미하며,[24] 이광린(1969)에서 밝힌 바와 같이 1880년 수신사 김홍집이 귀국

23 『格致彙編』1877.3.
24 『萬國公報』1880.2.18. '各埠代辦售書西人處(각 항구에서 서양인이 서적을 대리하여 판매하

할 때 주일 청국공사관 참찬관(서기관) 황준헌黃遵憲의 『조선책략朝鮮策略』을 가져왔듯이, 일본을 거쳐 중국 근대 지식을 수입하는 경로가 생겨났음을 뜻한다.[25] 그 당시 한국은 개항 직후여서 상해와 직항로가 개설되어 있지 않았는데, 1881년 어윤중魚允中도 조사시찰단의 일원으로 일본에 갔다가 나가사키長崎에서 기선을 타고 상해上海, 천진天津을 거쳐 다시 나가사키로 돌아온 예가 있다. 당시 어윤중은 동래에서 일본을 방문한 뒤 나가사키에서 상해를 방문하고, 그곳에서 유서분劉瑞芬, 진보거陳寶渠, 정관응鄭官應[26]을 만났으며, 기선을 타고 천진 초상국을 방문한 뒤, 그곳에서 이홍장李鴻章을 만나고, 다시 상해를 거쳐 나가사키로 돌아온 뒤 기선으로 동래에 도착하였다.[27] 이러한 상황은 1880년대 중반까지 계속되었던 것으로 보인다. 이를 보여주는 자료 중 하나가 이사벨라 비숍 여사의 기록이다.

(8) 조선의 첫인상[28]

1885년 초반 일본 우선(郵船) 회사는 5주마다 블라디보스토크와 부산을 왕래하는 기선 1대와 한 달에 한 번씩 제물포와 부산을 왕래하는 작은 배를 운

는 곳)'에서도 香港(德國 黎先生), 橫濱(英國 理先生), 臺灣(英國 巴先生)의 이름이 나타난다.
25 참고로 『한성순보』, 『한성주보』에 빈번히 나타나는 상해, 홍콩 등지의 중국 근대 신문도 이 경로를 통해 유입되었을 가능성이 높다. 왜냐하면 이 신문을 주도했던 유길준, 박영효 등이 그 당시 일본을 왕래했기 때문이다.
26 정관응은 1883년 국내에서 처음 언해된 중국 근대의 방략서인 『이언(易言)』의 저자이다.
27 魚允中, 『從政年表』, 高宗十八年 辛巳 九月 初一日 在神戶, 逢信使趙秉鎬 從事官 李祖淵. 六日 乘船向長崎. 九日 到長崎. 十日 向上海. 十二日 到上海 訪王松森. 十三日 訪蘇松道 劉瑞芬 太守陳寶渠 及 鄭官應. 二十四日 乘船向天津. 十月 初二日 到天津 留招商局總辦 唐廷樞 委員黃○○俱款待. 六日 往見津海關 道周馥. 十日 謁李中堂鴻章. 十一日 自天津招商局 乘汽船而南. 二十四日 還到上海. 十二月 一日 還向長崎. 七日. 自長崎與信使一行 同舟而西. 十日 還東萊.
28 이사벨라 버드 비숍, 신복룡 역주, 『조선과 그 이웃 나라들』, 집문당, 2006, 30쪽.

행한다. 지금은 크든 작든 간에 부산에 기선이 왕래하지 않는 날이 없다. 일본 우선회사의 좋은 배뿐만 아니라 자주 **고베(神戸) – 블라디보스토크**, 상해 **– 블라디보스토크, 고베 – 천진, 고베 – 지부(芝罘), 고베 – 뉴창(紐昌)** 사이를 왕래하는 모든 노선이 부산에 기착하며, **오사카의 직항 노선과 상해 블라디보스토크** 사이를 왕래하는 **러시아 우편선**을 포함한 세 개의 노선이 부산에 기착하고 있다.

이 여행기에 따르면 1885년 당시 부산항에 기착하는 기선은 고베 – 블라디보스토크, 고베 – 천진, 고베 – 지부, 고베 – 뉴창과 오사카 – 부산, 상해 – 블라디보스토크의 러시아 우편선 등이 있다는 것인데, 국내 부산이나 제물포와 상해의 직항로에 대한 언급은 나타나지 않는다. 더욱이 이들 기선은 일본회사나 러시아 우편선이므로 그 당시 항로航路를 통한 한중 직접 교류는 거의 존재하지 않았던 것으로 판단된다. 이 점은 1880년대 한국의 근대 지식 수용 과정이 갖는 한계로 보인다.

2) 번역관과 광학회 서적 유통 상황과 영향력

한보람(2005)에서 밝혔듯이, 『한성순보』의 '각국 근사'에 등장하는 기사원 가운데 상당수는 『상해신보上海新報』(1861년 상해 A. Shearman 창간, 268회), 『자림호보字林滬報』(1883년 상해 F. Balfour 창간, 121회), 『중외신보中外新報』(1858년 홍콩 G. N. Ryder 창간, 66회), 『순환일보循環日報』(1874년 홍콩 王韜 창간, 53회) 등의 중문판 신문이었다. 이는 순보 발행 기관인 박문국博文局에 이들 신문이 들어왔거나 신문에 관여했던 사람들[29]이 중문판 신문을 보았을 것이라는 추측을 가능하게 한다. 여기서 주목할 것은 김윤식의 『음청사』에서 확인할 수 있듯이, 영선사로 중국에 간 사람들이 상해 강남 제조총국을 방문하는 일은 결코 쉽지 않았다는 점이다. 물론 김윤식은 제조총국에 들러 '번역 서양서'가 있음을 확인한 바 있지만, 그 당시 조선 정부의 외서 정책外書政策이나 교통망 등을 고려할 때 이들 신문과 서적이 중국에서 한국의 직항로, 또는 육로로 들어온 경우는 드물었을 것으로 추정된다.[30] 이보다는 오히려 일본을 경유한 지식 유입 가능성을 추론할 수 있는 자료가 발견되는데, 그중 하나가 어윤중魚允中의 사례이다.

(9) 高宗實錄 卷19

ㄱ. 고종 19년(1882) 2월 3일[31]

통리기무아문(統理機務衙門)에서 아뢰기를, "천진(天津)에 머물러 있는 학도들과 장공인(匠工人)들을 단속 통제하지 않을 수 없고 또한 중국에 문의해 볼 일도 있으니, 본 아문(衙門)의 주사(主事) 어윤중(魚允中)과 이조연(李祖淵)을 모두 문의관(問議官)으로 차하해서 천진에 가서 영선사(領選使)와 충분히 토의하여 처리하도록 하고, 이러한 사유를 가지고 자문을 지어 들여보내는 것이 어떻겠습니까?"하니, 윤허하였다.

ㄴ. 고종 19년 2월 17일[32]

29　이광린(1969), 「『한성순보』와 『한성주보』에 대한 일고찰」, 『한국개화사연구』, 일조각. 순보와 주보 발행 당시 동문학(同文學) 신문보사(新聞報社)인 '박문국' 관련 인물로 유길준, 장박, 오용묵, 김기준 등의 활동과 이노우에가쿠고로(井上角五郎)의 역할이 설명되어 있다.

30　金允植, 『陰晴史』1882. 壬午 4월 26日. 이에 대해서는 강미정·김경남(2017) 앞의 글 참고.

31　『高宗實錄』19, 高宗19(1882).2.3. 統理機務衙門啓 天津所留學徒、工匠, 不可無董檢, 且有問議中國之事。　本衙門主事魚允中、李祖淵, 竝問議官差下, 使之赴津, 與領選使欄商措處。　而將此事由, 撰咨入送何如。允之。원문 및 번역문은 국사편찬위원회 조선왕조실록을 옮김.

32　『高宗實錄』19, 高宗19(1882).2.17. 召見問議官魚允中、李祖淵。教曰 "今遣爾等, 非由他事,

문의관(問議官) 어윤중(魚允中)과 이조연(李祖淵)을 소견하였다. 전교하기를, "이번에 그대들을 보내는 것은 다른 일 때문이 아니다. 통상 문제와 외국과의 관계 문제 때문이다. 벌써 영선사(領選使)에게 하교하였고, 또 이번 자문(咨文)에도 상세한 내용을 적었지만 그대들이 모름지기 천진(天津)에 가거든 통상 대신(通商大臣)과 이해관계를 서로 의논하여 일을 잘 처리하라" 하였다. 또 전교하기를, "무관은 현재 병졸을 거느리고 있지 않으니 오래 머무를 필요가 없다. 영선사와 의논하여 즉시 귀국시킬 것이며, 학도(學徒)들과 장공인(匠工人)들도 일일이 대조하고 살펴 실제로 병(病)이 있거나 성과가 없는 사람도 무관을 따라서 마찬가지로 내보내게 하라" 하였다. 또 전교하기를, "사대(事大)의 의절은 마땅히 성의껏 해야 하지만 형식에 구애되어 백성과 나라에 해를 끼치는 것은 구례(舊例)대로 너그럽게 처리하는 데서 그쳐서는 안 될 것이다. 사신 문제와 북도(北道)의 호시(互市) 문제는 일일이 총리각국사무아문(總理各國事務衙門)과 통상 대신(通商大臣)에게 나아가 의논하여 편리하게 하도록 힘써라" 하였다. 또 전교하기를, "일본과는 이미 개항(開港)하고 통상할 것을 허락하였는데 중국에 대하여서는 아직도 해금(海禁)을 고수하고 있으니 중국을 가까이하는 뜻에 어긋난다. 중국은 우리나라에 이미 여러 항구를 개방하여 서로 무역을 하면서 지장없이 왕래하므로 힘써 약속을 준수할 것에 대한 문제도 총리각국사무아문(總理各國事務衙門)과

以通商事與外國事. 曾於領選使許, 已有敎意, 而且於今番咨文, 備盡措辭. 然爾等須往天津, 與通商大臣相議利害, 善爲措處也." 又敎曰 "官弁則現無所領兵卒, 不必久留, 與領選使相議, 卽令還國. 學徒 `工匠, 亦——照檢, 就其有實病 `無實效者, 亦令隨官弁一體出途也." 又敎曰 "事大之節, 益當親恰, 而其拘於文具, 貽弊民國者, 不可以安於舊例而止. 使价及北道互市事, 一一議於總理各國事務衙門及通商大臣, 務歸便宜也." 又敎曰 "旣許日本開港通商, 而於中國, 則尙守海禁, 有乖親中國之意. 中國與我國, 已開各港, 互相貿易, 無礙往來, 勉遵約束之意, 亦就議於總理各國事務衙門及通商大臣也." 又敎曰 "近來, 外國有窺伺之意云, 不可不先事綢繆, 往議於通商大臣及留津使臣. 凡有益於國家者, 各別講確也."

통상 대신(通商大臣)과 의논하라"라고 하였다. 또 전교하기를, "근래에 외국이 우리나라를 엿보려는 뜻이 있다고 하는데 사전에 치밀한 대책을 세우지 않을 수 없으니, **통상 대신과 천진에 머무르고 있는 사신에게 가서 의논**하여 국가에 유익한 모든 것에 대해서 각별히 강구하여 확정하라" 하였다.

이 기사에 따르면 어윤중은 문의관問議官으로 중국에 파견되었는데, 사실 이 때 그는 조사朝使의 일원으로 일본에 가 있었다. 그가 쓴 『종정연표從政年表』에 따르면, 그는 동래에서 일본을 방문한 뒤 나가사키에서 상해를 방문하고, 그곳에서 유서분劉瑞芬, 진보거陳寶渠, 정관응鄭官應을 만났으며, 기선을 타고 천진 초상국을 방문한 뒤, 그곳에서 이홍장李鴻章을 만나고, 다시 상해를 거쳐 나가사키로 돌아온 뒤 기선으로 동래에 도착하였다.[33] 이때 만난 정관응은 1883년 국내에서 유일하게 언해된 『이언易言』(王韜의 서문이 들어 있음)의 필자로 중국 근대 지식이 국내에 유입되는 경로를 짐작하게 해 준다. 이뿐만 아니라 어윤중은 연대 미상의 필사본인 『수문록隨聞錄』에 '朝鮮ノ書籍 日本ニ流入スルモノナリ(조선의 서적으로 일본에 유입된 것)'을 적어 놓았는데, 이는 그 당시 한일 서적 유통 상황을 보여주는 적절한 사례에 해당한다.[34]

---

33 魚允中,『從政年表』, 高宗十八年 辛巳 九月 初一日 在神戶, 逢信使趙秉鎬 從事官 李祖淵. 六日 乘船向長崎. 九日 到長崎. 十日 向上海. 十二日 到上海 訪王松森. 十三日 訪蘇松道 劉瑞芬 太守陳寶渠 及 鄭官應. 二十四日 乘船向天津. 十月 初二日 到天津 留招商局總辦 唐廷樞 委員黃○○俱款待. 六日 往見津海關 道周復. 十日 謁李中堂鴻章. 十一日 自天津招商局 乘汽船而南. 二十四日 還到上海. 十二月 一日 還向長崎. 七日. 自長崎與信使一行 同舟而西. 十日 還東萊.

34 허동현 편,『朝使視察團資料集』13, 국학자료원, 2011. 이 자료집에 수록된 '수문록'은 필사 연대를 알 수 없으나, 경진 7월 조선 부산·원산 두 항구의 수출입표가 기록된 것으로 보아, 1880년대 전후의 사정을 기록한 것으로 추정된다. 그 당시 일본에 유입된 조선 서적 목록으로는 『백제본기(百濟本紀)』,『백제신찬(百濟新撰)』,『태평통재(太平通載)』80권(成文公輯, 성임 편찬),『태평후기상설(太平後紀詳說)』50권,『동문문기(東文文幾)』10권(侍中 崔滋 撰),

이 맥락에서 한국에서 번역관과 광학회를 중심으로 한 번역 서양서가 활발하게 유통된 시점은 1895년 갑오개혁 이후로 볼 수 있다. 허재영(2015)의 '광학회 서목과 태서신사남요를 통해 본 근대 지식 수용과 그 의미'에서 밝힌 바와 같이, 1895년 학부 편찬의 『태서신사』(한문본), 『신정심상소학』 등의 교과서에는 '학부 편집국 서적 목록'과 '광학회 서목'이 실려 있는데, 그 가운데 광학회 서목 45종이 등장한다. 그 가운데 『태서신사』(馬懇西, 李提摩太 口譯, 蔡爾康 筆述), 『공법회통』(헨리 휘튼 저, 丁韙良 譯), 『서례수지』(傅蘭雅, 李提摩太 譯)는 학부 편찬 교과서로 간행되었다. 이처럼 번역관과 광학회 서적은 1900년대 한국의 근대 지식 형성에 매우 큰 영향을 주었는데, 『대조선독립협회회보』의 경우 제3호의 '독격치휘편讀格致彙編', 맥고완馬高溫, Daniel Jorome MacGowan(1814~1893, 미국 침신회 소속의 선교사로 寧波에서 활동함)의 '유익지수이지천재有益之樹易地遷栽', 제4호부터 제15호까지 지속적으로 소개된 프라이어傅蘭雅의 격치학 관련 논문 등이 대표적이다.[35] 그뿐만 아니라 이 시기 국내의 신문·잡지 등에 직접 소개되지는 않았지만, 전통 유학자 전우田愚가 『자서조동自西徂東』(花之安 著)을 읽고 그 내용을 비판하고 있듯이, 국내에 유입되어 계몽운동가나 유학자들에게 영향을 미친 책들이 적지 않다.[36]

『삼한귀감(三韓龜鑑)』 1질(猊山 崔瀣 撰)(이 책은 고려 후기 문인 예산 최해가 편찬한 삼한시 귀감을 일컫는 것으로 추정), 『동국문감기(東國文鑑記)』 10권(侍中 金台鉉 撰)(이 책은 고려 후기 문신 김태현이 편집한 시문선집임), 『동몽선습(童蒙先習)』(陳季昌 撰), 『훈몽자회(訓蒙字會)』 3질(崔世珍)이 있다. 여기서 『백제본기』, 『백제신찬』은 국내에서 발행된 기록을 찾기 어려운데, 아마도 그 당시 일본인이 저술한 책이었을 가능성이 높다.

35 허재영, 「근현대 한국에 수용된 중국 학술 사상에 대한 연구」, 『인문과학연구』 53, 강원대 인문과학연구소, 2017, 55~83쪽.

36 허재영, 「지식 교류의 관점에서 본 한국에서의 『자서조동』 수용 양상」, 『아세아연구』 173, 고

4. 결론

이 글은 근대 서적 유통 현상을 중심으로 한중 지식 교류 양상을 살피는 데 목적을 두고 출발했다. 이를 위해 이 글에서는 상해 강남 제조총국 번역관과 광학회를 중심으로 근대 중국의 지식 현상을 규명하고자 했으며, 이들 서적이 국내에 유입되는 경로를 규명하는 데 중점을 두었다. 이 글에서 논의한 바를 정리하면 다음과 같다.

첫째, 상해 강남 제조총국 번역관의 활동과 관련하여, 기존의 연구에서 상대적으로 덜 주목했던 '구역필술口譯筆述'의 방식이 갖는 의미를 탐구하고자 하였다. 이 방식은 중국어에 익숙하지 못한 서양인이 입으로 번역하면, 중국인이 중국 문장에 적합하게 필술하는 방식이다. 그 과정에서 '역서의 방법'과 관련한 논의가 나타났음을 주목할 현상이다.

둘째, 근대 중국의 지식 생산 차원에서 1887년 설립된 광학회의 활동을 살피고자 하였다. 이 단체는 1907년 8월까지 264종 이상의 번역 서학서를 출간하였는데, 이들 서적의 대부분은 그 당시 국내에 유입된 점이 특징이다.

셋째, 한국에서의 중국 근대 지식 수용 과정에서 주목한 것은 지식 유통의 경로이다. 전통적인 중국 지식 유통 경로는 사행이 중심을 이루었다. 그러나 근대 중국의 지식 유입은 기선의 발달과 함께 큰 변화를 보인 것으로 추측되는데, 상해의 미화서관이나 윤선의 행로 등

려대 아세아문제연구소, 2018, 9~31쪽.

을 추적해야 할 필요성을 제기하였다.

넷째, 번역관과 광학회 서적 유통 상황과 영향력을 검증하고자 하였다. 『한성순보』, 『한성주보』의 기사원이나 1895년 학부 설립 이후 번역 서학서를 복간한 다수의 교과서 등은 번역관과 광학회 서적의 영향력을 증명하는 대표적인 것들이다.

이 연구를 진행하면서, 근대 중국 지식의 유입 과정과 내용을 분석하기 위해 더 살펴야 할 자료가 많음을 확인하였다. 일부 사용하기는 하였으나 그 시대 지식인들의 일기, 번역 서학서의 구체적인 내용 분석 등이 그것이다. 이 작업은 짧은 시간에 끝날 성질의 것이 아니며, 개인 연구자가 접근하는 데도 한계가 있다. 『만국공보』에 수록된 다수의 '환유지구약술環遊地球略述'이나 '서학부강총서'의 구체적인 내용 분석 등은 지속적인 집단 연구 과제로 남겨둔다.

참고문헌

1. 기본 자료

格致彙編館, 『格致彙編』(1876.3~1882.1), 서울대학교 규장각 소장본(문서번호 3121).

國史編纂委員會, 『從政年表·陰晴史』(한국사자료총서 6), 탐구당, 1976.

未詳, 『集玉齋目錄外書冊』(1948), 국립중앙도서관 디지털라이브러리.

未詳, 『集玉齋書籍目錄』(1948), 국립중앙도서관 디지털라이브러리.

傅蘭雅, 『格致彙編』(1876~1882), 규장각 소장본(도서번호 3121).

張蔭桓 編輯, 『西學富强叢書』48, 鴻文書局, 1896.

學部 編纂, 『泰西新史攬要』(學部, 1895), 亞細亞文化史, 1976.

허동현 편, 『朝士視察團關係資料集』1-14, 국학자료원, 2003.

黃顯功 編著, 『萬國公報』1-80, 上海書店出版公司, 上海 : 中國, 2014.

2. 논문 및 단행본

W. 프랑케, 김원모 역, 『동서문화교류사』, 단국대 출판부, 1976.

강미정·김경남, 「근대 계몽기 한국에서의 중국 번역 서학서 수용 양상과 의미」, 『동악어문학』 71, 동악어문학회, 2017.

김경혜, 「상해의 중국 근대 지식인 왕도(王韜)」, 『한중인문학회 국제학술대회』, 한중인문학회, 2008.

김당택, 『한국 대외 교류의 역사』, 일조각, 2009.

김선경, 「19세기 전반 중국 개명인사와 서양 개신교 선교사간의 지적 교류」, 이화여대 박사논문, 1995.

민회수, 「규장각 소장본으로 본 개항기 서양 국제법 서적의 수입과 간행」, 『규장각』47, 서울대 규장각 한국학연구원, 2015.

박지현, 「17세기 중국에 파견된 예수회 선교사들의 초기 번역과 문자 이해를 중심으로」, 『인문논총』67, 서울대 인문학연구원, 2012.

송용근·김채식 외, 「한국 근대 수학교육의 아버지 이상설이 쓴 19세기 근대화학 강의록 화학계몽초」, 『한국수학논문집』20-4, 강원경기수학회, 2012.

송인재, 「근대 중국에서 중학·서학의 위상변화와 중체서용-장즈둥의 권학편을 중심으로」, 『개념과 소통』6, 한림과학원, 2010.

양일모, 「근대 중국의 서양 학문 수용과 번역」, 『시대와 철학』15-2, 한국철학사상연구회, 2004.

오순방, 「청말의 번역 사업과 소설작가 오견인」, 『중국어문논역총간』14, 중국어문논역학회, 2005.

윤영도, 「중국 근대 초기 서학 번역 연구」, 연세대 한국연구재단 연구보고서, 2005.

_____, 「중국 근대 초기 서학 번역 연구-만국공법 번역 사례를 중심으로」, 연세대 박사논문, 2005.

이광린, 『한국개화사연구』, 일조각, 1969.

_____, 『개화기연구』, 일조각. 1986.

이사벨라 버드 비숍, 신복룡 역주, 『조선과 그 이웃 나라들』, 집문당, 2006.

이태진, 「규장각 중국본 도서와 집옥재 도서」, 『민족문화논총』 16, 영남대 민족문화연구소, 1996.

인하대 한국학연구소, 『동아시아 개항도시의 형성과 네트워크』, 글로벌콘텐츠, 2012.

장영숙, 「집옥재 서목 분석을 통해 본 고종의 개화서적 수집 실상과 활용」, 『한국근대사연구』 61, 한국근대사학회, 2012.

정성미・송일기, 「양계초의 서학서목표(西學書目表) 내용 분석」, 『서지학연구』 68, 한국서지학회, 2016.

조광, 「조선 후기 서학서의 수용과 보급」, 『민족문화연구』 44, 고려대 민족문화연구원, 2006.

차배근, 『중국 근대 언론사』, 나남, 1985.

총성의, 『근대 한국 지식인의 대외인식』, 성신여대 출판부, 2000.

최경현, 「19세기 후반 상해에서 발간된 화보들과 한국 화단」, 『한국근현대미술사학』 19, 한국근현대미술사학회, 2008.

최영철・허재영, 「개항 이후 학제 도입 이전까지의 한국 근대 학문론과 어문 문제」, 『인문과학연구』 40, 강원대 인문과학연구소, 2014.

최형섭, 「언어와 번역을 통해 본 17~18세기 중국사회」, 『중국문학』 65, 한국중국어문학회, 2010.

한보람, 「1880년대 조선 정부의 개화 정책을 위한 국제 정보 수집」, 『진단학보』 100, 진단학회, 2005.

허재영, 「광학회 서목과 태서신사남요를 통해 본 근대 지식 수용과 의미」, 『독서연구』 35, 한국독서학회, 2015.

_____, 「근현대(1880~1945) 한국에 수용된 중국 학술 사상에 대한 연구」, 『인문과학연구』 53, 강원대 인문과학연구소, 2017.

_____, 「지식 교류의 관점에서 본 한국에서의 '자서조동' 수용 양상」, 『아세아연구』 173, 고려대 아세아문제연구소, 2018.

황종원・허재영・김경남・강미정, 『한국에 영향을 미친 중국 근대 지식과 사상』, 경진, 2019.

江南製造局刊, 『曾惠敏公 紀澤 文集』, 臺灣 : 文海出版社有限公司, 1976.

京大人文研究所, 『東方叢書 西學富强叢書』(1896), 鴻門書局, 1976.

郭建佑, 『明淸譯書書目之硏究』, 天主教輔仁大 碩士論文, 2007.

梁啓超, 『飮氷室文集』, 廣智書局, 1903.

馬租義, 『中國飜譯簡史』, 北京 : 中國對外飜譯出版公司, 1984.

史春風, 『商務印書館與中國近代文化』, 北京 : 北京大出版部, 2006.

魏允恭, 『江南製造局記』, 臺灣 : 文海出版社, 2005.

沈福偉, 『中西文化交流史』, 上海 : 上海人民出版社, 1985.

제3부

해역기층(대중)문화

언어전파로 살펴본
해역언어학적 어휘 연구
한국의 박래어와 일본 진출 외행어를 중심으로

양민호

1. 들어가며

글로벌 시대, 우리는 정보의 바다를 유영遊泳하고 있으며 외국문물의 유입과 정착 그리고 그것과 함께 들어온 말들의 생명력을 매일매일 체감하며 살고 있다. 왕성히 사용되다가 사라진 말, 그리고 유행하다가 정착된 말, 이렇듯 다양한 말이 존재한다. 이렇게 다양한 말 중에는 자생적으로 만들어진 어휘들도 있지만 이웃 나라와 교류를 통한 언어전파[1]에 의한 것들이 상당히 많다.

---

1 언어지리학에서 언어전파는 다음과 같다.
　인접분포의 원칙(인접지역 원칙 : 말은 땅을 기듯이 전파되며 변화는 인접한 지역에서 일어난다. 그래서 말의 지리적 분포는 역사적 관계를 반영한다고 한다. 예를 들어 어느 지역에서 다른 말이 A · B · C의 순서로 분포하는 경우, 말은 A)B)C 또는 C)B)A의 순서로 전파되었을 것으로 추정된다. 또 A · B · A의 순서로 분포되고 있는 경우, 원래 A만이 분포하고 있던 지역 안에 B가 침입하여 A의 분포 영역이 분단되었다고 추정할 수 있다.
　주변분포의 원칙(인접지역 원칙) : 말이 음운 변화가 아니라 전혀 다른 말로 바뀌었을 경우 문화적 중심지에서 먼 곳에 오래된 형태의 말이 남기 쉽다. 문화적 중심지의 언어는 그 권위와 위엄에 의해서 주변지역으로 전파되어 수용되기 쉽다.
　고유변화의 원칙 : 말에는 각각 고유한 역사가 있으며, 어휘에 따라 별도의 지리적 분포를 나타

학계에서 외래어外來語라는 용어를 우리는 자주 접하였지만 박래어舶來語라는 말은 매우 생소하다. 후술하겠지만 이는 바꿔 말하면 '바다를 건너 들어온 말'이다. 한국과 일본은 다양한 방면에서 활발한 교류가 진행되어 왔다. 그 가운데 언어 교류는 고대부터 현대까지 매우 활발한 상태이며 현재는 더욱 다양한 패턴으로 언어전파가 이루어지고 있다. 이러한 언어 교류의 양상을 이 글에서는 바다 즉 해역이라는 매개체를 통하여 살펴보고 그 가운데 박래(외래) 어휘에 대해 주목하여 살펴보도록 하겠다. 이를 토대로 한국과 일본의 언어전파 양상에 대한 의미를 되짚어보고자 한다.

2. 박래어로 살펴본 언어전파

사실 앞서 이야기한 박래어는 박래품과 맥을 같이한다. '가배咖啡/珈琲', '불란서佛蘭西', '양장洋裝' 등은 모두 개화기의 신문물 이름이며 이것들이 등장할 때 '박래품'이라는 말도 함께 등장한다. 이러한 어휘는 사전에는 있으나 지금은 사어死語 수준이 되어 버렸다. 그렇지만 학술적 용어로서는 충분히 가치 있는 전문용어이다. 한자로는 '舶來品'이므로 배로 들여 온 물품이라는 뜻이고, 구한말 당시에는 서양에서 배에 실려 들어온 신식 물품을 가리켰다. 영어로 풀이하면 'import'인데, 전치사 'in- : 안에, 안으로'와 명사 'port : 항구'가 조합

낸다. 이는 어떻게 보면 위에서 말한 두 가지 언어전파 양상과는 다르고 별개처럼 나타난다고 볼 수 있다.

('import'의 'm'은 전치사 'in'의 'n'이 동화작용으로 변한 것임)되어 만들어진 단어이다. 결국 '항구 안으로 들이다'라는 뜻이며, 이것을 '舶來品'이라는 말로 번역한 것이다.

하지만 이들 어휘에서는 세계무역 또는 식민지 개척의 냄새가 짙게 묻어나고 있다. 유럽의 많은 나라들은 아시아에 비해 자원이 부족하여 자급자족에 어려움이 많았다. 따라서 다른 나라로부터 물자를 들여오지 않으면 안 되었다. 정상적인 수입이 안 되면 약탈이라도 해 오지 않는 한 생활유지가 곤란할 수밖에 없었다. 영국이나 스페인, 프랑스 등의 해적선이 실재했던 것이 그 방증이다. '항구 안으로 무엇인가를 들이는 일(in+port)'이 곧 수입(import)인데, '중요한'이라는 의미의 'important'가 이에서 비롯된 것이다. 그리고 이는 또 물자가 부족한 나라에서의 그것이 얼마나 중요한가를 단적으로 말해 주고 있는 것이다.

물자의 국내로의 유입 방법은 많으나, 물류 수단이 최첨단의 길을 걷고 있는 현재에도 바닷길을 통해 항구로 들어오는 게 가장 큰 비중을 차지하고 있다는 것은 전술한 대로이다. 따라서 항구에는 물건이 다양하고 많을 뿐 아니라 사람 또한 많이 모이게 된다. 그러니 항구 주변에는 도시가 형성되어 대도시로 성장해 가고, 새로운 것들도 등장하여 가슴 설레게 하는 무엇인가를 낳아 사람들로 하여금 기대로 부풀게 한다.

우리나라 대한민국도 다르지 않다. 운요호사건으로 조선과 일본 사이에 강화도조약이 체결되면서 1876년에 부산항이 개항되었고, 1880년 5월에 원산과 1883년 1월에 인천을 순차적으로 개방함으로 개항하면서 열강과 근대적 교역을 시작하게 되었다. 그러자 이들 항구도시에는 당연히 진귀하고 값비싼 물건들, 즉 박래품들이 흘러들어와 사람들의 호기심어린 관심을 자극하게 되었고, 따라서 사람들에게 구경할 수 있는 기회를 늘려 제공해 주는 역할도 했다.

그렇지만 그 같은 박래품들은 그에 붙여진 이름에조차도 개항을 경험하며 새로운 세계를 맛보기 시작한 사람들에게 흥미를 끌게 하기에 충분한 무엇인가가 묻어 있다. 그러나 다대수의 사람들은 실물을 보고 이름을 아는 기회를 얻지 못하였다. 신문광고를 통해 알았고, 그렇게 안 사람들의 입을 통해 알게 되었는데, 그것들은 주로 시계, 양복, 구두, 양산이라든가 향수, 석유, 비누, 바늘 같은 것들이었다. 그리고 그 물품들은 서구 열강으로부터 직접 들여온 것들도 있었지만, 일본을 통해서 간접적으로 받아들인 것들이 많았는데, 그때 그에 붙여진 위와 같은 박래품의 어휘를 패턴별로 살펴 보겠다

1) 박래어의 패턴

박래어의 범주를 어디까지로 보느냐에 따라 연구자들의 관점은 달라질 수 있다. 다만 '근대'라는 시간 범주 안에서 바라볼 때 다음과 같이 외국어의 음에 대하여 한자음을 가지고 나타내는 음역 패턴도 넓은 의미에서 박래어의 패턴 중 하나로 볼 수 있을 것이다. 한자어 음역이라는 것은 한자음을 한국 발음으로 읽기 때문에 본래의 소리와는 다르게 발음되는데, 이와 같은 음역어는 주로 국가나 도시 이름에 사용된다.

(1) 외국어의 음을 한자음으로 표현한 음역 패턴

네덜란드　 : 화란(일본어 : 和蘭), 하란(중국어 정체 : 荷蘭, 병음 : Hélán)

러시아　　 : 노서아(일본어 : 露西亞 ロシア) 또는 아라사(중국어 : 俄羅
　　　　　　 斯, 병음 : éluósī)

몽골　　　 : 몽고(중국어 : 蒙古, 병음 : Měnggǔ)

베트남　　 : 월남(중국어 : 越南, 병음 : Yuènán)

스웨덴　　 : 서전(중국어 : 瑞典, 병음 : Ruìdiǎn)

스페인　　 : 서반아(중국어 : 西班牙, 병음 : Xībānyá)]

이집트　　 : 애급(중국어 : 埃及, 병음 : Āijí)

이탈리아　 : 이태리(일본어 : 伊太利 イタリー, 일본어 : 伊太利亜 イタリア)

인도네시아 : 인도니서아(중국어 정체 : 印度尼西亞, 병음 : Yìndùníxīyà)

캐나다　　 : 가나다(加那陀, 일본어 : 加奈陀 カナダ), 가나대(중국어 : 加
　　　　　　 拿大, 병음 : Jiānádà)

포르투갈　 : 포도아(중국어 : 葡萄牙, 병음 : Pútáoyá)

프랑스　　 : 불란서(일본어 : 佛蘭西 フランス)

필리핀　　 : 비율빈(일본어 : 比律賓 フィリピン)

이와 같이 프랑스를 '불란서佛蘭西', '러시아'를 '아라사俄羅斯', '필리
핀'을 '비율빈比律賓' 등으로 표현하는데 이는 중국어 또는 일본어의
발음을 우리 한자음에 대입하여 만든 어휘들이다. 그리고 그 외에도
'커피'를 '가배咖啡/珈琲', 클럽을 '구락부俱樂部'와 같이 표현하였는데,
이런 것들이 모두 음역 패턴에 해당된다.

(2) 단어의 앞부분에 '양羊' 자를 놓아 '양羊-'식으로 하는 패턴

다음으로 '양羊-'이라는 접두어가 붙은 형태이다. 이 패턴은 엄밀히 말하면 외래어의 범주에는 포함시키지 않는다. 다만 '박래어'라는 용어의 범주 안에는 포함시켜도 무방하다고 판단된다.

왜냐하면 박래어의 어원이 박래품에 기인한 것이기에 당시 수입된 물건에는 '양-'이라는 접두어가 붙을 수 있었기 때문이다. 앞서 언급한 것처럼 서양에서 바다를 건너 들어왔거나 서양식으로 만들어졌다는 뜻으로 이 같은 패턴의 이름이 붙여졌다.

〈표 1〉 접두어 '양-'이 붙은 어휘 예

예	조합	의미
양주	양+주(酒)	전통주와 대비되는 의미의 술
양옥	양+옥(屋)	한옥과 대비되는 의미로 서양식 가옥
양동이	양+동이	물긷는 데 사용하는 질그릇이 동이인데 여기에 서양에서 들어온 비슷한 형태의 그릇
양순대	양+순대	사용 예는 적지만 소시지를 일컫는 말
양재기	양+자기(磁器)	서양에서 온 도자기, 역행동화로 인한 음 변화
양행	양+행(行)	행은 '다니다'라는 한자어 행에서 유래, 주로 외국과의 무역을 하는 회사를 일컬음
양철	양+철(鐵)	쇠가 우리말, 우리와 다른철이 들어와서 양철
양식	양+식(食)	한식과 대비되는 서양 음식
양회	양+회(灰)	토목, 건축 재료로 사용되는 접합용 가루. 시멘트를 의미함

이 외에도 '양'자가 붙은 양복점, 양장점, 양화점, 양궁, 양단, 양담배, 양란, 등의 단어가 다수 존재한다.

(3) 외국어를 어원으로 하는 패턴

다음으로 외국어를 어원으로 하는 패턴이다. 이 패턴의 이름에는 드라마 〈미스터 션샤인〉에서 보는 바와 같이 구한말 언어의 한 단면이 잘 드러나 있어 당시의 언어생활에 대한 상상을 가능케 한다. 구한말이란 서양과 동양의 문물이 공존하는 시공時空을 뜻하기도 하는데, 이 패턴의 이름으로부터는 당시의 새로운 먹거리와 볼거리 등을 느낄 수 있다. 그것들을 어원별로 살펴보면 다음과 같다.

- 스페인과 포르투갈 어원의 카스텔라와 메리야스

〈미스터 션샤인〉에 등장한 개화기 여성들이 나누어 먹던 카스텔라는 스페인어로 성城을 뜻하는 '카스틸료catilllo'에서 유래하는데, 11세기 카스티랴Catilla왕국의 포르투갈어 발음 '카스텔라Castela'가 '카스텔라'의 이름이 되었다. 그것이 16세기 초 포르투갈에서 일본으로 전해지고, 다시 일본을 통해 우리나라에는 들어온 것이다.

또한 '메리야스'라는 이름은 스페인어 '메디아스medias'와 포르투갈어 '메이아스meias'가 와전된 것인데, 당시는 양말을 가리켰던 말이다. 그런데 양말이 신는 사람 발의 대소에 따라 늘어나고 줄어든다는 데에서 중국에서는 크건 작건 상관없다는 뜻으로 '막대소莫大小'라 했다. 그러한 특성 때문에 이 이름은 신축성 좋은 직물로까지 확대되어 불리게 되었고 결국은 오늘의 메리야스가 되었다.

- 네덜란드의 칸델라kandelaar

다음으로 많은 박래품 중 괄목할 만한 것으로 칸델라를 들어도 무

〈사진 1〉 칸델라

리는 아니라 생각되는데, 이는 본래 '호
롱'을 뜻했으나 훗날 함석 같은 것으로
만든 호롱에 석유를 넣어 불을 켜서는 들
고 다니는 등의 이름으로 쓰이게 되었다.
　1876년 일본에서 석유가 수입되면서
그것을 등유로 사용하고부터 선박이나
광산 등에 사용되었는데, 그 역시 이름
과 함께 네덜란드에서 일본으로 건너가
다시 우리나라로 건너온 것이다.

- '사이다'와 '고뿌'

　다음으로 사이다와 고뿌라는 어휘가 있다. '사이다'는 본래 영국에
서 새콤한 사과주를 가리키는 말이었는데, 일본으로 건너가면서 레
몬향의 탄산수로 탈바꿈되었다. 그것이 요코하마에서 인천항으로 들
어오게 되었고, 1905년에 인천탄산수제조소가 세워져 공전의 히트
를 거두게 되었다. 그리고 광복 후 1960~1970년대에 한 코미디언
이 불러서 화제를 모은 노래의 "인천 앞바다에 사이다가 떴어도 고뿌
없으면 못 마십니다"라는 가사가 말해 주듯 사이다는 개항지 인천의
랜드마크와도 같은 역할도 했다. 그리고 '고뿌Kop'는 네덜란드로부터
일본에 건너갔다가 우리나라로 유입되었다.

　이와 같은 박래어의 예를 살펴본 바와 같이 이들 말에는 근대 바닷길
을 통해 항구로 들어온 새로운 문물 '박래품'의 향기가 감돌고 있다.
공교롭게도 이상에서 언급한 것들이 배를 타고 일본에서 한국으로 건너

온 말들이다. 그렇다면 다음과 같이 바다를 건너 일본으로 건너 간 우리 말도 존재한다. 그 어휘에 대하여 해역인문학적 시점에서 살펴보겠다.

3. 외행어로 살펴본 언어전파

앞서 언급한 것처럼 박래품은 주로 물건에 집중되어 왔다. 다만 근 현대에 접어 들어서는 물품 이외에도 다양한 것들이 박래어 또는 외래어로 등장하게 되었다. 예를 들어 마린^{Marine}, 비치^{Beach}, 스시^{すし}, 마라샹궈^{麻辣香锅} 등이 있는데 게다가 요즘에는 다양한 국적의 말도 많이 섞여 있다.

이러한 말 중에는 우리가 알아채지 못하는 일본어가 간혹 섞여 있기도 하다. 도래작물 중에서 '고구마'가 그중 하나다. 고구마는 원래 우리에게 감저^{甘藷}로 알려져 있다. 다만 쓰시마^{対馬島}에서 고구마 종자를 들여온 조선통신사 조엄^{趙曮}이 쓰시마 방언으로 기근에 매우 도움이 되는 효행 깊은 구황작물이라는 뜻의 '고코이모^{孝行芋}'를 일본식 발음으로 『해사일기』에 기록하였다.

결국 이 음이 변하여 우리가 알고 있는 고구마의 어원이 된 것이다. 일본에서 고구마라는 말은 사쓰마^{薩摩}번의 이름을 따서 '사쓰마이모^{薩摩芋}'라고 부르고 있다.

다만 지역 방언 특히 한국과 매우 가까운 규슈·쓰시마 방언이 바다를 건너 한국으로 들어와 사용된 것이다. 이와 같이 한국어 속에 알아채지 못하는 일본어가 존재한다. 하지만 그 반대의 경우도 존재한다. 다시 말해 일본에서 알아채지 못하는 한국어 역시 다수 존재한다는 것이며, 바다를 건너 일본으로 건너 간 우리말인 것이다. 하지만 일본에서도 다양하게 존재하는 외래어 중에서 특히 한국어를 찾기란 쉽지 않지만 일본 내에 알아차리지 못한 한국어가 존재하고 이와 같은 말을 중심으로 이 글에서 설명하도록 하겠다.

1) 외행어의 사용 사례

앞서 언급한 것처럼 박래어 또는 외래어가 '바다를 건너 우리말 속에 들어온 것'이라면 '외행어外行語'와 같은 반대의 개념도 있다.

외행어란 '바다를 건너 외국으로 건너 간 우리말' 정도로 해석할 수 있으며, 이는 '우리의 말이 세계를 누비며 뻗어 나간 말'이라고 할 수 있겠다.

원래 외행어에 대한 개념은 1977년 일본의 미와三輪가 '서양 언어 속 일본어 유래의 차용어'라 정의하였고, 1997년 다니엘 롱은 '일본어 기원의 영어'라고 하였으며 나중에 이노우에井上가 '영어 또는 인근 국가의 말 속에 파고든 일본어'라고 개념을 정리하고 있다. 이를 우리말에 대입시켜보면 '전세계 사람들이 알고 있는 우리말', 예를 들어 김치 또는 불고기 등과 같은 말이 이에 해당된다. 결국 이런 말들은 우리가 전세계에 수출한 말이 되는 셈이다. 이렇게 자국을 떠나 전파된 말 그것을 외행어라 칭할 수 있다. 전술한 박래어와 외행어는 방향성의 문제로 볼 수 있다. 예를 들어 발신하는 쪽에서는 '외행어'이며 수용하는 쪽에서는 '박래어 또는 외래어'라 칭할 수 있다. 이러한 외행어의 진출은 그 나라의 문화 우수성과 연관된다고 할 수 있다.

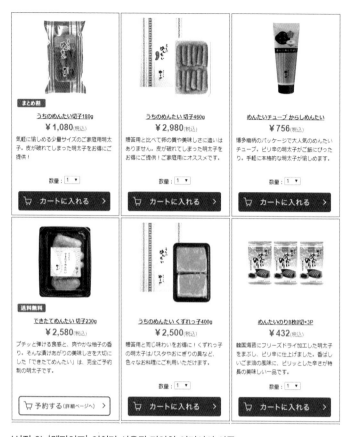

〈사진 2〉'멘타이코' 어휘가 사용된 다양한 야마야의 상품

이와 같은 외행어에 대해서 특히 한국과 지리적으로 가장 가까운 일본, 이웃으로 건너 간 우리말에 한정하여 설명하겠다.

일본으로 건너간 한국어

여태까지 연구는 주로 우리말 속에 드러난 일본어의 흔적만을 찾으려 했으며 이를 감추려 한 연구들이 많았다. 다만 우리말 중에 자

랑스럽게 바다를 건너 일본으로 건너 간 어휘가 있다. 앞서 설명한 것처럼 일본에게 이것은 '박래품'이고 '박래어'이고 한국 입장에서 살펴본다면 '외행어'인 것이다. 이는 앞서 설명한 언어전파의 원칙 중 지리적 근접 효과에 가깝다. 한국에서 건너간 말 중에 일본 규슈 지역에 상륙한 우리말이 상당수 엿보인다. 특히 해역언어학적 입장을 대표하는 말로 '멘타이코'라는 어휘가 있다. 일본에서는 일반적으로 '다라코たらこ'라는 말을 사용한다. 그렇지만 규슈 또는 긴키近畿 지방에서는 줄여서 '멘타이メンタイ' 또는 '민타이ミンタイ'라고 부른다. 여기서 '멘타이'는 우리말 명태가 음차되어 전래된 것이다. 한국에서 명태의 어원은 다음과 같이 전해져 내려오고 있다.

명천(明川)에 사는 어부 중에 태(太) 씨 성을 가진 자가 있었다. 어느 날 낚시로 물고기 한 마리를 낚아 고을 관청의 주방 일을 보는 아전으로 하여금 도백(道伯)에게 드리게 하였는데, 도백이 이를 매우 맛있게 여겨 물고기의 이름을 물었으나 아무도 알지 못하고 단지 "태 어부가 잡은 것이다"라고만 대답하였다. 이에 도백이 말하기를, "명천의 태 씨가 잡았으니, 명태라고 이름을 붙이면 좋겠다"고 하였다. 이로부터 이 물고기가 해마다 수천 석씩 잡혀 팔도에 두루 퍼지게 되었는데, 북어(北魚)라고 불렀다. 노봉(老峯) 민정중(閔鼎重)이 말하기를, "300년 뒤에는 이 고기가 지금보다 귀해질 것이다" 하였는데, 이제 그 말이 들어맞은 셈이다. 내가 원산(元山)을 지나다가 이 물고기가 쌓여 있는 것을 보았는데, 마치 오강(五江)에 쌓인 땔나무처럼 많아서 그 수효를 헤아릴 수 없었다.

—李裕元(1871)『林下筆記』중 발췌

이와 같이 한국에서 사용되는 명태의 용어가 하카타博多 지방에서 만들어진 명란젓에 '멘타이코'로 이름 붙여지면서 어느새 이 지역 특산물이 되었고, 지역을 넘어 일본 전역에서 인기가 구가하고 있다.

이 멘타이코는 원래 제2차 세계대전 이후 한반도에서 퇴각해온 사람들이 그 시절 한국에서 먹었던 명란젓의 맛을 그리워하며 하카타에서 그 맛을 재현하기 시작했다고 한다. 어휘의 유입과 정착 과정을 살펴보면 해당 국가에서 보편화되었고 일상생활에서 사용된다고 하면 그 나라의 말로 정착되었다고 볼 수 있다. '다라코'라고 사용했던 기존의 일본 어휘를 몰아내고 '멘타이코'가 자리잡았다는 점은 매우 흥미롭다.

그런 측면에서 일본의 '멘타이코'의 경우 이미 일반 대중 특히 기층문화[2] 그룹 중에서 하층에 도달하였기 때문에 정착단계를 훌쩍 넘어섰다고 볼 수 있다. 왜냐하면 사진2와 같이 멘타이코를 활용한 다양한 상품군이 존재하고, '다라코'라는 말 대신 '멘타이코'라는 말이 훨씬 더 많이 사용되고 있기 때문이다. 이후에도 멘타이코 제조를 시작한 가게들이 이 지역에 많아지면서 역과 공항 등에서 팔리기 시작하였고, 자연스럽게 일본 전역으로 급속히 퍼져 나갔으며 일본 속에

---

2 주로 문화는 상층(上層)·중간층(中間層)·하층(下層)의 3계층으로 나뉘어 진다. 이러한 경우, 주로 상층문화의 경우, 소수의 정신적 지도자층에 의하여 형성된 것이라고 볼 수 있다. 그리고 중간층 문화는 상층문화가 중간층에 불완전한 모양으로 받아들여진 문화이다. 마지막으로 하층 문화는 이들 상층에서 형성된 문화가 민족의 모태인 서민대중으로 여겨지는 기층(基層 Mutterschichten)에 뿌리내린 것으로 이 기층 속에 유지되어 있는 문화를 기층문화라고 부른다. 이러한 기층문화를 형성하는데 있어 언어의 접촉과 전파를 통해 민족의 전통이 형성 및 유지되어 간다고 볼 수 있다. 언어전파의 경우 상층의 교류보다는 하층에서의 교류로 만들어진 경우가 대부분이라고 할 수 있다. 서민들의 언어생활이야말로 기층문화를 살펴볼 수 있는 아주 좋은 예라고 할 수 있겠다.

서 한국의 맛과 한국어가 전래되는 계기가 마련된 셈이다.

다음으로 규슈 지역 특히 고토 열도五島列島와 야마구치山口 지역 방언 중에는 한국에서 건너 간 'チング(친구)'라는 말이 사용되고 있다.

표준어로서 일본어는 '도모다치友達'이다. 전국적으로 이 어휘가 사용되지만 유독 규슈 지역 인근 그리고 야마구치 지방에서는 도모다치友達보다 친구라는 어휘의 사용이 엿보인다. 그중에서 지리적 근접효과라고 말할 수 있는 쓰시마와 규슈 사이에 있는 나가사키長崎 이키壱岐 방언에도 어릴 때부터 친했던 친구, 또는 사이좋은 친구를 'チング'라고 부른다.

〈사진 3〉 'チング(친구)'라는 이름의 나가사키 이키시 모모야주조 소주

특히 이 지역에서는 〈사진 3〉과 같이 'ちんぐ(친구)'라고 이름 붙인 소주도 판매되고 있어 깊숙하게 지역에 뿌리내린 증거라고 볼 수 있다. 또한 쓰시마 지방에서도 매년 8월 'チング音楽祭(친구음악제)'를 개최하고 있다. 이는 바다를 건너 일본으로 건너 간 우리말이며 이것을 외행어의 범주에 포함시켜도 무방할 것이다.

또 우리 말 중에 아직 결혼을 하지 않은 어른 남자라는 의미의 '총각總角'이라는 말이 있다. 하지만 이 총각이라는 말이 일본으로 건너 간 외행어라는 사실은 아는 사람이 그다지 많지 않다. 일본 발음으로 '총가チョンガー'라고 불리는 이 말은 '결혼하지 않은 독신남자'를 의미하는데 한국에서 예전부터 머리를 땋아 묶고 다닌 데에서 기인한 한자 어휘를 음차하여 사용하고 있다. 총각이라는 말이 한자어였다는 것도 신기하고 그 말이 바다를 건너 일본으로 가서 다이쇼大正 시대

초기에 활발히 사용되었다는 점도 매우 흥미롭다.

다음으로 일본 국민이 거의 매일 같이 사용하고 있지만 한국어인 줄 모르고 사용되는 말 중에 '차린코チャリンコ'라는 어휘가 있다. 이는 우리나라 자전거의 발음이 전래되어 일본

〈사진 4〉 '마마차리(ママチャリ)' 출전 : 위키피디아

의 지역 방언으로 사용되고 있다. 현재는 '차리チャリ'라고도 줄여 부르기도 하고 게다가 활용형으로 '마마차리ママチャリ'와 같이 두 단어를 덧붙여 '엄마들이 주로 타는 자전거' 특히 앞에 바구니가 달린 자전거를 부를 때 사용한다. 원래 '지텐샤自転車'라는 표준어가 존재하지만 일상 생활에서는 '차리'가 훨씬 더 많이 사용된다.

'차린코'의 어원은 자전거의 벨소리 '차링(따르릉)'과 우리 한국말 '자전거チャジョンゴ'에서 왔다는 두 가지 설이 공존하지만 한국에서 건너왔다는 설이 훨씬 설득력이 있다. '차리', '차리키チャリ機'는 효고兵庫, 이바라기茨木 지역 방언에서도 사용되며 일본 전역으로 퍼져나가 일반인에게 매우 친숙한 단어이다. 그렇지만 그 말이 현해탄을 건너 간 우리말이라는 것을 아는 사람은 많지 않다.

이 외에도 메이지明治 시대 이후에 건너 간 기상キサン(기생), 누쿠테ヌクテ(늑대), 온돌オンドル과 같은 외행어도 존재한다. 현재는 이와 같이 일본인이 알아채지 못하고 사용하는 우리말뿐만 아니라 김치キムチ, 갈비カルビ, 국밥クッパ, 비빔밥ビビンバ, 나물ナムル, 부침チヂミ과 같이 공

공연하게 일상생활 속에 자리 잡은 외행어들도 많다. 요컨대 일본은 가장 가까운 외국이었지만 지금까지 일본 내 외행어 어휘 연구는 거의 찾아볼 수 없었으며 이와 같은 해역언어학적 관점에서의 연구는 새로운 시도라고 볼 수 있다.

4. 나오며

이상과 같이 언어전파에 대한 해역언어학적 입장에서 논문을 정리하였다. 박래어(외래어), 그리고 외행어의 사례를 들어 설명하였는데 이는 한국과 일본의 교류를 통해 만들어지고 사용되는 어휘였다. 다만 이 어휘의 언어전파 안에는 강제적인 것과 자발적인 것이 공존하고 있다. 다만 이 글에서는 자의든 타의든 전파에 초점을 맞추어 기술하였다.

특히 이 글에서 강조하고 싶었던 사실은 언어 교류와 전파라는 측면에서 바다 또는 해역은 매우 중요한 매개체임을 알 수 있었으며, 어휘 교류를 이해하는 데 있어 핵심 요소임을 이해하였다. 주로 논문 후반부에서 언급한 외행어의 경우에는 언어지리학의 언어전파 원칙 중 주로 인접전파 원칙에 해당된다. 지리적 근접효과를 통한 가장 가까운 한국과 일본 규슈 사이에서 전파된 어휘를 예로 들었다.

이는 바다라는 공간을 이동하여 전래된 것이며, 어쩌면 가장 짧은 구간이었던 곳에서 빈번히 전파되어 정착되었던 것이라고 볼 수 있다. 이 글에서는 지면상 많은 예를 들지 못하였지만 향후 지역을 확대하고 어휘를 늘려 해역언어학 중 언어기층문화에 대한 이해를 돕고자 한다.

현재 한국의 매력을 전세계에 선보인 BTS(방탄소년단)의 웸블리 스타디움 공연, 이제는 한국의 문화는 일본을 넘어 세계로 진출하고 있다. 그들이 발신하는 문화Soft-power는 이제 세계의 문화로 성장하게 되었다. 이들 멤버들이 언급하고 팬클럽이 따라하는 어휘들 'Maknae(막내)', 'Aegyo(애교)', 'Sunbae(선배)', 'Hoobae(후배)', '형(Hyung)', 'Noona(누나)', 'Oppa(오빠)', 'Unnie(언니)'와 같은 우리말은 전세계에서 통용되는 외행어가 되었다. 또한 그들이 표현하는 행동양식 '손가락 하트Korean Finger Heart' 역시 그대로 받아들여 사용되고 있는 시대를 살아가고 있다. 메이드 인 코리아, 대한민국의 많은 외행어가 바다를 건너 일본, 전세계로 전파되어 가고 있다는 사실에도 주목해야 할 것이다.

참고문헌

1. 논문 및 단행본

金松泰, 「고구마의 어원과 전래경로에 대하여」, 『향토사보』 4, 울산향토사연구회, 1992.

김재승, 「고구마의 조선 전래」, 『동서사학』 8, 한국동서사학회, 2001.

노성환, 「동아시아의 고구마 전래자와 현창문화」, 『동북아문화연구』 43, 동북아시아문화학회, 2015.

양민호, 「소프트 파워로서 일본과 일본어에 관한 연구-한일 대학생 앙케트를 중심으로」, 『日語日文學硏究』 103, 한국일어일문학회, 2017.

井上史雄, 『日本[語は生き残れるか』, PHP新書, 2001.

ダニエルロング, 「外行語に対するアメリカ人の意識とその使用」(第66回変異理論研究会), 1997.

三輪卓爾, 「外行語の昨日と今日」, 『言語生活』 9月号, 筑摩書房, 1977.

2. 그 외

네이버 지식백과.

두산백과사전.

향토문화사전.

나무위키. https://namu.wiki/w/%EB%AA%85%ED%83%9C

위키피디아 일본판. https://ja.wikipedia.org/wiki/%E3%82%B7%E3%83%86%E3%82%A3%E3%82%B5%E3%82%A4%E3%82%AF%E3%83%AB; https://ja.wikipedia.org/wiki/%E8%BE%9B%E5%AD%90%E6%98%8E%E5%A4%AA%E5%AD%90

멘타이코 전문점 야마야 홈페이지. https://www.shokutu.com/

나가사키 이키시 重家酒造 홈페이지. https://www.omoyashuzo.com/product.html

근대 시기 동북아 해역 인문 네트워크와 상하이의 대중문화(1)

1920~1930년대 상하이의 협의서사 흥성 배경

안승웅

1. 들어가며

중국에서 수입된 협의서사[1]는 우리생활 속에 깊숙이 그리고 광범위하게 침투해 있는 문화현상이라 할 수 있으며 그 문화적 함의 또한 가볍지 않다.[2] 하지만 B급 통속문화라는 선입관 때문에 이에 대한 국

---

1 우리대중문화에 있어 '무협'이라 하면 칼을 찬 고대의 협객만을 떠올리는 경향이 있다. 따라서 시대와 상관없고 각양각색의 협객의 이야기를 아우를 수 있는 보다 포괄적이 용어가 필요하다. 본고에서는 무협보다 좀 더 의미가 포괄적인 '협의(俠義)'라는 용어를 사용하였다. 협의는 "정의의 편에 서서 약자를 돕는 일, 또는 그러한 기질"을 가리키는 말이다. 즉, 이 글에서 사용하고 있는 '협의서사'는 무협소설이나 무협영화뿐 아니라 다양한 액션영화와 판타지소설까지 포괄할 수 있는 광의의 개념이라 할 수 있다. 협의서사란 용어와 개념에 관한 문제는 차후 많은 논의가 필요하리라 생각된다.
2 중국에서 수입된 협의서사는 한국 대중문화에 커다란 영향을 주었다. 무협소설의 경우, 1962년 위지문(尉遲文)의 『검해고홍(劍海孤鴻)』이 『정협지(情俠誌)』라는 이름으로 최초로 번안된 이래, 1970년대까지 와룡생(臥龍生), 사마령(司馬翎) 등 중국작가들의 수많은 작품이 큰 인기를 끌었다. 1980년대 이후부터는 김용(金庸)의 『소설 영웅문』을 필두로, 고룡(古龍), 량우생(梁雨生) 등의 무협소설이 정식으로 번역 출간되어 서점가를 점령하기도 하였다. 무협영화의 경우, 1960년대는 왕우(王羽) 주연의 〈외팔이 검객 시리즈(독비도)〉가, 1970년대는 이소룡의 영화가 한 시대를 풍미했다. 80년대는 성룡(成龍), 홍금보(洪金寶), 원표(元彪) 트리오의 코믹액션영화가, 90년대는 이연걸(李連杰)의 〈황비홍(黃飛鴻)〉과 〈동방불패(東方不敗)〉 시리즈가 홍콩 무협영화의 불패를 자랑했다. 그리고 2000년대에는 이안의 〈와호장룡〉

내 연구는 그다지 많지 않은 것으로 판단된다.[3] 연구서의 경우 무협소설이나 무협영화와 관련된 자료를 체계적으로 정리하고 소개하거나 무협소설과 무협영화에 내재된 사회문화적 의미를 탐구하고 있다. 개별 연구논문 경우는 대다수가 무협소설 작가와 작품에 관한 소개이며, 일부 논문은 무협서사와 시대적 배경을 연관시켜 심도 있는 분석을 하고 있다. 그런데 이러한 연구는 대체적으로 나무만 보고 숲은 보지 못한 한계를 드러내고 있는 것으로 보인다. 다시 말해 무협소설이나 무협영화와 같은 특정 장르에 한정되어 있고 이를 아우른 협의서사 자체에 대한 문화적 고민은 잘 드러나지 않는 한계가 있다. 이는 곧 대중문화 현상이라는 거시적 시야에서 협의서사가 탄생, 전파, 변용되는 과정을 탐구한 연구가 부족하다는 것으로 드러난다.

주지하고 있듯, 협의서사는 대중문화의 대표적 장르로서 동북아시아의 대중문화를 이해하는 관건이기도 하다. 이는 곧 협의서사가 근대 시기 도시의 발달과 함께 등장한 대중의 보편적 욕망을 투영하고 있을 뿐 아니라, 유·불·도라는 동아시아의 전통적인 가치관을 담지하고 있다는 것과 관련이 있다. 협의서사는 근대적 욕망의 대리만

과 주성치의 〈쿵푸허슬〉 등과 같은 개성 넘치는 영화가 선보였다. 중국발 협의서사는 국내의 협의서사에도 많은 영향을 끼쳤다. 1970~1980년대는 중국의 무협소설 작가 와룡생, 사마령의 이름을 도용한 국내 무협소설이 대본소 벽면을 가득 채운 적이 있었다. 영화의 경우 1960년대부터 1980년대 초까지 국적불명의 무협영화가 대량 제작되기도 하였다.

3　연구서로는 『한국 무협소설사』(이진원, 채륜, 2008), 『무협의 시대-1966~1976』(송희복, 경성대 출판부, 2009), 『무협소설의 문화적 의미』(전형준, 서울대, 2004) 등이 있다. 개별 연구논문으로 「『검협전』에 나타난 고전협의 형상과 주제의식에 관한 연구」(우강식, 『중국소설논총』 50, 한국중국소설학회, 2016), 「김용의 무협세계」(정동보, 『중국어문론역총간』 6, 중국어문논역학회, 2000), 「무협장르와 홍색경전」(유경철, 『중국현대문학』 34, 한국중국현대문학회, 2005), 「무협소설의 협객과 『탄샹싱(檀香刑)』의 협객이 구성하는 역사」(유경철, 『중국문학』 45, 한국중국어문학회, 2005), 「무협 텍스트의 근대적 변용-영화를 통한 문화적 재현에 관한 일고」(김경석, 『비교문화연구』 22, 경희대 비교문화연구소, 2011) 등이 있다.

족임과 동시에 유·불·도 전통문화에 대한 가치지향이다. 동아시아의 근대적 욕망과 전통적 가치관을 투영하고 있기 때문에 협의서사는 동북아시아를 중심으로 다양한 장르로 변주되어 지금까지 지속적으로 환영받고 있는 것이다.

따라서 거시적 시야에서 대중적 협의서사가 탄생하고 전파되고 변용되는 과정을 탐구하기 위해서는 '근대화 시기 동북아시아'라는 보다 넓은 시야에서 바라볼 필요가 있다. 그리고 이러할 때 우리는 근대 시기 '동북아 해역 인문 네트워크'와 그 중심도시인 '상하이'를 다시 한번 주목하여야 할 것이다.[4]

동북아 해역 중심도시 상하이에는 그 어느 도시보다 국제적 정보가 넘쳐났고, 과거 봉건사회에는 없었던 다양한 일자리가 생겨났다. 때문에 해역도시 상하이는 지식인과 노동자라는 결이 다른 두 부류의 계층을 한꺼번에 끌어들이는 마성의 도시가 되었다. 국제정세와 정보에 목마른 지식인들은 배움을 위해, 배고픈 서민들은 생존을 위한 일자리를 찾기 위해 상하이에 몰려들어왔다. 즉, 동북아 해역 인문 네트워크의

---

4 동북아시아의 근대화는 바닷길로부터 시작되었다. 동북아시아 각국에 개항장이 설치되면서 서구의 근대문명이 본격적으로 전래되었다. 그리고 동북아시아의 해항도시는 서구의 문명을 일방적으로 받아들이는 것에만 그치지 않았다. 해항도시 간에 주기적인 인적, 물적 교류를 통해 동북아시아 각국의 근대화를 촉진하였다. 이 해역 네트워크는 국가보다 큰 단위 공간과의 관계를 문제 삼으며 국가와 민족이라는 분석 단위를 넘어선다. 해역을 통해 보면 국가주의라는 좁은 시야에서 벗어나 민간문화의 자발적 유통과정을 파악할 수 있다. 이는 국경이 없는 대중문화의 흐름을 파악하는데 유리하다.
그리고 이때 우리는 근대 시기 동북아시아를 하나의 문화공간으로 묶었던 '해역'과 근대화 당시 최대 국제도시였던 상하이를 주목하게 된다. 상하이는 근대 동북아 해역 인문 네트워크 형성에 있어 가장 중요한 도시 중의 하나였다. 1840년 아편전쟁 이후 상하이는 제국주의 국가가 중국에 진출하기 위한 교두보가 되었다. 일찍이 영국, 프랑스, 미국, 일본 등 제국주의 국가들의 자본이 진출하여 1920~1930년대 상하이는 근대적 상업은 물론 공업까지 발달한 동북아 해역의 중심도시로 자리매김하였다.

중심도시라는 특징으로 인해 상하이에는 짧은 기간 동안 상이한 계층의 상이한 문화가 동시에 그만의 특색을 갖추어 발달하였던 것이다.

그런데 여기서 주의해서 볼 것은, 상하이의 두 상이한 계층의 문화, 즉 상류계층 지식인의 엘리트문화와 하위계층 노동자의 하위문화 sub-culture 모두가 근대라는 시대적 특수성으로 인해 협의정신을 중시하게 되었다는 점이다. 지식인은 위기에 처한 중국을 구하기 위해 애국 계몽적 차원에서 상무정신과 협의정신을 찬양하였고, 하층노동자는 그들의 생존을 위해 스스로가 협객이 되길 바라고 있었다.

이 글은 동북아 해역 인문 네트워크라는 관점에서 19세기 말에서 20세기 초에 이르는 기간 동안 상류계층의 엘리트문화와 하위계층의 하위문화가 형성되는 과정을 살펴볼 것이다. 그리고 이를 통해 1920~1930년대 상하이에서 협의서사가 발달하게 된 원인이 무엇인지 밝혀내고자 한다.[5] 이는 '도시의 발달', '대중소설의 유행', '영화매체의 도입' 등과 같이 드러나는 측면에서 살펴보는 것보다 한층 더 심원한 차원에서 협의서사의 흥성 원인을 밝혀낼 수 있을 것이라 기대된다.

---

5 "1928년에는 「강호기협전」의 일부가 〈불타는 홍련사(火燒紅蓮寺)〉라는 제목으로 명성영화사(明星映畵社)에서 만들어지면서 무협 열기는 더욱 고조되었다. 이후 중국 각지에서 무협소설이 쏟아져 나왔다. "남파(南派)에서는 고명도(顧明道)의 〈황강여협(荒江女俠)〉, 조환정(趙煥亭)의 〈기협 정충전(奇俠精忠傳)〉 등이 나왔고, 북파(北派)에서는 환주루(還珠樓)의 주인인 이수민(李壽民)의 〈촉산검협전(蜀山劍俠傳)〉, 백우(白羽)의 〈십이금 전표(十二金錢票)〉 등이 나와 그 수가 수백종이나 되었다."(한상언, 「원앙호접파와 식민지 조선의 무협영화」, 『현대영화연구』vol.6, 2008, 183쪽)
1928년 〈불타는 홍련사(火燒紅蓮寺)〉가 상영된 후 1931년까지 18편이 연속 제작되었으며, 1930년대 초반에 40여 곳이 넘는 제작사가 227편에 이르는 무협영화가 제작하였다 한다.(임대근·곽수경 외, 『20세기 상하이 영화—역사와 해제』, 산지니, 2010, 19쪽 참고)

2. 지식인의 도시 상하이와 엘리트 문화 속 상무정신

1) 외래문물의 집결과 지식인의 중국현실 인식

상하이는 1만 8천 킬로미터에 달하는 중국 남북 해안선 중간에 위치하고 있으며, 중국을 남북으로 구획하는 최대의 강 장강長江의 하구에 위치하고 있다. 거대한 강 장강은 수심이 깊을 뿐 아니라 중국내륙 깊숙이 연결되어 있어, 장강 유역에서는 일찍이 배를 이용한 물자 수송이 발달해 있었다. 상하이의 이러한 지정학적 특징으로 인해 1840년 아편전쟁 이후 영국, 프랑스, 미국 등의 서구열강은 앞을 다투어 상하이에 조계지를 설치하고 이로써 중국 침탈의 교두보로 삼고자 하였다. 그리고 서구 자본주의 국가가 몰려옴에 따라 상하이는 아주 빠른 속도로 무역 중심지가 되었을 뿐 아니라 동아시아의 교통의 중심지가 되었다.

1850년에 영국의 P&O 기선이 상하이와 홍콩 사이에 정기항로를 개설하여, 종래의 런던과 홍콩 사이의 연락망을 상하이까지 연장했다. 이어서 프랑스 제국우편선이 1861년에 사이공과 상하이를, 그리고 1863년에 마르세이유와 상하이 사이에 정기항로를 개설하여 동남아시아 및 유럽대륙과 상하이를 직접 연결하였다. 그 후 미국의 태평양 우편선도 1867년에 샌프란시스코와 홍콩 사이에 항로를 개설하였는데, 요코하마와 상하이 등을 기항지로 하고 있었다.[6]

---

6   劉建輝, 『魔都上海―日本知識人の近代體驗』, 筑摩書房, 2010, 80쪽.

이로 인해 상하이는 북미 서해안, 일본, 중국, 동남아, 유럽을 왕래하는 윤선이라면 반드시 거쳐 가야 하는 동북아 해역의 중심도시로 성장하였다.[7] 상하이는 중국에서 세계를 느낄 수 있는 곳이 되었으며 서양을 미리 체험할 수 있는 도시가 되었다. 즉, 서양에 관한 다양하고 광범위한 정보가 모이게 되는 국제도시로 성장하게 된 것이다. 그리고 상하이의 이러한 특징은 서양에 관한 정보에 목말라 하는 지식인을 끌어들이는 역할을 했다. 1882년 상하이를 방문한 강유위康有爲는 "상하이의 번영을 통해 서양정치의 근본을 널리 알 수 있다"[8]라고 하여 중국의 지식인과 정치인들이 상하이를 방문하고 학습하도록 더욱 부추겼다.[9]

그런데 상하이가 지식인을 끌어들일 수 있었던 것은 상하이가 단순히 무역과 교통의 중심지였기 때문만은 아니었다. 외국 선교사와 중국유학생들의 인문 활동이 아주 큰 역할을 하였다. 다시 말해 상하이가 외국 선교사들의 '과학선교'의 중심지가 되고, 외국에서 귀국한 중국 유학생들의 활동무대가 되었던 것과 밀접한 관련이 있다.

1850년대에 이르러 상하이가 그 어느 개항지보다 빠르게 발전하자 각 개항지에 흩어져 있던 선교사들은 선교의 편의를 위해 무역과 교통 네트워크의 중심지인 상하이에 몰려들기 시작했다. 선교사들은 중국어판 성경의 출판을 위해 출판사를 설립하였는데, 이른바 1843

7 조성환, 「한국 근대 지식인의 상해 체험」, 『중국학』 29, 대한중국학회, 2007, 160쪽 참조.
8 "上海之繁盛, 益知西人治之本也". 『康南海自編年譜, 戊戌變法』 4冊, 北京, 中華書局, 1978, 116쪽; 이철원, 「중국의 근대문화 형성과정에서 상해 조계의 영향」, 『중국문화연구』 15, 중국문화연구학회, 2009, 541쪽에서 재인용.
9 이철원, 앞의 글, 541쪽.

년에 첫 설립된 묵해서관墨海書館이다. 묵해서관은 1843년 런던회 소속 선교사 매드하스트Walter Henry Medhurst가 런던회의 인쇄시설을 상하이에 옮겨 설립한 출판사로서, 25만 부에 이르는 한역 성서와 171종의 한문 전도서와 과학서를 출판하였다. 당시 상하이의 선교사들은 성경뿐만 아니라, 천문, 지리 관련 등 서구의 다양한 과학 도서를 한문으로 번역하였다. 그리고 묵해서관은 서양서의 한역과정에서 서구지식을 수용, 전파할 왕도王韜, 이선란李善蘭 등과 같은 전문 지식인을 상하이로 끌어들이는 역할을 하였다. 묵해서관은 약 20년간 한역 서양서 출간을 통해 서양의 정보를 알리는 창구가 되어 수많은 중국의 지식인을 상하이로 불러들였던 것이다. 청나라 정부에서 양무운동을 주도하게 된 것 또한 곽숭도郭嵩燾 등과 같은 관료들이 상하이에서 묵해서관을 체험한 결과라 한다.[10]

한편, 상하이는 유학생 파견과 유입을 통해 교통, 무역의 중심지에서 인문 네트워크 중심지로 더욱 성장하게 된다. 1860년대 양무운동이 시작된 이래 1872년 첫 번째 관비 유학생 30명이 미국 유학길에 올랐던 도시가 바로 상하이였다. 1910년대부터 시작된 근검공학 운동으로 수많은 청년들이 프랑스 유학길에 올랐는데 그때의 출발지도 모두 상하이였다. 채원배蔡元培, 이석증李石曾, 주은래周恩來, 등소평鄧小平 등과 같이 중국 근현대사에 심원한 영향을 끼친 지식인들이 모두 상하이를 통해 유학길에 올랐다. 그리고 출판시장이 형성되어 있었던 상하이는 유학생들이 돌아와 자신이 배운 것을 펼쳐내고 싶어 하

---

10 劉建輝, 『魔都上海-日本知識人の近代體驗』, 筑摩書房, 2010.8, 95~98쪽 참조.

는 곳이기도 했다. 상하이를 통해 유학길을 떠났던 수많은 유학생들이 귀국하여 상하이에 정착하였으며, 서양에서 배운 것을 번역하거나 저술하여 출간하는 것을 업으로 삼는 경우가 많았다. 일본에서 돌아온 진독수陳獨秀가『신청년新靑年』의 전신인『청년잡지靑年雜志』을 상하이에서 출간할 수 있었던 것도 상하이가 정보와 젊은 지식인을 끌어들이는 블랙홀과 같은 곳이었기 때문에 가능한 것이었다.

그렇다면 상하이 중국 지식인의 서구의 정보나 지식에 대한 관점과 태도는 어떠하였는가? 이는 다른 지역에서 먼저 출판되었다가 상하이에서 복간되었던『해국도지海國圖志』와『천연론天演論』을 통해 한 단면을 살펴볼 수 있다.

『해국도지』는 아편전쟁에 참여했던 위원魏源이 임칙서林則徐의 부탁으로 1842년부터 처음 저술하기 시작한 중국 최초의 해외지리서이다.[11] 1852년 100권으로 완성되었는데, 세계 각국의 역사, 지리, 정치, 경제, 군사, 기술, 종교, 문화 등을 소개하고 있다.『해국도지』는 세계는 평평하고 중국이 세상의 중심이라 믿고 있었던 당시 지식인들에게 큰 충격을 주었으며, 당시 지식인들이 세계사의 흐름에서 중국이 나아가야 할 바를 고민하게 하는 책이기도 하였다. 위원은 책의 서문에서 "이 책을 왜 지었는가? 대답하자면, 오랑캐의 장기를 배워서 오랑캐를 제압하기 위해서 지은 것이다"[12]라 밝히고 있다. 그런데

---

11 『해국도지』는 1847~1848년에 양주(揚州)에서 60권 본으로 첫 출간되었는데, 출간 당시 중국 내에서는 별 영향력이 없었다 한다. 그러다가 1851년 일본에 전해진 후 일본에서 15번이나 복간될 정도로 유행하게 된다. 이러한 일본의 인기의 영향으로 1895년 상하이의 적산서국(積山書局)에서 다시 복간되었다.
12 "是書何以作？曰：爲師夷長技以制夷而作". 魏源著, 陳華等點 校註釋,『海國圖誌』, 籌海篇三 議戰, 26쪽.

위원이 서구 오랑캐로부터 배워야 할 내용은 한 방향으로 편향되어 있었다. 위원은 "오랑캐의 장기로 세 가지가 있다. 첫째, 전함을 잘 만드는 것, 둘째, 총포를 잘 만드는 것, 셋째, 군사를 잘 훈련시키는 것"[13]이라 하였다. 모두가 서양의 군사기술과 관련이 있는 것으로서, 아편전쟁 당시 전장에서 편협하게 서양의 문물을 경험하였던 위원의 관점이 드러난다. 서구의 문물을 체계적으로 배우는 것보다 군사력을 빨리 키워 오랑캐를 물리쳐야 한다는 우국정신이 더욱 강하였음을 알 수 있다.

『해국도지』가 군사 방면에서 막연한 우국정신을 드러내었다면, 『천연론』은 중국이 처한 위기감을 강조한 책이었다. 『천연론』은 엄복嚴復이 T. H 헉슬리의 『진화와 윤리』를 1897년 번역하고 해설을 덧붙인 것으로 천진天津의 『국문휘편國聞彙編』에서 처음 발표되었고 1898년 호남湖南의 면양沔陽에서 처음으로 완결본으로 출간되었다.[14] 『천연론』은 다윈의 진화론의 주요 개념인 생존경쟁, 자연도태를 인간사회에 적용하여 우승열패, 적자생존의 냉엄한 법칙을 중국 지식인에게 알려주었다. 여기서 『천연론』의 역사적 의미는 엄복이 단순히 서구사상을 소개한 것에 그치지 않고 수려한 문체, 주도적인 번역과 해설을 통해 "민족을 멸망에서 구한다"라는 지식인의 애국계몽운동에 불을 지폈다는 점이다. 통계에 의하면 1905년 상하이의 상무인서관에 출판된 이래 1927년까지 20여 년간 24번이나 재출간되었는데,[15] 이는 『천연론』이 당시 중국 지식인의 애국계몽운동에 어떠한

---

13 "夷之長技 三 : 一、戰艦, 二、火器, 三、養兵、練兵之法。" 위의 책, 30쪽.
14 상하이에서는 富文書局과 商務印書館이 1901년, 1905년에 각각 출판하였다.

영향을 끼쳤는가를 짐작하게 한다.

　중국 지식인은『해국도지』나『천연론』같은 도서를 통해 세계사의 흐름 속에서 중국이 처한 상황을 점차 객관적으로 깨닫게 되었다. 그리고 함선과 대포를 앞세운 서구 열강의 침략을 막아내야 하는 중국의 현실은 중국 지식인의 상무정신을 자극하는 것으로 이어졌다. 부국강병의 시대적 요청과 적자생존의 절박함 속에서 민주와 평등과 같은 서양의 발달한 정치문화는 상무정신에게 자리를 내주어야만 했던 것이다.

2) 사무라이 정신의 찬양에서 협객정신의 찬양

　'수신제가치국평천하修身齊家治國平天下'라는 말에서 알 수 있는 중국의 전통 지식인은 천하의 안위를 스스로 책임져야 한다는 사명의식이 강하였다. 국가의 존망이 풍전등화와 같았던 근대 시기 지식인 의 경우 사회적 소명의식은 더욱 강하였다. 그리하여 근대 시기 엘리트 문화에는 애국계몽운동의 차원에서 상무정신의 고양이 중요한 자리를 차지하고 있었다.

　그리고 1900년대 초 세계적으로 주목받고 있었던 일본의 무사도 정신은 지식인의 엘리트 문화 속 상무적인 분위기를 더욱 더 고무시키는 역할을 하였다. 일본인 니토베 이나조新渡戶稻造는 1901년 1월 미국 필라델피아에서 *Bushido, the Soul of Japan*(무사도, 일본의 혼) (1899년 작)라는 책을 출간하였다. 이 책은 메이지 유신 이래 서양에 대한 일

---

15 張秉倫·盧繼得,「進化論在中國的傳播和影響」,『中國科技史料』, 1982年第1期, 18쪽 참조.

본인의 열등의식을 극복하고 서구우월주의를 반성하고 일본 고유의 전통과 문화를 강조하는 차원에서 저작되었다.[16] 일본의 제국주의화를 옹호하는 글이었지만 당시 시대적 배경하에 여러 국가가 주목하는 바가 되었다. 1905년도에 독일어, 보헤미아어, 폴란드어로 출간되었으며, 러시아어 번역도 완성되었다.[17] 특히 일본이 1904년 러일전쟁에서 승리하게 되자 무사도 정신에 대한 평가는 극에 달하고 있었다.

중국에 이러한 무사도 정신을 크게 언급한 사람은 바로 양계초梁啓超였다. 무술변법이 실패한 뒤 일본에 망명 중이었던 양계초는 여행을 나갔다가 우연한 기회에 새로운 경험을 하게 된다.

음력 12월은 일본 병영에 병사들이 휴식을 취하고 교대하는 달이다. 그때 나는 신(信)과 함께 우에노(上野)에 놀러 갔었다. 거리에는 온통 붉고 흰 깃발들로 이어져 있었다. (…중략…) 대체적으로 병사들이 병영에 들어가고 나올 때가 되면 친척과 친구들이 환영하거나 환송하였는데, 이를 영광이라 여겼다. (…중략…) 제목이 '기전사(祈戰死 : 전쟁에서 죽길 바랍니다)' 세 글자였다. 나는 이것을 보고, 깜짝 놀라고 갑자기 숙연해져 그곳을 떠날 수가 없었다.[18]

---

16 함동주, 「니토베 이나조의 『무사도』와 미국의 일본인식」, 『동양사학연구』 121, 동양사학회, 2012.12, 354쪽 참조.

17 위의 책, 361쪽 참조.

18 "冬臘之月, 日本兵營士卒, 休憩瓜代之時, 余偶信 步遊上野。滿街紅白之標識相接, (…中略…) 蓋兵卒入營出營 之時, 親友宗族相與迎送之, 以爲光寵者也。(…中略…) 題曰"祈戰死"三字。余見之蹶然肅然, 流連而不能去。" 「飮冰室自由書 · 祈戰死」, 『梁啓超全集』 1冊, 北京出版社, 1999, 356쪽.

양계초는 '전쟁에서 죽길 바란다'는 일본의 무사도 정신에 큰 충격을 받았고, 이에 자극을 받아 중국인의 노예근성, 우매함, 위선, 나약함, 비겁함 등의 국민성을 개조할 수 있는 정신을 찾고자 한다. 그리고 중국 역사 속에서 죽음을 두려워하지 않고 의를 실천하였던 예양豫讓, 섭정聶政, 형가荊軻 등과 같은 협객들의 이야기를 발굴하여 『중국지무사도中國之武士道』란 책을 저술한다.

나는 그러한 고로 지금 우리 조상들이 겪었던 사실을 수집하여, 최고로 명예롭고 모범적인 우리 자손에게 건네주려 한다. 사건의 전말을 설명함에 평론을 더하였다. 일본에서 유행하는 말을 취하여 『중국지무사도』라 이름 붙였다.[19]

양계초는 국가나 민족을 위해 목숨 바쳐 충성을 하는 무사도정신은 중국인에게도 있었으나 시대가 흐름에 따라 단절되었다고 보았다. 이에 고대 인물들을 발굴하여 단절된 중국의 상무정신을 진작시키려 하였다.

그런데 일본의 무사도정신 같은 맹목적인 상무정신은 끊어졌지만, 옳음을 실천하기 위해 목숨을 아까워하지 않은 중국 전통의 협객의 정신은 민간문화 속에는 면면히 이어지고 있었다. 문일다聞一多는 「관어유關於儒・불佛・도道」라는 글에서 "대부분의 중국인의 영혼 속에는

---

19 "我故今搜集我祖宗經歷之事實, 貽最名譽之模範於我子孫者, 敍述始末, 而加以論平, 取日本輸人通行之名詞, 名之曰『中國之武士道』." 梁啓超, 「『中國之武士道』自敍」, 『梁啓超全集』, 北京出版社, 1999(pdf), 1386쪽.

한 명의 유가, 한 명의 도가, 한 명의 토비土匪가 투쟁하고 있다"는 웰스의 말을 인용하면서 중국문화 속의 유협遊俠전통에 대해 이야기하고 있다.[20] 이 유협전통은 춘추전국 시기에 형성된 이래 역사의 변천을 겪으며 사회의 기층에까지 침투해 들어간 독특한 정신문화라 할 수 있다.[21] 특히 '의리를 중시하고 이익을 경시重義輕利'하며, '은혜는 잊지 않으며, 원수는 반드시 갚고야 마는知恩必報' 유협정신은 줄곧 민간 사회의 소박한 윤리도덕의 준칙이 되어왔다.

양계초가 중국의 무사도 정신의 부활과 상무정신의 진작을 이야기한 이래 중국 지식인들은 자신의 고향 농촌 민간문화 속의 협의정신을 자각하고 선양하는 것으로 나아갔다. 곽말약郭沫若의 아래 글은 이를 전형적으로 보여주고 있다.

비적들의 고향을 사랑하는 마음은 아주 컸다. 그들이 아무리 흉악하더라도 자신의 고향 15리 안에서는 절대 일을 저지르지 않는 것이 규율이었다. 그들이 재물 신, 동자, 관음(시골 비적 떼들이 사용하는 말로, 남자는 재물 신, 어린아이는 동자, 여자는 관음이라 하였다)을 약탈하고 날강도 짓을 한다하더라 자신의 고향 사람은 건드리지 않았다. 그들이 약탈하는 대상은 주로 시골의 한 푼의 돈도 목숨처럼 여기는 돼지처럼 탐욕스러운 악질 지주였다. 이것이 그들이 내세우는 의협심이었다."[22]

20 陳山,『中國武俠史』, 上海三聯書店, 1995, 2쪽 참고.
21 안승웅, 「沈從文과 游俠精神」, 『中國學』 19, 2002. 12. 20., 145쪽.
22 "土匪 的愛心 是十分濃厚的。他 們盡管怎樣的 兇橫, 但他們的規矩是在本鄕 十五 裏 之內決 不 生事。他們劫財神, 劫童子, 劫觀音 (鄕 中土 匪綁票用的 專語, 男 爲財神, 幼爲童子, 女爲 觀音), 乃至明火搶劫, 但決不會搶到過 自己 村上的 人。他們所搶的 人大 槪是 鄕下的 所謂 '土 老 肥' - 一錢如命的惡地主。這些是 他們所標榜的 義氣" 郭沫若,『少年時代』, 上海: 新

곽말약은 어린시절 추억을 더듬으며 비적들의 협기를 찬양하고 있다. 협기만 있다면 비적이라도 상관없다는 곽말약의 이러한 논조는 1920년대 지식인 사이에 중국 전통의 협객에 대한 논의가 광범위하게 전개되었고, 지식인의 문화 속에 협의정신이 얼마나 중요한 위치를 차지하고 있었는가를 보여준다.

1920~1930년대 상하이에서 작품 활동을 하였던 중국의 대표적인 현대문학가인 노사老舍, 심종문沈從文 또한 그들의 작품을 통해 협의를 숭상하였다. 노사는 『조자왈趙子曰』에서 군벌을 암살하려다 죽임을 당하는 이경순李景純을 그려냄으로써 죽음을 두려워하지 않는 현대의 협객형상을 창조하였다. 심종문은 「호추虎雛」에서는 경찰을 살해하고 달아난 고향의 후배를 그림으로써 범의 새끼처럼 길들일 수 없는 협객의 용기와 자유정신을 찬양하였다. 특히 심종문은 자신의 고향을 회고한 「봉황鳳凰」이란 글에서 다음과 같이 적고 있다.

이러한 유협정신은 호족 자제들의 뇌리에도 깊숙이 자리 잡고 있어서, 이 지역 지식인의 의식 세계에도 많은 영향을 끼쳤다. (…중략…) 군영의 장교들 중에는 예를 들어 연대장 고가제(顧家齊), 대계도(戴季韜) 등과 같은 인물은 근대적 훈련을 받아서 용모가 대학생처럼 문약하고 온화해 보인다. 하지만 정신적으로 유협 분위기 영향을 많이 받아 용맹하고 민첩하며 손님 접대를 좋아하고 놀기를 즐겨하여 태사공의 전기 속 인물과 같다. 시인 전성육(田星六)의 시에는 유협의 호기로운 기개가 가득하다. 높은 산, 세찬

文藝出版社, 1955.

물, 험한 땅, 짙은 안개 또한 이곳 사람의 성격을 형성하는 또 다른 요소가 되었다. 유협정신의 침윤이 과거를 만들어 내었고, 또 장차 미래를 만들어 낼 것이다.[23]

"호탕하고 의를 좋아하고, 불같이 화를 잘 내나 의협심이 강한 초楚 지역 사람들의 고전적인 열정"[24]이 상서湘西 지역 하층사회에 보편적으로 존재하고 있으며, "개인의 낭만적인 정서와 역사적으로 내려온 종교적 정서가 결합하여 바로 유협 정신을 만들어 낸 것"[25]이라 여겼다. 그리고 그는 또 "유협 정신의 침윤이 과거를 만들어 내었고, 또 장차 미래를 만들어 낼 것이다"라고 여겼다.

즉, 양계초가 일본에서 무사도정신의 영향을 받아 중국 고대의 협객을 깨웠다면, 상하이 지식인은 양계초의 영향을 받아 중국 민간과 전통문화에 남아 있는 협객의 정신을 깨우고 있었던 것이다. 이는 동북아 해역 인문 네트워크 속 지식과 정보가 어떻게 유통, 수용되고 나아가 어떻게 새로이 창조되고 있나 보여준다.

결론적으로 국제도시 상하이는 중국을 객관화할 수 있는 지식과 정보가 모여드는 곳이었다. 이러한 지식과 정보를 얻기 위해 많은 지식인들이 상하이에 머물렀고, 이로써 상하이에는 그들만의 애국 계

---

23 這種遊俠者精神旣浸透了三廳子弟的腦子, 所以在本地讀書人觀念上也發生影響。(…中略…) 少壯軍營中, 如師長顧家齊、戴季韜輩, 雖受近代化訓練, 面目文弱和易如大學生, 精神上多因遊俠者的遺風, 勇鷙慓悍, 好客喜弄, 如太史公傳記中人。詩人田星六, 詩中就充滿遊俠者霸氣。山高水急, 地苦霧多, 爲本地人性格形成之另一面。遊俠者精神的浸潤, 産生過去, 且將形成未來。沈從文,「湘西. 鳳凰」,『沈從文文集』9, 花城出版社, 1991, 412쪽.

24 위의 책, 399쪽.

25 위의 책, 399쪽.

몽주의적 엘리트 문화를 형성되었다. 열강의 침략을 받고 있었던 당시 시대적 특징으로 인해 계몽주의적 엘리트 문화에는 이전의 문치교화文治教化의 전통 대신 상무정신이 고양되어 선전되었으며 이는 상하이에서 대중적 협의서사가 형성되고 유행할 수 있는 중요한 원천이 되었다.

3. 이주자의 도시 상하이와 하위문화 속 협의정신

1) 조계의 팽창과 다양한 인종, 지역민의 가치지향

개항 전 상하이의 인구는 50여 만에 불과했었는데 1880년에 이르러 100만을 돌파하였고, 1930년대는 300만 명을 넘었으며, 중화인민공화국이 성립 직전에는 545만 명이 넘었다.[26] 이러한 급격한 인구 증가 양상은 상하이가 이주자의 도시임을 보여준다.[27] 상하이에 이주자가 몰려들게 된 이유는 상하이가 동북아 해역의 중심도시로 성장한 것과 밀접한 관련이 있다. 이를 구체적으로 살펴보면 다음과 같다.

첫째, 조계의 성립과 확장을 들 수 있다. 조계는 중국 국내외의 혼란한 시기에 수많은 외국인과 중국인의 피난처 역할을 하였다. 1842년 남경조약에 의해 개항한 후 1845년 '상해토지장정上海土地章程'이

---

26 郭彦軍, 『近代上海社團發展及其社會管理意義硏究』, 中共中央黨校 博士學位論文, 2013, 164~165쪽 참조.
27 1885년 이래 인구통계에 따르면 공공조계의 비상해적 인구는 대체로 80% 이상, 화계의 비상해적 인구는 75% 이상이었다 한다. 김승욱, 「근대 상하이 도시공간과 기억의 굴절」, 『중국근현대사연구』 41, 중국근현대사학회, 2009.3, 130쪽 참고.

체결되고 1846년 영국조계가 개설되었다. 이어서 1848년 미국 조계가 건설 되었고 1863년 영국조계와 병합되어 공공조계가 되었다. 1849년에 상하이 현성縣城과 영국조계 사이에 프랑스 조계가 설립되었다. 조계는 1948년 영국조계의 확장 이래로 1899년 공공조계의 확장되었으며, 1861년, 1900년, 1914년 프랑스 조계가 연이어 확장되었다. 조계를 건설하고 관리하는 주체는 중국이 아니라 영국, 프랑스, 미국 같은 제국주의 국가였다. 조계에는 중국의 권력이 미치지 못하는 '국외지국國外之國'으로 조계의 각국은 별도의 행정, 입법, 사법 조직을 만들어 해당 지역을 관리했다. 원래 조계에는 중국인이 거주할 수 없었는데 1853년 소도회 반란군이 상하이 현성을 점령하여 2만여 명의 중국인 피난민이 조계지로 피난한 이래로 외국인과 중국인의 분리거주 원칙이 깨지게 된다. 그리고 이를 계기로 조계는 군대조직을 결성하게 되고 또 공부국이라는 새로운 통치기구를 만들게 된다. 조계가 중국인을 받아들이게끔 규정을 바꾸고 또 조계를 방어할 수 있는 군대를 유지하게 되자 태평천국의 봉기, 군벌 간의 전쟁 등을 피해 더 많은 사람들이 상하이로 몰려오게 되었다.

둘째, 상공업의 발전을 들 수 있다. 무역항으로 발전한 상하이에는 일찍이 상공업, 금융업, 부동산업, 건축업, 의료사업 등 다양하고 새로운 상업이 발달하였다. 특히 조계의 치외법권은 외국자본의 권익을 보호하였기 때문에 외국자본이 대거 투자되었다. 중일전쟁 전까지 동북삼성을 제외하면 외국 자본이 상업의 81%, 금융투자의 76.2%, 공업투자의 67.1%, 부동산의 76.8%가 상하이에 집중되었다.[28] 특히 제1차 세계대전을 기점으로 상하이에 근대식 공장들이 대규모로 건설되기 시작하였다. 1914년부터 1928년까지 총 15년간 1,229개의 공장이 지어졌는데, 이는 제1차 세계대전이 일어나기 전 38년간 총 153개의 공장이 세워진 것과 비교해볼 때 엄청난 변화였다.[29] 1933년 상하이의 공업총생산은 11억 위안에 이르러 중국 전체 공업총생산액의 절반에 달하였다.[30] 이러한 경제 번영으로 상하이는 일확천금을 꿈꾸는 자와 일자리를 찾는 자가 꿈꾸는 도시가 되었다.

그런데 이러한 갑작스러운 이주민의 증가로 상하이는 인구 밀도가 가장 높은 도시가 되었다. 개항 전 1평방킬로미터당 626.6명이었으나 1914년에는 3,600, 1935년에는 7,000명으로 인구밀도가 높아졌다. 1949년의 경우 밀도가 높은 곳은 14만 명에 이르렀다.[31] 성비 또한 민국정부의 1947년 공포에 따르면 전국 성비 평균은 110이었는데, 상하이의 성비는 156으로 전국평균보다 46이나 높았다.[32] 이러한 인구밀도나 성비는 상하이가 범죄에 노출되기 쉬운 도시였음을 보여준다. 실제로 외국인들과 중국인 이주민들은 상하이라는 특수한 환경 속에서 범죄에 쉽게 노출되는 경우가 많았다.

이처럼 개항도시의 특징은 이방인에게 개방되어 있다는 점이다. 식민도시이자 거대상업도시인 상하이는 세계 각국의 다양한 인종이

28 위엔진, 「상하이는 어떻게 중국 근대의 문화중심이 될 수 있었는가」, 『한국학연구』 20, 인하대 한국학연구소, 2009, 16쪽.
29 최지혜, 「중국 上海의 근대도시로의 이행과정에 대한 연구(1843~1943)」, 한양대 석사논문, 2012, 157쪽.
30 위엔진, 「상하이는 어떻게 중국 근대의 문화중심이 될 수 있었는가」, 『한국학연구』 20, 인하대 한국학연구소, 2009, 16쪽.
31 鄭依仁, 『舊上海人口變遷的研究』, 上海人民出版社, 1983; 郭彦軍, 『近代上海社團發展及其社會管理意義研究』, 中共中央黨校 博士學位論文, 2013, 168쪽에서 재인용.
32 郭彦軍, 『近代上海社團發展及其社會管理意義研究』, 中共中央黨校 博士學位論文, 2013, 168 참조.

집거하는 곳이 되었다. 개항 초기 26명에 불과했으나 1865년에는 2,757명, 1905년에는 12,328명, 1933년에는 73,504명으로 증가하였다. 1940년대에는 150,931명에 이르러 당시 뉴욕과 더불어 외국인이 가장 많은 도시가 되었다.[33] 상하이의 외국인 중에는 피식민지 국가의 독립운동가나[34] 서양문물을 접하고 싶은 동양 사람들도 있었다. 하지만 상하이가 "모험가의 낙원"이라 불리게 되면서부터 일확천금을 노리는 사람들이 몰려들기 시작했다. 그리고 이들 외국인 대부분은 문화수준이 낮았으며, 심지어 범죄자들이 많았었다. 당시 영국의 영사 Rutherford Alcock는 다음과 같이 말하였다.

각 나라에서 온 이러한 외국인들은 천성이 비천하고 효율적으로 통제할 방법이 없는 전 세계의 암적 존재였다. 중국에서도 역시 골칫덩이가 되었다. 그들은 의심할 여지가 없이 유럽 각국의 인간 쓰레기였다.[35]

미국인 소설가 Eddie Miller는 "상하이에서 만약 외국에서 온 모든 악질들을 쫓아내버린다면 중국에 남아 있을 백인종은 몇 명 되지 않을

---

33 鄒依仁,『舊上海人口變遷的研究』, 上海人民出版社, 1983; 郭彦軍,『近代上海社團發展及其社會管理意義硏究』, 中共中央黨校 博士學位論文, 2013, 173쪽에서 재인용.

34 중국 혁명인사들의 활동무대가 된 상하이에는 세계적인 혁명인사들이 집결, 망명객, 위험인물 낙오자, 부패분자, 낭인 호객 등 잡다한 인물이 모여듦 그 와중에 동아시아의 혁명인사들도 상하이 옴, 한국 베트남, 인도, 말레이시아, 택국 등 애국지사 모여듦, 상하이는 동아시아 민족운동과 식민지 해방운동의 근거지가 되었다. 김희곤,『중국관내 한국독립운동단체연구』, 지식산업사, 1995, 33쪽.

35 "來自各國的這群外國人, 生性卑賤, 無有效的管束, 爲全世界所垢病, 亦爲中國的禍患", 他們無疑是"歐洲各國人的渣滓". 丁明楠等,『帝國主義侵華史』一, 人民出版社, 1977, 82쪽; 郭彦軍,『近代上海社團發展及其社會管理意義硏究』, 中共中央黨校 博士學位論文, 2013, 173쪽에서 재인용.

것이다"[36]라는 말을 남겼는데, 이는 당시 상하이에 몰려온 서구인들이 어떠한 종류의 사람인지 추측하게 한다. 문제는 이러한 상하이의 저질 외국인들 일부는 상하이의 상류층에서 편입되어 상하이의 불건전한 사회풍토를 주도하였다는 것이다. 이들의 불법행위는 상하이 전체가 배금주의, 기회주의, 요행주의, 한탕주의 등이 만연하게 하였다.

상하이의 외국인 대부분이 하위계층 출신 인물이었던 것과 마찬가지로 중국인 또한 그러하였다. 일자리를 찾아 상하이로 몰려 온 중국인으로는 다양한 계층이 있었지만 대부분이 농민, 수공업자, 상인 등으로서 하위계층에 속한 사람들이 많았다. 이들 중 특히 아래와 같은 집단들은 범죄에 노출되기 쉬웠다.

첫째, 쟝쑤, 저장 등 상하이와 가까운 지역의 몰락한 농민이나 소작농들이 있었다. 이들은 농한기를 이용해 지리적으로 가까운 상하이에서 몰려 거친 일을 담당하였다. 주로 인력거를 몰거나 부둣가에서 짐을 나르는 등 거친 일을 담당하였다. 이들은 주로 빈민굴에 거주하고 있어 범죄에 노출되기 쉬웠다.[37]

둘째, 파산한 수공업자들이다. 제국주의 침략과 함께 값싼 외국 공업제품이 밀려왔다. 이에 농촌이나 중소도시의 수업업자들이 대량 파산하고 실업자가 되었다. 이들은 살길을 찾아 상하이로 몰려오게

---

36 "上海如果把一切外來的壞蛋都驅逐掉, 那在中國境內, 留下的白種人就沒有幾個了。"(美)愛狄密勒, 『冒險家的樂園』, 上海文化出版社, 1956, 第12頁; 郭彥軍, 『近代上海社團發展及其會管理意義研究』, 173쪽에서 재인용.
37 1949년까지 상하이의 중심지는 수백 개의 빈민굴로 둘러싸여 있었고 도시민의 25%가 판자집에 살았다. Wu Junfan, 「상하이 빈민촌의 혁명과 사회적 경향의 영향」, 『상하이 사회학 7차 연례 학회』, 2009; 우송디·탕차오텐, 「근대 상하이의 계절 이주민」, 『로컬리티 인문학』 9, 부산대 한국민족문화연구소, 2013.4, 176쪽에서 재인용.

되었다. 상하이의 범죄조직 중간 보스들 중에는 이러한 수공업자 출신이 많았다.

셋째, 조운업 종사자들이 있다. 함풍원년에 운하에서 해로로 뱃길이 바뀌자 수많은 실업자 발생하였다. 일자리를 잃은 수많은 조운업 종사자들이 상하이의 부둣가에 몰려들었다. 이들은 중국 전통 비밀결사조직인 청방青幇과 관련이 있는 자들이 많아 상하이에 비밀결사 범죄조직이 생겨나는 데 큰 영향을 주었다.

넷째, 몰락한 지주나 부농자제들이 있다. 이들은 전란을 피해 상하이에 이주해 왔으나 상하이의 쾌락주의 문화에 빠져들어 몰락하여 자연스럽게 범죄에 노출되었다. 당시 상하이엔 이러한 부유층 자제들을 도박, 아편, 유흥 등으로 유혹하여 재산을 갈취하는 범죄조직이 많았고, 재산을 잃은 부유층 자제는 자연스럽게 범죄조직에 편입되는 경우가 많았다.

범죄에 노출되기 쉬운 인구의 유입으로 상하이는 법규보다 이익이 우선시 되고 힘과 권력이 최고인 세상이 되어버렸다. 일반 서민은 이러한 생존환경 속에서 살아남기 위해 누구보다 강해져야만 했다. 상하이에는 다양한 인종, 지역, 계층의 이주민이 있었지만 그들의 가치지향은 단순했다. 오직 생존과 밀접한 관련이 있는 것으로 수단과 방법을 가리지 않는 성공이 인생의 목표가 되었다. 지식인이 나라를 구하기 위해 강해지길 외쳤다면 상하이의 하층민은 생존하기 위해 강해져만 했던 것이다. 그리고 그들은 무법천지 세상에서 살아남기 위해 자신들의 조직을 결성하고 뭉치기 위해 그들만의 협의문화를 형성하기 시작하였다.

2) 부랑민의 삶에서 협객의 삶으로

상하이에는 새로운 일자리가 많았지만 몰려드는 모든 이주민을 수용하기엔 역부족이었다. 대도시는 힘없는 하층민이 살아가기에 녹녹치 않은 곳이었다. 의지할 곳 하나 없고, 언어와 생활습관이 다르며, 곳곳에서 외국통치자와 중국 통치자의 위협과 멸시를 견뎌내어야 했다. 이러한 때 힘없는 자들은 생존을 위해 동향, 업종 중심으로 단체를 결성하였다. 광동廣東 출신 사람들은 '연익사聯益社', '군의사群義社' 등과 같은 단체를, 녕파寧波 출신 뱃사람들은 '염영사焱盈社', '보안수수공소保安水手公所' 등과 같은 단체를 결성하였다. 이러한 하층계층의 비밀결사 중에는 청대 운하운송 선원들의 비밀조직인 청방이나 명말청초에 시작된 비밀결사인 홍문洪門같은 역사적으로 유래가 깊은 조직도 있었다.

그런데 이주민, 비밀 결사(방회幫會), 범죄조직(흑사회黑社會), 이 삼자는 서로가 밀접한 관련이 있는 것이었다.[38] 이주민의 비밀 결사는 상하이의 불건전한 사회풍토, 열악한 사회 환경, 통치 권력의 무능함 등과 같은 조계의 특수상황에서 범죄 집단으로 변모하기도 하였다. 특히 무능한 조계 통치자는 상하이의 범죄조직을 키우는 역할을 하였다. 이들은 질서유지를 위해 순포巡捕를 모집하였는데, 이 순포 중에는 황금영黃金榮처럼 범죄조직의 우두머리로 성장하는 경우가 있었다. 범죄조직은 상하이 조계의 악습―아편, 도박, 매춘 관련 업종을 장악하였고, 이곳에서의 수입의 일정량을 세금으로 바침으로써 그들

---

38 郭彦軍, 『近代上海社團發展及其社會管理意義研究』, 中共中央黨校 博士學位論文, 2013, 169 참조.

의 세력을 합법적으로 유지하였다.[39] 그리고 세력을 키운 범죄조직은 정치조직과 연합하여 더욱더 큰 조직으로 성장하기도 하였다. 이육사는 1935년 『개벽』의 「중국청방비사소고中國靑幇秘史小考 – 공인 '깽그'단團」이라는 글에서 상하이의 범죄조직 청방에 대해 언급하고 있다.

> 그러면 이 '깽'의 수령 즉 암흑 중국의 대통령은 누구냐? 이것은 군웅이 접거(接據)하는 중국의 모든 사회가 그러한 것과 같이 이 '깽'의 사회에서도 두월생(杜月笙), 황금영(黃金榮), 장숙림(張肅林) 등 거물(?)들이 버티고 있는 것이다. 그래서 이들이 가장 봉건적 가장적(家長的)인 이 결사의 주인들인 동시에 최고 통제자들이며 따라서 大法蘭西租界內의 사실상의 지배자들이다. 불조계(佛祖系) 당국은 피등(彼等)의 활동에 의하야 대금(大金)을 수확해 들이는 대상(代償)으로 그 지배권을 피등에게 양여하였다는 것은 두월생은 정말 불란서의 시참사원(市參事員)의 한 사람이였었다는 것만 보아도 알 수가 있다.[40]

이육사는 상하이의 범죄조직 청방의 세 우두머리가 조계에서 어떻게 그들의 세력을 키워나갔는가를 상세히 소개하고 있다. 청방의 세력은 일반 하층계층은 물론이고 도시의 소상인에서 프랑스 조계의

---

39 1865년 프랑스 조계 내 아편, 도박, 매춘 영업허가 관련 수입이 전체 세수의 46.6%를 차지하고 있었고, 1906년에 이르기까지 매춘, 도박 관련 세수가 프랑스 조계의 중요한 재정수입이었다. 郭彦軍,『近代上海社團發展及其社會管理意義硏究』, 中共中央黨校 博士學位論文, 2013, 177쪽 참조.
40 이육사, 「中國靑幇秘史小考 – 공인 '깽그'단」(『개벽』, 1935),『이육사 전집』, 깊은샘, 2004.7, 307쪽.

순사, 형사, 관리, 정치가에 이르기까지 다양하며, 인신매매, 아편밀수와 운반, 도박, 총기밀매, 청부살인까지 저지르고 있다고 폭로하고 있다. 그리고 이 청방세력이 정치권력과 야합하여 어떻게 당시 진보 세력과 민초를 탄압하였는가를 고발하고 있다. 이육사는 상하이의 청방세력이 많게는 10만에 이를 것이라 추측하고 있는데, 이는 상하이에 범죄조직이 얼마나 극성하였는가를 잘 보여주고 있다.

그런데 여기서 우리가 주목해야 할 것은 이들 범죄조직은 조직을 유지하기 위해 그들만의 문화-하위문화를 형성하였다는 점이다. "하위문화는 일반적으로 사회 전체가 공유하는 문화와 달리 특정 하위집단이 지니는 특수한 문화를 의미"[41]한다. 이들의 하위문화는 서구문물을 받아들이며 중국 전통을 배척하였던 당시 지식인과 달리 중국의 전통 이데올로기에 많은 부분을 기대고 있었다.

범죄조직은 스승과 제자의 관계 및 형제의 서열을 중시하였다. 가입절차가 가장 단순하였다는 두월생의 조직에 들어가기 위해서 붉은 쪽지에 "모모씨의 소개로 두선생님의 문하생이 되길 삼가 절을 올립니다. 이후로 스승의 가르침을 착실히 따를 것이며, 절대 다른 마음을 품지 않겠습니다"라는 글을 적어, 날을 잡아 직접 찾아가 세 번 절을 올려야만 했다.[42] 군사부일체의 관념처럼 조직에서 스승으로 모신 사람을 부모처럼 따르며 의형제를 맺을 경우 형의 말을 따라야 했다. 10대 규칙에는 '스승을 속이거나 조상을 배신해서는 안 된다(一、不準 欺師滅祖)', '선배를 깔보아서는 안 된다(二、不準藐視前人)' 등과 같은

41 비판사회학회, 『사회학』, 한울, 2019.2, 225쪽.
42 蘇智良·陳麗菲, 『近代上海黑社會硏究』, 浙江人民出版社, 1991, 128~137쪽 참조.

조항이 있는데, 이는 범죄조직이라 할지라도 서열과 질서를 중시하고 있었음을 알 수 있다.[43]

그리고 더욱 주목할 부분은 『삼국지연의』의 도원결의나, 『수호전』의 호형호제하는 형제들처럼 강호의 의리를 중시하는 집단이길 원했고 이러한 규율을 중시하였다는 점이다. 조직에 가입한 후에는 위에서 언급한 10가지 규칙 외에, 10가지 계율 등을 숙지해야 했는데, 이들 규칙, 계율, 지켜야 할 내용을 보면 이들이 단순한 범죄 집단이기보다 협객들의 모임이기를 원했음을 알 수 있다.

예로부터 음란이 모든 악은 근원이고, 무릇 백 가지 선행 중에서 효도가 으뜸이다. 음란이 절제되지 않으면 국법을 어지럽히니, 우리 가족의 10계에서도 음란함을 첫 번째 계로 한다.(自古萬惡淫爲源, 凡事百善孝爲先. 淫亂無度亂國法, 家中十戒淫居前)

조직엔 비록 영웅호걸들이 많으나, 강개하고 호협함을 선의 근본으로 삼는다. 다른 사람이 급할 때 도와주고 위험할 때 구해주어야 하며, 폭력, 강탈, 살인은 조직에서 원망을 일으키니 삼가야 한다.(幇中雖多英雄漢, 慷慨好義其本善, 濟人之急救人危, 打劫殺人幇中怨)

가장 하등한 인간이 강도질하고 도적질하는 놈이니, 위로는 조상을 욕보

---

43 十大幇規 : 一、不準欺師滅祖 二、不準藐視前人 三、不準提聞放水 四、不準引水代纖 五、不準江湖亂道 六、不準擾亂幇規 七、不準扒灰盜攏 八、不準奸盜邪淫 九、不準大小不尊 十、不準代髮收人. 蘇智良, 陳麗菲, 『近代上海黑社會硏究』, 浙江人民出版社, 1991, 131쪽.

이고 아래로는 후세에 부끄러움을 남긴다. 우리 가족은 모두가 영웅호걸들이니, 어찌 이러한 무리를 용납할 수 있겠는가?(最下之人竊盜偸, 上辱祖先下遺羞, 家中俱是英俊士, 焉能容此敗類徒)[44]

　청방의 입회식은 무협영화의 한 장면처럼 엄숙하며 선서 내용은 협의의 내용으로 가득하다. 이러한 협의와 관련된 절차는 구성원들을 단합시켰을 뿐 아니라 그들의 조직이 단순한 범죄조직이 아닌 정의를 실천하는 조직이라는 위안을 주고, 범죄행위를 합리화하는 데 큰 역할을 하였다.
　협의정신은 상하이 이주민 집단, 비밀결사, 범죄조직의 하위문화의 하나로 자리잡은 것이다. 이는 이들이 단순한 규약을 따르는 것에 그치지 않고 단순한 범죄자의 삶을 협객의 삶으로 미화했다. 예를 들어 마영정馬永貞의 경우 세력다툼에 불과했는데 정의를 실현한 것으로 미화되거나, 곽원갑霍元甲의 경우처럼 과장되어 사람들의 입을 오르내리며 협객처럼 영웅화되었다. 하위문화로서 협의정신은 이주민들의 문화를 대표하게 되었던 것이다.

---

44 十戒：
自古萬惡淫爲源, 凡事百善孝爲先; 淫亂無度亂國法, 家中十戒淫居前。
幫中雖多英雄漢, 慷慨好義其本善; 濟人之急救人危, 打劫殺人幫中怨。
最下之人竊盜偸, 上辱祖先下遺羞; 家中俱是英俊士, 焉能容此敗類徒。
四戒邪言並咒語, 邪而不正多利己; 精神䫙殄殀泄己愼, 咒己明怨皆不許。
調詞架訟耗財多, 淸家敗産受折磨; 喪心之人莫甚此, 報應昭彰實難活。
得人資財願人亡, 毒藥暗殺昧天良; 昆蟲草木尤可惜, 此等之人難進幫。
君子記恩不記仇, 假公濟私無根由; 勸人積德行善事, 假正欺人不可留。
休倚安淸幫中人, 持我之衆欺平民; 倚衆欺寡君須戒, 欺壓良善罵名存。
三祖之意最爲純, 少者安之長者尊; 欺騙幼小失祖義, 少者焉能敬長尊。
飮酒容易亂精神, 吸食毒品最傷身; 安淸雖不戒煙酒, 乘宜減免是爲尊。
baidu百科 請幫 : https://baike.baidu.com/item/%E9%9D%92%E5%B8%AE/2663745?fr=aladdin

4. 맺으며

이 글은 동북아 해역 인문 네트워크의 관점에서 상하이에서 협의 서사가 발달하게 된 배경을 지식인의 엘리트문화와 하층민의 하위문화의 관점에서 살펴보고자 하였다. 이를 요약하면 다음과 같다.

상하이는 서구열강이 바다를 통해 중국을 침략하는 거점도시로 건설됨으로써 역설적으로 서구의 다양한 지식이 전해졌다. 상하이는 국제도시로 세계의 다양한 정보가 집결되는 곳이었다. 상하이는 중국 그 어느 도시보다 엘리트 지식인들이 집결하는 도시였다. 상하이에는 서구의 신문물을 배우고자 지식인들이 몰려왔고, 이에 다른 도시에서 출간되었던 『해국도지』, 『천연론』 등과 같은 저작들이 상하이에서 재출간되었다. 이러한 배경 속에서 상하이의 진보적 지식인은 중국이 처한 상황을 깨닫게 되고, 서구 열강의 침략을 맞서기 위해 자연스럽게 상무정신을 고취하게 된다. 그리고 이 당시 상하이에 소개되었던 일본의 무사도 정신은 당시 중국 지식인의 상무정신을 더욱 더 고취하는 계기가 되었다. 많은 지식인은 중국 역사와 민간의 전통 속에서 협객을 발굴하였고 그들의 정신을 찬양하였다. 근대 시기 열강의 침탈 속에서 중국 지식인은 문치교화의 전통을 버리고 협객을 찬양하였던 것이다.

상하이는 노동 이주민의 도시였다. 세계대전 후 서구의 자본이 상하이에 몰리게 되면서 국제도시 상하이는 중국 최대의 상공업도시로 성장하게 된다. 이에 상하이에는 다양한 국가, 인종, 지역민이 모여들었다. 이 당시 상하이에 온 외국인 중에는 본국에서 죄를 짓고 도망

온 사람이 많았다. 이들의 일부는 상류계층에 진입하여 불법행위를 일삼으며 재산을 모았는데, 이는 상하이가 배금주의, 기회주의, 요행주의, 한탕주의 등이 만연한 불건전한 사회가 되는데 일조하였다. 그리고 중국 이주민의 경우 대부분이 몰락한 농민, 수공업자, 일용직 노동자들과 같은 하층계층 사람들로서 일자리를 찾아 상하이에 온 것이었다. 이주민들은 그들의 생존과 이익을 위해 업종별, 출신지역별로 다양한 조직을 결성하였고, 이중 많은 조직이 상하이의 무정부적 혼란과 생존경쟁 속에서 범죄조직으로 변질되었다. 조계라는 특수한 환경 속에서 법과 질서가 유지되지 않는, 주먹이 앞서는 혼란의 강호와 같은 시대를 조성하였다. 이러한 특수한 환경 속에서 이들 범죄조직의 정신적 가치는 고대의 협의정신에서 찾았고 이로써 이주민 집단에는 하위문화의 하나로서 협의정신이 선양되었다.

결론적으로 지식인의 엘리트문화와 하층민의 하위문화라는 상이한 두 문화는 시대적 특징으로 인해 모두 대중문화 속 협의서사로 수렴되어 발전하였다. 중국 전통 민간문화의 정수라 할 수 있는 협의문화는 근대 시기라는 특수한 시대적 환경 속에서 동북아 해역 상하이라는 결절점 해항도시에서 새로이 대중문화의 형식으로 발전할 수 있게 되었던 것이다. 대중문화로서의 협의서사는 이후 홍콩, 대만, 일본, 한국 동북아시아 인문 네트워크 속에서 발달하면서 세계로까지 발달하게 된다. 이에 관한 것은 차후 연구과제로 남겨놓겠다.

참고문헌

대중문학연구회, 『무협소설이란 무엇인가』, 예림기획, 2001.

미야자키 마사카쓰, 이수열·이명권 역, 『바다의 세계사』, 선인, 2017.

부경대 인문한국사업단 편, 『동북아 해역과 인문 네트워크』, 소명출판, 2018.

서광덕, 「19세기 중엽 상하이 지식네트워크에 대한 고찰」, 『중국학』 63, 대한중국학회, 2018.

안승웅, 「沈從文과 游俠精神」, 『中國學』 19, 대한중국학회, 2002.

위앤진, 「상하이는 어떻게 중국 근대의 문화중심이 될 수 있었는가」, 『한국학연구』, 인하대 한국
　　　학연구소, 2009.

이육사, 「中國靑帮秘史小考 – 공인 '깽그'단」, (『개벽』, 1935), 『이육사 전집』, 깊은샘, 2004.

이진원, 『한국무협소설사』, 채륜, 2008.

이철원, 「중국의 근대문화 형성과정에서 상해 조계의 영향」, 『중국문화연구』 15, 중국문화연구학
　　　회, 2009.

이혜진, 「'올드 상하이'의 도시 사회학과 식민지 조선인의 원풍경」, 『우리문학연구』 51, 우리문학
　　　회, 2016.

임대근·곽수경, 『20세기 상하이 영화 – 역사와 해제』, 산지니, 2010.

＿＿＿＿＿＿, 『상하이 영화와 상하이인의 정체성』, 산지니, 2010.

조성환, 「한국 근대 지식인의 상해 체험」, 『중국학』 29, 대한중국학회, 2007.

진산, 강봉구 역, 『중국무협사』, 동문선, 2000.

최낙민, 『해항도시 마카오와 상해의 문화교섭』, 선인, 2014.

최지혜, 「중국 상해의 근대도시로의 이행과정에 관한 연구」, 한양대 석사논문, 2012.

한국해양대 국제해양문제연구소 편, 『세계의 해항도시』 I(아시아편), 선인, 2014.

劉建輝, 『魔都上海 – 日本知識人の近代體驗』, 筑摩書房, 2010.

張秉倫·盧繼得, 「進化論在中國的傳播和影響」, 『中國科技史料』, 1982年 第1期.

張麗華, 「梁啟超與『中國之武士道』」, 雲夢學刊, 2008.第5期.

梁啟超, 「『中國之武士道』自敍」, 『梁啟超全集』(北京出版社, 1999版, pdf)

沈從文, 「湘西.鳳凰」, 『沈從文文集』 9, 花城出版社, 1991.

蘇智良·陳麗菲, 『近代上海黑社會研究』, 浙江人民出版社, 1991.

郭彥軍, 『近代上海社團發展及其社會管理意義研究』, 中共中央黨校 博士學位論文, 2013.

陳山, 『中國武俠史』, 上海三聯書店, 1995.

魏源著, 陳華等點校註釋, 『海國圖誌』(籌海篇三議戰), 第26.

baidu百科　青幫 : https://baike.baidu.com/item/%E9%9D%92%E5%B8%AE/2663745?fr
　　　=aladdin

하늘 끝 이국땅을 두루 유람하는 그대들이 신선이라네

청대 일본인의 강남견문록江南見聞錄―「청국표류도淸國漂流圖」

류쉬펑

1. 들어가는 말

강호江戶(에도) 시대의 일본은 쇄국鎖國정책을 시행하여 백성들이 사적으로 바다로 나가는 것을 금하였으며, 오직 중국과 네덜란드 선박이 장기항長崎航(나가사키)에 와서 무역하는 것만 허락하였다. 외국과의 왕래는 대마번對馬藩(쓰시마) 관방官方 측과 조선朝鮮, 그리고 살마번薩摩藩(사츠마·현재 일본 규슈 가고시마현)과 유구琉球(류큐) 사이로만 제한되었다. 이러한 나라들과의 왕래를 통해 일본은 필요한 상품을 획득하였고, 동시에 외국의 과학기술 문화와 해외의 갖가지 정보와 소식도 흡수하였다. 그러나 여기서 말하는 정보란 모두 외국 인물이나 서적을 통해 획득한 2차 자료와 정보들이었다. 쇄국체제하에서 해외의 정황에 대해 견문을 넓히고 또 이국異國문화와 접촉할 기회를 유일하게 가질 수 있었던 사람들은, 오직 조난을 당해 해외로 표류했던 난민들뿐이었다. 당시의 제도 하에서, 이러한 난민들은 귀국한 후 모두 엄격한 조사를 받아야 했고, 이를 통해 위법 행위에 참여한 적이 있었는지 확인받아야 했다. 그리고 이 때문에 또한 대량의 관방 측 조사기록이 남겨지게 되었다. 그밖에도 난민들이 귀국 후에 구술한 내용을, 다시 현지 지식인이 정리한 표류기漂流記도 일부 있다. 여기서 언급한 기록의 내용은 조난경위 외에도 표류지역의 정치·사회·풍속과 관습·지리·문물 등에 대해 모두 언급하고 있어, 연구자들에게 중요한 1차자료를 제공해줄 뿐만 아니라 또한 표류한 지역의 국사사료國史史料 기록의 부족함도 보완해 줄 수 있다. 현재까지 확인할 수 있는 현존하는 강호 시대의 해외표류 기록은 약 100여 건이 있으며, 그중 대부분은 중국 대륙이나 대만臺灣으로 표류했던 것이며, 혹여 다른 지역에 표류했더라도 다시 중국을 거쳐 귀국하였다. 따라서 해외에서 귀국한 일본 난민의 대다수는 중국 땅을 밟아보고 중국의 문물을 직접 보고 들었다고 할 수 있다.

청淸나라 조정朝廷은 표류해 온 외국 난민들을 일반적으로는 잘 대우해주고 위로해주고 여러 물질적 도움을 제공해 주었으며, 아울러 본국으로 송환시켜 주었다. 일본인을 송환하는 항구는 18세기 중엽부터는 대일對日무역 창구였던 작포乍浦(浙江省 嘉興府 平湖縣)로 고정되었고, 이 때문에 중국이나 동남아 지역에 표류했던 대부분의 일본인들은 귀국하기 전에 모두 절강浙江으로 이송移送된 다음 일본으로 가는 무역상인에게 인도되어 보살핌을 받았고, 무역선을 타고 일본으로 돌아왔다.[1] 귀국선을 기다리는 동안, 종종 현지에서 수개월이나 심지

---

1 劉序楓, 「淸代環中國海域的海難事件硏究－以淸日兩國間對外國難民的救助及遣返制度爲中心 1644~1861」, 『中國海洋發展史論文集』 8, 臺北 : 中央硏究院中山人文社會科學硏究所,

어 1년까지 머물러야 했는데 현지의 풍속과 경관 등에 대해 깊은 인
상을 받았다. 이러한 일본 표류민이 귀국 후에 남긴 기록을 통해, 당
시 중국 각지의 풍속이나 경관을 알 수 있을 뿐 아니라, 동시에 쇄국
시기 일본인의 중국에 대한 인상이나 눈으로 보고 마음으로 느꼈던
것들을 살펴볼 수 있다.

　현재까지 일본인의 해외표류 사건들에 대한 학계의 관련 연구들은
이미 상당히 많은 성과들을 축적해 왔다.[2] 그중 일부는 일본인의 중
국에서의 체험과 견문에 대해 논의한 것이고,[3] 어떤 것은 한 특정 사
건에 초점을 맞추고 상세히 분석한 것도 있다.[4] 이 글에서는 주로 가
경嘉慶 15년(일본 文化 7年·1810)에 강소江蘇 해문청海文廳(지금의 海門市)에
표류했던 살마薩摩의 난민이 본국으로 귀환한 후 그림으로 제작한 표
류기록인 「청국표류도清國漂流圖」[5]를 주된 자료로 활용하면서, 여기에

　　2002, 186~189쪽를 참조하라.
2　劉序楓,「漂流·漂流記·海難」,『海域アジア史研究入門』, 東京 : 岩波書店, 2008, 217~224쪽
　　을 참조하라.
3　이에 관한 주요 연구로는 實藤惠秀,「漂流記にあらねれたる日本と中國」,『早稻田法學會誌』 2,
　　1951, 1~41쪽; 佐藤三郎,「江戶時代に於ける日本人の海外漂流―中國漂着の場合を中心とし
　　て」,『山形大學紀要·人文科學』 3~4, 山形大學, 1957, 151~173쪽. 이 논문은 나중에 동 저자
　　가 지은 『近代日中交涉史の研究』, 東京 : 吉川弘文館, 1984, 388~424쪽에 수록되었다; 相田
　　洋,「近世漂流民と中國」,『福岡敎育大學紀要』 31, 福岡敎育大學, 1981, 1~20쪽 등이 있다.
4　예를 들면 德永和喜,『薩摩藩對外交涉史の研究』, 福岡 : 九州大學出版會, 2005, 284~323쪽에
　　서는 永安 2年(1773)에 중국 舟山에 표류했던 사건과 文化 12年(1815)에 廣東에 표류했던 薩
　　摩 선박의 표류기록을 상세히 고증하고 비교하였다. 倉地克直,『漂流記錄と漂流體驗』, 京都 :
　　思文閣出版, 2005, 93~219쪽에서는 天保 元年(1830)에 필리핀 루손섬 서부에 위치한 바탄섬
　　에 표류했다가 다시 중국을 거쳐 귀환한 備前(지금의 福山縣) 선박 神力丸호의 표류기록을
　　상세하게 연구한 것이다.
5　이 그림은 상·중·하 3권으로 나누어지는데, 현재 일본 와세다대학 중앙도서관에 소장되
　　어 있으며, 도서 청구기호는 ル0203129이다. 관련 정보와 자료를 알려주고 제공해 준 와세다
　　대학 문학부 柳澤明 교수에게 감사드린다. 이 글에서는 와세다대학 古典籍總合データベース
　　(http://www.wul.waseda.ac.jp/kotenseki/html/ru02/ru02_03129/index.html)에서 자료를 인
　　용하였다.

중국 측 사료史料도 참조하여 일본인의 청대淸代 중국 강남江南에 대한 견문과 이국에 대한 관점을 탐구해 보고자 한다. 이 표류사건은 현존 자료가 많지 않아, 여전히 이에 대한 상세한 연구는 볼 수 없다.[6] 게다가 「청국표류도」는 일기 형식에다 그림을 결합시킴으로써 표류지역과 각 경유 지역에 대한 상세한 문자 및 그림기록을 담고 있어 단지 문자기록만 있는 일반 표류기와는 다르며, 실로 당시 강남의 풍속 문화를 연구하는 데 중요한 사료가 된다.

2. 청대 중국에 표류했던 일본인에 관한 기록

강호 시대에 일본인이 해외로 표류했던 기록 중에는 중국의 경우가 그 수가 가장 많다. 이는 지리적 위치가 서로 가깝다는 점 이외에, 가장 주요한 원인은 일본의 쇄국정책으로 인해 오직 중국과 네덜란드 양국의 상선商船만 장기항에 와서 무역하는 것이 허락되었고, 일본인이 만약 조선이나 유구 이외의 지역에 표류했을 경우에는 오직 중국이나 네덜란드 양국의 무역선에 의지해서만 본국으로 돌아올 수 있었기 때문이다. 그러므로 비록 중국 대륙이나 대만지역에 표류한 경우가 아니라 할지라도, 역시 종종 각 지역의 무역선을 통해 난민을 우선 중국으로 이송했다가, 다시 장기로 가는 무역선에 태워 일본으

---

6 현재까지는 단지 柳澤明, 「『淸國漂流圖』と淸朝の檔案史料—大城親雲上に關する記載をめ ぐって」, 『年次研究報告書』6, 日本大學文理學部情報科學研究所, 2006, 175~177쪽에서 개략 적으로 소개한 글만 볼 수 있을 따름이다.

로 송환했다. 중국에서 일본 난민의 송환은 1750년대 이전만 해도 일본 난민을 송환하는 항구가 고정되어 있지 않았으며, 대부분은 표류지점에서 가장 가까운 무역항 예를 들면 광주廣州·복주福州·보타산普陀山·영파寧波 등지로 이송되었고, 그곳에서 다시 일본으로 가는 무역선을 타고 귀국했다. 1750년대 이후로는, 일본 난민을 송환하는 항구는 절강성浙江省 가흥부嘉興府 작포항으로 고정되었다. 그 주요한 이유는 청나라 조정이 엽전을 주조하는 데 필요한 일본산 구리銅를 확보하고자 안전과 관리 및 교통상의 편리함을 고려하여, 작포항을 일본 무역선이 출입하는 항구로 지정하였기 때문이다.[7]

일반적으로 중국 이외의 지역 예를 들면 동남아의 루손이나 베트남 등지에 표류하였을 경우에는 중국 무역선이 왕래하던 지역이었으므로, 대부분 현지에 무역하러 온 선박에 태워 중국으로 먼저 돌려보냈다. 혹여 19세기 후반에 대양大洋에서 미국·영국·스페인 등의 선박에 의해 구조되었더라도 먼저 마카오나 홍콩 또는 광주·하문夏門·상해上海 등지로 보내지고 다시 절강의 작포항으로 이송되어, 그곳에서 장기로 가는 무역선을 타고 일본으로 돌아왔다.[8] 그 기본 노선을 도시圖示하면 다음과 같다.

① 표류지역(동남아·광동) → 마카오·광주 → (육로로 이동) 강서성

7 劉序楓, 「淸代的乍浦港與中日貿易」, 『中國海洋發展史論文集』 5, 臺北 : 中央硏究院中山人文社會科學硏究所, 1993, 187~244쪽를 참조하라.
8 劉序楓, 「淸代環中國海域的海難事件硏究 - 以淸日兩國間對外國難民的救助及遣返制度爲中心 1644~1861」, 『中國海洋發展史論文集』 8, 臺北 : 中央硏究院中山人文社會科學硏究所, 2002, 188~189쪽; 劉序楓, 「淸代檔案與環東亞海域的海難事件硏究 - 兼論海難民遣返網絡的形成」, 『故宮學術季刊』 23·3, 2006, 91~126쪽 등을 참조하라.

(江西省)-옥산(玉山) → 절강(浙江) 구주(衢州) → 항주(杭州) → 작포 →
(중국 선박) → 장기

　②표류지역(복건성 연해·대만) → 하문→ 복주→(육로로 이동) 포성
(浦城) → 절강 구주(衢州) → 항주 → 작포→(중국 선박) → 장기

　③표류지역(만주) → 성경(盛京:遼寧省 沈陽) → 북경(北京) →(대운하
를 이용) 소주(蘇州) → 작포 →(중국 선박) → 장기

　청조淸朝는 표류해온 이러한 외국 난민들을 또 어떻게 처리하였는
가? 기본적으로 청조는 중국으로 표류해 온 모든 외국 난민(관방 측 없
이 왕래하던 일본도 포함된다)을 모두 동등하게 대우하고 온 정성을 다해
보살펴 주었다. 특히 건륭乾隆 2년(1737)에 표류해 온 유구의 선박을
처리할 때에는 건륭황제가 친히 유지를 내려, 조난당한 외국 난민들
에게 각 지방에서 비축하고 있던 공은公銀을 활용하고, 의복과 식량을
제공해 주고, 배와 노도 수리해 주며, 우대하고 위로해 주고, 또 본국
으로 송환해 줄 것을 명하였다.

　이 밖에도, 항해할 수 없게 된 선척과 화물은 대부분 현지에서 처
분하여 돈으로 바꾼 다음 난민들에게 돌려주어 가지고 가게 했다. 머
물렀던 서로 다른 지역마다 또 수시로 술과 음식을 대접하며 위로해
주었고, 각 계절의 의복과 면포이불·거적자리·신발·모자 등도 공
급해 주었다. 또 병이 난 환자는 의원을 고용하여 치료해주었고, 사망
자는 관아에서 관을 제공하여 매장하게 하였으니, 외국 난민에 대한
보살핌은 그야말로 세세한 곳까지 신경 쓰지 않은 부분이 없다고 할
수 있다.[9] 상대적으로 일본은 표류해 온 외국 난민을 엄격하게 관리

하여, 일본의 일반 백성과 접촉하는 것을 금하였다. 이 때문에 1780년(건륭 45)에 일본의 안방安房(아와·오늘날의 지바현) 지역에 표류했던 청조의 원순호元順號 선원 78인은 장기로 이송되던 도중에 자신들이 받았던 대우에 불만을 느껴 일본 관방 측에 투서投書하여 항의한 적이 있었는데, 그 내용은 다음과 같다.

> 수년 전 당신들 일본인들도 우리 중국땅에 표류해온 적이 있었다. 우리는 당신들을 대우함에 있어 당신들처럼 박하지는 않았다. 낮에는 초청하여 노닐며 경치를 감상하게 해주었고, 밤에는 시가지로 데리고 나가 등불을 구경시켜 주었다. 옷을 요구하면 능라(綾羅)를 옷으로 주었고, 음식 생각이 나면 온갖 진기한 진수성찬을 먹여주었다. 우울할 때면 가무와 술자리를 마련해 주었고, 귀국할 때에도 머물던 객사에서 송별의 술자리를 베풀어주었으니, 오직 당신들이 원하는 대로 해주었다. (數年前爾日本人亦漂至於我, 我待爾不似汝薄也. 晝則邀遊玩景, 夜則街市看燈; 求衣乎綾羅是衣, 思食乎奇珍是食 : 悶有歌舞置酒, 歸有出宿飲餞, 唯爾所欲).[10]

마음속에 품어 왔던 불평과 불만을 남김없이 다 표출하고 있다. 청조의 관민官民들이 일본 표류민들을 대하고 처리했던 태도와는 상당

---

9 이에 대해서는 劉序楓, 「淸代環中國海域的海難事件硏究-以淸日兩國間對外國難民的救助及遣返制度爲中心 1644~1861」, 『中國海洋發展史』 8, 179~181쪽; 赤嶺守, 「淸代の琉球漂流民に對する賞賚品について」, 『日本東洋文化論集集論文集』 6, 琉球大學法文學部, 2000, 181~192쪽 등을 참조하라.

10 당시 이들을 호송했던 儒官인 兒玉南柯가 지은 『漂客紀事』(文化元年 跋刊本, 1984年), 21b~22a쪽를 참조하라. 이 투서는 大庭脩 編, 『安永九年安房千倉漂着南京船元順號資料』, 大阪 : 關西大學出版社, 1991, 15쪽에도 수록되어 있다.

히 큰 차이가 있다.[11]

외국인에 대해서뿐만 아니라, 쇄국체제하의 일본에서는 외국선박에 의해 송환된 자국 표류민에 대해서도 사적으로 해외로 나간 범죄자로 간주하여 장기에 도착하면, 먼저 후미에踏繪(그리스도나 성모 마리아상의 동판을 발로 짓밟는 행위)를 행하게 한 다음 다시 감옥에 가두었다. 뒤이어 비로소 해외에 표류하게 된 경위를 조사하기 시작하는데, 특히 금령禁令을 어기고 바다로 나갔는지의 여부, 그리고 해외에 있는 기간 동안 막부幕府의 법령을 어기고 무역활동을 하였는지 여부 및 기독교 신앙과의 관계에 초점을 두었다. 장기의 봉행소奉行所(각 지방관청의 일종으로 행정과 치안을 담당했음–역자 주)에서는 수개월 또는 심지어 1년 동안 상세히 조사한 다음, 조사와 심문에 구두로 진술한 구두진술서를 작성하였으며, 또한 관련된 판결기록을 관방의 '범과장犯科帳'에 기록하였다.[12] 그 밖에도 조사가 끝난 후 사람들을 자신의 원적지原籍地로 돌려보낸 후에도, 여전히 그들이 속한 번藩의 영지를 벗어나는 것을 금하였으며 동시에 다른 사람들에게 해외에 표류하게 된 경위를 언급하는 것도 허락하지 않았고, 사적으로 표류에 관한 기록을 유포하거나 출판하는 것은 더욱 금하였다.[13] 그러나 사실상 도시샤同志社 대학 도서관에서 편찬한 『일본인표류기문헌목록日本人漂流記文獻目錄』에는 일본의 여러 주요 도서관에 소장되어 있는 강호 시대 말엽 이전에

11 일본 표류민이 청나라에서 보고 느꼈던 감정에 대해 일본 측사료(즉 난민이 본국으로 귀환한 후에 관방에서 진술한 구두진술이나 표류기 등)에서는 모두 청조 관민들의 친절한 대우와 위로에 대해 상세히 기록하고 있다. 이에 대해서는 佐藤三郎, 앞의 글, 388~424쪽를 참조하라.
12 江戸時代 長崎의 奉行所에서 행한 형사판결 기록과 간행본은 森永種夫 編, 『犯科帳』, 長崎 : 犯科帳刊行會, 1956~1961(全11卷)을 참조하라.
13 이에 대해서는 川合彦充, 『日本人漂流記』, 東京 : 社會思想社, 1967, 234~245쪽를 참조하라.

해외에 표류했던 일본인의 기록 1,000여 종[14](관방에서 행한 구두진술 기록과 민간에서 傳寫하거나 출판한 것도 포함한 것임)이 수록되어 있으며, 민간에서 소장하고 있는 관련 필사본抄本의 경우는 그 수를 더욱 헤아릴 수 없다. 이러한 표류기록들의 내용은 기록자의 목적에 따라 또한 세 가지 계통으로 분류할 수 있다. 첫째는 장기봉행소나 지방 번청藩廳에서 행한 조사기록, 둘째는 지식인이나 학자들이 표류민을 면담한 후에 그들의 견문이나 체험록을 기록하고 정리한 것, 셋째 표류민 자신의 기록이다.[15]

현재까지 확인할 수 있는 해외표류 기록은 (건수를 기준으로) 약 백수십여 건이 되는데, 그중 중국 대륙이나 대만, 또는 중국을 경유하여 본국으로 귀환한 경우가 대략 60건 이상을 차지한다.(〈표 1〉 참조)

1644년에서 1854년까지 중국을 경유하여 본국으로 귀환한 60건의 사례들을 언급해 보면, 일본 선박의 표류지역은 루손섬(인근의 여러 섬들도 포함한다)이 가장 많아 12건이고, 그 다음으로 광동廣東 10건(만약 대만에 먼저 표류했다 다시 광동에 표류한 사건을 합하면 11건이 된다)이고, 절강 9건, 강소 7건, 대만 7건, 복건福建 4건, 베트남 3건, 길림吉林 2건의 순이다. 기타 태평양에서 서양 선박에 의해 구조된 것이 5건, 표류지역을 알 수 없는 경우가 1건이다. 조난으로 해외에 표류했던 이러한 사례들 중에서, 살아서 본국으로 귀환한 사람의 수는 현재까

---

14 이에 대해서는 服部純一 編, 『日本人漂流記文獻目錄』, 京都 : 同志社大學圖書館, 1984를 참조하라. 그러나 이 중에는 동일한 표류사건이 서로 다른 많은 필사본 기록을 갖고 있는 경우도 있을 것이다.

15 이에 대해서는 春名徹, 「文學としての漂流記」, 『江戶文學』 32, 2005, 165～177쪽; 加藤貴 校訂, 『漂流奇談集成』, 東京 : 國書刊行會, 1990, 434～436쪽; 劉序楓, 「漂流・漂流記・海難」, 『海域アジア史研究入門』, 東京 : 岩波書店, 2008, 222쪽 등을 참조하라.

청대(淸代) 중국을 경유하여 송환된 일본 난민의 표류지역(1644~1854)

지역	중국 (中國)	만주 (滿洲)	강소 (江蘇)	절강 (浙江)	복건 (福建)	대만 (臺灣)	광동 (廣東)	베트남 (安南)	루손 (呂宋)	기타 (其他)	불명 (不明)	총계 (總計)
수	39 (40)	2	7	9	4	7	10 (11)	3	12	5	1	60

― 劉序楓, 「淸代環中國海域的海難事件硏究
―以淸日兩國間對外國難民的救助及遣返制度爲中心 1644~1861」, 『中國海洋發展史論文集』 8, 210~215쪽

지의 통계에 의하면 635인(그중 1건은 생존자 수가 미상임)이다.[16] 이는 또한 강호 시대의 쇄국 시기 동안 적어도 600명 이상의 일본인이 중국 땅을 밟아보고, 또 중국의 풍토와 인정을 견문하였다고 말할 수 있다. 비록 비교적 간략하고 내용도 중복해서 베꼈거나 부화뇌동한 곳이 있는 표류기록들도 있지만, 그러나 여전히 적지 않은 기록들은 내용이 상당히 풍부하여 근세 일본인의 이국 견문과 외국에 대한 시선 그리고 해외정보 등을 연구하는 데 상당히 진기하고 귀중한 사료를 제공해 준다.

3. 가경嘉慶년간 일본인의 중국표류 기록―「청국표류도」

본 절에서는 현존하는 방대한 수량의 표류기록들 중에서, 특별히 가경 15년(1810)에 강소성 해문청 연해에 표류했던 살마의 난민이 일본으로 돌아온 후에 그림으로 제작한 「청국표류도」의 기록을 중심으

---

16 이는 劉序楓, 「淸代環中國海域的海難事件硏究―以淸日兩國間對外國難民的救助及遣返制度
爲中心 1644~1861」, 『中國海洋發展史論文集』 8, 210~214쪽에 부기된 〈표 1〉의 통계에 근거
한 것이다.

로 해당 표류사건의 경위와 표류기록의 제작에 대해 고찰해 보고, 아울러 그 배후에 있는 관련 문제들을 논의해 보고자 한다.

1) 표류 경위와 청 조정의 처리 방식

청 가경 15년(일본 文化7年 · 1810) 7월, 살마 선박 '장구환長久丸'호의 선장 삼산정차랑森山貞次郎은 유구의 나패那覇(나하)항을 출발하여, 녹아도鹿児島(가고시마)로 돌아오던 길에 큰 풍랑을 만나 배의 돛대와 키가 부서지고 조난을 당해 표류하게 되었는데, 선원 총 29명(유구인 1명 포함) 중 2명은 사망하고, 이 배는 표류하다 8월 말에 장강구長江口 부근에서 좌초되어 파손되었으며, 선원 27명은 중국 어선 2척에 의해 구조되어 9월 초에 해문청으로 호송되었다. 그중 유구인 1명은 병으로 선창船艙에 누워있었기 때문에, 선박과 함께 숭명현崇明縣으로 이송되었다. 해문과 숭명 관원들의 표류 경위에 대한 조사 및 안돈安頓과 위무를 거친 다음 강소순무江蘇巡撫에게 보고되고 다시 조정朝廷에도 보고되었으며, 최후에 일본 난민들은 양주揚州 · 소주 · 항주를 거쳐 작포항으로 이송되어 같은 해 12월 일본으로 가는 무역선을 타고 장기로 돌아왔다. 유구 출신의 난민 1명은 일본인과 분리되어 육로를 통해 복주로 이송되었고, 조공朝貢을 받치려고 온 유구국 선박을 타고 본국으로 돌아왔다.

이 표류사건과 관련하여 중국에는 관방 측에서 작성한 주접奏摺이 남아있는데, 표류 경위와 구조 · 본국으로의 송환 과정을 간략히 서술하고 있다. 먼저 강소순무江蘇巡撫 장후章煦(1745~1824)는 해문청동지海門廳同知 진관국陳觀國(1745~1815)[17]의 보고에 근거하여, 가경 15년 11

월 21일자 구접具摺에서 구조경위와 처리방식에 대해 조정에 다음과
같이 보고하였다.

　본년 9월 초6일에 대안항(大安港)의 지보(地保) 진임(秦任)의 보고에 의
거하여 아뢰는 품보(稟報) : 이민족 난민(難夷) 27명이 해변 항구에 나타났
는데, 모두 행장과 쌀부대·쇠닻(鐵錨) 등의 물품을 소지하고 있었습니다.
성(城)으로 호송한 후 조사하였는데, 쌀부대는 이미 물이 스며들어 젖는 바
람에 썩어 망가졌으며 중국 쌀은 확실히 아니었습니다. 즉시 조사하였으나
언어가 통하지 않아 종이와 붓을 주었는데, 그들 중에 간단하게나마 글을
쓸 줄 아는 사람이 한 명 있었습니다. 그가 쓴 글에 따르면 다음과 같습니
다. '우리들은 일본국 살주 녹아도 출신이며, 정차랑(貞次郎)·우차랑(右次
郎)·중차랑(仲次郎)·의대랑(儀大郎)·여사랑(與四郎)·선지극(仙之亟 :
仙之升이라고도 함)·준모자(樽帽子)·휴병위(休兵衛)·을송(乙松)·이
팔(利八)·신길(新吉)·인조(仁助)·선조(善助)·영조(榮助)·경좌(慶
佐)·권태(權太)·효치(孝治)·평치(平治)·손좌위문(孫佐衛門)·희좌위
문(喜佐衛門)·차우위문(次右衛門)·장우위문(庄右衛門)·치우위문(治右
衛門)·시우위문(市右衛門)·삼우위문(三右衛門)·평치병위(平治兵衛)로
모두 26명입니다. 7월 초1일에 매 부대마다 3말(斗)씩 담은 쌀부대 1,300포
를 운송하여 장장군(藏將軍)이 계신 곳으로 가 인계하고자 하였습니다. 7
월 27일에 바다에서 풍랑을 만나 30여 일을 표류하였고, 8월 30일에는 이미

17　海門廳同知인 陳觀國은 浙江省 海寧 출신으로 乾隆 40年(1775)에 진사가 되었다. 周家祿이 편
　　찬하여 光緒 26年(1900)에 간행한 『海門廳圖志』 권3 「官師表」 6b에 근거하면 陳觀國은 嘉慶
　　15年 8月에 부임한 것으로 되어 있다. 『海門廳圖志』는 『中國地方志集成·江蘇府縣志輯』 第
　　53, 南京 : 鳳凰出版社, 2008에 수록되어 있다.

선박이 좌초되어 파손되었고 다급한 상황에서 어선 한 척이 보이길래 구해 달라고 소리쳤습니다. 행장과 쇠닻, 쌀 64포대만 옮겨 실었고 다른 나머지는 모두 물에 빠지는 바람에 잃어버렸습니다.'(本年九月初六日, 據大安港地保泰任稟報 : 有難夷二十七名在海邊港口, 並有隨身行李, 米包, 鐵錨等物, 護送至城查驗, 米包已浸濕朽壞, 確非內地之米. 當卽查訊, 語言不通, 給與紙筆, 內有一人畧能書寫, 據寫 : 我等係日本國薩州鹿兒島人, 貞次郎, 右次郎, 仲次郎, 儀大郎, 與四郎, 仙之亟(升), 樽帽子, 休兵衛, 乙松, 利八, 新吉, 仁助, 善助, 榮助, 慶佐, 權太, 孝治, 平治, 孫佐衛門, 喜佐衛門, 次右衛門, 庄右衛門, 治右衛門, 市右衛門, 三右衛門, 平治兵衛, 共行二十六人, 於七月初一日解米一千三百包, 每包三斗, 往藏將軍處交卸. 七月二十七日在洋遇風, 漂泊三十餘日, 八月三十日船已擱裂, 正在危急, 見有漁舟, 招呼救起, 搬取行李, 鐵錨, 米六十四包, 其餘盡行沉失).[18]

이상 일본인의 구두진술 외에도, 같은 배에 동승했던 다른 유구인 琉球人 1인의 구두진술은 다음과 같다.

제 이름은 대성지친운상(大城之親雲上)이며, 유구국 나패부 출신입니다. 가경 14년 10월 25일에 바다에서 풍랑을 만나 일본국 살주에 이르렀는데 배가 파손되는 바람에 동행인 6명은 바다에 빠져 익사하였고, 저는 일본국 소선(小船)에 의해 구조되어 살주에서 8개월을 머물다가 금년 7월 초1일에 정차랑(貞次郞) 등과 함께 출발하였다가 바다에서 풍랑을 만났으며, 어선에

---

18 中國第一歷史檔案館 編, 『淸代中琉關係檔案選編』, 北京 : 中華書局, 1993, 421~422쪽에 수록되어 있다.

의해 구조되었습니다. 휴대하고 있는 화물은 없으며, 연해(沿海)의 거주민들이 약탈하거나 빼앗은 일도 없습니다. 오직 배를 타고 본국으로 돌아갈 수 있기만을 바랄 뿐입니다.(我名大城之親雲上, 係琉球國那霸府人. (嘉慶)十四年十月二十五日在海遇風, 道日本國薩州, 舟破, 同行六人下水沉死, 我被日本國小船救去, 在薩州八個月, 今年七月初一日, 同貞次郎等起身, 在洋遇風, 被漁舟救起. 竝無携帶貨物, 沿海居民亦無搶掠情事, 惟求附船回國).[19]

상주上奏한 내용은 기본적으로 후술할 일본 표류민들이 귀국 후에 기록한 「청국표류도」와 서로 부합하며, 또한 일본인 26명의 성명도 부기되어 있는데, 유일한 차이점은 해당 선박의 출항 시기와 출항 장소 그리고 목적지이다. 앞에서 인용한 주접과 구두진술에 근거하면, 해당 일본 선박은 7월 1일에 연공미年貢米를 납부하고자 살주薩州에서 장군처將軍處로 출발한 것으로 되어 있다. 반면에 「청국표류도」에서는 7월 22일에 나패를 출발한 것으로 기록하고 있어, 중국 관원들에게 한 구두진술 및 사실과는 분명한 차이가 있다.

같은 해 12월, 유구인은 복주로 이송된 후에 현지 통역관에 의해 심문을 받았는데, 복건순무福建巡撫 서리署理 왕지이汪志伊의 주보奏報에 따르면, 그 내용은 다음과 같다.

복주부(福州府)의 해방동지(海防同知) 서경양(徐景揚)이 통역관을 통해 심문하여 알아낸 사실입니다. 대성(大城)은 곧 대성지친운상이며, 원래는

---

19 위의 책, 422쪽.

모두 7명이었고 유구국 나패부 사람들입니다. 해당 지방관원의 명을 받들어 면포(棉布) 100필을 바치려고 배를 몰아 해당국 이평옥도(伊平屋島 : 이헤야섬)로 가서 납부하고자 (가경) 14년 10월 25일에 출항하였는데, 풍랑을 만나 표류하게 되었다고 합니다. 11월 14일 표류하다 일본국에 이르렀는데, 선박이 파손되어 침몰하는 바람에 수수조나령(水手照那嶺) 등 6명은 모두 집조(執照 : 외국에서 신분을 증명할 일종의 신분증명서 – 역주)를 지닌 채로 익사하였고, 오직 대성 한 사람만 구조되어 살아남았다고 합니다. 15년 7월 22일에 일본국 정차랑의 배를 타고 유구국으로 돌아가던 중이었는데, 7월 27일 또다시 바다에서 조난당했고, 8월 30일에 강소성 지방으로 표류해 오게 되었으며, 배는 좌초되어 파손되었다고 합니다. 어선에 의해 구조되어 9월 초3일에 비로소 내륙의 강(江) 안으로 들어왔고, 정차랑 등 26인은 육지에 상륙하였다고 합니다. 본 난민 대성은 지병으로 배 밑창에 누워있었기 때문에 어선이 숭명현으로 데려왔다고 합니다.(福州府海防同知徐景揚傳令通事訊得, 大城卽大城之親雲上, 原共七名, 係琉球國那霸府人. 奉該處地方官差解棉布一百疋, 駕船往該國伊平屋島地方交納, 於十四年十月二十五日開船出口, 遭風漂流. 十一月十四日漂到日本國, 船隻破沉, 水手照那嶺等六名同執照沉斃, 只有大城一名遇救收留. 十五年七月二十二日附搭日本國貞次郎船內送回琉球國, 七月二十七日又在洋遭風, 八月三十日漂至江蘇省地方, 船隻擱沉. 經漁船搭救, 九月初三日載進內江, 貞次郎等二十六人上岸, 該難番大城病睡艙底, 被漁船帶至崇明縣).[20]

---

20 閩浙總督 汪志伊의 嘉慶 16年 2月 初2日 자 奏文, 『淸代中琉關係檔案選編』, 430~431쪽에 수록되어 있다. 이 奏文은 『淸代外交史料 · 嘉慶朝』 3, 北平 : 故宮博物院, 1932, 35a~35b쪽에도 수록되어 있다.

유구인의 구두진술은 강소성에 있을 때와 또 다른 점이 있는데, 선척이 출항한 시기가 7월 22일로 되어 있어 「청국표류도」와 서로 동일하다. 다만 출항지와 목적지는 차이가 있는데, 살마에서 유구로 가던 것으로 되어 있고 일본 본토로 가던 것은 아니었다. 서로 동일한 점은 일본인과 유구인의 구두진술 모두 유구의 나패에서 출발한 사실을 은폐하고 있다는 것인데, 이것의 주된 이유는 청나라 조정으로 하여금 살마가 유구를 통치하던 사실을 알지 못하게 함으로써, 유구의 중국에 대한 조공관계에 영향을 끼치는 것을 피하려고 했기 때문이었다. 예를 들면 「청국표류도」의 8월 10일 자 일기에 따르면 선박이 남쪽을 향해 표류하고 있을 당시 선장이 충영량부도沖永良部島(오키노에라부섬)[21] 출신 5인과 유구인 1인을 소집하여 "만약 이국으로 표류한다면, 차림새를 바꾸라"고 훈시하였고, "이리하여 6인의 머리와 수염을 깎고 일본大和 의복으로 바꿔 입고 일본인으로 변장했다"[22]고 한다. 이와 같은 일은 다른 살마 선박의 표류 사례에서도 자주 볼 수 있다.[23]

난민에 대한 이러한 처리는 앞에서 서술했듯이, 건륭 2년 이후로 청조에서는 이미 점차로 완비된 구조제도를 제정하기 시작했으며, 강소순무江蘇巡撫는 하급관리에게 "우대해 주었던 관례에 따라 무휼撫

---

21 엄미대도(奄美大島 : 아마미오섬) 서남부에 위치한 섬으로, 1609년 薩摩藩이 琉球를 침략하였을 때 薩摩藩이 직접 통치하는 영지가 되었다.

22 「清國漂流圖」上, 와세다대 도서관 인터넷 홈페이지 도판번호 : ru02_03129_0001_p0014, 이하에서는 0001_p0014의 형태로 간략히 표기한다.

23 이에 대한 관련 연구로는 渡邊美季, 「清に對する琉日關係の隱蔽と漂着問題」, 『史學雜誌』 114-11, 東京 : 史学会, 2005, 1~35쪽; 赤嶺守, 『琉球王國－東アジアのコーナーストーン』, 東京 : 講談社, 2004, 133쪽; 德永和喜, 『薩摩藩對外交涉史の研究』, 福岡 : 九州大学出版會, 2005, 306~310쪽 등을 참고하라.

恤하고, 물건은 처분하여 돈으로 바꿔주되 값을 후하게 매겨 해당 이국의 난민에게 돌려주어 수령하게 하며, 귀국길을 호송토록 하라"는 명을 내렸다. 동시에 "솜옷을 만들어주었으며, 은량銀良과 먹을 것도 상급賞給으로 주었고, 적절하게 안돈시켜 주었으며", 일본 난민들은 관례에 따라 절강성 작포로 호송되었고, 상선에 인도되어 그 배를 타고 귀국하였다. "유구국 난민 대성지친운상은 민성閩省：福建省으로 이송되었고, 그곳에서 편선便船을 타고 귀국하였다. 아울러 즉시 신속하게 민절독무閩浙督撫에게 통지하고, 지방관에게 알려 일체를 보살펴주도록 했다".24

사실상 「청국표류도」의 기록에 근거하면, 귀국길에 경유한 각 지방의 관원들이 음식과 의복·금전을 제공해준 것 외에도, 부근의 거주민과 상인 및 부유한 이들 역시 늘 여러 가지 물품과 금전을 제공해주었다. 선박과 화물은 해문 현지에서 처분하고, 10월 21일 소주에 머물 때 선장 정차랑에게 그 물품들의 가치를 금전으로 환산한 증명서를 발급해주었는데, 그 값어치가 모두 은 162량兩에 달했다.25

표류해 온 이국 난민에 대해 청나라 조정은 당연히 온 힘을 다해 그들의 안전을 보호해주었고, 또 귀국길도 호송해 주었다. 외국 난민을 약탈하거나 살해한 범죄자들은 엄하게 죄를 다스렸는데 죄가 중한 자는 참수하고, 가벼운 자 역시 변방지역으로 쫓아냈다.26 바다에

---

24 中國第一歷史檔案館 編, 앞의 책, 422쪽를 참고하라.
25 「淸國漂流圖」中, 0002_p0030.
26 예를 들면 嘉慶 15年(1810) 臺灣 彰化에 표류했던 大坂(오사카) 天德丸호의 난민을 약탈한 사건이 있었는데, 그 주범은 참수당했고 종범들은 변방으로 쫓겨났다. 『淸代外交史料·嘉慶朝』3, 北平：故宮博物院, 1932, 30~31쪽 참조하라.

서 일본 난민을 구조한 어선의 선주 왕원재王源財의 경우도 일본인이 선물로 준 쌀 20여 포대를 받았다는 이유로 숭명현에서 체포되어 심문을 받았는데, 난민의 재물을 약탈한 것이 아닌지 의심받았기 때문이다. 나중에 해문청으로 이송되어 일본 난민과 대질하여, 그 쌀은 일본국 난민이 목숨을 구해준 은혜에 대한 감사의 표시로 준 것임을 필담으로 증명해준 다음에야 겨우 풀려났다.[27]

「청국표류도」의 일기와 중국 측 기록에 의거할 때, 1810년 7월에 일본 선척 장구환호의 난민들이 유구를 출항하였다가, 강소성 해문청에 표류하고, 다시 절강성 작포항으로 호송된 후, 이곳에서 배를 타고 장기로 돌아올 때까지의 노선과 시간(음력 기준)을 정리하면 다음과 같다.

나패 출발(7월 22일) → 조선반도(朝鮮半島)(8월 13일) → 장강구 부근의 연해(8월 30일 어선에 의해 구조됨) → 해문청 관청 내(9월 4일) → (9월 5일 육지에 상륙하여 대안항(大安港)에 도착하였으며 원해사(圓海寺)에서 숙박. 구조 어선과 유구인은 숭명현으로 감) → 명주촌(名州村)(9월 6일) → 평주성(萍州城)[28](해문청의 치소(治所). 9월 6일~10월 3일, 경요묘(瓊瑤廟)에 머묾) → 통주(通州)(육로를 이용함, 10월 3일. 자영묘(紫榮廟)에서 숙박함) → 여고(如皐)(수로를 이용함, 10월 4일, 민가 창고에서 숙박함) → 태주(泰州)(10월 5일) → 증등읍(曾藤邑)(10월 7일) → 하지(賀芝)(10월 8일) → 양주(揚州)(10월 9일) → 금산사(金山寺) → 진강(鎭江)(10월 10일) → 단양(丹

---

27 9月14日 · 25日條, 「淸國漂流圖」 上, 도판번호 0001_p0038 · 0001_p0041.
28 이곳은 응당 海門廳의 치소가 있는 곳을 가리킨다. 일본 난민 일행은 이곳에서 거의 한 달 정도 머물렀다. 그러나 앞에서 인용한 『海門廳圖志』에서는 萍州와 관련된 기록을 찾을 수 없다.

陽)(10월 11일) → 상주(常州)(10월 12일) → 무석(無錫)(10월 13일) → 소주
(蘇州)(10월 14일~22일, 서광사(瑞光寺)에 머묾) → 오강(吳江)(10월 22일)
→ 평망(平望) → 하부(賀苻) → 서수역(西水驛 : 嘉興) → 석문(石門)(10월
24일) → 망습촌(望濕村) → 항주(杭州)(10월 25일~11월 3일, 사묘(寺廟)에
머묾) → 석문(石門)(11월 4일) → 가흥(嘉興) → 평호(平湖)(11월 5일) → 작
포(乍浦)(11월 6일) → 배를 타고 귀국길에 오름(11월 27일과 12월 5일에 각
각 2척의 배에 나누어 탑승함) → 천초기진(天草崎津 : 아마쿠사 사키츠)(12
월 14일~22일) → 장기(長崎)(12월 23일)

이상에서 알 수 있듯이, 일본 난민 일행은 9월 5일 육지에 상륙한
때부터, 12월 5일 배를 타고 귀국할 때까지 강소와 절강에서 대략 3
개월의 시간을 머물렀다. 이 기간 동안 평주(곧 海門廳)에서 약 1개월
을 머물렀고, 소주에서 8일, 항주에서 7일, 작포에서 1개월을 머물렀
다. 통주 이후로는 모두 수로를 이용하였으며, 강을 오가는 배河船로
작포로 이송되었는데, 도중에 중국 강남의 번화한 지역들을 경유하
면서, 강남 풍경에 대해 깊은 인상을 받았다.

일본 난민들은 작포에서 중국 무역선 금항순金恒順호(우구번선牛九番船
으로 선주는 주감지朱鑑池였다)와 금원보金源寶호(미일번선未一番船으로 선주는
서하주徐荷舟였다) 2척의 배에 나누어 타고 귀국한 후[29] 장기의 관청에

---

29 閩浙總督 方維甸의 嘉慶 15年 12月 26日 자 奏摺은 『淸代外交史料・嘉慶朝』 3, 北平 : 故宮博
物院, 34b~35a쪽에 수록되어 있다. 이에 근거하면 乍浦港에서 臺灣의 彰化지역으로 표류해
갔던 大坂의 天德丸號의 난민 三次郞 등 14명과 회합하였는데, 각기 따로 배를 타고 귀국하였
다. 일본 측 문헌으로는 단지 小原克紹, 『續長崎實錄大成』, 長崎 : 長崎文獻社, 1974, 213쪽, 文
化 7年條에만 간단한 기록이 실려 있다.

머물며 조사받았고, 그 이듬해인 1811년 3월이 되어서야 고향인 녹아도로 돌아올 수 있었다.[30]

선장 삼산정차랑과 선원 선조善助는 문자를 대충으로나마 알았기 때문에, 귀국하는 도정道程에 중국인들과 필담을 나누고 또 주변의 풍물을 기록하여 「청국표류일기」를 엮었으며, 귀국한 후에는 살마번이 그 일기에 근거하고, 다시 학자들에 의한 편집·고증과 도화圖畵 제작을 거쳐 「청국표류도」를 만들었다. 아래에서는 이 「청국표류도」의 성립과정과 대략적인 내용을 소개하고자 한다.

2) 「청국표류도」의 제작과 내용

「청국표류도」는 표류민 일행이 일본으로 돌아온 지 4년째인 곧 일본 문화文化 11년(가경19·1814) 10월에 완성된 것이다. 살마번의 태사太史 교구선백橋口善伯(橋口祥甫라고도 함)이 한문으로 서문을 쓰고, 장구환호의 선장 삼산정차랑이 표류 당시에 기록한 일기문 및 선원들의 진술을 토대로 하고, 살마번의 학자 서청미西淸美·좌근윤순하左近允純暇·비후성읍肥後盛邑[31] 등의 고증과 도화제작을 거쳐 제작된 3권본 채색지본 장권長卷(두루마리)(각 권은 폭이 40cm이며, 상권의 길이는 2,410.5cm, 중권의 길이는 2,224.3cm, 하권의 길이는 2,369.8cm이다)으로, 해당 선박이 풍랑을 만나 표류하게 된 경위와 중국에 표류한 이후에 목격한 강남 지역

---

30 일본에 남아있는 이 표류와 관련된 기록은 앞서 인용한 森永種夫 編, 앞의 책, 292~293쪽, 第86~29條의 간단한 기록을 제외하면 다른 관련 기록이 존재하는 것은 보지 못했다. 이러한 사정의 구체적 이유는 알 수 없으며, 이후의 계속적인 고증을 필요로 한다.

31 본문에서 언급한 서문의 작자 橋口善伯과 그림을 편집한 西淸美·左近允純暇·肥後盛邑, 그리고 선장 森三貞次郎 등의 개인적인 이력은 모두 상세하지 않으며, 이후의 계속적인 고증을 필요로 한다.

의 풍물과 경관을 상세하게 묘사하고 있다. 시간 및 경과 순서에 따라, 7월 22일 나패를 출항한 것부터 12월 23일 장기항에 돌아올 때까지의 일을 기록하고 있는데, 그림과 글이 들쑥날쑥하여 가지런하지 못하며, 모두 합해 채색도화 46단, 일기 형식으로 쓰인 설명문詞書 30단으로 구성되어 있다. 상권은 7월 22일부터 9월 27일까지, 중권은 9월 28일부터 10월 25일까지, 하권은 10월 25일부터 12월 23일까지의 일을 기록하고 있다.[32] 이 두루마리 그림은 색채가 밝고 아름답고 회화적 기교도 섬세하여 역사문화와 예술사 연구에 참고가치가 매우 크며, 19세기 초 강남의 풍속과 문물을 연구하는 데에도 진귀한 사료가 된다. 또 중국의 도상圖像 사료의 부족함도 보완해 준다. 일본에 현존하는 방대한 수량의 표류기록들 중에 두루마리 그림圖圈의 형태로 전해지는 것은 상당히 보기 드물다.[33]

이 두루마리 그림의 제작과정에 대해, 상권의 서문序文에서는 다음과 같이 말하고 있다.

---

32 각 권의 실제 크기는 와세다대학 도서관 홈페이지 상의 기록에 근거한 것이다. 화면의 간격으로 볼 때, 상·중·하 3권으로 나눈 것은 단순히 두루마리 그림의 길이상의 배합을 고려하여 균등하게 간격을 나눈 다음 장식하고 표구한 것에 불과하다.

33 문자기록에 그림을 부수적으로 삽입한 형태의 표류기록은 적지 않지만, 대부분은 여전히 글을 위주로 하고 그림은 보조적인 것으로 삼은 것들이다. 예를 들어 1819년 7월에 조선반도 중부에 위치한 庇仁縣에 표류했던 薩摩 선박의 경우, 선박 무사였던 安田義方이 조선관원들과 한문으로 필담을 나누며 교유하였는데, 이듬해 3월 귀국 후에 『朝鮮漂流日記』를 편찬하면서 조선관원들과의 교유·증답한 시문과 조선의 풍속을 상세히 기록하고 있다. 비록 책 속에 많은 채색 그림이 첨부되어 있지만, 결국에는 삽화의 성격에 속하는 것들이다. 원서는 고베대학도서관 佳田文庫에 소장되어 있으며, 池內敏의 『薩摩藩士朝鮮漂流日記 ―「鎖國」の向こうの日朝交涉』, 東京: 講談社, 2009의 연구를 참조할 수 있다. 이 밖에도 國立臺灣圖書館(옛 中央圖書館 臺灣分館)에 소장되어 있고, 옛 臺灣總督府圖書館에 소장되어 있던 寬政 6年(1794) 베트남에 표류했던 사건을 묘사한 「安南國江漂流風俗寫生圖」도 두루마리 그림의 형태로 제작된 것이다.

〈그림 1〉「청국표류도」상권, 0001_p0001 서문(부분도)

　　정차랑과 선조는 문자를 조금 알았는데, 이 때문에 험난한 과정 속에서도
애써 그 상황을 기록하고 「청국표류일기」라고 명명하였다. 비록 일본어로
기록하였고 그 문사(文辭)가 비루하고 천근한 말로 지어졌지만, 글에 상당
한 짜임새와 조리(詮次)가 있다. 이에 좌근윤순하 · 서청미 · 비후성읍이
기록을 취하여 그 정황을 추측해 보고 의문점은 질의함으로써 신뢰를 얻었
다. 그리고 그 기록에다 도화 43목(目)을 그려놓고 3권으로 나누었다. 순하
는 또 그림에 기록을 썼는데, 그림이 좌측에 있으면 기록은 우측에다 쓰고,
그림이 우측에 있으면 기록을 좌측에 써서, 그림들은 서로 교차하고 기록
들은 서로 조응하게 했다. 두루마리 그림을 한번 펼쳐보면, 나패를 출항하
던 모습에서부터 수없이 일렁이는 파도에 침몰하는 모습, 그리고 청국에서
대접받는 모습 등에 이르기까지 자세하게 묘사되어 있는데, 상당한 구상력
(造意)을 갖추고 있어 진귀한 작품으로 손꼽을 만하다.(蓋貞次郞及善助少
通文字, 是以艱險之中, 力編記其狀, 名曰淸國漂流日記, 雖記以國字, 其辭屬

卑近, 頗有詮次, 乃左近允純蝦, 西淸美, 肥後盛邑取記, 以推象問疑, 以得信.

而爲之圖四十三目, 分爲三卷, 純蝦又寫其記於圖中, 圖在左則記在右, 圖在右

則記在左, 與圖交互, 與記照應. 一披卷, 則自那覇揚帆之狀, 而沈迷千波萬水

之中, 以至淸國接遇之委, 具極造意, 指之席上)[34](〈그림 1〉 참조)

비록 이 두루마리 그림은 삼산정차랑 선장이 표류할 당시에 일본어로 쓴 일기에 기초한 것이지만, 원래 문장의 문사가 저속하였기 때문에, 살마번의 학자 3인이 고증·교정 및 윤문하고 여기에 그림을 배합해 만든 것이다. 그 주요한 목적은 여전히 조난당하고 구조될 당시의 기뻤거나 슬펐던 기억들을 보존하고, 중국의 "산천과 풍수의 뛰어남, 기이하고 진귀한 물건들의 훌륭하고 빼어난 아름다움, 옥과 비단의 찬란한 무늬, 거문고와 비파가 번갈아 내는 음악소리山川風水之勝, 珍奇瓖偉之美, 玉帛燦爛之文, 琴瑟交錯之音" 등을 기록하는 것이었다. 이 「청국표류도」는 대단히 상세하게 제작되었는데, 이 그림을 통해 살마번의 중국 문물에 대한 관심과 풍부한 지식도 살펴볼 수 있다. 이는 아마도 살마번이 오랫동안 유구국의 조공사절 또는 밀수선박이나 표류한 중국선박 등을 통해 중국에 관한 다양한 정보를 수집했던 것과 관련이 있을 것이다. 또 다른 이유는 엄미대도(아마미오섬)나 유구 등과 같이 육지와 멀리 떨어진 외딴 섬들을 왕래하던 살마 선박에는 대부분 살마의 관원들도 동승하였는데, 이 때문에 외국 문물에 대한 관찰이나 기록이 일반 어민들보다는 훨씬 상세하였던 것이다.[35]

---

34 「淸國漂流圖」上, 0001_p0003.
35 〈표 1〉에 수록된 60건의 사례들 중에, 薩摩 소속의 선박은 15건을 차지하고 있다. 薩摩 선박

아래에서는 「청국표류도」 중에 일본인이 목격한 중국 강남 각 지역의 정황을 기록한 것을 살펴보고자 한다.

4. 일본 표류민의 눈에 비친 중국 강남江南의 풍정風情

청대 외국인의 중국에 대한 견문이나 인상에 대한 기록은 아편전쟁 이전까지는 대부분 중국을 방문했던 사절단이나 선교사의 기록을 위주로 하고 있지만,[36] 근래에는 조선사절단들의 기록으로 그 수량이 방대한 『연행록전집燕行錄全集』이 출판되어 더욱 관련 연구자들의 흥미를 불러일으키고 있다.[37] 그러나 조선사절단이 견문한 것들은 모두 경사京師인 북경을 중심으로 하고, 또 왕래하는 길에 경유한 화북華北이나 동북東北：滿洲 지방의 풍속이나 자연경관들이며, 중국 남방에 대한 기록은 대부분 서적이나 중국 문인과의 교유과정에서 얻은 정보들이라 잘못된 이해나 실상에는 맞지 않는 허구적 동경심을 일으키

들은 奄美大島나 琉球 등 외진 섬들을 늘 왕래할 수 있었으므로 표류 사건의 수도 상대적으로 많은 편이다. 그러나 현재까지는 유사한 두루마리 형식의 다른 표류기가 전해지는 것은 볼 수 없다.

36 예를 들면 1793년 George Macartney(1737~1806) 사절단이 乾隆 皇帝를 알현한 기록인 『乾隆英使覲見記』, 上海：中華書局, 1916; Macartney, 坂野正高 譯注, 『中國訪問使節日記』, 東京：平凡社東洋文庫, 1975(初版); 劉路・吳芳思 編譯, 『帝國掠影：英國使團畫家筆下的中國』, 北京：中國人民大學出版社, 2006 및 矢澤利彦 編譯, 『イエズス會士中國書簡集』 1-6, 東京：平凡社東洋文庫, 1970~1974 등이 있다.

37 임기중 편, 『연행록전집』, 동국대 출판사, 2001 전100권; 임기중・부마진 편, 『연행록전집－일본소장편』, 동국대 한국문학연구소, 2001 전3권; 성균관대 대동문화연구원・동아시아학술원 편, 『연행록선집 보유』, 성균관대 출판부, 2008 전3권 등이 있다. 관련 연구로는 裵英姬, 「『燕行錄』的研究史回顧(1933~2008)」, 『臺大歷史學報』 43, 臺北：國立臺灣大學歷史學系, 2009, 219~255쪽이 있다.

는 것을 피하기 어렵다. 당시 중국 강남지역의 풍정風情을 실제로 견문할 수 있었던 사람들은 대부분 풍랑을 만나 표류했던 해상 난민들이었다. 현재까지 남아있는 표류기록은 절대다수가 관방 측 기록이며, 게다가 표류자들 대부분이 문자를 잘 알지 못하는 어민들이었으므로 풍랑을 만났다가 귀국한 후에 남긴 개인적 기록들은 결코 많지 않다.[38] 범금민范金民은 논문을 통해 풍랑을 만나 중국 강남에 표류했다 귀국한 조선인의 사례 2건을 소개하였는데,[39] 그중 하나인 「청국표류도」와 시기적으로 근접한 가경 23년(1818)에 절강성 정해定海에 표류했던 최두찬崔斗燦이 지은 『승사록乘槎錄』은 그 내용이 주로 문인들과 시문詩文을 증답贈答한 것과 운하 주변에 대한 견문들로서, 참고할 만한 곳이 상당히 많다.

이 글과 관련 있는 일본인 견문의 경우는 앞 절에서 서술했듯이 18세기 중엽 이후로 일본인 표류민들은 모두 작포항으로 이송된 다음 그곳에서 배를 타고 귀국하였다. 이 때문에 표류민들의 작포항에 대한 묘사 역시 상대적으로 꽤 많다. 작포항과 관련된 기록에 대해서, 필자

---

38 비교적 유명한 것으로 조선인 崔溥가 1488년 浙江에 표류했다 귀국한 일을 기록한 『漂海錄』(임기중, 『연행록전집』 권2에 수록되어 있다)이 있다. 이에 관한 참고할 만한 연구로는 朴元熇 校注, 『崔溥漂海錄校注』, 上海 : 上海書店出版社, 2013; 朴元熇, 『崔溥漂海錄分析研究』, 上海 : 上海書店出版社, 2014가 있다. 이 밖에 1796년 彭湖에 표류했던 李邦益이 기록한 「書李邦益事」가 있는데, 박지원 『연암집』 권6, 『영인표점한국문집총간』 권252, 민족문화추진회, 2000에 수록되어 있다. 일본의 경우에는 남아있는 기록이 비교적 많은데, 山下恒夫 編, 『江戶漂流記總集』, 東京 : 日本評論社, 1992〜1993 전6책이 참고할 만하지만, 이것의 대부분은 관방 측 조사기록들이다. 琉球國의 경우는 1882년 浙江에 표류했다 福州를 거쳐 귀국했던 我那覇孫이 지은 『漂流日記』 등이 있는데, 竹原孫恭, 『城間船漂流中國顚末』, 石垣市 : 竹原房, 1982에 수록되어 있다.

39 范金民, 「朝鮮人眼中的中國運河風情—以崔溥『漂海錄』爲中心」, 『歷史地理』 20, 上海 : 上海人民出版社, 2004, 353〜372쪽; 范金民・羅曉翔, 「朝鮮人眼中的淸中期中國風情—以崔斗燦『乘槎錄』爲中心」, 『史學集刊』, 長春 : 吉林大學, 2009年 第3期, 56〜64쪽.

는 논문을 통해 논의한 적이 있으며 근년에 또 더욱 새로운 진전이 있었다.[40] 본 절에서는 주로 「청국표류도」의 기록을 중심으로 하면서, 비교적 특별한 기록들에 초점을 맞춰 소개하고 논해보고자 한다.

일본 표류민들은 이국땅에 처음 발을 내디뎠을 때 외국의 문물에 대해 흥미와 호기심이 가득했다. 문자로 기록한 일기 외에 본 두루마리 그림은 경유했던 각 지역의 풍광이나 사람 등의 경관을 상세히 묘사하고 있어, 흡사 또 다른 판본의 「청명상하도淸明上河圖」를 보는 듯하다. 인물의 경우 남녀노소의 서민에서 현달한 관리나 신분이 높은 귀인에 이르기까지 다양하며, 그 외에도 각종 직업에 종사하는 영세 상인・농민・어민・승려・무녀・기녀・범죄자・군대・여행객 등 수백 명이 넘으며, 복식에서 표정이나 동작에 이르기까지 묘사가 상당히 세밀하다. 귀국길 주변의 경관이나 상점・집・관아・사찰・명승지・(배나 수레와 같은) 교통수단 등에 대해서도 마찬가지로 정밀하고 상세하게 묘사한 도상이 있으며, 또한 그림 상변에는 방제榜題를 달아 문자 설명을 덧붙이고 있어서, 막부幕府의 명으로 제작한 『청속기문淸俗紀聞』[41]보다 훨씬 생동감 있고 활기차다. 게다가 이 양자는 상호 보

---

40 劉序楓, 「淸代的乍浦港與中日貿易」, 『中國海洋發展史論文集』 5, 臺北 : 中央研究院中山人文社會科學研究所, 1993; 華立, 「日本漂流民眼中的淸代乍浦港」, 『江南與中外交流』, 上海 : 復旦大學出版社, 2009, 239~255쪽.

41 이 책은 長崎의 奉行(官職의 一種이다—역자 주)이었던 中川忠英이 편찬하였으며, 寬政 11年(1799)에 출판되었고 모두 13권이다. 현대에 나온 간행본으로는 中川忠英, 孫伯醇・村松一彌編, 『淸俗紀聞』, 東京 : 平凡社東洋文庫, 1966(初版本)이 있다. 『淸俗紀聞』은 일본의 관방에서 중국어 통역관 겸 상무관과 화가 등을 대규모로 동원하여 청나라 상인들에게 자문한 후에 편찬한 일종의 조사보고서로, 책 안에는 600폭이 넘는 풍부한 삽화가 문자 설명에 배합되어 있는데, 강호 시기 청나라 통치하의 중국 전장제도와 풍속문화 등에 대해 가장 전면적으로 조사한 성과물이라 할 수 있다. 1799년에 출판된 『淸俗紀聞』이 1814년에 완성된 「淸國漂流圖」에 보이는 중국 역사문화에 대한 인식이나 회화 표현에 영향을 미쳤는지 하는 문제는 후일 심도 있는 비교연구가 필요하다.

완적이어서 청대淸代 중기의 사회풍속사를 연구하는 데 참고 가치가
상당히 크다.

먼저, 각 경유 지역에 대해 모두 그 특색을 묘사하고 있다. 예를 들
면 9월 6일 해문청의 치소로 이송될 당시의 기록을 보면 "도로 주변
은 모두 광활한 목화밭이었으며, 하천이 많고 곳곳에서 다방茶房을 볼
수 있었다"[42]라고 하고 있다. 해문청은 강과 바다가 만나는 지점에 위
치해 있어 모래가 많고, 목화와 삼베 등이 그 특산물이었다.[43] 해문청
이 관할하는 평주성에 들어갈 당시에 받았던 첫 번째 인상은 "정육점
이나 술집 이외에도 화려하고 웅장한 상점들이 많아서 눈으로 다 볼
수 없을 정도였으며",[44] 넓고 크며 아름다운 상점가는 그들의 경탄을
자아냈다. 10월 3일 통주로 떠날 때에도 길 주위에는 끝없는 목화밭
이 펼쳐져 있었다. 10월 9일 양주에 들어섰을 때, 양주에 대한 인상
은 "이곳은 하천의 너비가 약 2정丁(1정은 대략 109cm정도이다-인용자 주)
정도 되는데, 상선이나 누선樓船이 구름처럼 모여 있어 다른 곳보다도
훨씬 번화하다. 성곽은 하천을 따라 건축되었는데, 높이가 대략 3장丈
(약 3.33m-역자 주)이 넘었다"[45]라고 기록하고 있다. 운하상의 요충지
인 양주는 하천이 넓어 상선이나 누선이 다른 지역보다 많은 번화한
교통의 요지였다. 10월 10일 양주에서 진강鎭江으로 가던 도중에 강
위에서 멀리 양자강揚子江 기슭에 위치한 금산사金山寺를 바라보기도
하였는데, 금산사에 대해 다음과 같이 묘사하고 있다.

---

42 「淸國漂流圖」上, 0001_p0030.
43 『海門廳圖志』 권10 「物志」, 1쪽을 참조하라.
44 「淸國漂流圖」上, 0001_p0033.
45 「淸國漂流圖」中, 0002_p0019.

〈그림 2〉「청국표류도」 중권, 금산사

〈그림 3〉 문징명(文徵明)의 〈금산도(金山圖)〉(부분도)

〈그림 4〉「청국표류도」 중권, 소주(蘇州)의 서문(胥門)과 풍교(楓橋)

높이는 대략 5정(丁) 정도 되었고, 붉은 색 옻칠을 한 누각들이 연이어져 있었으며, 산위에는 탑이 하나 있었고, 푸른 절벽 위에는 적송(赤松)과 녹나무들이 무성했다. 배가 정박한 곳은 산문(山門)이었는데, 산문의 편액은 '금저장청우(金底藏靑宇)'로 쓰여 있었지만, 안타깝게도 서로 10칸(間)이나 떨어져 있어 글자를 또렷하게 볼 수는 없었다. 물어보니 이곳이 바로 양자강의 금산사라고 하였는데, 실로 그림처럼 아름다운 절경이었다.[46]

강 위에서 멀리 바라본 산 위에 지어진 금산사는 그림같이 아름다운 곳이었던 것이다. 「청국표류도」에도 금산사의 도상圖像이 그려져

46 「淸國漂流圖」中, 0002_p0021.

있는데, 명대^{明代} 화가 문징명^{文徵明}(1470~1559)이 그린 〈금산도〉와 많이 유사하다.⁴⁷(〈그림 2〉·〈그림 3〉 참조)

10월 14일 일본인 난민 일행은 소주에 도착했는데, 유명한 한산사^{寒山寺}를 경유하면서 마찬가지로 '실로 뛰어난 절승지^{絶勝地}'라고 형용하였다. 그리고 소주 광대하고 번화한 모습 역시 일본 표류민들에게 놀라움과 경탄을 끊임없이 불러일으켰다.⁴⁸(〈그림 4〉 참조)

소주에 있을 당시 표류민 일행은 성 서남쪽 반문^{盤門} 안에 있는 서광사^{瑞光寺}에 머물렀다. 그 사원 안에는 불상과 버드나무가 많았으며, 유명한 13층탑 곧 서광사탑도 있었다.⁴⁹ 표류민들이 본 것에 의거하면, 서광사 부근은 모두 옷감을 짜는 가구들이었는데, 실을 고치에서 뽑아내는 이들은 여인이었고, 베를 짜는 이들은 남자였다.⁵⁰

10월 25일 일본 표류민들은 절강성 항주에 도착했다. 운하길 위에 놓인 석교^{石橋}와 안경교^{眼鏡橋} 역시 그들에게 깊은 인상을 남겼다. 항주 시내는 번화하였고 염색업에 종사하는 가구들이 많았으며, 일행은 항주에서 약 7일 동안 머물면서 시내에서 골동품 가게·공예품 가게도 구경하였고, 부호들의 집에 초대도 받았다. 「청국표류도」에는 또 부채를 만드는 이, 붓을 만드는 이, 이발사 등의 공예 기술자들, 그리고 기름이나 종이를 적재하고 운하 위에 떠있는 작은 배들의 모습

---

47 明나라 嘉靖 元年(1522) 때 작품으로 현재는 臺北의 고궁박물관에 소장되어 있다. 故宮博物院編輯委員會 編, 『故宮書畵圖錄』 7, 臺北 : 國立故宮博物院, 1991, 59~60쪽. 그러나 金山寺를 실제 보지는 못했던 薩摩의 화가는 표류민의 구술을 참고한 외에도, 琉球 사절단의 관련 기록을 참조했을 가능성도 있다. 이에 대해서는 뒤에서 자세히 논하겠다.

48 「清國漂流圖」 中, 0002_p0028.

49 瑞光寺는 三國時代에 孫權이 창건하였으며, 蘇州에서 최초의 불교 사찰이었다. 馮桂芬 등이 편찬한 『蘇州府志』(光緒 9) 권39 「寺觀 一」, 8~9쪽을 참조하라.

50 「清國漂流圖」 中, 10月 15日條, 0002_p0028.

〈그림 5〉「청국표류도」하권, 절강성 가흥

도 그려놓고 있다.(〈그림 5〉참조)

　일본 표류민들이 가장 흥미를 느꼈던 대상은 물론 청루靑樓의 기녀

들이었다. 「청국표류도」에서는 상당히 많은 지면과 편폭을 할애하여

청루의 기녀 그리고 강가의 누선에서 활동하던 기녀들의 모습을 그

려놓고 있는데, 이에 대해서는 뒤에서 상술하겠다.

　11월 5일 가흥현에 도착했다. 이곳 역시 "큰 강이 사방으로 통하

고, 대형 선박 수십 척이 왕래하는大河通四方, 大船數十艘往來" 교통의 요지

였다. 성안으로 들어가 구경할 때 '수정水晶'이라고 쓴 간판이 많이 보

였는데, 대부분이 유리로 제작한 기구들을 판매하는 상점들이었다.[51]

51　「淸國漂流圖」下, 0003_p0012.

11월 6일 마침내 목적지 작포에 도착하였는데, 이곳에 대해서는 다음과 같이 묘사하고 있다.

> 큰 성안에 도착하여 배를 정박시켰다. 잠시 후 한 노인이 배에 오르더니, 장기의 방언으로 자기와 함께 빨리 가자고 했다. 모두들 기쁨으로 가득하여 짐을 챙겨 배에서 내렸다. 왕래하는 사람들은 모두 일본어를 할 줄 알았다. 약 2정(丁) 정도를 가니, 목재를 가득 쌓아놓은 곳에 도착했고 비로소 큰 바다가 보였다. 항구에는 왕래하는 상선 수만 척이 정박해 있었다.[52]

작포 역시 번화한 도시였으며, 항구를 왕래하는 상선들이 수만 척 있었다. 이 기록에 비록 다소 과장이 있기는 하지만, 이를 통해 작포항의 번화하고 융성한 모습은 알 수 있다. 현지에는 일본어를 할 줄 아는 사람들이 많이 있었고, 또 일본상품들을 판매하는 가게들도 많이 있었다. 일기에서는 다음과 같이 묘사하고 있다.

> 누각 위에서 시가지를 멀리 바라보니, 온갖 점포들이 모두 우리 일본의 곤포(昆布), 말린 해삼(海蔘), 염색한 면포(棉布), 수건 등의 물품들을 진열해 놓고 있었다.[53]

여타의 일본 표류민들과 마찬가지로 일본어를 할 줄 아는 상인과 통역사가 있었고, 게다가 머무른 시간이 비교적 길었으므로 본 표류

---

52 「淸國漂流圖」下, 0003_p0013.
53 위의 글.

〈그림 6〉「청국표류도」하권, 작포항

〈그림 7〉「청국표류도」하권, 작포 시가지

기에도 작포항에 대한 묘사가 비교적 많지만, 이 글에서 일일이 중복하여 언급하지는 않겠다.[54](〈그림 6〉·〈그림 7〉 참조)

다음으로는 「청국표류도」에서 중국 강남의 생활이나 풍속문화 등과 관련된 기록들을 간단히 소개하고자 한다.

1) 물가物價에 대한 사료

먼저 당시의 물가와 관련된 기록들이다. 장구환호의 일행 26인 중에서 문자를 알아 중국인과 소통할 수 있었던 사람은 오직 선장 삼산정차랑과 선원 선조 두 사람뿐이었는데, 이 두 사람은 늘 외출했을 때면 현지 물가를 묻고 기록했다. 예를 들면 9월 22일 해문청에 있을 때 전당포를 찾아가 정은正銀을 잘게 부수려고 했는데, 한 량兩은 대략 일본 단위로 4문匁(일본의 중량 단위로 3.75g에 상당함─역자 주)에 상당하여, 350전錢으로 바꿀 수 있었다. 일본의 대판大判(室町 시대부터 江戶 시대까지 통용된 타원형의 큰 금화나 은화를 말함─역자 주)과 흡사한 은銀은 패각貝殼 모양으로 제작되었는데 그 통용가치는 30관문貫文이었다(錢 1관은 1,000문에 해당한다). 이것은 틀림없이 마제은馬蹄銀과 비슷한 원보元寶를 가리키는 것일 것이다. 또한 은패의 가치는 20관문에 상당했다.[55] 9월 23일 조條에는 또 다음과 같이 기록되어 있다.

---

54 劉序楓, 「淸代的乍浦港與中日貿易」, 『中國海洋發展史論文集』 5, 臺北：中央硏究院中山人文社會科學硏究所, 1993; 華立, 앞의 글을 참조하라.

55 「淸國漂流圖」 上, 0001_p0040.

〈표 2〉 소주(蘇州) 지역의 약재·설탕 등 상품가격표

상품명	단위	가격		비고 1관(貫)=1,000문(文)
		관(寬)	문(文)	
실인삼(實人蔘 : 本人蔘)	1문(匁)	36		1문(匁)=3.75g
육계(肉桂)	1문	50		
용(龍)	1근(斤)	3~15		
충조(蟲條)	1근	4		
소목(蘇木)	3근		100	
얼음설탕	1근		60	
백설탕	1근		40	
산설탕	4~5근		100	
정자(丁子)	1근	상품 : 3		
		하품 : 2	500	
감초(甘草)	2근		100	
계피(桂皮)	2근		100	
분주(粉朱)	1근	상품 : 1	400~500	
		하품	400~500	
완사(椀砂)	1근	상품	400~500	
		하품	100	
별갑(鼈甲)		8~15		
대모(玳瑁)			?	남방 야만국 산물이라 가격이 일정치 않았음
설탕			?	복건(福建)이나 대만에서 온 것 이므로 가격이 비교적 비쌌음
주(朱)	1근		400	해문청(海門廳)

〈표3〉 소주(蘇州)의 옷감 가격표

상품명	단위	관(寬)	문(文)	비고 1관(貫)＝1,000문(文)
무명포 신발			450	
무명포 양말			360	
명주 신발			840	
명주 양말			850	
무명포 큰 바지			1,000	
홍색 명주실로 짠 모자			1,100	
무명포 저고리(여성용)			1,200	
무명포 모자			56	
무명포 외투(여성용)			1,800	
단자(緞子)로 만든 소형 모자			210	
추주(縐綢)로 만든 치마(여성용)			6,000	
무명포 단삼(短衫)			420	
붉은색 주사(綢紗)로 만든 치마(여성용)		10	500	
무명포 바지			360	
무명포 치마(여성용)			560	
무명포 장삼(長衫)			650	
서사(西紗)로 만든 장삼			4,000	
견주(繭紬)로 만든 장삼			1,800	
모시 휘장			1,800	
견주로 만든 대형 저고리			2,400	
모시 단삼			480	
무명포로 만든 마고자			1,200	
무명포 마갑(馬甲)			700	
추주로 만든 마고자			4,800	
무명포 외투			2,200	
단자(緞子)로 만든 마고자			4,600	
무명포로 만든 소형 가죽 마고자			5,600	
소형 흑색 마고자			8,000	
추주로 만든 소형 가죽 마고자		10		
우모(羽毛)로 만든 마고자			2,400	
주사로 만든 소형 가죽 저고리		24		
아등주(鵝登紬)로 만든 마고자			1,800	
무명포(木棉布)	1척(尺)		24	
면주(綿紬)	1척		100	
명주(紬)의 가격	1척		30	증등읍(曾藤邑 : 揚州 부근)
상등 목면(木棉)	2장(丈) 5척		350~400	해문청(海門廳)
추주	1필(匹)	3	400	해문청
단자	1척		200 남짓	해문청

해문은 면화 산지이다. 상등급 면화 2장(丈) 500척(尺)의 가격은 300~400전이다. 또한 주(朱) 한 근은 400전이면 살 수 있다. 추주(縐綢 : 바탕이 주름진 견직물 – 역자 주) 1필은 대략 3관(貫) 400전 정도 되었다. 단자(緞子 : 생사 또는 연사로 짠 광택과 무늬가 있는 두꺼운 수자직의 견직물 – 역자 주) 1척은 200여전 정도 되었다. 또한 상등급 백미(白米)는 한 되에 12~18문이었다. (쌀은 비록 일본쌀에 비해 질이 많이 떨어졌지만, 유구의 쌀보다는 좋았다.) (…중략…) 조(粟)는 볼 수가 없었고, 콩류는 비교적 많았는데 한 되에 8전이었다.[56]

10월 20일 소주에 있을 때 서른 살 남짓 되는 한 사람이 찾아와 『경신록敬信錄』 1책을 선물로 주었다. 감사를 표한 후에 상대방이 약방 주인임을 알게 되자, 즉시 종이를 꺼내고 약재 가격을 물어보았다. 얼마 후에는 또 주단綢緞 가게를 방문하여 주단과 면포 가격을 물어보았는데, 각 색깔별로 모두 일본보다 70% 정도 저렴하였다. 그중에는 의복과 관련된 물품 종류와 가격에 대한 기록이 상당히 상세하여 관련 연구에 큰 참고가치를 제공해준다.[57](〈표 2〉·〈표 3〉 참조)

이 밖에도 10월 10일 진강鎭江에 도착했을 때의 기록은 이러하다. 이 지역에는 도와기陶瓦器(질기와) 점포들이 많았고 가격도 저렴하여 금수나량錦手奈良의 차사발茶碗 같은 것이 열 개에 단지 250전에 불과했다거나, 기타 남경南京의 염부染付 : 靑花 등의 가격은 상당히 저렴한 편으로 일본은 그 열 배나 된다는 등의 기록이 있다.[58]

---

56 「淸國漂流圖」上, 0001_p0040.
57 「淸國漂流圖」中, 0002_p0029.

11월 1일 항주에 머물 때 골동품 가게를 구경하였는데, 조자앙趙子昻이 쓴 12줄짜리 행서行書로 만든 족자를 볼 수 있었고, 그 가격은 50,000문文이었다(50관문에 상당하였다). 동기창董其昌의 낙관落款이 찍힌 족자는 가격이 은 1관 500목目이었다. 점포 안에는 진기한 물건들이 셀 수 없이 많았다.[59]

이 밖에도 자잘한 물품들의 가격을 기록해 놓은 것도 있다. 예를 들면 9월 9일 해문청에서 (닭고기를 첨가한) 국수 한 그릇을 먹었을 때에는 8문文의 돈이 필요하였다.[60] 11월 5일 가흥에서는 안경 한 쌍의 값으로 32문의 돈이 필요하였다.[61] 당시 양은洋銀과 일본 은량銀量의 상대적 가치는 「청국표류도」에 근거하면 1원元=7문匁 2푼分이었는데, 양주의 운하 위에 떠있는 누선에서 활약하는 기녀들의 경우는 양은洋銀 1량(원元에 상당함)이 필요했다.[62] 이 밖에도 후술하는 바와 같이 각 지역 목욕탕의 입욕비도 기록하고 있다.

2) 서민생활과 관련된 기록들

목욕탕

9월 14일 자 기록 중에는 표류민 일행이 조를 나누어 갔었던 해문청의 목욕탕에 대한 기록이 있다.

---

58 「淸國漂流圖」 中, 0002_p0021.
59 「淸國漂流圖」 下, 0003_p0005.
60 「淸國漂流圖」 上, 0001_p0037.
61 「淸國漂流圖」 下, 0003_p0013.
62 「淸國漂流圖」 中, 0002_p0019.

이 목욕탕의 욕조는 모두 푸른 돌로 만들어졌으며, 온수는 세 등급으로 나누어진다. 목욕탕의 벽 측면에는 유리창이 설치되어 있고, 실내는 일본의 수증기식 욕탕(속칭 唐風呂라고 부른다)과 매우 흡사하다. 목욕이 끝나자 여인이 목욕옷(일본의 목욕옷과는 다르고, 커다란 목욕용 수건 같은 것이었다)을 가지고 왔으며, 우리를 의자에 앉히고는 차를 따라주고 간식도 주었다.[63]

이와 유사한 기록을 이두李斗의 『양주화방록揚州畵舫錄』 권1 「초하록 상草河錄上」에서도 볼 수 있다.

하얀 돌로 욕탕을 만들었는데, 한 장(丈)이 넘는 정방형이었고 칸(間)마다 크기에 여러 등급이 있었다. 그중 큰 것은 근처에 있는 솥에서 물을 덥혔으며, 큰 욕조가 되었다. 그 다음이 중간 크기의 욕조가 되었다. 작은 욕조의 물은 그리 뜨겁지 않아 어린이용 욕조가 되었다. 옷을 보관하는 상자들은 청사(廳事)를 빙둘러가며 진열되어 있는 것이 좌상(座箱)이었고, 양 옆으로 있는 것이 참상(站箱)이었다. 안쪽으로는 자그마한 방과 통하였는데, (따듯한 방이라는 뜻의) 난방(暖房)이라고 하였다. 향기로운 차와 맑은 술이 넉넉하게 주어졌고, 시자들은 사지를 꺾듯이 안마해 주었으며, 모든 시설이 대단히 호화롭고 사치스러웠다.(以白石爲池, 方丈餘, 間爲大小數格. 其大者近鑊水熱, 爲大池; 次者爲中池; 小而水不甚熱者爲娃娃池. 貯衣之匱, 環而列於廳事者爲座箱; 在兩旁者爲站箱. 內通小室, 謂之暖房. 茶香酒碧之餘, 侍者折枝按摩, 備極豪侈).[64]

---

63 「淸國漂流圖」上, 0002_p0038.
64 李斗, 『揚州畵舫錄』, 北京 : 中華書局, 1960, 26쪽.

〈림 8〉 「청국표류도」 중권, 통주의 혼당

이를 통해 당시 중국 강남 지역의 고급 대중목욕탕은 서비스나 시
설 등이 모두 나쁘지 않았음을 알 수 있다. 목욕비는 한 사람당 30문
文이었다. 일본 표류민 일행은 관청의 원역員役(옛날 벼슬아치 밑에서 일하
는 구실아치로 서리의 하나-역주)에게 매일 목욕할 수 있게 해달라고 부
탁했다. 하지만 이 부탁은 허락받지 못했고, 단지 3일에 한 번 목욕하
는 것만 허용되었다.

이 밖에 11월 10일 자 일기에서도 작포의 대중목욕탕에 대해 묘사하
고 있다. 통역관이 매 사람마다 3문의 돈을 주어 목욕하도록 해주었는
데, 작포의 대중목욕탕 안에는 이발사, 손톱이나 발톱을 깎아주는 사람,
안마사, 어깨를 주물러주는 안마사와 호금해쯤을 켜주는 사람들이 있었
다.[65] 「청국표류도」에 비록 목욕탕에 대한 그림은 볼 수 없으나, 이 일본

〈그림 9〉 「청국표류도」 중권, 무녀가 사악한 기운을 몰아내는 광경

선원들이 통주성 서문^{西門} 일대를 경유할 때, 해당 부분의 그림에서 '혼당^{混堂}'이라는 글자가 있음을 볼 수 있는데, 이 혼당이 바로 대중목욕탕이며[66] 양주 인근에 상당히 많았다.(〈그림 8〉 참조)

무녀^{巫女}

9월 26일 표류민 일행이 투숙하던 해문청 경요묘^{瓊瑤廟} 안에 한 무리의 남녀가 나타나 향을 피웠다. 그중에는 한 늙은 노파가 기이한

---

65 「淸國漂流圖」 下, 0003_p0005.

66 明 郞瑛의 『七修類稿』 卷16에 "옛 오나라 지역의 풍속에 의하면 큰 돌을 파서 욕조를 만들고, 벽돌을 쌓아 높은 장막을 친 다음에 거대한 솥을 욕탕과 서로 통하게 만들고, 도르래로 그 뜨거운 물을 끌어와 벽에 구멍을 낸 다음 저장해둔다. 한 사람이 아궁이를 전담하여 관리하고, 욕조의 물이 서로 모이면 마침내 뜨거운 욕탕이 만들어지는데 이를 혼당이라 한다.(吳俗, 甃大石爲池, 穹幕以瓦, 後爲巨釜, 令與池通, 轆轤引水, 穴壁而貯焉. 人專執爨, 池水相呑, 遂成沸湯, 名曰混堂)"라는 기록이 있다. 郞瑛, 『七修類稿』, 北京 : 中華書局, 1959, 239쪽을 보라.

모양으로 옷을 차려입고 모포담요 위에 부녀자의 의복을 늘어놓고 있었는데, 마치 사람이 잠을 자고 있는 듯한 형상이었다. 또 종이로 배를 접어 그 옆에 두었고, 두 명의 젊은 여인들이 그 옆에 선 채 경을 외우고 있었다. 행사行事가 괴이하여, 일본 표류민들은 그 행사 광경을 지켜보면서 절로 웃음이 나올 듯하였고, 옆 사람에게 물어보고 싶어도 의사를 소통할 길이 없었다. 「청국표류도」 편찬자의 설명에 따르면, 이것은 일본의 재무녀梓巫女와 마찬가지로 대臺를 설치한 후 신령神靈들이 강신하여 빙의되길 청하고, 병자에게 기도를 통한 치료를 행하는 것이었다.[67](〈그림 9〉 참조)

이상의 기록은 확실히 「청국표류도」 작자가 추측한 바와 같은데, 이것은 명·청 시대에 강남지역에서 성행한 무녀에게 치병治病을 청탁하던 풍속이었으며, 또한 이러한 상황은 비단 하층의 백성들에게만 해당되는 것이 아니라 설사 식자층으로 이름난 집안들도 예외는 아니었다. 문헌에 비록 이와 관련된 기록들이 많이 남아 있지만,[68] 이 그림은 오히려 우리들에게 현장의 생생한 기록을 남겨주고 있다.

기녀妓女

일본 난민 일행이 작포로 이송되던 도중에 거쳐 왔던 곳들은 모두 번화한 지역이거나 교통의 요충지였기 때문에, 일기 중에는 기녀와 관련된 기록이 자주 보인다. 예를 들면 10월 9일에 경유한 양주는 상

---

67 「淸國漂流圖」, 上, 0001_p0042.
68 王建, 「明淸江南民間信仰活動的展開與日常生活 : 以蘇松爲例」, 『社會科學』, 上海社會科學院, 2010年 第2期, 155~162쪽을 참조하라.

〈그림 10〉 「청국표류도」 하권, 청루의 모습

〈그림 11〉 「청국표류도」 하권, 기녀를 태운 유람선의 모습

선과 누선이 구름처럼 모여들어 다른 지역에 비해 훨씬 번화한 지역이었다. 도중에 강가의 누선을 지나갈 때 정차랑과 선조 두 사람은 배에 올라 구경한 적이 있었다. 한 부인이 술을 들고 뒤따라와 접대해 주었는데, 물어 본 후에야 기녀임을 알게 되었다. 필담으로 값을 물어보니, 배 주변에 있던 노인이 손짓발짓으로 대답해주었는데 양은 1량이라고 하여 두 사람은 고개를 절레절레 흔들어 답해 주었다. 이리하여 배 안에 있던 기녀들이 몰려나와 주위를 둘러싸고 구경하였는데, 언어가 통하지 않아서 그런지 느낌상 두 사람을 조소하고 있는 듯하다.[69]

명·청 시기 강남 지방은 하류河流가 많았기 때문에, 기녀들을 태우고 수상水上에서 손님들을 모시고 행락行樂하던 유람선이나 화방畵舫(아름답게 장식한 가옥형의 배 – 역자 주)이 있었는데 사실상 기녀선박이었으며, 이두의 『양주화방록』에 유사한 기록들이 많이 있다.[70]

10월 23일에 평망진平望鎭을 지날 때 하부賀埠라 불리는 촌락에 정박하였는데, 일기에는 또 다방 안에서 목격한 요염하게 화장한 젊은 기녀가 손님과 시시덕거리는 모습이 기록되어 있다.[71]

11월 2일 항주에 머물 당시에는 역인役人(관청에 딸린 심부름꾼 – 역자 주)을 대동하고 외출하여 버드나무가 무성한 강변 기슭에 7~8척의 누선이 정박해 있는 곳에 가보고, 별도로 작은 배를 타고 누선에 올라가 본 적도 있었다. 배 안은 화려하게 장식되어 있었고, 별도의 격

69 「淸國漂流圖」中, 0002_p0019.
70 李斗, 『揚州畵舫錄』, 261쪽 「妓舟」편에 관련 기록이 있다.
71 「淸國漂流圖」中, 0002_p0033.

실에는 좌석 몇 자리가 마련되어 있었는데 이곳에서 술과 안주를 주
문하고 기녀를 불러 월금月琴·호궁胡弓·생황笙簧·세 가지 현악기三絃
등을 연주시키고 소리 높여 노래 부르며 마음껏 여흥을 즐기다가 밤
이 되어서야 돌아오기도 하였다.[72](〈그림 10〉·〈그림 11〉 참조)

　이상의 기록들은 「청국표류도」 중권에 특별히 많은 아름다운 그림
들이 배합되어 있는데, 이 역시 일본 표류민들이 당시의 즐거웠던 순
간에 대해 깊은 인상을 받았음을 보여준다. 이상에서 언급한 여러 항
목들 이외에도 두루마리 그림에는 강남지역의 음식이나 부호들에게
초대받았던 일, 연극 구경, 묘회廟會(원래는 중국에서 사원이나 묘 등에서 많은
사람들이 참배하는 祭禮를 의미하지만, 일반적으로는 이날 참배객들을 노리고 열리
는 임시 시장이나 오락 행사를 말함−역자 주), 잡기雜技 공연 등에 대해서도 모
두 묘사하고 있다. 일본인들에게 이러한 것들은 모두 신기했던 이국문
화 체험이라고 할 수 있으며, 이 글에서 일일이 서술하지는 않겠다.

3) 지방 문사文士와의 교유

　여기서 지칭하는 지방 문사는 결코 유명 문인은 아니며, 대부분 지
방의 무명 문인들이다. 이들은 외국인이 표류해 왔다는 소문을 듣고
서는, 종종 만나기 전에 그들이 있는 곳으로 가서 살펴보고 또 시문
등을 지어서 보내기도 하였다. 일반 백성들의 경우는 더욱 매일같이
일본인들이 투숙한 곳에 무리 지어 모여 주위를 에워싼 채 구경하고,
또 토산품이나 간식거리를 주기도 하였는데, 어떤 때는 지방 관리가

---

72 「淸國漂流圖」 下, 0003_p0007.

질서를 유지시키는 것이 필요하기도 하였다.

9월 19일 해문청에 머물 때, 30여 세 되는 사람이 방문하였고 시문도 지어 보내주었는데, 그 시는 다음과 같다.

狂風陡起趁風翻 광풍이 갑자기 일어나니 바람에 배 뒤집혔고,
回首故鄕欲斷魂 고개 돌려 고향 바라보니 혼이 끊어질 듯 슬프구나.
莫把家鄕常掛念 집 있는 고향 늘 마음에 두고 걱정하지 말지니,
寬心忍耐待皇恩 마음 편히 하고 인내하며 황제의 은혜를 기다리시게.

與君本欲話留連 그대들과 본래 끝없이 이야기 나누고 싶으나,
可惜言詞風俗牽 안타깝게도 서로 다른 말과 풍속이 장애가 되는구나.
漫說流離爲瑣尾 유랑하고 표류하는 신세라 영락(零落)했다 말하지 말지니,
天涯遍歷是神仙 하늘 끝 먼 이국땅을 두루 유람하는 그대들이 신선이라네.

此與貴處是隣方 이곳과 그대들의 고향은 서로 이웃한 가까운 곳이고,
今日相逢天假緣 오늘 서로 만난 것도 하늘이 맺어 준 인연이라네.
却愧微區無麗物 부끄럽게도 내세울 것 없는 몸인지라 줄만한 좋은 물건
　　　　　　　없으니,
聊將拙句贈君前 부족하나마 이 졸렬한 시 지어 그대들에게 보내네.[73]

위 시문은 기교도 평범하고, 내용도 단순히 표류민들을 위로하고

---

73 「淸國漂流圖」上, 0001_p0040.

진정시키기 위한 말을 몇 수의 시에 기탁한 것일 뿐이다. 언어가 통하지 않아 상대방의 이름조차 물어보지 못하고 있다.

9월 29일에는 또 옥산玉山이라는 이름의 유학자가 찾아왔으며, 역시 시문을 보내 주었다.

일본국 사람 정차랑을 처음 만나 지은 칠언율시(初晤日本國貞次郎七律)

國近扶桑出日邊 그대들 고국은 부상과 가까우니 해 솟아나는 곳으로,

屛藩華夏已千年 중국의 주변 번국(藩國)이 된 지 이미 천 년이 넘었네.

海天阻絶幾無路 바다와 하늘에 막히고 끊어져 돌아갈 길 없는 듯해도,

聖世遭逢自有緣 성세를 만났으니 절로 돌아갈 인연이 있을 것이네.

言語難通憑筆墨 언어가 통하기 힘드니 필묵에 의지하고

衣裳最古帶雲煙 옷가지는 참으로 오래되어 운연(雲煙)을 띠고 있구나.

莫愁流落遲歸島 이국땅을 떠도느라 고향 섬나라로 늦게 돌아갈까 걱정하지 말지니,

帝德宏慈必予旋 덕 있는 황제께서 큰 자비 베푸시어 반드시 돌려보내 주시리.[74]

위 시의 내용도 중화中華의 은덕恩德을 선양하고, 표류민들을 안심시키고 위로하는 어구들이다. 선장 정차랑은 이로 인해 여행용 상자에서 일본국에서 간행한 『논어집주論語集註』 1권을 꺼내 보여주었는데, 유학자는 그 책을 살펴본 후 다시 다음의 시 한 수를 주었다.

---

74 「淸國漂流圖」 中, 0002_p0003.

〈그림 12〉「청국표류도」 하권, 부호가의 집에서 그림을 구경하는 광경

황제께서 지은 시를 모두 모아놓은 시(結句共集御製詩) 중 한 수

聖賢論語教中原 성현께서 지은 논어는 중원을 교화하셨으니,

化被東方尙書存 그 교화 동방까지 미쳐 여전히 이 책이 남아 있구나.

七道三畿人共學 칠도(七道)와 삼기(三畿)의 사람들 모두 배우니,

五帝四德衆宜敦 오제의 사덕은 뭇 사람들이 마땅히 따라야 할 가르침이

　　　　　　　라네.

不徒莊誦通文藝 부질없이 경전만 소리 높여 외우고 문예에만 통달하지

　　　　　　　말지니,

全在躬行率子孫 오로지 자신이 몸소 실천하여 자손을 이끄는 데 달려 있

　　　　　　　다네.

翼戴天朝安土俗 우리 청조를 잘 보좌하여 그대들 지역의 풍속을 안정시키고,

하늘 끝 이국땅을 두루 유람하는 그대들이 신선이라네　413

萬年莫負大淸恩 영원토록 대청국의 은혜를 저버리지 마라.[75]

11월 15일 소주의 서광사瑞光寺에 머물 때에는 한 학사學師가 찾아와 묵적墨蹟 2장을 선물했다. 후에 그가 거처하는 곳을 찾아가 구경하였는데, 서적이 산더미처럼 쌓여있는 것을 보았다. 다시 『초백암시평初白庵詩評』 3책과 『좌전左傳』 1부를 선물로 받았다. 그리고 이 학사는 일본인의 예복禮服과 요도腰刀에 관심이 많아서 잠시 빌려 살펴보기를 부탁했고, 또 일본인에게 예복으로 갈아입어 줄 것도 요구하였다. 그 후에는 또 잠시 외출했다가, 밤이 되어서야 돌아왔다.[76]

기타 중국에 있는 기간 동안 초대에 응하여 참관하거나 연회에 참석했던 일들은 일일이 다 거론할 수 없을 정도로 많으며 종종 서화나 족자 등을 선물로 받기도 하였는데, 이 역시 당시 중국 문인들이 외국인에게 자신들 문화와 풍습을 자랑하고 싶은 심리가 강했음을 보여준다.(〈그림 12〉 참조) 이와 유사한 사례는 풍랑을 만나 표류했던 조선인의 경우에서도 볼 수 있다.[77]

4) 청조의 일본과 유구 간의 관계에 대한 이해

앞에서 서술한 바와 같이, 일본은 유구를 통치하던 사실을 은폐하고자 선박이 풍랑을 만나 외국으로 표류했을 경우 만약 선박에 유구인이 승선하고 있다면 모두 머리를 깎고 변장하여 일본인 차림새로

---

75 「淸國漂流圖」 中, 0002_p0003.
76 「淸國漂流圖」 中, 0002_p0028.
77 范金民・羅曉翔, 앞의 글, 57~60쪽을 참조하라.

바꾸도록 했다. 이 선박에도 유구인 한 명이 승선하고 있었지만 이 유구인은 구조될 때 선창船艙에서 깊은 잠에 빠져 있어서, 26명의 일본인과 함께 배에서 내리지 못하고 인근의 숭명현으로 이송되었다. 숭명현 관리의 조사를 거친 후, 유구 사람 대성지친운상은 진술을 번복하고 자신이 유구 사람이라는 사실을 인정하였고, 또 복건福建의 유구관琉球館으로 보내져 귀국하기를 희망하였다. 이 때문에 해문의 지방관은 별도로 일본인들을 관청으로 불러 심문하였고, 무엇 때문에 유구인 대성大城의 이름을 일본식 이름인 대조大助로 바꾸었는지를 꾸짖으며 물었다. 일본인 정차랑은 어쩔 수 없이 "말한 바대로 '대조'라는 것은 배안이 혼란스러운 와중에 잘못 기록한 것일 따름 입니다"라고 대답했다. 이 때문에 청조의 관리는 대성지친운상을 별도로 데리고 가 머물게 하고, 복건으로 보내 본국으로 송환했다.[78]

청말 이전에 일본과 유구 간의 관계에 대한 일반 백성들의 인식이 어떠했는지는 사료를 통해 알기는 쉽지 않다. 「청국표류도」에는 당시 강남 백성들의 관점이 기록되어 있다. 10월 7일 호송선을 타고 양주로 가던 도중 증등읍曾藤邑에 잠시 머물렀는데, 일본인들은 육지에 상륙하여 구경하였다. 점주店主 한 명을 만나 필담을 나누었는데, 그 내용은 다음과 같다.

---

78 「淸國漂流圖」, 上, 9月16日條, 도판 0001_p0039. 일본인들은 청 조정이 琉球人을 어떻게 처리하는 지에 대해 관심이 아주 많았으며, 그래서 호송관원들에게 물어보기도 하였다. 관원은 琉球는 대청의 지배를 받는 섬이므로, 大城은 별도의 처소에 머물게 하고 福建으로 보내 송환할 예정이라고 답해 주었다. 또 柳澤明, 「『淸國漂流圖』と淸朝の檔案史料―大城親雲上に關する記載をめぐって」에서도 이 琉球人과 관련된 기록을 비교적 상세하게 검토하고 있다.

점주　당신들은 매년 유구국에 가서 객상(客商)을 하십니까?

답　유구국이 남해에 있다는 이야기는 들었습니다만, 어디 있는 줄은 모릅니다.

점주　일본인들이 유구국에 상주하고 있다던데, 어떻습니까?

답　모릅니다.

점주　당신들은 거짓말을 하고 있군요? 옳지 않습니다.

답　당신은 우리를 꼬드기지 마십시오.[79]

　쌍방이 서로 주거니 받거니 하면서 상당히 흥미로운 문답을 하고 있다. 일본인 측에서는 유구국과 왕래하는 사실을 결코 인정하지 않고 있으며, 그래서 유구국이 어디 있는지를 모르는 채 하고 있다. 그러나 현지 점주는 일본인이 거짓말하고 있다고 확신하고 있으며, 일본과 유구국 간의 관계에 대해서도 이미 알고 있는 것이 분명하다.[80]

　11월 18일 소주에 머물 때, 역인(役人)을 따라 한 부잣집을 방문해 구경한 적이 있었는데, 그 부잣집 주인도 붓을 쥐고 정차랑과 필담을 나누었다.

집주인　유구인들은 복건에 상주하고 있으며, 해마다 이곳을 찾아오는데 대부분 사면(絲綿 : 명주)을 구하려고 오는 것이지요. 당신은

79　「淸國漂流圖」中, 0002_p0015.

80　赤嶺守, 『琉球王國─東アジアのコーナーストーン』, 東京 : 講談社, 2004, 134~135쪽. 중국 관방 측은 일본과 유구간의 관계에 대해 이미 오래전부터 알고 있었지만, 그러나 결코 깊이 파헤쳐 보지는 않았다. 그러나 「청국표류도」의 기록에 의거할 때, 강남지역의 민간인들도 일본과 유구 간의 관계를 알고 있었음을 알 수 있다.

이를 알고 있습니까?

답   나는 유구인을 모릅니다.

집주인   당신은 몇 번이나 이곳에 왔었습니까?

답   일본인이 이곳에 온 적이 있습니까?

집주인   일본인은 온 적이 없습니다.

답   무슨 이유로 온 적이 있느냐고 묻는 것입니까?

집주인   당신은 본래 유구인인데, 어째서 유구인이라는 사실을 감추고
속이려고 합니까?

답   저는 감추는 것도 없고 속이는 것도 없습니다. 정말로 유구를
모릅니다.

집주인   여러 나라가 화목하게 지내는 것은 물산(産物)을 통상하고자
하는 것이므로, 당신이 대청국을 좋아한다면 좋을 것입니다.
이곳에 다시 오십시오. 틀림없이 진귀한 물건들을 얻을 수 있을
것입니다.[81]

부잣집 주인은 일본인을 유구인으로 오인하여, 유구인이 자신의
신분을 감추고 있다고 생각하고 있다. 강남지방은 대운하가 관통하
는 곳으로 남북이 왕래하는 교통의 요지에 위치하고 있어, 외국사절
이나 본국으로 송환되는 외국의 표류민들도 자주 이 지역을 거쳐 갔
다. 또한 이 강남지역의 거주민들은 외국인들과 접촉할 기회가 많았
으므로 외국에 대한 정보 역시 어느 정도는 파악하고 있었다. 10월

---

81 「淸國漂流圖」 中, 0002_p0029.

25일 일본 표류민 일행이 항주 시가지를 지나갈 때, 도로 양측으로 사람들이 모두 나와 "중산국中山國! 중산국!"이라고 소리쳤다.[82] 중산국은 바로 유구국이며, 아마도 일본인 일행을 유구인으로 오인한 듯하다. 이 일화와 앞서 인용한 필담기록을 통해 항주·소주·양주 등지의 사람들은 언제나 매년 복주福州와 북경 사이를 왕래하는 유구국 사절단과 접촉할 기회가 있었고, 유구와 일본 사이의 정황에 대해 모두 대략적으로는 들었음을 알 수 있다.

일본과 유구 간의 관계에 대한 민간 인사들의 인식과 비교할 때, 청 조정은 일본과 유구가 교통하고 왕래하고 있다는 사실을 오래전부터 이미 잘 알고 있었지만, 청 초기 이래의 무역관계를 유지하고 동북아시아 정세의 안정을 고려하여 비밀을 지키고 알리지 않는 정책을 취해왔던 것이다.[83]

5. 맺는말

이 글에서는 일본에 현존하는 표류 기록을 통해 19세기 초 일본인의 눈에 비친 중국 강남 지방의 경관 및 조난을 당한 일본 표류민에 대한 청 조정의 친절한 구조와 송환과정을 소개하였다. 활용한 사료는 주로 일본 표류민이 본국으로 귀환한 이후에 작성했던 도상사료이다.

---

82 「淸國漂流圖」 下, 10月 25日條, 0003_p0004.
83 이에 대한 관련 연구로는 沈玉慧, 「從對日情報的蒐集與運用分析淸朝對日政策」을 참고하라. 이 논문은 劉序楓 主編, 『亞洲海域間的信息傳遞與相互認識』, 臺北 : 中央研究院人文社會科學中心, 2018, 163~171쪽에 수록되어 있다.

이 도상에는 문자기록도 배합되어 있어, 사람으로 하여금 당시의 정경情景을 더욱 실감할 수 있게 한다. 일반인의 해난海難에 대한 관점은 모두 비관이나 공포라는 부정적 인상일 것이다. 그러나 청 중기에 중국으로 표류했던 다수의 외국 난민들에게는 그 조난의 최종적 결과는 오히려 잊기 힘든 '유쾌한 표류여행'이었다고 말할 수 있다. 바로 「청국표류도」의 서언에서 다음과 같이 말하고 있는 것과 같다.

육지에 올라 길을 나선 때부터 시작하여, 이곳 작포항에 도착해 머물 때까지 관리들은 수시로 연회를 베풀어주었고 여러 차례 물품과 선물을 제공해 주었으며, 정성스럽고 친절하기 이를 데 없었고 위로와 보살핌이 대단히 후하였다. 각 지역의 마을 사람들은 쓸쓸한 우리들을 찾아와 깊은 정의(情意)를 보여주어, 어느새 옛 친구인 듯이 하나가 되었고, 기이한 만남은 서로가 막 새로 사귄 사람이 아닌 듯하였고, 어깨를 두드리고 무릎을 꿇을 만큼 거의 허물없는 사이가 되었다. 그 뒤 귀국하는 우리와 헤어질 무렵에는 이별의 연회를 베풀어 송별해 주었고 또 의복과 여행도구들도 제공해 주었으니, 오로지 그들의 정중(鄭重)함만을 볼 수 있었다. 마을 사람들도 이별의 예물 같은 것을 주었다. 관리들은 이미 2척의 큰 선박을 선발하여 우리를 송환하는 데 사용하도록 명하였다. 이윽고 11월 26일과 12월 4일 양일에 26명의 우리 일행을 두 그룹으로 나누고 각 13명씩 작은 배에 태워 큰 배가 정박해 있는 곳으로 데려다 주었고, 사람을 파견하여 귀국하는 것을 호송해주었다. 이별할 순간이 되자 관리나 마을 사람들 모두 하늘 끝 먼 곳에서의 이별을 견딜 수 없어 안타까움에 눈물을 흘려 옷깃이 흠뻑 젖었으니, 이와 같은 인정은 참으로 천 년에 한 번 만날 수 있을 것이다.(自始登岸

起行, 至留止於此. 官吏時設宴饗, 數效物儀, 懃懇不置, 慰藉甚厚, 奇合互非新
識, 殆至拍肩交膝也. 旣而及還送之期, 則開宴以供餞送, 且與衣服及行旅之具,
特見其鄭重也. 如里人亦贐儀有其等. 官嘗命選二大船以充送還之用. 乃以十
一月二十六日, 十二月四日兩分二十六人, 使各十三人, 以小舟至泊船所, 遣人
護歸. 至是官吏里人與俱, 無任天涯分手, 恨涕淚沾襟, 情寔千歲一遇哉).[84]

　중국에서 관원들과 백성들의 친절하고 친근한 구조와 접대를 받은
일과, 또 배를 파견하여 송환해준 일은 일본 표류민에게 끝없는 감동
을 주었다. 바로 앞에서 예로 든 문인들의 증시贈詩에 보이는 "유랑하
고 표류하는 신세라 영락했다 말하지 말지니, 하늘 끝 먼 이국땅을
두루 유람하는 그대들이 신선이라네漫說流離爲瑣尾, 天涯遍歷是神仙", "이국
땅을 떠도느라 고향 섬나라로 늦게 돌아갈까 걱정하지 말지니, 덕 있
는 황제께서 큰 자비 베푸시어 반드시 돌려보내 주시리莫愁流落暹歸島, 帝
德宏慈必予旋", "우리 청조 잘 보좌하여 그대들 지역의 풍속을 안정시키
고, 영원토록 대청국의 은혜를 저버리지 마라翼戴天朝安土俗, 萬年莫負大淸
恩" 등의 시구들은 모두 청조의 외국 표류민에 대한 보살핌과 본국으
로 송환시켜 주는 은덕을 강조한 것들이다.(〈그림 13〉 참조)
　「청국표류도」의 내용을 살펴보면, 당시 일본인들에게는 마치 신선
의 표류여행과 같은 것이었다. 이 때문에, 청대에 풍랑을 만나 조난당
했던 사건들 중에는 청조에서 무휼撫恤해 주는 이익을 탐하여 일어난
위장 표류사건도 볼 수 있다.[85]

---

84 「淸國漂流圖」, 上, 0001_p0002~p0003.
85 구체적 사례는 劉序楓, 「近世東亞海域的僞裝漂流事件－以道光年間朝鮮高閑祿的漂流中國事

그림 13〉「청국표류도」하권, 작포항 출항 정경

「청국표류도」는 일본 표류민이 썼던 일기 및 본국으로 귀환한 이
후 진술한 구술을 토대로 하여 제작된 것으로 당시의 시대적·공간
적 환경이나 언어 등의 요소들에 의해 제약을 받았다. 그렇기 때문에
일기에 보이는 많은 지명이나 사물들은, 지방지地方志나 문집 등과 같
은 중국 사료와의 상호비교와 대조를 통해서 경유했던 각 지역과 관
련된 풍토風土나 인정人情을 확인해 볼 방법이 없다. 게다가 간단하고
소소하며 자잘한 기록들도 많아 일일이 다 설명할 수도 없다. 그러나
그림 내용에 대한 고찰에 의거할 때, 이 도상은 사실성과 정확성이
상당히 높아 문자 기록의 부족함을 보완할 수 있음을 알 수 있다. 또
한 살마번이 중국 문물에 대해 상당한 이해력을 갖고 있었음도 알 수

例爲中心」,『한국학논집』45, 한양대 한국학연구소, 2009, 103~154쪽를 참조하라.

있는데, 그중 많은 지식이 아마도 유구의 사절단으로부터 획득한 것일 것이다. 예를 들면 1796년(嘉慶 元年·일본 寬政 8年) 유구의 사은사謝恩使 대의견왕자大宜見王子 조규朝規·尙恪가 강호江戶로 갈 때, 살마번주 도진중호島津重豪(1745~1833)는 이전에 중국에 사신으로 간 적이 있는 수원隨員 곽장관郭章觀과 채방금蔡邦錦을 불러 중국에 대한 견문을 청취하였으며, 이를 다시 가신家臣 적기정간赤崎楨幹(1742~1805)으로 하여금 일본어로 기록하고 화공에게는 도화를 그리게 하여 『유객담기琉客談記』를 편성하였다.[86] 이 책 전체는 76조목의 질문에 대한 대답으로 구성되어 있으며, 또한 민강구閩江口의 오호문五虎門·금산사·서호西湖·태산泰山·북경우문계상北京牛門繫象 등 열 폭의 그림이 부가적으로 삽입되어 있고, 유구의 조공 과정에 대한 개요, 청조의 제도, 경유한 각 지역의 풍속과 경관 등을 일정 정도 소개하고 있다.[87] 예를 들어 강남의 소주와 항주에 대한 서술을 보면 "특히 부유하고 번화한 지역이다. 미려한 주택과 객사들이 처마를 서로 맞닿은 채 연이어져 있고, 아름다운 수목들과 기이한 초목도 무성하다. 이곳을 지나면 마치 그림 속에 들어와 있는 듯하여 어느새 여행의 피로와 노정의 멂도 잊게 된다"[88]라고 서술하고 있다. 이와 유사한 묘사는 도처에서 볼 수 있으

---

86 赤崎楨幹, 『琉客談記』, 寬政 丁巳(1797) 序跋. 이 책은 대부분 필사본으로 유전되고 있는데, 여러 필사본들 중에서 오키나와현(沖繩縣) 박물관·미술관에 소장되어 있는 그림이 가장 정밀하고 뛰어나다. 그러나 아쉽게도 필자가 누구인지는 보이지 않는다. 이 글에서는 주로 일본국립국회도서관 소장본과 하와이대학 판권(阪卷)과 보령문고(寶玲文庫) 소장본을 참고하였다. 그림이 없는 활자본은 近藤瓶城·近藤圭造 編, 『改定史籍集覽』16, 東京 : 近藤出版部, 1902, 624~632쪽에 수록되어 있다.

87 『琉客談記』에 대한 연구로는 眞榮平房昭, 「淸國を訪ねた琉球使節の見聞錄—『琉客談記』を中心に」을 참고하라. 이 논문은 『第八回琉球·中國交涉史に關するシンポジウム論文集』, 那覇 : 沖繩縣敎育委員會, 2007, 123~142쪽에 수록되어 있다.

88 원래는 일본어로 쓰여 있으며, 近藤瓶城·近藤圭造 編, 앞의 책, 626쪽에 수록되어 있다.

〈그림 14〉『유객담기』의 〈금산사도〉, 일본국회도서관 소장본

며, 중국땅을 밟아보지 못한 일본인에게 틀림없이 무한한 동경심을 품게 하였을 것이다. 10여 년 후에 제작된 「청국표류도」도 아마 이 책의 영향을 받았을 것이다. 앞서 서술한 〈금산사〉 도상을 예로 들어 보면, 양자는 상당히 유사한데 아마도 『유객담기』의 그림을 참고했을 가능성이 있다.(〈그림 14〉 참조)

살마번의 8대 번주 도진중호는 해외에 관한 정보나 신지식의 수집과 문화에 대한 교육文敎을 중시하였는데, 이는 그가 재임하던 시기에 편집・출판된 서적들에서 충분히 반영되고 있다. 예를 들면 중국어를 연구한 『남산속어고南山俗語考』, 농업을 연구한 『성형도설成形圖說』, 동식물을 연구한 『질문본초質問本草』・『유구물산지琉球物産志』・『조명편람鳥名便覽』과 도진씨島津氏 편년사인 『도진국사島津國史』 등이 있으며, 동시에 많은 학자들을 양성하여 관련 개혁을 추진하는 데 협력하게 했다.[89] 「청국표류도」의 제작에도 도진중호가 틀림없이 상당한 정도로 관여했을 것이다. 그러나 이 글은 현 단계에서는 이 두루마리 그림 제작자의 생애나 그 제작 배경에 대해서는 조사하지 못했으며, 후일을 기약하는 수밖에 없다. 이 밖에도 필자는 예술사 연구에 있어 문외한이지만, 본 도상사료는 장래에는 예술사학자와 공동연구를 수행하는 것도 고려해 볼 수 있으며, 『청속기문』・『유객담기』 등 당시 일본에서 그림으로 제작한 '중국도상집'들과 상호 비교해 봄으로써 당시 강남의 풍속과 문화에 대해 서로 다른 관점에서 연구해 볼 수도 있다.

---

89 鈴木彰・林匡 編, 『アジア遊學190・島津重豪と薩摩の學問・文化―近世後期博物大名の視野と實踐』, 東京 : 勉誠出版, 2015에 수록된 여러 논문을 참조하시오.

참고문헌

성균관대 대동문화연구소 · 동아시아학술원 편, 『연행록선집 보유(燕行錄選集 補遺)』, 성균관대
　　출판부, 2008.

朴趾源, 『燕巖集』, 민족문화추진회 편, 『영인표점한국문집총간』 252, 민족문화추진회, 2000.

劉序楓, 「近世東亞海域的僞裝漂流事件－以道光年間朝鮮高閑祿的漂流中國事例爲中心」, 『한국
　　학논집』 45, 한양대 한국학연구소, 2009.

임기중 편, 『연행록전집(燕行錄全集)』, 동국대 출판사, 2001.

임기중 · 부마진 편, 『연행록전집 일본소장편(燕行錄全集 日本所藏編)』, 동국대 한국문학연구소,
　　2001.

崔溥, 『漂海錄』, 『연행록전집(燕行錄全集)』 2, 동국대 출판사, 2001.

(明) 朗瑛, 『七修類稿』, 北京：中華書局, 1959.

(淸) 李斗, 『揚州畵舫錄』, 北京：中華書局, 1960.

(淸) 李銘皖 等修, 馮桂芬 纂, 『蘇州府志』, 『中國方志叢書華中地方·江蘇省』 5, 臺北：成文出版
　　社, 1970.

(淸) 周家祿 纂, 『海門廳圖志』, 『中國地方志集成·江蘇府縣志』 53, 南京：鳳凰出版社, 2008.

マカートニー, 坂野正高 譯注, 『中國訪問使節日記』, 東京：平凡社, 1975.

加藤貴 校訂, 『漂流奇談集成』, 東京：國書刊行會, 1990.

故宮博物院 編, 『淸代外交史料·嘉慶朝』, 北平：故宮博物院, 1932.

故宮博物院編輯委員會 編, 『故宮書畵圖錄』 7, 臺北：國立故宮博物院, 1991.

近藤瓶城 · 近藤圭造 編, 『改定史籍集覽』, 東京：近藤出版部, 1902.

大庭脩 編, 『永安九年安房千倉漂着南京船元順號資料』, 大板：關西大學出版部, 1991.

德永和喜, 『薩摩藩対外交涉史の研究』, 福岡：九州大学出版会, 2005.

渡邊美季, 「淸に對る琉日關係の隱蔽と漂着問題」, 『史學雜誌』 114-11, 東京：史学会, 2005.

鈴木彰 · 林匡 編, 『アジア遊学190·島津重豪と薩摩の学問·文化：近世後期博物大名の視野と
　　実践』, 東京：勉誠出版, 2015.

馬戛爾尼(George Macartney, Earl), 劉半儂 譯, 『乾隆英使覲見記』, 上海：中華書局, 1916.

朴元熇, 『崔溥漂海錄分析硏究』, 上海：上海書店出版社, 2014.

裴英姬, 「『燕行錄』的硏究史回顧(1933~2008)」, 『臺大歷史學報』 43, 臺北：國立臺灣大學歷史
　　學系, 2009.

范金民, 「朝鮮人眼中的中國運河風情－以崔溥『漂海錄』爲中心」, 『歷史地理』 20, 上海：上海人民
　　出版社, 2004.

范金民 · 羅曉翔, 「朝鮮人眼中的淸中期中國風情－以崔斗燦『乘槎錄』爲中心」, 『史學集刊』, 長春：
　　吉林大學, 2009年 第3期.

服部純一 編, 『日本人漂流記文獻目錄』, 京都 : 同志社大學圖書館, 1984.

山下恒夫 編, 『江戸漂流記總集』, 東京 : 日本評論社, 1992~1993.

森山貞次郎, 西淸美 等 編繪, 『淸國漂流圖』上・中・下, 早稻田大學中央圖書館藏(早稻田大學古
　　典籍總合データベース.(http://www.wul.waseda.ac.jp/kotenseki/html/ru02/ru02_
　　03129/index.html))

森永種夫 編, 『犯科帳』, 長崎 : 犯科帳刊行會, 1956~1961.

相田洋, 「近世漂流民と中國」, 『福岡敎育大學紀要』31, 福岡敎育大學, 1981.

小原克紹, 『續長崎實錄大城』, 長崎 : 長崎文獻社, 1974.

矢澤利彦 編譯, 『イェズス會士中国書簡集』, 東京 : 平凡社, 1970~1974.

實藤惠秀, 「漂流記にあらわれたる日本と中國」, 『早稻田法學會誌』2, 1951.

沈玉慧, 「從對日情報的蒐集與運用分析淸朝對日政策」, 劉序楓 主編, 『亞洲海域間的信息傳遞與
　　相互認識』, 臺北 : 中央研究院人文社會科學中心, 2018.

我那覇孫, 『漂流日記』, 竹原孫恭, 『城間船漂流中國顚末』, 石垣市 : 竹原房, 1982.

兒玉南柯, 『漂客紀事』(1804), 國立國會圖書館藏.

安田義方, 『朝鮮漂流日記』, 神戸大學圖書館住田文庫藏抄本.

王建, 「明淸江南民間信仰活動的展開與日常生活 : 以蘇松爲例」, 『社會科學』, 上海社會科學院,
　　2010年 第2期.

劉潞・吳芳思 編譯, 『帝國掠影 : 英國使團畫家筆下的中國』, 北京 : 中國人民大學出版社, 2006.

劉序楓, 「淸代檔案與環東亞海域的海難事件研究－兼論海難民遣返網絡的形成」, 『故宮學術季刊』
　　23-3, 2006.春季號.

劉序楓, 「淸代的乍浦港與中日貿易」, 張彬村・劉石吉 編, 『中國海洋發展史論文集』5, 臺北 : 中
　　央研究院中山人文社會科學研究所, 1993.

劉序楓, 「淸代中國海域的海難事件研究－以淸日兩國間對外國難民的救助及遣返制度爲中心
　　1644~1861」, 朱德蘭 主編, 『中國海洋發展史論文集』8, 臺北 : 中央研究院中山人文社會
　　科學研究所, 2002.

劉序楓, 「漂流・漂流記・海難」, 桃木至郎等 篇, 『海域アジア史研究入門』, 東京 : 岩波書店,
　　2008.

柳澤明, 「『淸國漂流圖』と淸朝の檔案史料－大城親雲上に關する記載をめぐって」, 『年次研究報告
　　書』6, 日本大學文理學部情報科學研究所, 2006.

佚名, 「安南國江漂流風俗寫生圖」, 國立臺灣圖書館藏設色圖圈.

赤崎楨幹, 『琉客談記』, 東京 : 國立國會圖書館藏抄本.

赤崎楨幹, 『琉客談記』, 하와이대학교 阪卷・寶玲文庫藏本(琉球大學琉球・沖繩關係貴重資料 デ
　　ジタルアーカイブ(http://manwe.lib.u-ryukyu.ac.jp/d-archive/s/viewer?&cd=00
　　061110))

赤嶺守, 「淸代の琉球漂流民に對する賞賚品について」, 『日本東洋文化論集』6, 琉球大学法文学
　　部, 2000.

赤嶺守, 『琉球王国 : 東アジアのコーナーストーン』, 東京 : 講談社, 2004.

佐藤三郎, 「江戸時代に於ける日本人の海外漂流－中国漂着の場合を中心として」, 『山形大學紀

　　要・人文科學』3・4, 山形大學, 1957.

佐藤三郎, 『近代日中交渉史の研究』, 東京：吉川弘文館, 1984.

中國第一歷史檔案館 編, 『淸代中琉關係檔案選編』, 北京：中華書局, 1993.

中川忠英 編著, 『淸俗紀聞』(1799), 國立公文書館內閣文庫藏寬政十一年.

中川忠英, 孫伯醇・村松一彌 編, 『淸俗紀聞』, 東京：平凡社, 1966.

池內敏, 『薩摩藩士朝鮮漂流日記-「鎖國」の向こうの日朝交涉』, 東京：講談社, 2009.

眞榮平房昭, 「淸國を訪ねた琉球使節の見聞錄-『琉客談記』を中心に」, 沖繩縣文化振興會史料編
　　輯室編, 『第八回琉球・中国交渉史に関するシンポジウム論文集』, 那覇：沖繩縣敎育委員
　　會, 2007.

倉地克直, 『漂流記錄と漂流體驗』, 京都：思文閣出版, 2005.

川合彦充, 『日本人漂流記』, 東京：社會思想社, 1967.

崔溥, 朴元熇 校注, 『崔溥漂海錄校注』, 上海：上海書店出版社, 2013.

春名徹, 「文學としての漂流記」, 『江戶文學』32, 2005.

華立, 「日本漂流民眼中的淸代乍浦港」, 復但大學歷史系編, 『江南與中外交流』, 上海：復旦大學出
　　版社, 2009.

그림 목록

초출일람

하마시타 다케시_「중국 해관사(海關史)에서 보는 동북아시아 해역의 등대와 항로」

이 글은 부경대 HK+사업단이 주최한 국제학술대회('제2회 동북아 해역과 인문 네트워크 국제학술대회 – 동북아 해역인문학 연구의 현황과 과제', 2019. 4. 26 ~ 28)에서 발표된 것을 수정 보완한 것으로, 지면상으로는 본 연구총서에 처음 수록되었다.

서광덕_「동북아 해역 근대 지식의 형성과정에 대한 연구사 검토 – 서학(西學)의 수용과 한국 근대지 (近代知)의 형성을 중심으로」

이 글은 『인문사회과학연구』 20-3, 인문사회과학연구소, 2019에 처음 수록되었다.

최민경_「재일한인 연구의 동향과 과제 – 연구의 관점에서」

이 글은 『인문과학연구논총』 40-2(통권 58), 명지대 인문과학연구소, 2019에 처음 수록되었다.

조세현_「해양사와 중국해강사 사이-연구현황과 과제」

이 글은 동북아역사재단에서 정리한 東北工程 관련 백서 가운데 필자가 작성한 海疆과 관련한 항목 내용을 바탕으로 추가 보완해 만든 것이다. 그 내용은 필자의 저서(『해양대만과 대륙중국』, 부경대 출판부, 2017; 조세현, 『천하의 바다에서 국가의 바다로 – 해양의 시각으로 본 근대중국의 형성』, 일조각, 2016)와 논문(조세현, 「중국해양사를 바라보는 또 다른 시각」, 『중국학』 53, 대한중국학회, 2015); 조세현, 「'하상'에서 '주향해양'까지」, 『중국사연구』 96, 중국사학회, 2015) 등에 기초하였다.

공미희_「개화기 조선의 근대화와 관련된 조선과 일본의 인적 및 지식교류 연구현황 분석」

이 글은 『동북아문화연구』 59, 동북아시아문화학회, 2019에 처음 수록되었다.

류젠후이_「19세기 해양네트워크에서 광주, 상해 및 나가사키의 역할」

이 글은 「もう一つの「近代」ロード-19世紀の日欧交流における広東, 上海の役割」라는 제목으로 2012년 8월 22~24일 코펜하겐대학에서 개최된 국제학술대회 'Rethinking "Japanese Studies" from Practices in the Nordic Region'에서 발표된 것을 수정·보완한 것이다.

마쓰우라 아키라_「오사카상선회사의 조선항로와 「북선급항항로안내」」

이 글은 부경대 HK+사업단의 요청으로 작성된 것으로, 지면상으로는 본 연구총서에 처음 수록되었다.

김윤미_「일본 해군의 남해안 해역조사와 러일전쟁」

이 글은 『한국민족운동사연구』 99, 한국민족운동사학회, 2019에 처음 수록되었다.

곽수경_「개항도시의 근대문화 유입과 형성-부산과 상하이의 영화를 중심으로」

이 글은 『인문사회과학연구』 20-2, 인문사회과학연구소, 2019에 처음 수록되었다.

허재영_「근대 중국의 서학 수용과 한국에서의 번역 서양서 수용 양상-제조총국 번역관과 광학회의 서학 관련 서적의 유통을 중심으로」

이 글은 부경대학교 HK+사업단이 주최한 '제2회 The Northeast Asian Sea Region and Humanities Networks' 국제학술대회에서 발표한 것을 수정한 것으로, 『어문학』 144, 한국어문학회, 2019에 처음 수록되었다.

양민호_「언어전파로 살펴본 해역언어학적 어휘 연구-한국의 박래어와 일본 진출 외행어를 중심으로」

이 글은 『일어일문학연구』 110, 한국 일어일문학회, 2019에 처음 수록되었다.

안승웅_「근대 시기 동북아 해역 인문 네트워크와 상하이의 대중문화(1)-1920~1930년대 상하이의 협의서사 흥성 배경」

이 글은 『중국학』 68, 대한중국학회, 2019에 처음 수록되었다.

류쉬펑_「하늘 끝 이국땅을 두루 유람하는 그대들이 신선이라네 - 청대 일본인의 강남견문록(江南見
聞錄) - 「청국표류도(淸國漂流圖)」」

이 글은 「天涯遍歷是神仙 - 淸代日本人的江南見聞錄-〈淸国漂流圖〉」(廖肇亨 主編,
『共相與殊相 - 東亞文化意象的轉接與異變』, 中央硏究院中國文哲硏究所, 2018)에
수록된 것이다. 이 글의 일부 내용은 川勝博士記念論集刊行會 編,『川勝守・賢亮博
士古稀記念 - 東方學論集』(東京：汲古書院, 2013)에「淸代における日本人の江南見
聞 - 薩摩船の漂流記録『淸国漂流圖』を中心として」라는 제목으로 일본어로 수록
되었다.

필자 소개(집필순)

하마시타 다케시 濱下武志, Hamashita, Takeshi

1943년 출생. 도쿄대학교 문학부 졸업 후, 도쿄대학교 대학원에서 석사와 박사
과정을 졸업했다. 도쿄대학교 동양문화연구소 교수, 교토대학교 동남아시아 연구
센터 교수, 류코쿠대학교 교수, 중국 중산(中山)대학교 아태연구원 원장 등을 거
쳐, 현재 시즈오카현립대학교 글로벌지역센터 센터장, 도쿄대학교 명예교수이다.
그 밖에 홍콩중문대학교, 싱가폴국립대학교, 서울대학교 등에서도 강의하였다.
중국사회경제사 방면의 세계적 학자로, 연구 분야는 중국 사회경제사, 동아시아경
제사, 동아시아 화교사, 오키나와 역사를 아우른다. 저서로는『근대중국의 국제적
계기-조공무역 시스템과 근대 아시아』(1990),『홍콩-아시아의 네트워크 도
시』(1996),『오키나와 입문-아시아를 연결하는 해역구상』(2000) 등이 있다.

서광덕 徐光德, Seo, Kwang Deok

1965년 출생. 연세대학교 중어중문학과를 졸업 후 연세대학교 대학원 석사 · 박
사과정을 졸업했다. 저서로는『루쉰과 동아시아 근대』(2018),『중국 현대문학
과의 만남』(공저, 2006) 등이 있고, 역서로는『루쉰』(2003),『일본과 아시
아』(공역, 2004),『중국의 충격』(공역, 2009),『수사라는 사상』(공역, 2013),
『방법으로서의 중국』(공역, 2016),『조공시스템과 근대 아시아』(공역, 2018)
등이 있으며,『루쉰전집』(20권) 번역에 참가했다. 현재 부경대학교 인문사회과
학연구소 HK연구교수로 재직 중이다.

최민경 崔瑉耿, Choi, Min Kyung

1983년 출생. 서울대학교 언어학과를 졸업 후, 동대학교 국제대학원 국제학과
석사과정, 일본 히토쓰바시대학(一橋大學) 사회학연구과 박사과정을 졸업했다.
저역서로는『일본 생활세계의 동요와 공공적 실천』(공저, 2014),『일본형 매혹
도시를 만들다』(역서, 2007)이 있으며, 논문으로는「규슈지역 재일한인 커뮤니
티의 형성과 전개-후쿠오카를 중심으로」(공저, 2019),「일본에 있어서의 이민
통합과 지방 정부 네트워크-외국인집주도시회의에 주목하여」(2017) 등이 있
다. 현재 부경대학교 인문사회과학연구소 HK교수로 재직중이다.

조세현 曺世鉉, Cho, Se Hyun

1965년 출생. 서강대학교 사학과 학부와 석사 과정을 졸업 후 북경사범대학 대학원 박사 과정을 졸업했다. 저서로는 『清末民初無政府派的文化思想』(중국, 사회과학문헌출판사(2003)), 『동아시아 아나키스트의 국제교류와 연대』(2010), 『부산화교의 역사』(2013), 『천하의 바다에서 국가의 바다로』(2016), 『해양대만과 대륙중국』(2017), 『해양사의 명장면』(공저, 2019) 등이 있다. 현재 부경대학교 사학과 교수로 재직 중이며, 해양인문학연구소 소장을 맡고 있다.

공미희 孔美熙 Kong, Mi Hee

1969년 출생. 부경대학교 일어일문학부 대학원 석사, 박사과정을 졸업했다. 저서로는 『PERFECT 일본어 문형』(공저, 2017), 『일본어 유의표현 연구』(공저, 2018), 『일본어 커뮤니케이션』(공저, 2019) 등이 있으며, 논문으로는 「근대 이문화 교류 공간으로서의 항구도시 부산」, 「일본 근대화의 계기가 된 데지마를 통한 초량왜관 고찰」, 「A Consideration of the Characteristics and Historical Background of Japanese Fusion Cuisine Created rough Cross-cultural Exchanges with the West in Port Cities」, 「개화기 조선의 근대화와 관련된 조선과 일본의 인적 및 지식교류 연구현황 분석」, 「근대 日本製 新漢字語 유입을 통한 동북아 해역의 지식교류 연구」 등이 있다. 동북아시아문화학회 우수논문상 수상(2018, 러시아국제학술대회), 현재 부경대학교 인문사회과학연구소 HK연구교수로 재직 중이다.

류젠후이 劉建輝, Liu, Jian Hui

1961년 출생, 중국 랴오닝(遼寧)대학교를 졸업하고, 고베대학교 대학원 박사과정을 수료했다. 베이징대학교 비교문학 · 비교문화연구소 교수를 거쳐 현재 국제일본문화연구센터 교수로 근무하고 있다. 전공은 일중비교문학 · 비교문화이고, 저서로는 『帰朝者 · 荷風』(明治書院), 『日中二百年—支え合う近代』(東アジア叢書 · 武田ランダムハウスジャパン), 『東アジアにおける近代知の空間の形成』(공편, 東方書店) 등이 있다.

마쓰우라 아키라 松浦章, Matsuura, Akira

1947년 출생, 간사이(関西)대학교 문학부 사학과를 졸업 후 간사이대학교 대학원 박사과정을 졸업했다. 1988년부터 간사이대학교 교수를 역임했으며, 현재 명예교

수이다. 저서로는『近世東アジア海域の帆船と文化交渉』(2013),『汽船の時代-
近代東アジア海域』(2013),『近世中国朝鮮交渉史の研究』(2013),『汽船の時代
と航路案内』(2017),『江戸時代唐船による日中文化交流』(2016) 등이 있다.

김윤미 金潤美, Kim, Yun Mi

1980년 출생. 부경대학교 사학과를 졸업 후 동 대학원에서 석사, 박사과정을 졸업
했다. 저서로는『일제시기 일본인의 '釜山日報' 경영』(공저, 2013) 등이 있고,
논문으로는 「일본 니가타(新潟)항을 통해 본 '제국'의 환동해 교통망」(2019),
「'조선군 임시병참사령부'의 부산 숙영 시행과 지역변화」(2018) 등이 있다. 현재
부경대학교 HK연구교수로 재직 중이다.

곽수경 郭樹競, Kwak, Su Kyoung

1965년 출생. 동아대학교 중어중문학과를 졸업한 후 성균관대학교 대학원 석
사, 베이징사범대학교(북경사범대학) 박사 과정을 졸업했다. 저서로는『청산도
사람들의 삶과 문화』(공저, 2019) 등이 있고, 논문으로는 「중국의 해양강국 전
략과 중화주의-도서 분쟁과 해양실크로드를 중심으로」, 「개항도시의 근대문화
유입과 형성-부산과 상하이의 영화를 중심으로」, 「개항장의 대중문화 유입과
전개-목포의 트로트 유입과 흥성원인을 중심으로」 등이 있다. 현재 부경대학교
인문사회과학연구소 HK연구교수로 재직 중이다.

허재영 許在寧 Heo, Jae Young

1964년 출생. 건국대학교 국어국문학과를 졸업하고 같은 대학교 대학원에서 석
사・박사 과정을 졸업했다. 저서로는『일제강점기 교과서 정책과 조선어과 교과
서』(2009),『통감시대 어문교육과 교과서 침탈의 역사』(2010) 등이 있고, 한
국학중앙연구원의 근대 총서 개발 작업(한국 근현대 학문 형성과 계몽운동의 가
치)의 연구 책임자, 한국연구재단의 일반 공동 연구(한국에 영향을 미친 중국의
근대 지식)의 공동 연구원 등의 연구 활동을 했다. 현재는 단국대학교 교육대학
원 교육학과 교수 겸 일본연구소 소장을 맡고 있다.

양민호 梁敏鎬 Yang, Min Ho

1972년 출생. 전주대학교 일어교육과 졸업 후, 동국대학교 대학원 석사, 도쿄
(東京)외국어대학교 석사 과정을 거쳐 도호쿠(東北)대학교 문학연구과 박사과

정을 졸업하였다. 저서로는 『소통과 불통의 한일 간 커뮤니케이션』(공저, 2018), 일본에서 출판된 『일본어 어휘로의 어프로치』(공저, 2015) 『외래어 연구의 신전개』(공저 2012) 등이 있고, 역서로는 『경제언어학-언어, 방언, 경어』(공역, 2015) 『3·11 쓰나미로 무엇이 일어났는가―피해조사와 감재전략』(공역, 2013), 『동북아 해역과 인문 네트워크』(공저, 2019)가 있다. 현재 부경대학교 인문사회과학연구소 HK연구교수로 재직중이며 국립국어원 공공용어 번역 표준화 위원회 일본어 자문위원으로 활동하고 있다.

안승웅 安承雄, Ahn, Seung Woong

1966년 출생. 부산대학교를 나왔고 2000년 7월, 上海復旦大學에서 『沈從文小說研究』로 박사학위를 취득하였다. 역서로는 『바다가 어떻게 문화가 되는가』(공역), 『서유기 81난 연구』 등이 있으며, 저서로는 『쉽게 이해하는 중국문화』(공저), 『시진핑 시대, 중국 종교정책과 신종교사무조례』(공저) 등이 있다. 주요 논문으로 「沈從文과 靑島의 해양문화」, 「沈從文의 여성관과 소설 창작―소설 창작 과정을 통해 본 沈從文의 여신숭배 여성관」, 「무협영화로 『동사서독』 읽기―강호를 벗어난 협의 사랑과 고독」, 「반부패소설 『창랑지수』를 통해 본 중국과 중국 지식인」, 「沈從文 소설에 나타난 죽음의 의미」, 「沈從文 소설의 화자 연구」 등이 있다. 현재 부경대학교 인문사회과학연구소 HK연구교수로 재직 중이다.

류쉬펑 劉序楓, Liu, Xu Feng

1959년 출생. 타이완 중앙연구원 인문사회과학연구센터 연구원. 연구 분야는 동아시아해역교류사, 중일관계사, 중국해양발전사 등이다. 저서로는 『淸代檔案中的海難史料目錄―涉外篇』(2004), 『鹿港郊商許志湖家與大陸的貿易文書(1895~1897)』(공저, 2006) 등이 있다.